KB274062

매일매일 쓰는 **모두의** AI

캔바 AI

신승희, 앤미디어 지음

생능북스

매일매일 쓰는 모두의 AI

캔바 AI

초판 1쇄 인쇄 2026년 3월 10일
초판 1쇄 발행 2026년 3월 16일

지은이 | 신승희, 앤미디어
펴낸이 | 김승기, 김민수
펴낸곳 | ㈜생능출판사 / 주소 경기도 파주시 광인사길 143
브랜드 | 생능북스
출판사 등록일 | 2005년 1월 21일 / 신고번호 제406-2005-000002호
대표전화 | (031) 955-0761 / 팩스 (031) 955-0768
홈페이지 | www.booksr.co.kr

책임편집 | 최동진
편집·진행 | 앤미디어
교정·교열 | 앤미디어
본문·표지 디자인 | 앤미디어
영업 | 최복락, 심수경, 차종필, 송성환, 최태웅, 김민정
마케팅 | 백수정, 명하나

ISBN 979-11-94630-58-6 (13000)
값 24,000원

이 책은 캔바의 2026년 최신 버전을 중심으로, 매일 마주치는 디자인 업무를 가장 쉽고 현실적인 방법으로 해결하도록 만들어졌습니다. 요즘 직장에서는 기획서 한 장을 작성하더라도 보기 좋은 표지와 정돈된 레이아웃이 기본이 되었고, 간단한 공지나 행사 안내, SNS 홍보물까지 직접 제작해야 하는 상황이 되었습니다. 하지만 대부분의 직장인은 디자인을 전문적으로 배운 적이 없고, 포토샵이나 일러스트 같은 도구를 익힐 시간도 넉넉하지 않습니다. 그 사이에서 캔바 AI는 복잡한 기술 대신 생각과 목적만으로 결과물을 만들 수 있게 해 주는 가장 현실적인 대안이 되었습니다.

단순히 캔바의 기능을 설명하는 매뉴얼이 아니라, 직장인의 하루 업무 흐름 속에서 캔바 AI를 어떻게 사용해야 하는지 알려 주는 활용서로 구성하였습니다. 프레젠테이션 디자인을 설득력 있게 정리하는 과정부터 홍보 이미지 제작까지 실제 상황을 기준으로 내용을 구성했습니다. 특히 캔바 AI가 제안하는 디자인을 그대로 사용하는 수준에서 한 걸음 더 나아가, 작업 분위기와 브랜드 톤에 맞게 다듬고 반복 업무를 템플릿으로 정리하는 방법까지 담았습니다.

여기에 더해 이 책은 교육 현장에서 필요한 디자인 과정과 에듀테크 활용 방법도 함께 담았습니다. 수업 자료, 학습 카드뉴스, 온라인 강의용 이미지와 썸네일, 학생 참여형 콘텐츠까지 캔바 AI로 쉽고 빠르게 만드는 과정을 구체적으로 소개합니다. 교사와 강사, 교육 콘텐츠 제작자가 캔바 AI를 통해 수업 준비 시간을 줄이고 학습 경험을 풍부하게 확장할 수 있도록 실전 사례 중심으로 구성했습니다.

이 책을 통해 얻고자 하는 가장 큰 변화는 작업 속도와 콘텐츠 디자인 퀄리티입니다. 예전에는 몇 시간을 고민하던 작업을 짧은 시간 안에 끝낼 수 있고, 디자이너에게 부탁해야 한다고 생각했던 일들을 스스로 해결할 수 있게 됩니다. 또한, 캔바 AI와의 협업으로 최소한 자신의 생각을 또렷하게 보여 줄 수 있는 디자인을 생성합니다. 그것만으로도 업무의 질과 평가, 그리고 일하는 성취감은 크게 달라질 것입니다.

캔바 AI와 함께라면 디자인은 더 이상 부담스러운 과제가 아니라 업무를 도와주는 든든한 도구가 됩니다. 복잡한 기술을 몰라도 생각과 목적만 분명하다면 누구나 원하는 이미지를 만들 수 있고, 막막했던 디자인 작업도 한층 가벼워질 것입니다. 이 책이 직장인의 책상 옆에서 가장 자주 펼쳐 보는 실무 파트너가 되기를 바랍니다. 매일매일 쓰는 모두의 AI, 캔바 AI를 통해 여러분의 생각이 화면 위에서 또렷한 결과물로 완성되는 과정을 함께 경험하길 기대합니다.

Preview

캔바 AI를 이용하여 누구나 쉽고 빠르게 디자인 콘텐츠 결과물을 얻을 수 있도록 5개의 파트와 43개의 레슨으로 구성하였습니다.

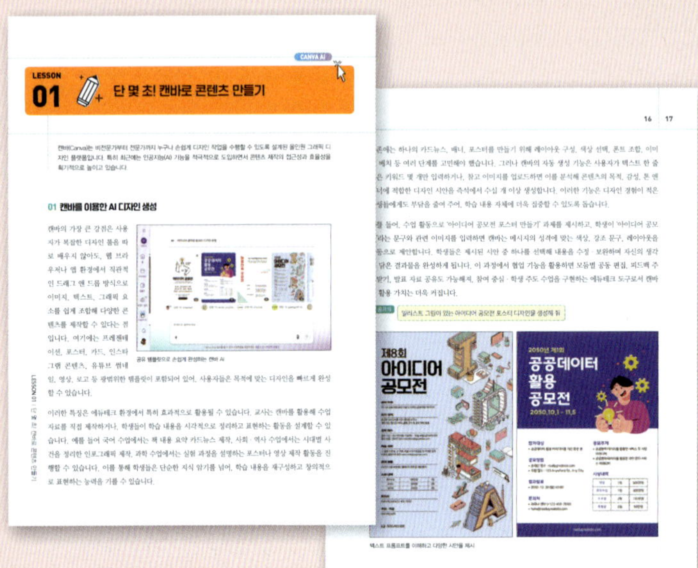

AI 생성 이론

캔바 AI를 이용하여 콘텐츠를 생성하기 전에 AI 생성에 대한 개념을 학습합니다.

기능 학습

캔바 AI의 인터페이스 구성부터 효과적인 영상 생성을 위한 기능 활용 방법을 학습합니다.

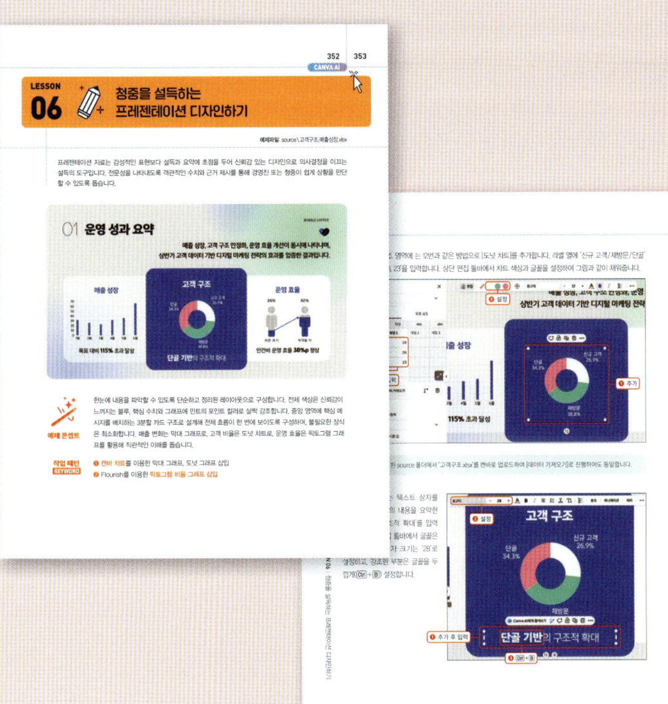

예제 미리보기

작업한 예제의 결과물을 확인할 수 있으며, 예제 과정과 콘셉트, 사용 기능을 소개합니다.

예제 콘셉트

예제를 따라하기 전에 예제의 이해와 응용력을 높이기 위해 예제 콘셉트를 이해합니다.

작업 패턴

예제 작업 과정을 순서대로 정리하여, 작업자의 패턴을 학습할 수 있게 도와줍니다.

예제 따라하기

직접 예제를 따라하면서 학습할 수 있도록 예제 파일을 제공하고 작업 과정을 친절하게 설명합니다.

Contents

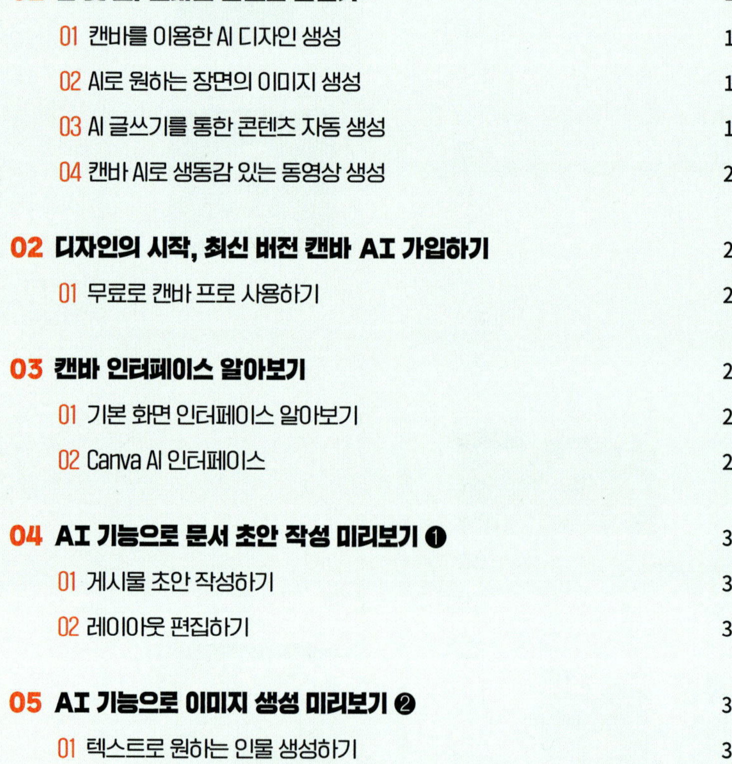
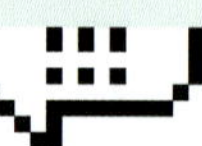

PART 2
이제 이미지는 캔바 AI로 직접 만든다!

PART 3
콘텐츠 동영상도 대본, 오디오와 함께 캔바 AI로 만든다!

PART 4
한눈에 쏙쏙!
교육 콘텐츠 디자인

PART 5
뭐든지 다 만들어주는
직장인을 위한 디자인

예제 및 완성 파일 다운로드

생능출판사 홈페이지(https://booksr.co.kr)에서 다운로드할 수 있습니다.

- '캔바 AI'로 검색
- 여러 도서 중 이 책의 도서명을 찾아 클릭
- [보조자료]에서 다운로드

PART 1

콘텐츠 생성의 시작, 캔바 AI 사용하기

디자인은 더 이상 전문가만의 영역이 아닙니다. 캔바(Canva)는 누구나 쉽고 빠르게 디자인할 수 있도록 돕는 온라인 디자인 플랫폼으로, 최근에는 AI 기능까지 더해져 디자인의 진입 장벽을 더욱 낮추고 있습니다. 포스터, 프레젠테이션, SNS 콘텐츠, 영상, 문서 디자인까지 하나의 도구로 해결할 수 있다는 점에서 개인 사용자부터 학생, 교사, 기업에 이르기까지 폭넓게 활용되고 있습니다. 여기서는 캔바를 처음 사용하는 사용자를 대상으로 AI 디자인 개념, 캔바 가입 방법, 캔바 인터페이스 이해 등 캔바 활용을 위한 기초 내용을 중심으로 살펴보겠습니다.

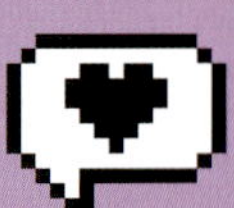

이미지+영상 생성
콘텐츠 생성까지!
!!!
캔바 AI 기본 편
무엇이든 디자인하는
캔바 AI

LESSON 01

단 몇 초! 캔바로 콘텐츠 만들기

캔바(Canva)는 비전문가부터 전문가까지 누구나 손쉽게 디자인 작업을 수행할 수 있도록 설계된 올인원 그래픽 디자인 플랫폼입니다. 특히 최근에는 인공지능(AI) 기능을 적극적으로 도입하면서 콘텐츠 제작의 접근성과 효율성을 획기적으로 높이고 있습니다.

01 캔바를 이용한 AI 디자인 생성

캔바의 가장 큰 강점은 사용자가 복잡한 디자인 툴을 따로 배우지 않아도, 웹 브라우저나 앱 환경에서 직관적인 드래그 앤 드롭 방식으로 이미지, 텍스트, 그래픽 요소를 쉽게 조합해 다양한 콘텐츠를 제작할 수 있다는 점입니다. 여기에는 프레젠테이션, 포스터, 카드, 인스타그램 콘텐츠, 유튜브 썸네

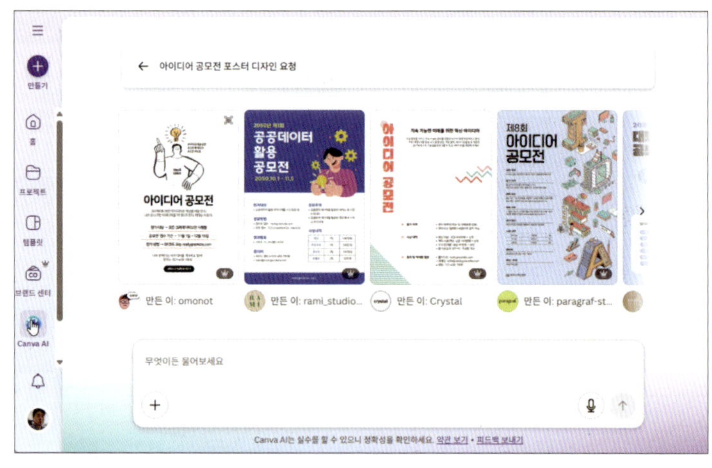

공유 템플릿으로 손쉽게 완성하는 캔바 AI

일, 영상, 로고 등 광범위한 템플릿이 포함되어 있어, 사용자들은 목적에 맞는 디자인을 빠르게 완성할 수 있습니다.

이러한 특징은 에듀테크 환경에서 특히 효과적으로 활용될 수 있습니다. 교사는 캔바를 활용해 수업 자료를 직접 제작하거나, 학생들이 학습 내용을 시각적으로 정리하고 표현하는 활동을 설계할 수 있습니다. 예를 들어 국어 수업에서는 책 내용 요약 카드뉴스 제작, 사회·역사 수업에서는 시대별 사건을 정리한 인포그래픽 제작, 과학 수업에서는 실험 과정을 설명하는 포스터나 영상 제작 활동을 진행할 수 있습니다. 이를 통해 학생들은 단순한 지식 암기를 넘어, 학습 내용을 재구성하고 창의적으로 표현하는 능력을 기를 수 있습니다.

기존에는 하나의 카드뉴스, 배너, 포스터를 만들기 위해 레이아웃 구성, 색상 선택, 폰트 조합, 이미지 배치 등 여러 단계를 고민해야 했습니다. 그러나 캔바의 자동 생성 기능은 사용자가 텍스트 한 줄 혹은 키워드 몇 개만 입력하거나, 참고 이미지를 업로드하면 이를 분석해 콘텐츠의 목적, 감성, 톤 앤 매너에 적합한 디자인 시안을 즉석에서 수십 개 이상 생성합니다. 이러한 기능은 디자인 경험이 적은 학생들에게도 부담을 줄여 주어, 학습 내용 자체에 더욱 집중할 수 있도록 돕습니다.

예를 들어, 수업 활동으로 '아이디어 공모전 포스터 만들기' 과제를 제시하고, 학생이 '아이디어 공모전'라는 문구와 관련 이미지를 입력하면 캔바는 메시지의 성격에 맞는 색상, 강조 문구, 레이아웃을 자동으로 제안합니다. 학생들은 제시된 시안 중 하나를 선택해 내용을 수정·보완하며 자신의 생각을 담은 결과물을 완성하게 됩니다. 이 과정에서 협업 기능을 활용하면 모둠별 공동 편집, 피드백 주고받기, 발표 자료 공유도 가능해져, 참여 중심·학생 주도 수업을 구현하는 에듀테크 도구로서 캔바의 활용 가치는 더욱 커집니다.

프롬프트 일러스트 그림이 있는 아이디어 공모전 포스터 디자인을 생성해 줘

텍스트 프롬프트를 이해하고 다양한 시안을 제시

02 AI로 원하는 장면의 이미지 생성

AI 이미지 생성 기능은 사용자가 입력한 텍스트 설명(프롬프트)을 바탕으로, 기존에 존재하지 않던 새로운 시각 자료를 AI가 자동으로 생성해주는 기능입니다. 예를 들어, '푸른 하늘 아래 펼쳐진 해바라기 밭에서 뛰노는 아이들'이라는 문장을 입력하면, AI는 해당 장면의 배경, 색감, 인물의 동작과 감정까지 종합적으로 해석하여 하나의 완성도 높은 이미지로 시각화합니다. 이미지 수정은 입력한 프롬프트의 문장 수정만으로도 생성된 이미지 수정이 가능합니다.

이 기능은 기존의 콘텐츠 제작 방식에서 필수적이던 스톡 이미지 검색, 촬영, 일러스트 의뢰 등의 번거로운 과정을 대체합니다. 더 이상 원하는 이미지 하나를 찾기 위해 수십 장의 사진을 비교하거나, 필요한 장면을 연출하기 위해 촬영 장소와 모델을 섭외할 필요가 없습니다. 사용자는 단지 아이디어만 입력하면, 그에 맞는 이미지가 AI에 의해 수초 내에 생성되므로, 시간과 비용 면에서 압도적인 효율성을 확보할 수 있습니다. 또한, 사용자가 전달하고자 하는 분위기, 색조, 감정, 구성 요소까지 매우 세밀하게 조절할 수 있기 때문에, 마케팅, 브랜딩, 교육, 콘텐츠 제작 등 다양한 분야에서 요구되는 정확한 콘셉트를 반영한 이미지를 생성할 수 있습니다.

프롬프트 화실에서 붓으로 그림을 그리는 앞치마를 두른 여성, 포토 스타일/지브리 스타일

프롬프트 화실에서 앞치마를 두르고 그림을 그리는 학생, 밝고 따뜻한 분위기/엄숙하고 긴장된 분위기

캔바의 AI 이미지 생성은 상업적 활용을 염두에 둔 라이선스 체계를 갖추고 있어, 생성된 이미지를 마케팅 광고, 상품 포스터, SNS 홍보 콘텐츠 등 다양한 목적에 저작권 걱정 없이 자유롭게 활용할 수 있다는 점에서도 큰 장점입니다. 특히 직장과 학교에서 요구되는 교육 자료 및 업무용 콘텐츠 제작에 효과적으로 활용되며, 유튜브 썸네일, 블로그 삽화, SNS 배너 광고, 프레젠테이션용 시각 자료 등 다양한 콘텐츠 유형에 적용할 수 있습니다.

예를 들어, 기업 교육이나 학교 수업에서 사용하는 프레젠테이션 자료는 주제에 맞는 시각 자료를 즉시 제작함으로써 학습자의 이해도와 집중도를 높일 수 있으며, 사내 보고서·기획안·수업 자료에 활용되는 이미지는 복잡한 설명을 직관적으로 전달하는 데 기여합니다. 또한 캠페인이나 프로젝트마다 새로운 비주얼이 필요한 업무 환경에서도, 원하는 콘셉트에 맞춰 이미지를 빠르게 생성할 수 있어 업무 효율성과 대응력이 크게 향상됩니다.

03 AI 글쓰기를 통한 콘텐츠 자동 생성

캔바의 AI 글쓰기 기능은 단순히 문장을 이어주는 보조 기능에 그치지 않고, 사용자의 목적에 맞는 완성도 높은 콘텐츠를 자동으로 생성하는 지능형 문서 생성 도구입니다. 이 기능은 블로그 글, SNS 콘텐츠, 광고 문구, 마케팅 카피, 이메일 제목, 제품 설명, 프레젠테이션 문장 등 다양한 유형의 텍스트 콘텐츠를 빠르고 효율적으로 작성할 수 있도록 도와줍니다.

사용자는 단지 주제, 키워드, 타깃 독자, 콘텐츠 목적 등 핵심 정보를 간단히 입력하기만 하면, 캔바의 AI는 이를 바탕으로 맥락에 맞는 관련성 높고 설득력 있는 문장을 자동으로 생성합니다. 예를 들어 '여름 시즌 신제품 홍보 문구 작성'이라는 프롬프트를 입력했을 경우, AI는 제품의 계절적 특성과 소비자의 관심 포인트, 마케팅 목적을 반영해 다양한 스타일의 문구를 제안합니다.

고객에게 친근하게 다가가는 부드러운 톤으로는 여름 잠옷을 홍보하는 문구를 요청하면, '무더운 여름, 시원한 잠옷으로 쿨하게'와 같은 문장을 생성하며, 가격 혜택을 강조하는 세일 중심 문구로는 '최대 30% 할인! 문구와 함께 잠옷의 장점을 소개하는 문구를 얻을 수 있습니다. 이러한 내용을 기준으로 문구를 제품에 맞게 수정 보완하여 홍보 문구를 완성합니다.

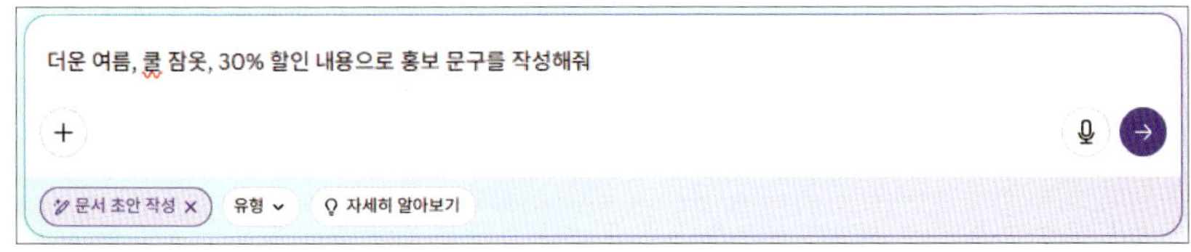

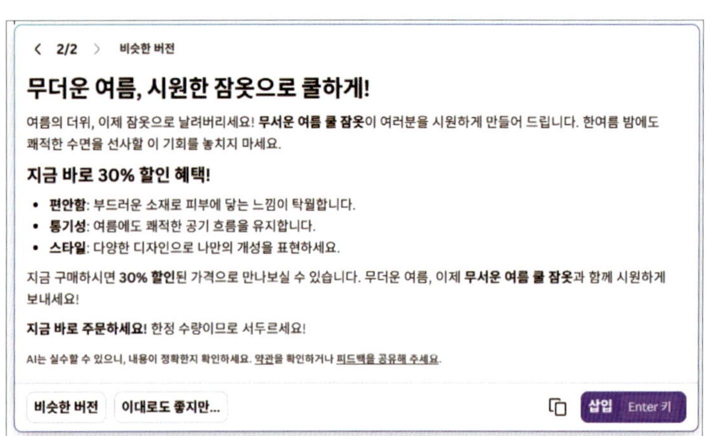

홍보 문구를 요청한 다음 수정 보완하여 제품 마케팅에 사용 가능

캔바의 AI 글쓰기 기능은 단순히 문장을 생성하는 수준을 넘어, 톤 앤 매너(Tone & Manner) 설정, 스타일 전환, 길이 조절, 형식 변환까지 지원하는 강력한 도구입니다.

감성적 · 격식적 · 전문적 등 다양한 문체를 자동으로 적용할 수 있어, A/B 테스트나 마케팅 카피 비교에도 효과적입니다.

이 기능은 SNS 운영자, 이커머스 담당자, 브랜드 마케터, 교육 콘텐츠 기획자 등에게 특히 유용하며, 반복적인 글쓰기 부담을 줄이고 생산성과 창의성을 동시에 강화합니다.

즉, 캔바의 AI 글쓰기는 초안 작성부터 최종 문서화까지 전 과정을 자동화하여, 누구나 전문가처럼 글을 쓰고 아이디어를 표현할 수 있는 핵심 도구로 자리잡고 있습니다.

04 캔바 AI로 생동감 있는 동영상 생성

캔바 AI를 이용한 동영상 생성 기능은 사용자가 전문적인 영상 편집 기술을 갖추지 않아도 손쉽게 영상 콘텐츠를 제작할 수 있도록 지원합니다. 사용자는 주제나 목적에 맞는 문장이나 키워드를 입력하기만 하면, 캔바 AI가 이를 분석해 적절한 영상과 색감과 분위기를 자동으로 구성하여 짧은 시간 안에 완성도 높은 영상을 제작할 수 있습니다.

특히 교육 현장에서는 캔바 AI 동영상 생성 기능을 활용해 수업 내용을 요약한 학습 영상, 프로젝트 결과 발표 영상, 캠페인 영상 등을 학생들이 직접 제작할 수 있습니다. 교사는 개념 설명용 영상이나 수업 도입 자료를 간편하게 만들 수 있으며, 학생들은 복잡한 편집 과정에 대한 부담 없이 학습 내용을 영상으로 재구성하면서 이해도를 높이고 창의적 표현 능력을 기를 수 있습니다. 이처럼 캔바 AI를 활용한 동영상 생성은 에듀테크 환경에서 효율적이고 참여 중심적인 학습 활동을 가능하게 합니다.

학습 영상부터 결과 발표 영상 제작이 가능한 캔바 AI

Tip   무료 버전과 프로 버전의 차이

캔바 이용 시, 더 다양한 자원과 고급 기능이 필요하다면 캔바 프로가 유용합니다. 프로 버전에서는 수천만 개의 고해상도 이미지와 프리미엄 템플릿을 제공하며, 배경 제거나 매직 리사이즈 같은 고급 기능도 사용할 수 있습니다. 또한 브랜드 자산 관리와 협업 기능을 지원해 팀 작업에도 적합합니다.

정리하면, 개인·학습 목적에는 무료 버전으로 충분하고, 전문 디자인·브랜딩·협업 목적에는 프로 버전이 더 강력한 선택입니다. 이외에 요금세에 내한 사세한 내봉은 'canva.com/ko_kr/pricing/'에서 확인할 수 있습니다.

항목	Canva(무료)	Canva Pro(유료)
요금	무료	99,000원 (1인/년)
기능	손쉬운 드래그 앤 드롭 방식 편집기	무료 요금제의 모든 기능 포함 + 추가 기능
	2백만 개 이상의 전문적으로 디자인된 템플릿	프리미엄 템플릿 무제한 사용
	1,000개 이상의 디자인 유형 (소셜 미디어 게시물, 문서, 프레젠테이션, 시트 등)	1억 4천만 개 이상의 사진, 동영상, 그래픽, 오디오
	디자인, 이미지, 텍스트 생성을 지원하는 AI 크리에이티브 파트너	25개 이상의 AI 도구로 창의력과 생산성 향상
	AI로 창작물용 디자인 및 경험 만들기	대량으로 디자인 제작, 크기 조정, 번역 및 배경 제거
	5GB 클라우드 저장 공간	1TB 클라우드 저장 공간

LESSON 02 · 디자인의 시작, 최신 버전 캔바 AI 가입하기

캔바는 누구나 쉽게 무료로 사용할 수 있는 디자인 도구입니다. 회원 가입만 하면 수천 개의 템플릿을 자유롭게 사용할 수 있고, 다양한 이미지나 아이콘, 폰트, 배경 등도 무료로 제공됩니다. 유튜브 썸네일, 인스타그램 포스터, 명함, 프레젠테이션, 이력서 등 다양한 디자인을 손쉽게 만들 수 있으며, 결과물은 JPG, PNG, PDF 등의 형식으로 저장하거나 공유할 수 있습니다.

01 무료로 캔바 프로 사용하기

캔바는 디자인 경험이 없는 사람도 손쉽게 사용할 수 있는 플랫폼으로 포스터, 프레젠테이션, SNS 콘텐츠 등 다양한 작업을 빠르게 완성할 수 있고, 수천 개의 템플릿과 아이콘, 이미지도 기본 제공되어 초보자도 전문가처럼 결과물을 만들 수 있습니다. 대부분의 기본 기능은 무료로 제공되며, 필요에 따라 프로(유료) 버전을 선택하면 배경 제거, 브랜드 키트, 매직 리사이즈 같은 고급 기능도 활용할 수 있습니다.

본격적으로 캔바를 활용하기 위해, 함께 가입 과정을 진행하면서 계정을 만들어 보겠습니다. 가입만 완료하면 누구나 바로 디자인을 시작할 수 있습니다.

01 | 웹브라우저에 'canva.com'을 입력해 접속하여 오른쪽 상단에 〈가입〉 버튼을 클릭합니다.

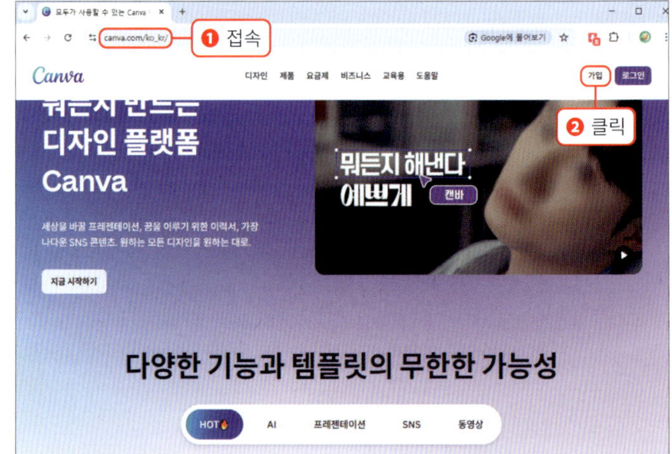

02 │ 캔바 이용 약관이 표시되면 이용 약관의 모든 항목에 동의를 체크하고 〈동의 및 계속하기〉 버튼을 클릭합니다.

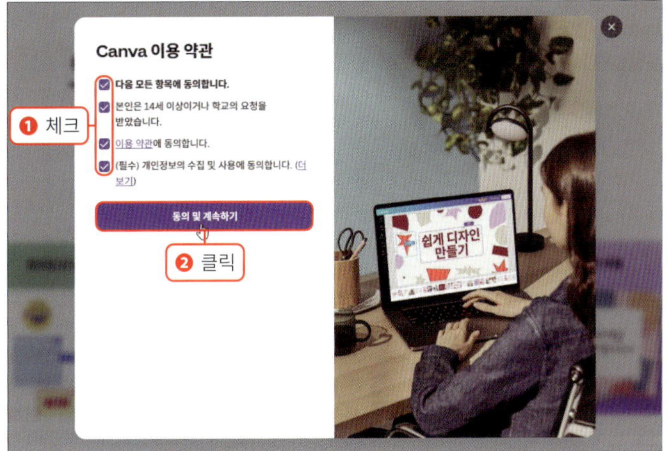

03 │ 간편 로그인 또는 회원 가입을 위한 방법을 선택합니다. 예제에서는 구글 메일로 가입하기 위해 〈구글로 계속하기〉 버튼을 클릭합니다.

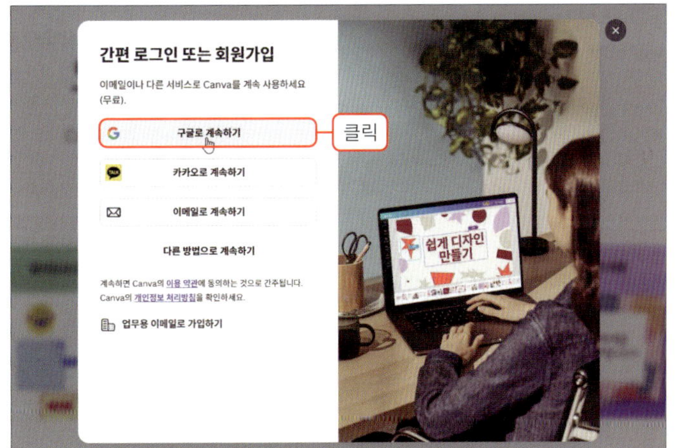

04 │ 구글 계정으로 로그인 화면이 표시되면 사용할 구글 계정을 선택하고 〈계속〉 버튼을 클릭합니다.

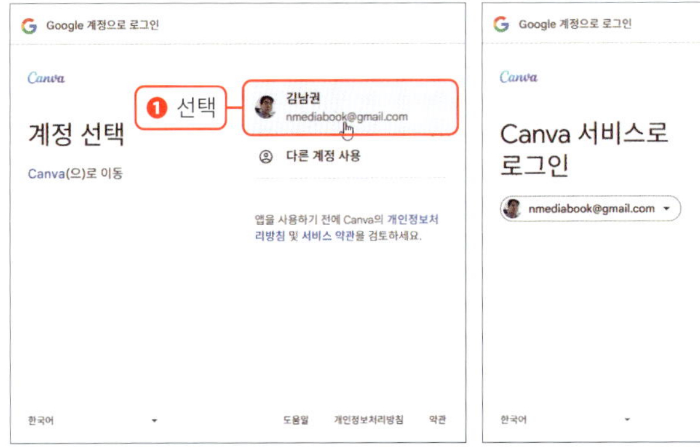

05 | 캔바를 어디에 사용할 것인지 묻는 화면이 표시되면 사용 목적을 선택합니다. 예제에서는 [개인]을 클릭합니다.

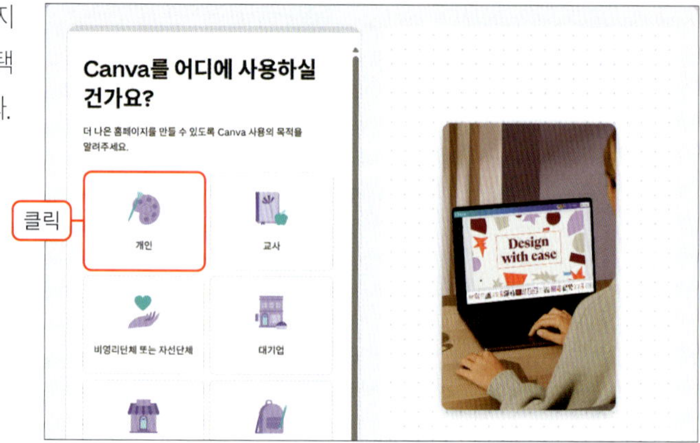

06 | 현재 캔바는 프로 버전을 30일간 무료로 사용가능합니다. 캔바 프로를 무료로 사용해 보기 위해 〈무료 체험 시작하기〉 버튼을 클릭합니다.

Tip 무료 버전으로 사용하려면 해당 과정을 건너뛰기할 수 있으나, 이 책에서의 예제는 프로 버전 무료 사용으로 진행합니다.

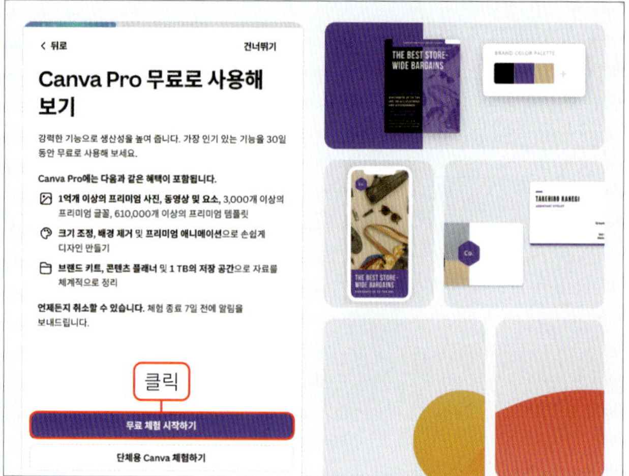

07 | 30일간 무료 사용 후 자동결제 조건이 있어 '월간' 또는 '연간'을 선택하고 〈다음〉 버튼을 클릭합니다.

Tip 결제를 원치 않을 경우, 30일 무료 체험 기간 중 언제든지 취소가 가능합니다.

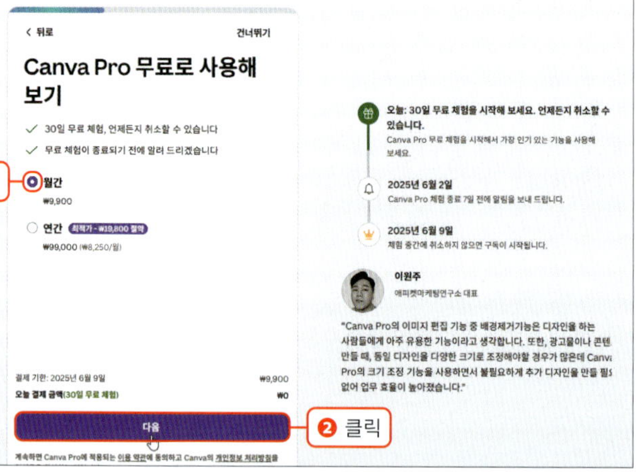

08 │ 결제 수단을 선택하는 화면이 표시되면 원하는 결제 방법을 선택합니다. 예제에서는 '국내카드'를 선택한 다음 〈무료 체험하기〉 버튼을 클릭합니다. 결제 카드 정보를 입력한 다음 '이용약관 전체동의'를 체크하고 〈등록하기〉 버튼을 클릭합니다.

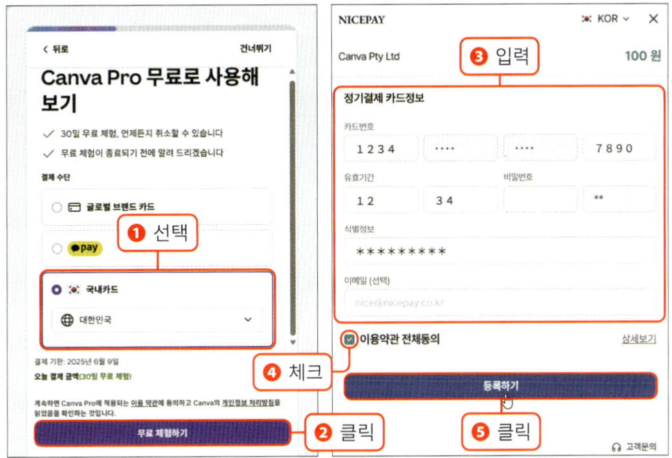

09 │ 캔바 프로 사용에 대한 환영 화면이 표시되면 〈확인〉 버튼을 클릭합니다. 이제부터 캔바를 사용할 수 있습니다.

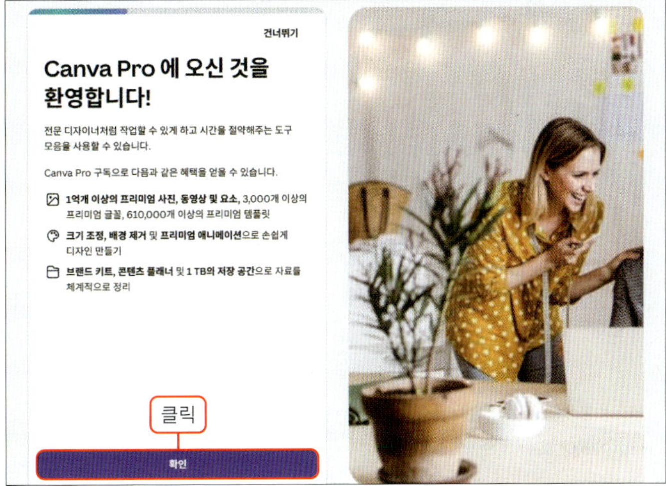

10 │ 캔바 메뉴 화면이 표시됩니다. 원하는 작업 메뉴를 선택하여 사용 가능합니다.

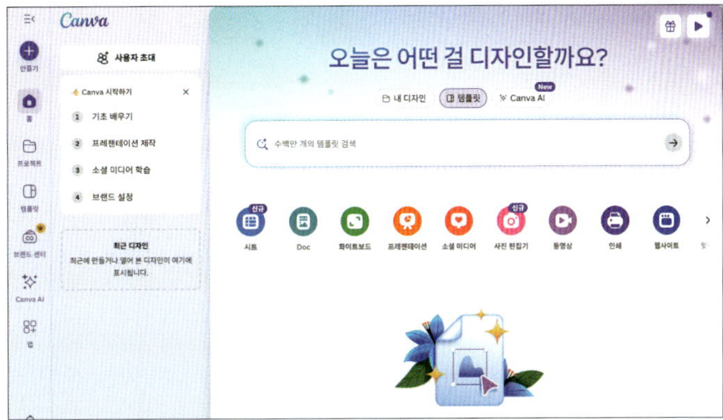

LESSON 03 캔바 인터페이스 알아보기

캔바는 사용자가 그래픽 디자인을 손쉽게 제작할 수 있도록 도와주는 웹 기반의 디자인 도구입니다. 직관적인 드래그 앤 드롭 인터페이스와 다양한 템플릿, 요소들을 제공하기 때문에 디자이너가 아니더라도 쉽게 콘텐츠를 제작할 수 있습니다.

01 기본 화면 인터페이스 알아보기

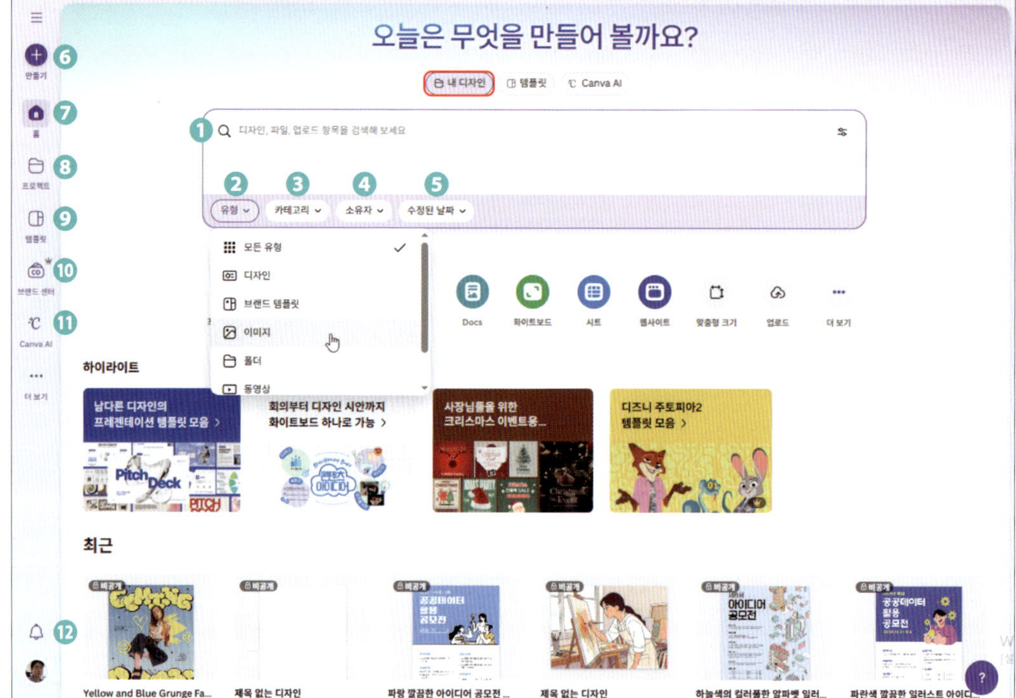

❶ **프롬프트 입력창:** 만들고 싶은 디자인을 문장으로 여기에 입력한 내용을 기반으로 프레젠테이션·이미지·문서 등을 자동 생성해 주는 채팅형 입력창입니다.

❷ **유형:** 저장된 콘텐츠의 형식을 고르는 필터로, 디자인, 이미지, 동영상, 폴더, 브랜드 템플릿 등

'무슨 종류의 것인지'를 선택합니다.

❸ **카테고리**: 디자인의 용도 · 템플릿 종류를 기준으로 나누는 필터로, 프레젠테이션, 인스타그램 게시물, 포스터, 문서 등의 디자인 타입을 선택합니다.

❹ **소유자**: 해당 디자인이나 폴더가 누구 소유인지에 따라 걸러주는 필터입니다.

❺ **수정한 날짜**: 마지막으로 편집된 시점을 기준으로 필터링하는 옵션입니다.

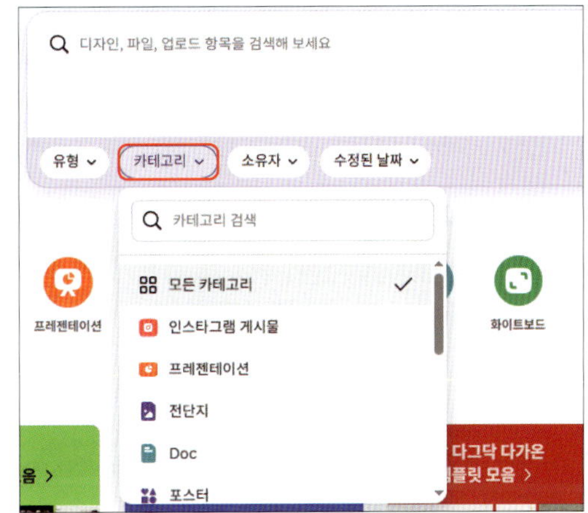

❻ **만들기**: 캔바에서 새로운 디자인을 시작할 때 사용하는 메뉴입니다. 클릭하면 다양한 형식의 디자인을 선택할 수 있는 목록이 나타납니다. 예를 들어, 프레젠테이션, 인스타그램 게시물, 포스터, 영상, 유튜브 썸네일 등 목적에 맞는 사이즈와 템플릿을 기반으로 새 디자인을 바로 시작할 수 있습니다.

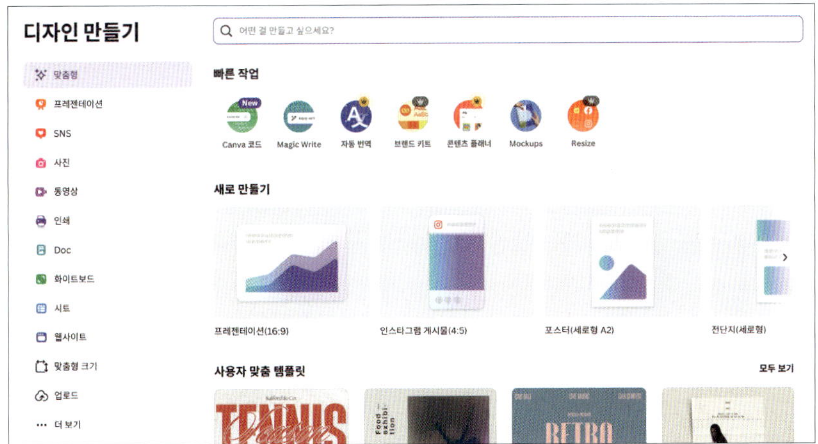

❼ **홈 메뉴**: 캔바의 시작 화면으로, 디자인을 새로 만들거나 최근 작업한 파일을 쉽게 열 수 있는 공간이에요. 자주 쓰는 템플릿이나 추천 디자인도 이곳에서 확인할 수 있습니다.

❽ **프로젝트 메뉴**: 내가 만든 디자인과 업로드한 이미지, 영상, 오디오 파일 등을 정리하고 관리하는 공간입니다. 폴더로 나눠 저장하거나 팀원들과 공유할 수도 있어서 작업을 체계적으로 정리하기 좋습니다.

❾ **템플릿 메뉴**: 다양한 디자인 샘플을 주제별로 찾아볼 수 있습니다. 프레젠테이션, SNS 콘텐츠, 포스터, 명함 등 목적에 맞는 템플릿을 선택해서 바로 편집할 수 있어 초보자에게도 유용합니다.

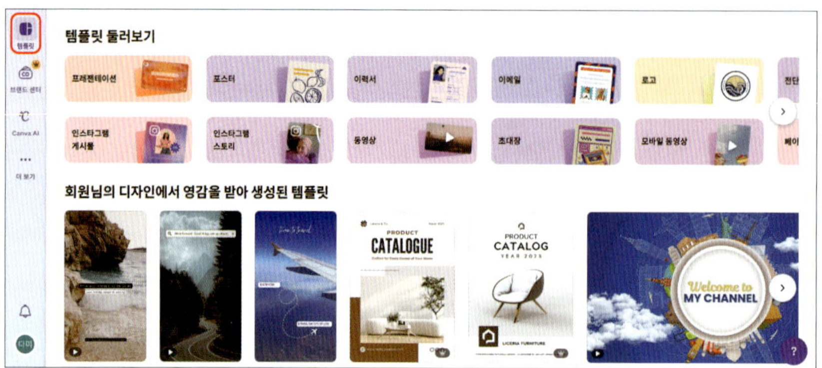

❿ **브랜드 센터**: 회사나 팀의 브랜드 자산을 한곳에 모아 관리하는 유료 기능으로 로고, 브랜드 색상, 지정된 글꼴 등을 미리 설정하면, 팀원들이 일관된 디자인을 유지하면서 작업할 수 있습니다.

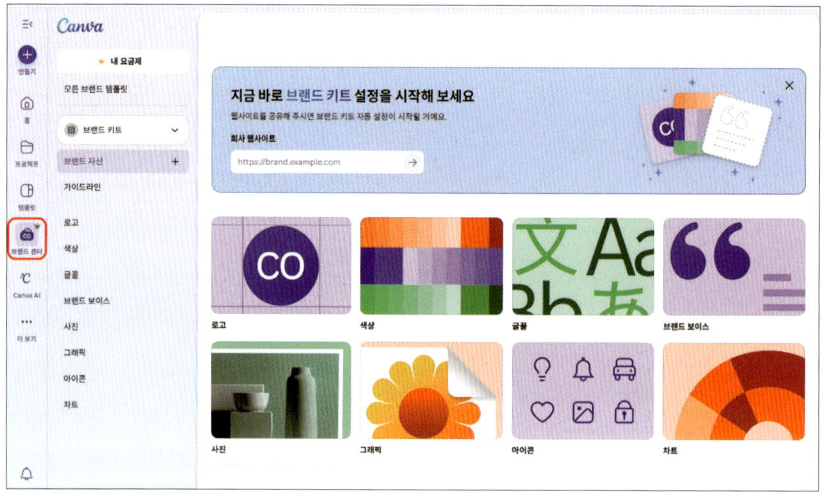

⓫ **Canva AI**: 인공지능 기반 기능들을 활용할 수 있어요. 예를 들어 글을 자동으로 작성해주는 Magic Write, 텍스트로 이미지를 생성하는 기능, 디자인을 자동 추천해주는 기능들이 여기에 포함되어 있습니다.

⓬ **알림**: 캔바에서 디자인 협업이나 계정 관련 활동이 발생했을 때 사용자에게 알려주는 기능입니다. 오른쪽 상단의 종 모양 아이콘을 클릭하면 확인할 수 있습니다.

02 Canva AI 인터페이스

Canva AI의 인터페이스는 사용자가 복잡한 디자인 프로세스를 보다 직관적이고 효율적으로 수행할 수 있도록 설계된 통합형 AI 기반 디자인 환경을 제공합니다.

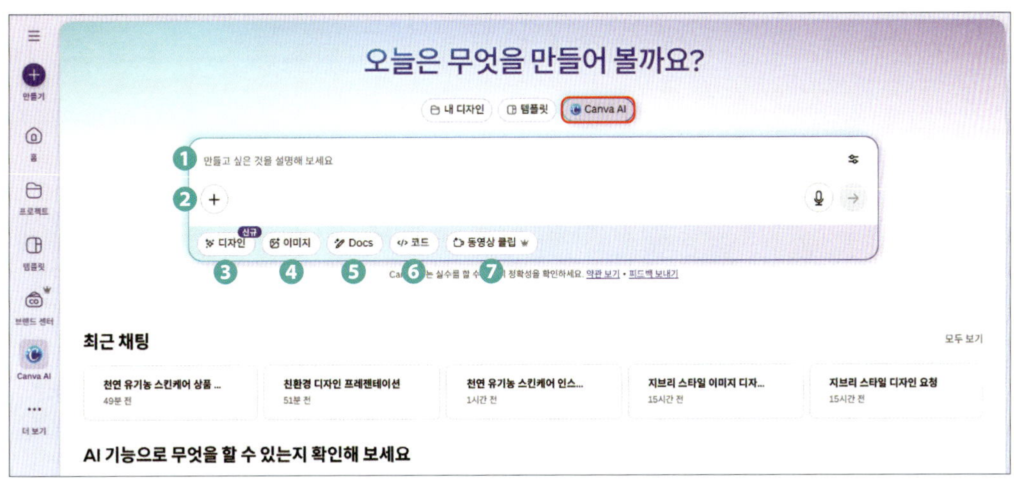

❶ **프롬프트 입력창**: 만들고 싶은 것을 자연어로 입력하는 곳으로, 한 줄(또는 여러 줄) 설명을 기반으로 디자인 · 이미지 · 문서 · 코드 · 영상까지 다양한 결과물을 생성합니다.

❷ **참조용 파일 삽입**: 업로드된 파일을 디자인에 쉽게 불러오는 옵션을 제공합니다. 이 메뉴는 사용자가 이전에 업로드한 파일이나 새 파일을 참조하여 삽입할 수 있도록 구성되어 있습니다.

ⓐ **업로드**: 구름 모양의 아이콘과 함께 있으며, 사용자의 기기에 저장된 파일을 직접 불러올 때 사용하는 메뉴입니다.

ⓑ **Canva에서 추가**: 폴더 모양 아이콘이 있으며, 이미 캔바 내에 저장되어 있거나 사용 중인 디자인 요소를 가져올 수 있는 메뉴입니다.

ⓒ **가져오기**: 구글 드라이브(Google Drive)나 드롭박스(Dropbox), 원드라이브(OneDrive) 등에서 데이터를 가져올 수 있습니다.

ⓓ **브랜드 키트 적용**: 브랜드 로고나 지정된 색상 등을 적용할 수 있는 메뉴입니다.

❸ **디자인**: 텍스트 프롬프트를 바탕으로 프레젠테이션, 포스터, SNS 카드 등 완성된 디자인 레이아웃을 통째로 만들어 주는 모드입니다.

❹ **이미지**: 프롬프트를 입력하여 이미지 생성하는 기능으로, 이미지나 삽화, 썸네일 등을 생성할 때 사용합니다.

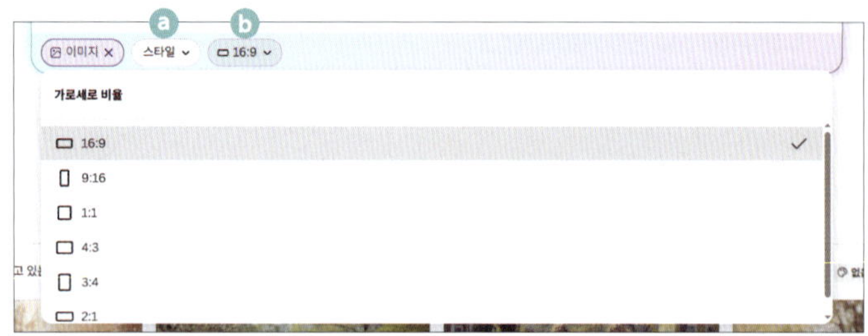

ⓐ **스타일 선택 옵션**: '시네마틱 컨셉 ', '3D 렌더링', '팝 아트', '벡터' 등 원하는 시각 스타일을 고를 수 있습니다.

ⓑ **비율**: 정사각형(1:1), 가로형(16:9), 세로형(9:16) 비율을 미리 선택할 수 있어, 목적에 맞게 이미지 크기를 조정할 수 있습니다.

❺ **Docs**: 프롬프트를 기반으로 문서 형태(텍스트 위주) 결과를 만드는 모드로, 블로그 초안, 강의 개요, 기획안, 스크립트 등 긴 글을 자동으로 작성하고 나중에 디자인으로 변환할 때 유용합니다.

❻ **코드**: 개발자나 테크 콘텐츠용으로, 프롬프트를 코드 형식(예 HTML, CSS, JS, Python 예제 등)으로 응답받는 모드입니다. 예를들어 "간단한 랜딩페이지 HTML 템플릿 만들어줘"처럼 요청하면 코드 블록 중심으로 결과가 나오고, 이를 복사하거나 디자인에 삽입해 쓸 수 있습니다.

❼ **동영상 클립**: 텍스트 프롬프트를 기반으로 짧은 영상 클립이나 영상 구성요소를 만드는 모드입니다. 장면 구성과 함께 사용할 수 있는 클립·샷을 제안하거나 생성합니다.

LESSON 04  AI 기능으로 문서 초안 작성 미리보기 ❶

완성파일: source\여행스케줄.pdf

캔바의 AI 기능 중 문서 초안 작성 기능은 사용자가 간단한 키워드나 주제를 입력하면, 인공지능이 이를 바탕으로 구조화된 글의 뼈대를 자동으로 생성해 주어 빠르고 손쉽게 문서 작업을 시작할 수 있도록 도와주는 기능입니다. 이 기능으로 여행 정보를 기준으로 스케줄을 작성해 보겠습니다.

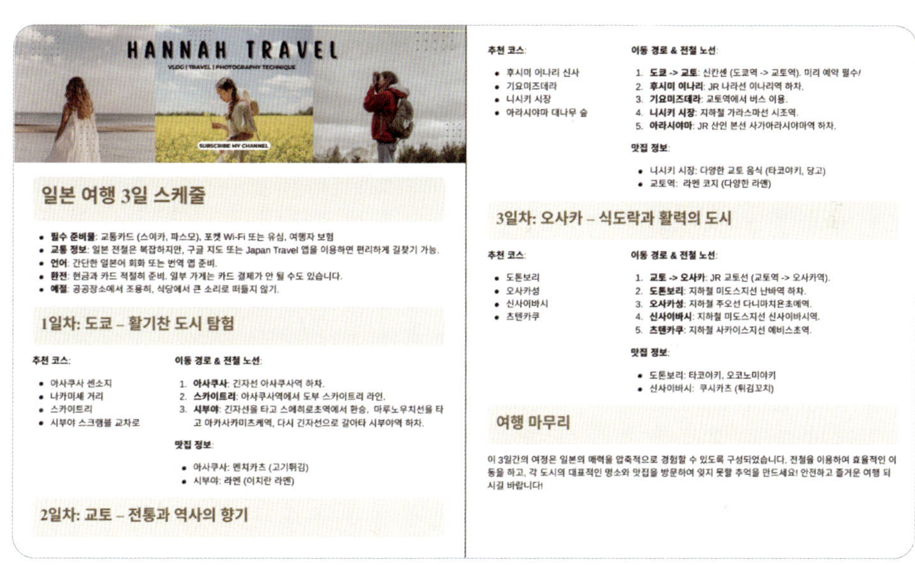

일본 여행 3일 스케줄

- **필수 준비물**: 교통카드 (스이카, 파스모), 포켓 Wi-Fi 또는 유심, 여행자 보험
- **교통 정보**: 일본 전철은 복잡하지만, 구글 지도 또는 Japan Travel 앱을 이용하면 편리하게 길찾기 가능.
- **언어**: 간단한 일본어 회화 또는 번역 앱 준비.
- **환전**: 현금과 카드 적절히 준비. 일부 가게는 카드 결제가 안 될 수도 있습니다.
- **예절**: 공공장소에서 조용히, 식당에서 큰 소리로 떠들지 않기.

1일차: 도쿄 – 활기찬 도시 탐험

추천 코스:
- 아사쿠사 센소지
- 나카미세 거리
- 스카이트리
- 시부야 스크램블 교차로

이동 경로 & 전철 노선:
1. **아사쿠사**: 긴자선 아사쿠사역 하차.
2. **스카이트리**: 아사쿠사역에서 도부 스카이트리 라인.
3. **시부야**: 긴자선을 타고 스에히로초역에서 환승, 마루노우치선을 타고 아카사카미츠케역, 다시 긴자선으로 갈아타 시부야역 하차.

맛집 정보:
- 아사쿠사: 멘치카츠 (고기튀김)
- 시부야: 라멘 (이치란 라멘)

2일차: 교토 – 전통과 역사의 향기

추천 코스:
- 후시미 이나리 신사
- 기요미즈데라
- 니시키 시장
- 아라시야마 대나무 숲

이동 경로 & 전철 노선:
1. **도쿄 -> 교토**: 신칸센 (도쿄역 -> 교토역). 미리 예약 필수!
2. **후시미 이나리**: JR 나라선 이나리역 하차.
3. **기요미즈데라**: 교토역에서 버스 이용.
4. **니시키 시장**: 지하철 가라스마선 시조역.
5. **아라시야마**: JR 산인 본선 사가아라시야마역 하차.

맛집 정보:
- 니시키 시장: 다양한 교토 음식 (타코야키, 당고)
- 교토역: 라멘 코지 (다양한 라멘)

3일차: 오사카 – 식도락과 활력의 도시

추천 코스:
- 도톤보리
- 오사카성
- 신사이바시
- 츠텐카쿠

이동 경로 & 전철 노선:
1. **교토 -> 오사카**: JR 교토선 (교토역 -> 오사카역).
2. **도톤보리**: 지하철 미도스지선 난바역 하차.
3. **오사카성**: 지하철 주오선 다니마치욘초메역.
4. **신사이바시**: 지하철 미도스지선 신사이바시역.
5. **츠텐카쿠**: 지하철 사카이스지선 에비스초역.

맛집 정보:
- 도톤보리: 타코야키, 오코노미야키
- 신사이바시: 쿠시카츠 (튀김꼬치)

여행 마무리

이 3일간의 여정은 일본의 매력을 압축적으로 경험할 수 있도록 구성되었습니다. 전철을 이용하여 효율적인 이동을 하고, 각 도시의 대표적인 명소와 맛집을 방문하여 잊지 못할 추억을 만드세요! 안전하고 즐거운 여행 되시길 바랍니다!

예제 콘셉트

캔바의 AI 문서 초안 작성 기능은 'Magic Write'라는 이름으로 제공되며, 사용사가 입력한 키워드나 간단한 설명만으로도 인공지능이 주제에 맞는 구조화된 글의 초안을 자동으로 생성해 주는 것이 핵심입니다. 이 기능은 OpenAI 기반으로 작동하며, 블로그 글, SNS 게시글, 프로필, 보고서, 프레젠테이션, 마케팅 자료 등 다양한 유형의 텍스트 초안 작성에 활용될 수 있습니다.

이 AI 문서 초안 작성 기능은 아이디어 발굴부터 글의 뼈대 설계, 문장 개선, 시각적 통합, 실시간 협업까지 문서 작성 전반을 혁신적으로 돕는 올인원 도구입니다. 초안 작성에 드는 부담과 시간을 크게 줄여주고, 더욱 창의적이고 효율적인 문서 작업 환경을 제공합니다.

작업 패턴 KEYWORD

❶ **문서 초안 작성 기능**으로 여행 계획 스케줄 정보 문장 작성 요청
❷ 작성된 문장에 **추가로 요청**한 문장 적용
❸ **템플릿 검색 기능**으로 원하는 배너 이미지 검색
❹ 현재 페이지에서 기존 배너만 템플릿의 배너로 교체
❺ PDF 표준을 선택하여 문서를 **PDF 파일로 다운로드**

01 게시물 초안 작성하기

문서 형태의 게시물 초안을 작성하기 위해 프롬프트를 입력하여 일본 여행 스케줄을 작성합니다.

01 | 캔바 홈 화면에서 AI를 이용하여 문서를 작성해 보겠습니다. 상단에 [Canva AI]를 클릭하고 [Docs]를 클릭합니다.

02 | 문서의 유형을 선택하기 위해 [유형]을 클릭합니다. 예제에서는 여행 일정을 미디어에 게시할 목적이므로 [소셜 미디어 게시물]을 선택합니다.

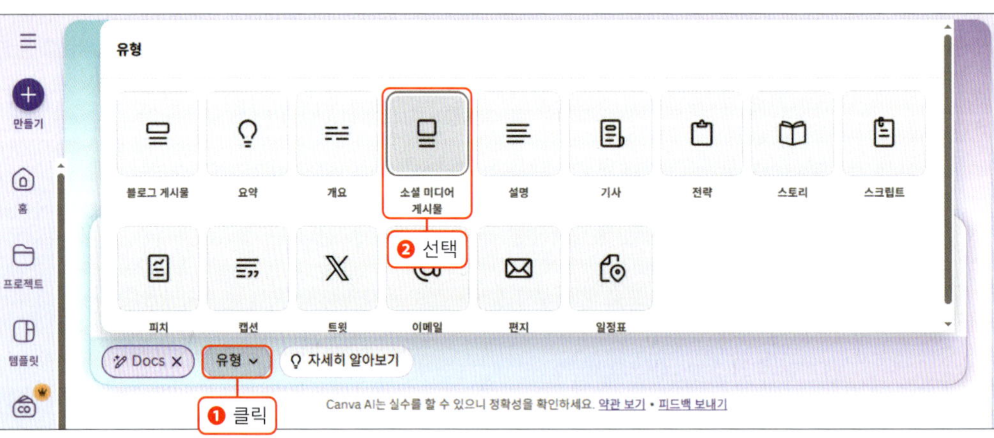

03 | 프롬프트 입력창에 예제와 같이 여행 스케줄을 요청하는 프롬프트를 입력한 다음 '제출하기' 아이콘
(⊡)을 클릭합니다.

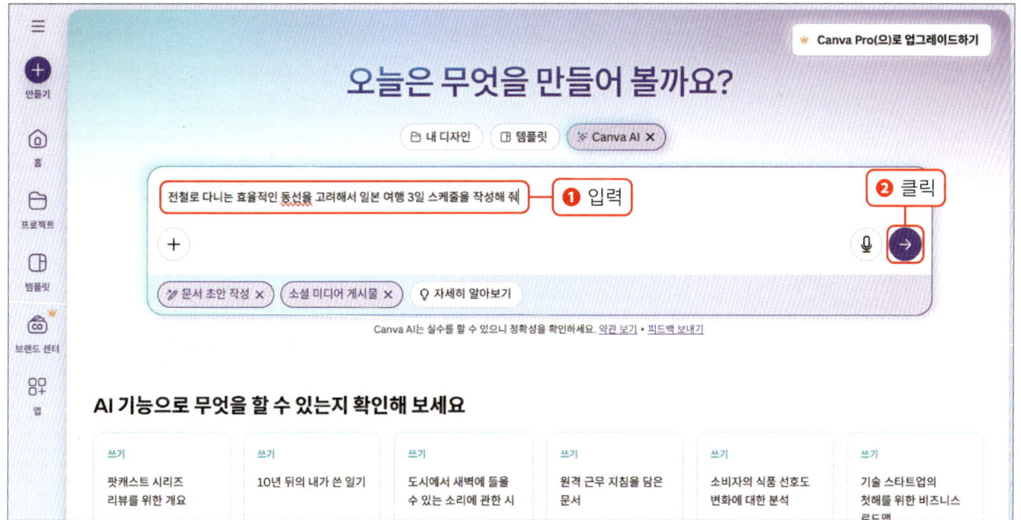

프롬프트　전철로 다니는 효율적인 동선을 고려해서 일본 여행 3일 스케줄을 작성해 줘

04 | 다음과 같이 초안으로 작성하여 제시합니다. 제시한 이미지를 클릭해 자세히 살펴볼 수 있습니다.

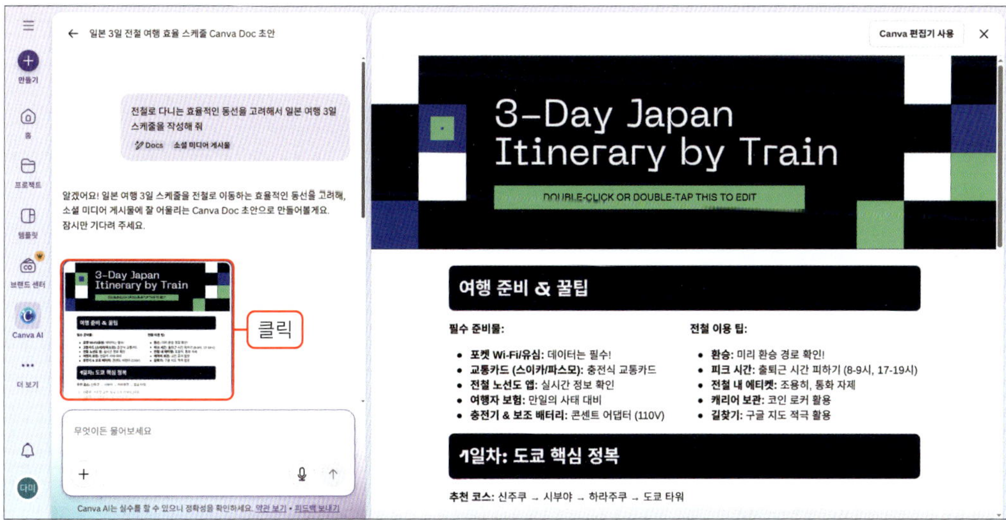

05 | 작성된 문서에 주변 맛집 정보를 추가하기 위해 다음과 같은 프롬프트를 입력하고 '답글 제출' 아이콘 (⬆)을 클릭합니다.

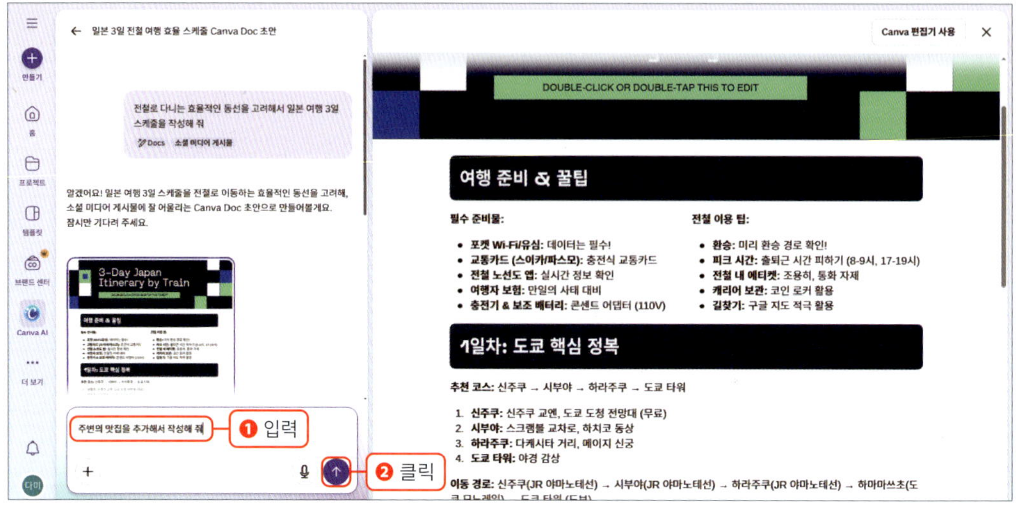

프롬프트 주변의 맛집을 추가해서 작성해 줘

02 레이아웃 편집하기

Canva 편집기를 이용하여 생성된 레이아웃을 사용자가 원하는 형태의 레이아웃으로 수정합니다.

06 | 여행 장소에 근처의 맛집 정보를 추가한 문장이 새로 작성되었습니다. 임시로 구성된 레이아웃을 편집하기 위해 오른쪽 상단 〈Canva 편집기 사용〉 버튼을 클릭합니다.

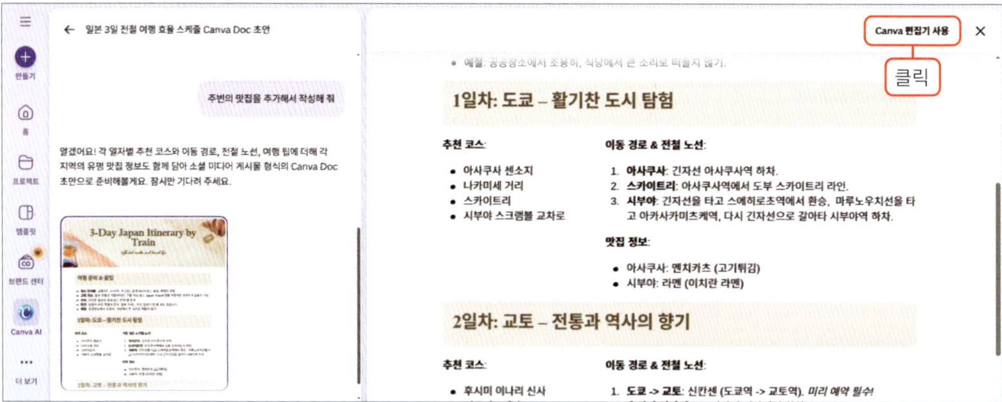

07 | 문서의 상단 배너 디자인을 변경하기 위해 문서 상단 부분을 더블클릭합니다.

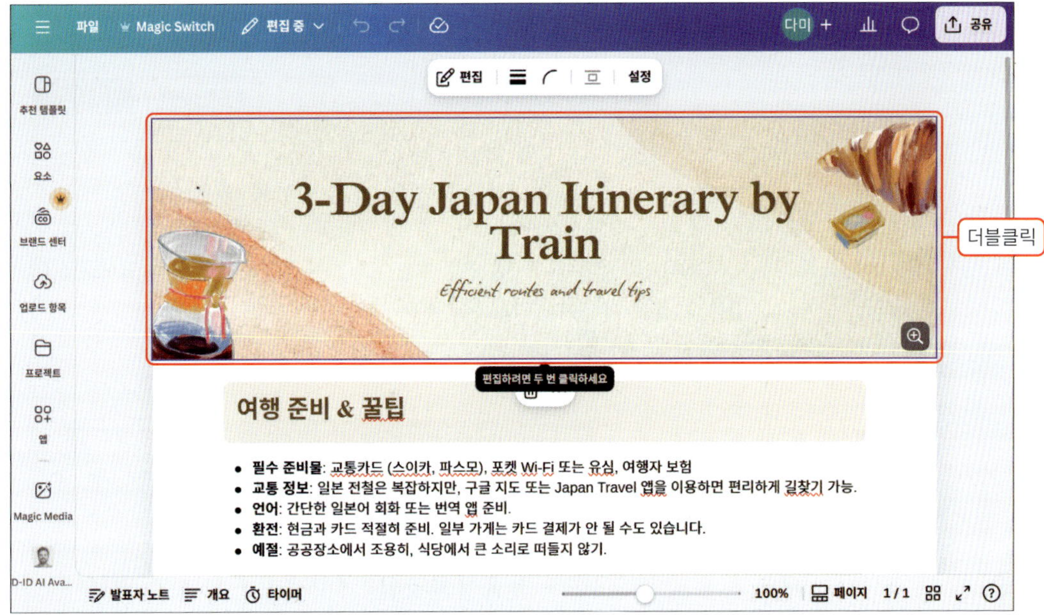

08 | 그림과 같이 템플릿 화면에 다양한 템플릿 배너가 표시되면, 템플릿 검색 창에 '여행계획'이라고 입력합니다. Enter를 누른 다음 마음에 드는 배너 디자인을 클릭합니다.

09 | '템플릿을 새 페이지로 추가하시겠습니까?'라는 메시지가 표시되면 선택한 배너 이미지로 현재 배너 이미지를 대체하기 위해 〈현재 페이지 대체〉 버튼을 클릭합니다.

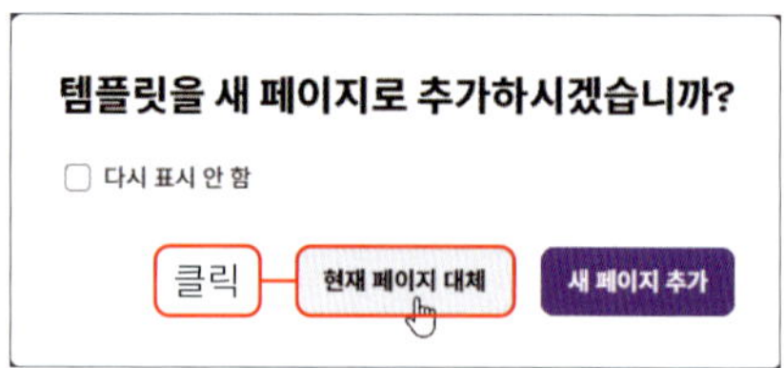

10 | 배너 제목을 변경하기 위해 템플릿 배너 이미지의 제목 부분을 클릭합니다. Backspace 를 눌러 기존 문자를 지우고 변경하려는 문자를 입력하면, 기존 폰트를 유지하면서 문자가 입력되는 것을 확인할 수 있습니다. 예제에서는 'HANNAH TRAVEL'이라고 입력하고 〈저장〉 버튼을 클릭합니다.

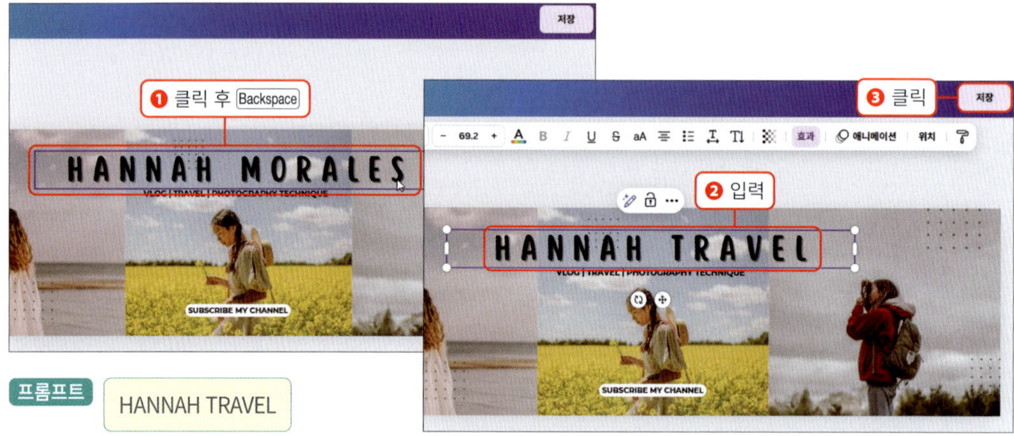

프롬프트 HANNAH TRAVEL

11 | 문서 상단에 수정된 배너 디자인이 적용되었습니다. 작성된 문서를 다운로드하기 위해 〈공유〉 버튼을 클릭한 다음 [다운로드]를 클릭합니다.

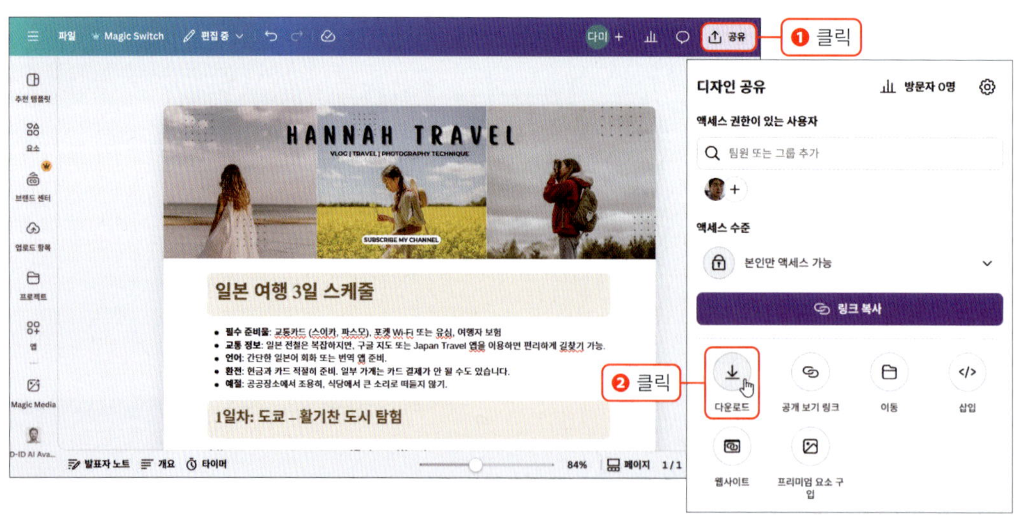

12 │ 파일 형식을 선택합니다. 예제에서는 PDF으로 저장하기 위해 [PDF 표준]을 선택한 다음 〈다운로드〉 버튼을 클릭합니다.

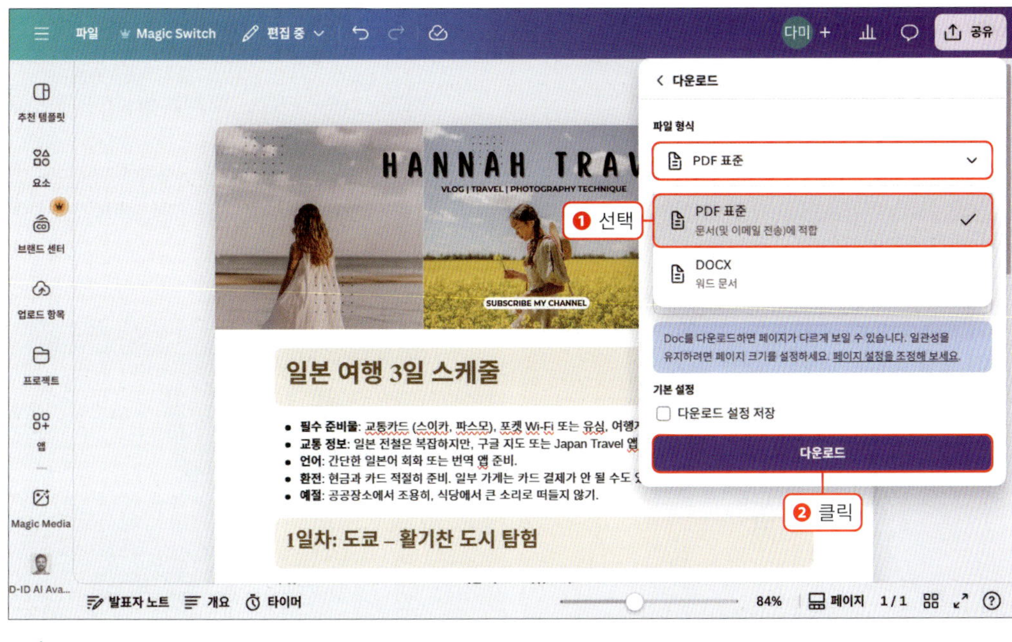

Tip 워드 문서로 저장하기 위해서는 [DOCX]를 클릭하여 다운로드합니다.

13 │ 다운로드된 파일을 확인해 보면 수정된 배너와 여행 스케줄이 작성된 PDF 문서를 확인할 수 있습니다.

LESSON 05

AI 기능으로 이미지 생성 미리보기 ❷

예제파일: source\피자.jpg   **완성파일**: source\피자완성.jpg

캔바에서 이미지 생성 기능을 이용하여 프롬프트 입력창에 생성하려는 이미지를 묘사하는 문장이나 키워드를 입력하면 AI가 원하는 이미지를 생성합니다. 예제에서는 상품을 홍보하는 인물 이미지를 한글 프롬프트를 입력하여 이미지 파일로 저장해 보겠습니다.

예제 콘셉트

캔바의 AI 이미지 생성 기능은 Text to Image(텍스트를 이미지로) 형식으로 제공되며, 사용자가 프롬프트 입력창에 문장이나 키워드를 입력하면 해당 설명을 기반으로 AI가 이미지를 자동으로 생성합니다. 이 기능은 원하는 이미지가 없거나, 상업적으로 사용 가능한 저작권 걱정 없는 이미지가 필요할 때, 또는 독창적이고 창의적인 시각 자료를 제작하고자 할 때 매우 유용하게 활용할 수 있습니다.

작업 패턴
KEYWORD

❶ 프롬프트 입력창에 생성하려는 이미지를 묘사하는 문장 입력
❷ 추가로 모자를 생성하기 위해 Magic Studio 옵션에서 Magic Edit 기능 사용
❸ 브러시로 생성하려는 영역을 지정한 다음 모자를 생성을 위한 프롬프트를 입력
❹ 공유 기능에서 생성된 이미지를 PC에 저장하기 위해 다운로드를 선택

01 텍스트로 원하는 인물 생성하기

원하는 인물을 생성하기 위해 인물의 복장과 분위기, 배경 부분을 프롬프트로 입력합니다.

01 | 캔바 홈 화면에서 [Canva AI]를 클릭합니다. 프롬프트 입력창에 다음과 같이 홍보를 위한 프롬프트를 입력합니다.

프롬프트

피자를 들고 홍보하는 20대 동양 여성

02 | 생성하려는 이미지의 가로, 세로 비율을 선택하기 위해 비율을 [3:4]로 지정한 다음 '제출하기' 아이콘(→)을 클릭합니다.

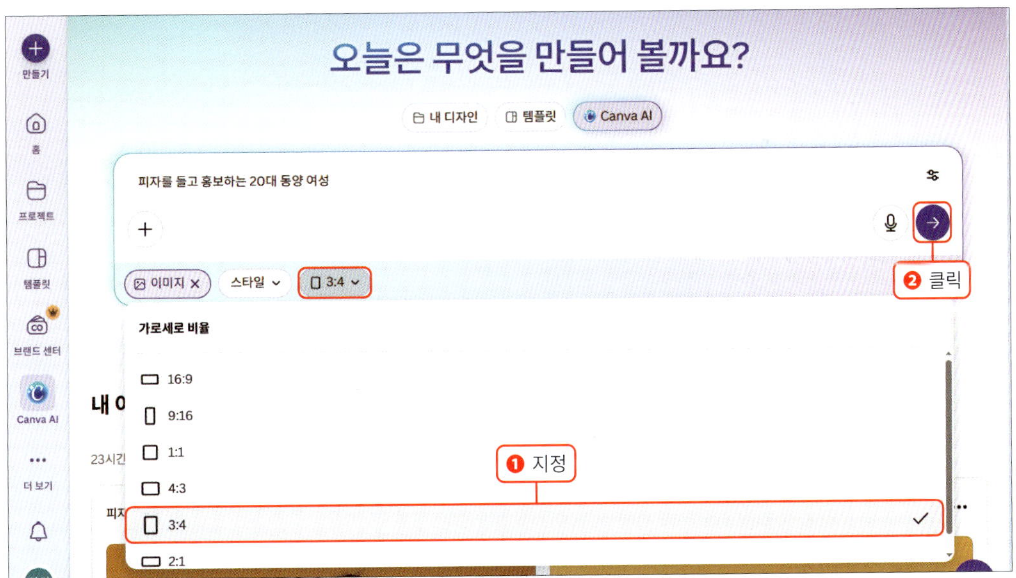

03 | 그림과 같이 프롬프트 입력한 문장대로 피자를 들고 있는 20대 동양 여성 이미지가 생성되었습니다.

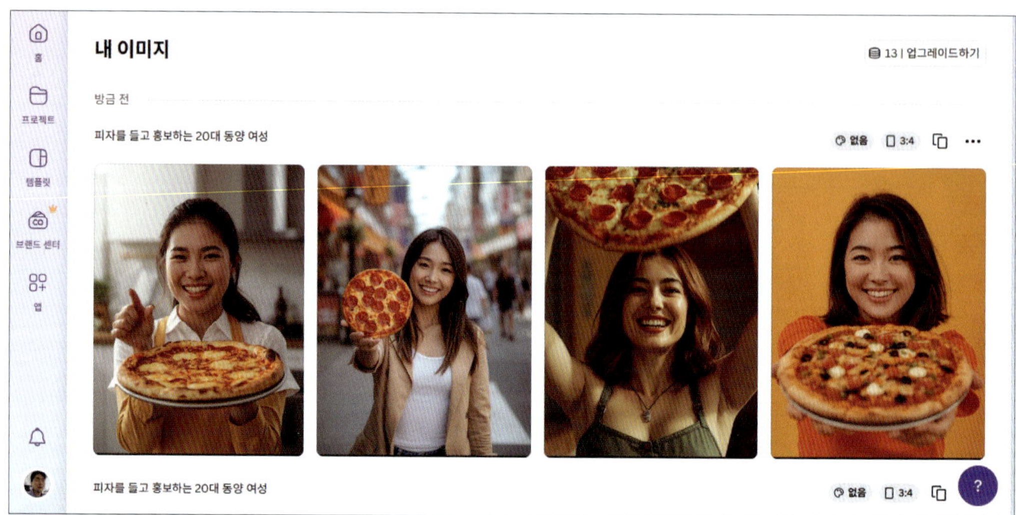

04 | 프롬프트를 구체화하기 위해 의상과 분위기, 배경 프롬프트를 추가 입력한 다음 '제출하기' 아이콘(→)을 클릭합니다.

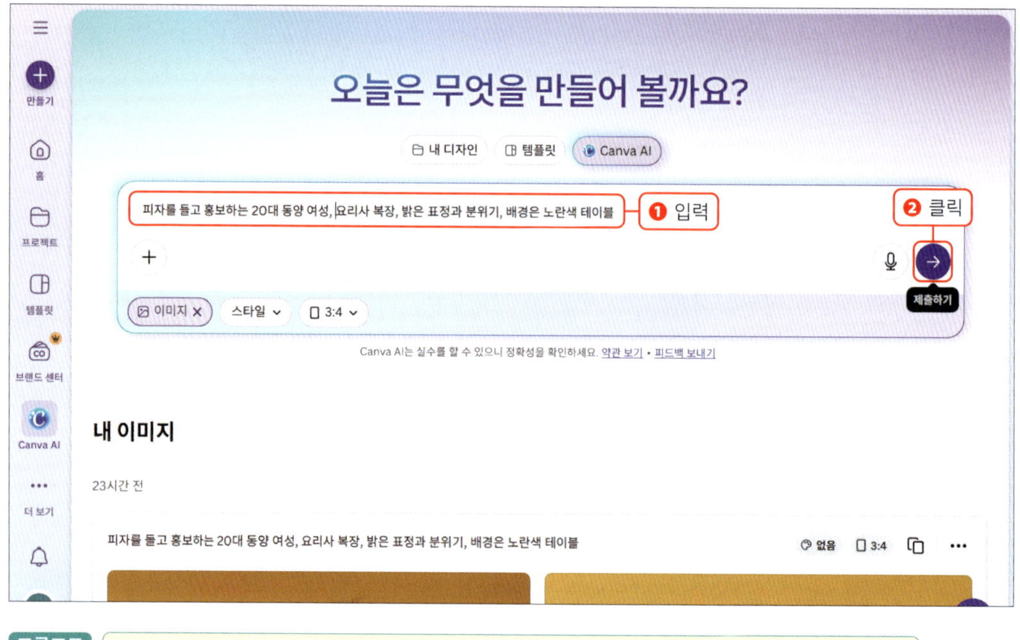

프롬프트 피자를 들고 홍보하는 20대 동양 여성, 요리사 복장, 밝은 표정과 분위기, 배경은 노란색 테이블

05 | 그림과 같이 프롬프트에 추가한 문장대로 요리사 복장의 인물이 생성되었습니다. 마음에 드는 인물을 선택하고 '다운로드' 아이콘(⬇)을 클릭하면 저장할 수 있습니다.

✦ **Tip**   같은 프롬프트를 이용하여 '제출하기' 아이콘(→)을 클릭할 때마다 같은 콘셉트의 다른 형태의 이미지가 4개씩 생성됩니다.

02 생성한 이미지의 일부분 수정하기

브러시로 영역을 설정한 다음 프롬프트를 입력하여 원하는 부분을 수정합니다. 수정이 완료되면 공유 기능으로 이미지 파일로 저장합니다.

06 | 예제에서는 다른 구도의 이미지를 원하여 이전과 같은 프롬프트로 재생성하였습니다. 생성된 이미지에서 바로 수정을 하기 위해 원하는 이미지에서 〈편집〉 버튼을 클릭합니다. 예제에서는 4번째 이미지를 신택했습니다.

07 | 인물에 캡모자를 생성하기 위해 상단 편집 툴바에서 [편집]을 클릭한 다음 Magic Studio 옵션에서 [Magic Edit]를 선택합니다.

08 | 브러시 크기를 '40'으로 설정한 다음 인물의 머리 위 모자가 생성될 영역을 드래그하여 지정합니다.

Tip 선택 영역이 잘못 지정되었다면 [선택 해제]를 클릭한 다음 브러시로 다시 영역을 지정합니다.

09 | 프롬프트 입력창에 로고가 있는 모자를 생성하기 위해 프롬프트를 입력하고 〈생성하기〉 버튼을 클릭합니다. 생성된 이미지를 저장하기 위해 〈공유〉 버튼을 클릭합니다.

프롬프트 피자 로고가 있는 빨간색 캡모자

10 | 디자인 공유 화면이 표시되면 내 PC에 저장하기 위해 [다운로드]를 클릭합니다. 다운로드 화면에서 파일 형식과 크기를 설정하고 〈다운로드〉 버튼을 클릭해 저장합니다.

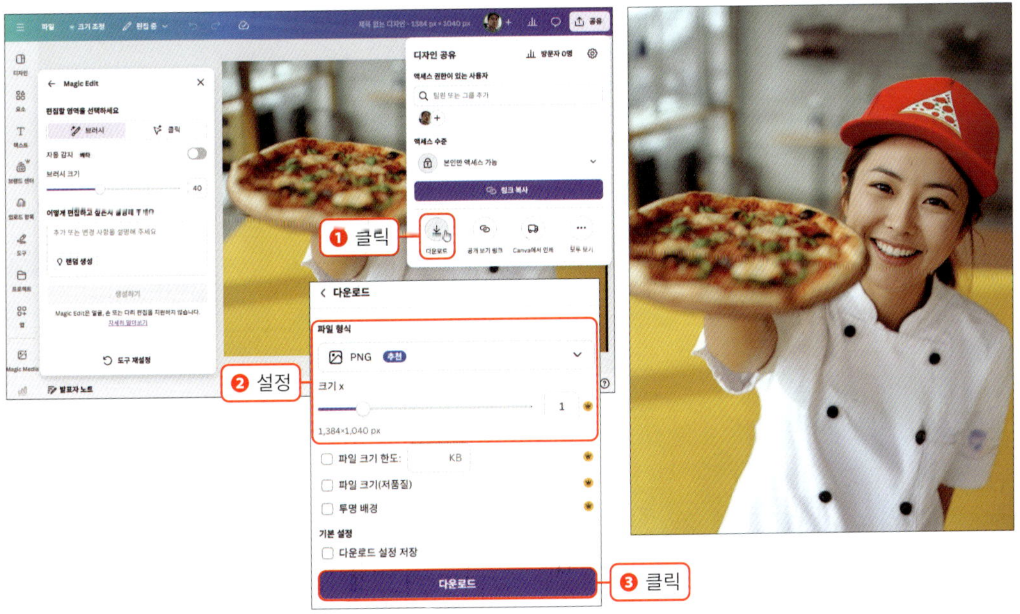

Tip 다운로드한 이미지 파일은 내 PC의 다운로드 폴더에 저장되며, 파일명은 입력한 프롬프트의 내용으로 자동 저장됩니다.

LESSON 06

캔바 AI로 음성이 있는
동영상 생성 미리보기 ❸

예제파일: source\제빵.jpg　　**완성파일:** source\제빵완성.mp4

캔바 AI의 동영상 클립 생성 기능을 이용하면 원하는 영상 생성이 가능하며, 효과음 등을 자동으로 추가가 가능합니다. 예제에서는 한장의 이미지를 업로드한 다음 인물이 빵을 자르는 오디오가 있는 영상을 생성해 보겠습니다.

예제 콘셉트

캔바의 AI 기반 동영상 클립 생성 기능은 사용자가 텍스트 프롬프트를 입력하기만 하면, 그 내용을 바탕으로 자동으로 동영상을 만들어주는 편리한 도구입니다. 이 기능을 활용하면 별도의 촬영이나 복잡한 편집 과정 없이도 최대 8초 길이의 짧은 동영상 클립을 오디오와 함께 손쉽게 생성할 수 있습니다. 또한 AI가 생성한 영상은 그대로 사용하는 것에 그치지 않고, 캔바가 제공하는 다양한 편집 도구를 통해 장면 구성, 텍스트, 효과, 음향 등을 세밀하게 조정하여 사용자의 의도와 목적에 맞게 자유롭게 수정할 수 있다는 장점이 있습니다.

작업 패턴
KEYWORD

❶ 캔바 AI에서 이미지를 업로드해 영상으로 생성
❷ 영상 장면을 표현하는 프롬프트를 입력한 다음 오디오 추가
❸ 오디오가 추가된 영상을 확인하고 다운로드

01 이미지를 클립 영상으로 생성하기

이미지를 이용하여 영상을 생성하면 원하는 장면 생성이 가능합니다. 참조용 파일 삽입 기능으로 이미지를 업로드하여 영상을 생성합니다.

01 | 웹브라우저에 'canva.com/ai'를 입력하여 캔바 홈 화면으로 이동한 다음 이미지를 생성하기 위해 AI 기능이 탑재된 [Canva AI]를 클릭합니다. 프롬프트 입력창을 클릭하고 하단에 표시되는 [동영상 클립]을 클릭합니다.

02 | 이미지를 업로드하기 위해 '참조용 파일 삽입' 아이콘(+)을 클릭하고 [업로드]를 선택합니다. 열기 대화상자가 표시되면 source 폴더에서 '제빵.jpg' 파일을 선택하고 〈열기(O)〉 버튼을 클릭합니다.

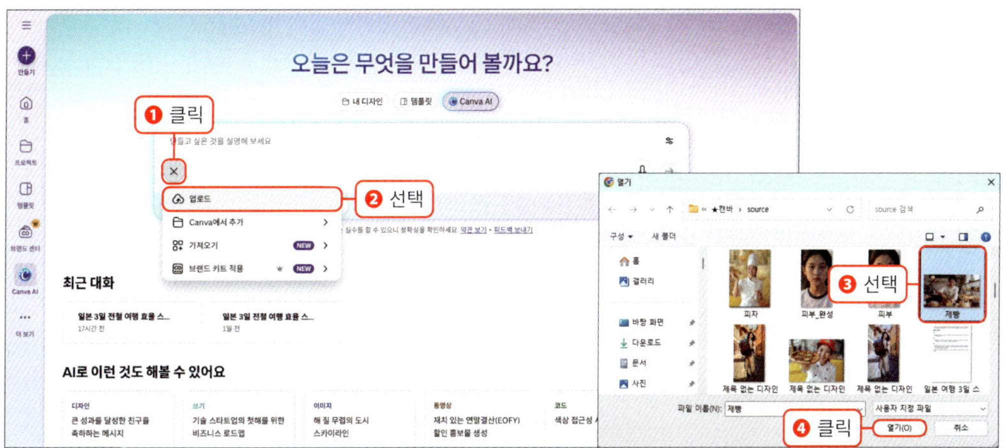

03 | 이미지가 업로드되면 이미지를 기준으로 인물이 행복한 표정으로 빵을 자르는 영상을 생성하기 위해 다음의 프롬프트를 입력합니다.

프롬프트　행복한 표정으로 인물이 빵을 나이프로 자르는 영상

02 영상에 어울리는 오디오 추가하기

인물을 동작을 묘사하는 프롬프트가 완성되었다면, 사운드를 추가하여 영상을 완성합니다.

04 | 영상에 사운드를 추가하기 위해 [오디오 없음]을 클릭해 [오디오 추가]를 선택합니다. 다른 변경사항이 없다면 '제출하기' 아이콘(→)을 클릭합니다.

05 | 그림과 같이 영상이 생성되면 영상 오른쪽 하단에 '재생' 아이콘(▶)에 마우스를 위치시키거나 클릭하여 영상을 확인합니다.

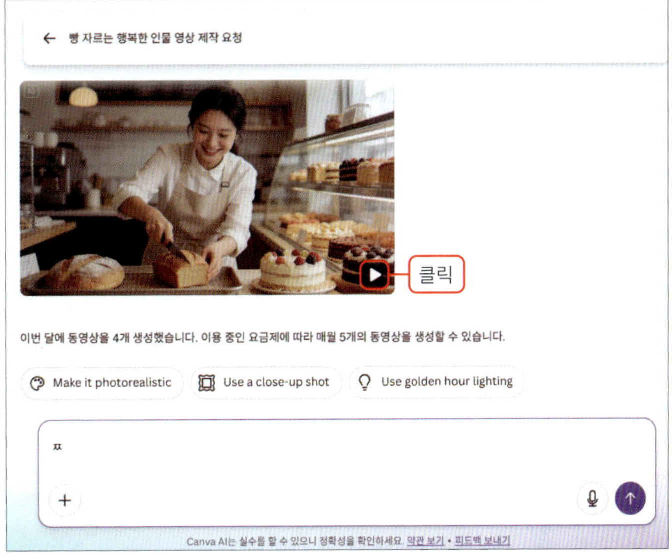

06 | 영상이 확대되어 표시되면, 추가된 오디오를 확인하고 '다운로드' 아이콘(⬇)을 클릭하여 영상을 동영상 파일로 저장합니다.

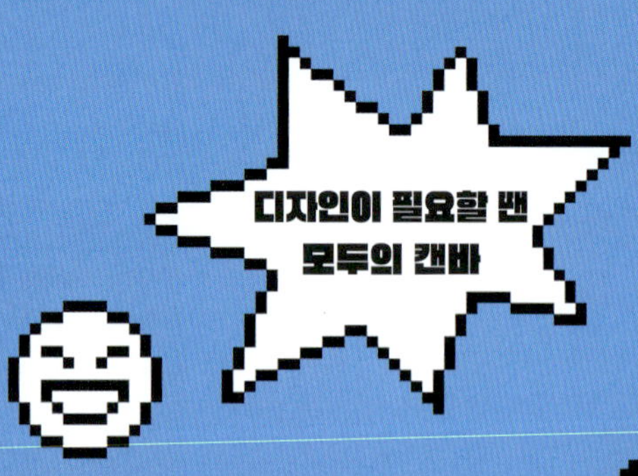

PART 2

이제 이미지는 캔바 AI로 직접 만든다!

캔바 AI를 활용해 작업에 꼭 맞는 이미지를 직접 만들고, 자유롭게 편집하는 방법을 다룹니다. 콘텐츠 기획과 영상 제작에 바로 활용할 수 있도록, AI 이미지 생성 기능의 기본부터 원하는 비율·스타일로 이미지를 만드는 법, 프롬프트와 이미지 첨부를 활용해 동일한 스타일을 유지하는 방법까지 단계별로 살펴봅니다. 또한 포토샵이 부럽지 않은 캔바 편집기를 활용해 배경 교체, 불필요한 요소 제거, 영역 확장 등 실무에 바로 쓰이는 편집 노하우와 화면 구성에 맞는 비율 조정, 구도와 분위기 연출까지 한 번에 익혀봅니다. 이 파트를 통해 AI 이미지 생성부터 편집까지의 흐름을 자연스럽게 연결해 보세요.

이미지+영상 생성 콘텐츠 생성까지!
!!!
AI 캔바 AI 이미지 생성 편
무엇이든 디자인하는 캔바 AI

LESSON 01

캔바에서 이미지 생성하기

캔바의 AI 이미지 생성 기능은 사용자로 하여금 단순한 키워드 입력만으로도 시각적으로 완성도 높은 이미지를 제작할 수 있도록 돕는 인공지능 기반 도구입니다. 특히 영상 제작자나 콘텐츠 기획자, 디자이너처럼 시각적 표현이 중요한 직군에게는 빠르게 콘셉트를 시각화하고, 다양한 스타일의 이미지를 실험해 볼 수 있는 매우 유용한 기능이라 할 수 있습니다.

01 텍스트 프롬프트 기반 이미지 생성

캔바의 AI 이미지 생성 기능은 사용자가 입력한 텍스트 프롬프트를 출발점으로 이미지 생성 과정을 본격적으로 시작합니다. 사용자는 복잡한 명령어나 전문 용어를 사용할 필요 없이 일상적인 자연어 문장만으로도 원하는 이미지의 장면, 분위기, 대상, 스타일을 비교적 자유롭게 설명할 수 있습니다. 이렇게 입력된 문장은 인공지능 언어 처리 기술에 의해 분석되며, 문장 속에 포함된 핵심 의미와 맥락, 시각적으로 구현 가능한 요소들로 인식합니다.

AI는 대상의 형태와 특징, 색감, 공간 구성, 감정적 분위기와 같은 시각적 단서를 자동으로 추출하고, 이를 이미지 생성 모델이 이해할 수 있는 구조로 재구성합니다. 이 과정에서 사용자의 의도가 최대한 반영되도록 세부 요소 간의 관계와 우선순위가 함께 고려되며, 결과적으로 텍스트로 표현된 상상 속 장면이 시각 이미지로 구체화됩니다. 이를 통해 사용자는 전문적인 디자인 지식이 없더라도 자신의 아이디어를 빠르고 직관적으로 이미지로 구현할 수 있습니다.

예를 들어 사용자가 '산속의 고요한 호수 옆의 텐트, 포토 스타일'이라는 문장을 입력하면, AI는 이 문장에서 '안개', '산', '호수', '텐트' '고요한 분위기', '포토'와 같은 시각적 단어와 스타일 요소를 인식하게 됩니다. 이후 이러한 요소들을 조합하여 하나의 이미지로 재구성하는데, 이때 장면의 분위기나 질감, 색감, 구성 등을 통합적으로 고려합니다.

텍스트 프롬프트는 간단한 키워드만 나열하기보다는 전체적인 장면의 배경, 분위기, 주요 사물, 감정 상태, 스타일 등을 함께 포함하는 방식으로 구체적으로 작성하는 것이 훨씬 더 정밀하고 만족스러운 결과를 얻는 데 효과적입니다.

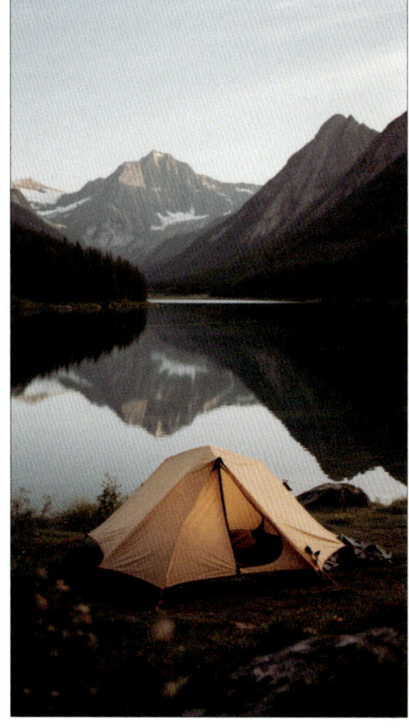

산속의 고요한 호수 옆의 텐트, 포토 스타일

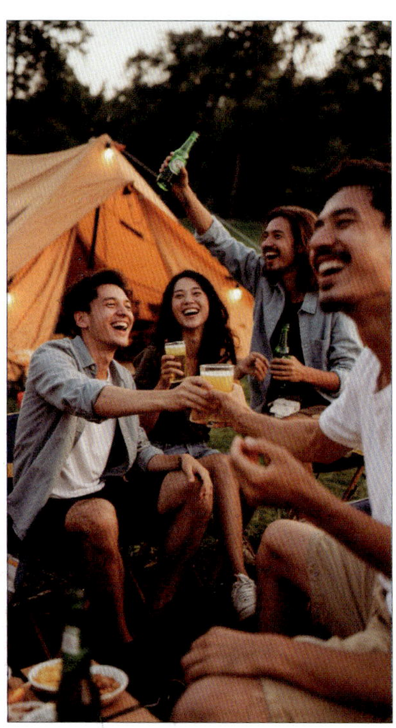

캠핑장에서 파티를 하는 즐거운 사람들, 행복한 표정

02 이미지 첨부 기능

캔바의 AI 이미지 생성 기능은 단순히 텍스트 입력에만 의존하지 않고, 사용자가 업로드한 기준 이미지(레퍼런스 이미지)를 함께 활용할 수 있다는 점에서 큰 강점을 가집니다. 이는 단어만으로는 설명하기 어려운 스타일, 분위기, 구도, 감정 표현 등을 시각적으로 전달할 수 있게 해 주어, 보다 정밀하고 사용자의 의도에 부합하는 이미지 생성이 가능하게 합니다.

사용자는 자신이 제작한 콘셉트 아트, 장면 컷, 캐릭터 시안, 특정 스타일의 참고 이미지 등을 업로드할 수 있으며, AI는 이를 단순 배경이 아닌 색상 팔레트, 광원, 인물 구성, 감정 표현, 질감 등 시각적 특징 전반을 분석해 텍스트 프롬프트와 결합합니다. 이 과정에서 텍스트와 이미지가 조화를 이루는 결과물이 탄생합니다.

예를 들어, 과거에 만든 캐릭터 콘셉트를 업로드하고 "이 스타일을 유지하면서 여성을 남성으로 바꿔 주세요"라는 프롬프트를 입력하면, AI는 기존 이미지의 색감과 표정, 스타일을 반영하면서도, 새로운 조건(성별, 계절, 배경 등)에 맞는 이미지로 재창조해냅니다. 즉, 기존 이미지의 정체성은 유지하면서도 새로운 방향으로 확장하는 유연한 생성이 가능한 것입니다.

스타일 참고를 위해 첨부한 이미지

오리와 책을 보는 여성. 웹툰 스타일

첨부 이미지를 반영해 생성한 이미지

숲속에서 독수리와 책을 보는 20대 남성

03 스타일 및 시각적 완성도를 직접 조율하는 기능

캔바의 AI 이미지 생성 기능은 단순히 문장을 입력하면 이미지를 자동으로 생성하는 수준을 넘어, 사용자가 직접 이미지의 스타일과 품질 요소를 선택하고 조정할 수 있는 기능을 제공합니다. 이를 통해 사용자는 생성 결과물을 보다 세밀하게 제어할 수 있으며, 이미지가 단순히 시각적으로 아름다운 것에 그치지 않고 콘텐츠의 목적과 전달하고자 하는 메시지, 나아가 브랜드 정체성에 부합하도록 설계할 수 있습니다. 이러한 특성은 디자인 경험이 부족한 사용자에게도 체계적인 크리에이티브 작업 환경을 제공한다는 점에서 의미가 있으며, 특히 시각 자료 활용이 요구되는 학교 과제 수행 과정에서 효과적으로 활용될 수 있습니다.

특히 캔바의 AI 이미지 생성 기능에서 중요한 요소 중 하나는 이미지의 기본 비율(Aspect Ratio)을 사전에 설정할 수 있다는 점입니다. 캔바는 가로형(16:9), 세로형(9:16), 정사각형(1:1) 등 다양한 비율 옵션을 제공하며, 사용자는 과제의 제출 형태와 활용 목적에 따라 적절한 비율을 선택할 수 있습니다. 예를 들어, 발표 수업에서 사용하는 프레젠테이션 자료나 보고서용 표지 이미지에는 가로형 비율이 적합하며, 온라인 학습 플랫폼이나 SNS 기반 과제 제출에는 세로형 이미지가 효과적일 수 있습니다. 또한 탐구 보고서의 삽화나 과제 표지, 자료 요약 이미지 등에는 정사각형 비율이 범용적으로 활용될 수 있습니다.

이와 같이 이미지 생성 단계에서 비율을 미리 설정함으로써, 과제 결과물은 제출 매체의 화면 구성과 형식에 자연스럽게 부합할 수 있으며, 이후 불필요한 수정 작업을 줄일 수 있습니다. 이는 과제 준비 과정에서의 시간 관리와 작업 효율성을 향상시키는 데 기여하며, 시각적으로 성돈된 자료를 통해 과제의 완성도와 전달력을 높이는 효과를 가져옵니다. 따라서 캔바의 AI 이미지 생성 기능은 단순한 이미지 제작 도구를 넘어, 학교 과제 수행 시 요구되는 시각 자료를 효율적으로 제작할 수 있도록 지원하는 실용적인 학습 도구라고 할 수 있습니다.

4:3 비율

3:4 비율

1:1 비율

캠핑장에서 파티를 하는 즐거운 사람들, 지브리 스타일

캠핑장에서 파티를 하는 즐거운 사람들, 수채화 스타일

04 콘텐츠 기획과 영상 제작에 활용

캔바의 AI 이미지 생성 기능은 단순한 이미지 생성 툴을 넘어, 영상 제작자에게 실질적인 도움이 되는 비주얼 프리프로덕션 도구로 기능합니다. 특히 기획 초기 단계에서 아이디어를 시각화하거나 콘셉트를 구체화하는 데 있어 매우 유용하게 활용될 수 있습니다.

우선 시나리오 작성이나 콘티(Storyboard) 작업 단계에서, AI 이미지 생성을 통해 각 장면의 분위기나 구도를 빠르게 시각화할 수 있습니다. 예를 들어, 특정 씬이 "안개 낀 새벽 도시의 골목"이라면, 이를 글로 설명하는 것보다 텍스트 프롬프트와 함께 스타일을 지정해 이미지로 표현하는 것이 훨씬 직관적이고 설득력 있게 의도를 전달할 수 있습니다. 이는 연출자나 촬영팀, 클라이언트와의 커뮤니케이션 과정에서 콘셉트를 명확히 공유할 수 있게 도와주며, 사전 시각 자료를 통해 연출 방향성에 대한 공감대를 빠르게 형성할 수 있습니다.

또한, 캐릭터 설정과 디자인 테스트에서도 AI 이미지 생성은 큰 역할을 합니다. 하나의 인물을 여러 스타일로 변형하거나, 의상, 배경, 표정 등을 다양하게 실험해보는 과정에서 직접 일일이 그리거나 촬영할 필요 없이 텍스트 프롬프트와 레퍼런스 이미지를 조합해 빠르게 수십 가지 버전을 생성할 수 있습니다. 예를 들어, 동일한 캐릭터에 대해 '교복 의상', '힙합풍 캐주얼 의상', '한복 의상', '소방복 의상' 등 시즌별, 콘셉트별 외형을 시각적으로 비교해볼 수 있어 기획 의사결정이 훨씬 더 명확하고 효율적으로 이루어집니다.

교복 의상

힙합풍 캐주얼 의상

한복 의상

소방복 의상

캔바의 AI 생성 이미지는 또한 SNS 콘텐츠, 유튜브 썸네일, 장면 전환용 컷, 배경화면 등 다양한 영상 구성 요소로도 폭넓게 활용될 수 있습니다. 특히 영상의 몰입도를 결정짓는 시각적 요소들을 빠르게 제작하고 테스트해볼 수 있기 때문에, 전체 영상의 퀄리티와 완성도를 높이는 데 기여합니다. 짧은 시간 안에 여러 스타일의 이미지를 반복 생성해 비교하고 선택할 수 있어, 제한된 제작 시간 안에 콘텐츠 다양성과 창의성을 동시에 확보할 수 있는 장점이 있습니다.

무엇보다 캔바는 직관적인 인터페이스와 빠른 반응 속도를 기반으로, 영상 기획자나 디자이너가 별도의 전문 디자인 툴을 사용하지 않더라도 손쉽게 이미지를 생성하고 조정할 수 있도록 설계되어 있습니다. 텍스트 프롬프트만으로도 상당히 정교한 이미지가 생성되며, 이미지 레퍼런스를 함께 첨부하면 스타일과 톤도 보다 일관되게 조절할 수 있습니다. 이로 인해 영상 제작 전반에 걸쳐 빠르고 유연하게 시각 자료를 확보할 수 있으며, 아이디어를 더욱 민첩하게 시각화하고, 클라이언트나 팀 내부 커뮤니케이션에서 높은 설득력을 발휘할 수 있습니다.

동일한 인물 이미지를 생성한 다음 다양한 콘셉트로 영상 생성 가능

캔바의 AI 이미지 생성 기능은 콘텐츠 기획자와 영상 제작자에게 있어 단순한 디자인 도구를 넘어, 기획력, 시각화 역량, 커뮤니케이션 효율을 함께 높여주는 창작 파트너라 할 수 있습니다. 이 기능은 창작자의 상상력을 빠르게 시각화해줄 뿐만 아니라, 실제 제작 과정에서의 시간과 자원을 절약하고, 더 풍부하고 창의적인 결과물을 이끌어내는 데 실질적으로 기여합니다.

LESSON 02
원하는 비율과 스타일로 이미지 생성하기

완성파일: source\홍보1~4.jpg

캔바의 이미지 생성 기능에서는 프롬프트 입력 시 이미지의 주제뿐 아니라 비율과 시각적 스타일까지 함께 지정할 수 있습니다. 예를 들어, 프롬프트 입력창에 호주 홍보용 이미지 생성을 요청하면, 호주를 연상시키는 핵심 키워드와 문구가 자동으로 구성되며, 이를 바탕으로 관광 홍보에 적합한 이미지를 동시에 생성할 수 있습니다. 예제에서는 동일한 '호주 여행 홍보' 주제를 기준으로, 사진 스타일과 일러스트 스타일 두 가지 방식의 이미지를 생성해 스타일 설정이 결과물에 미치는 영향을 비교합니다.

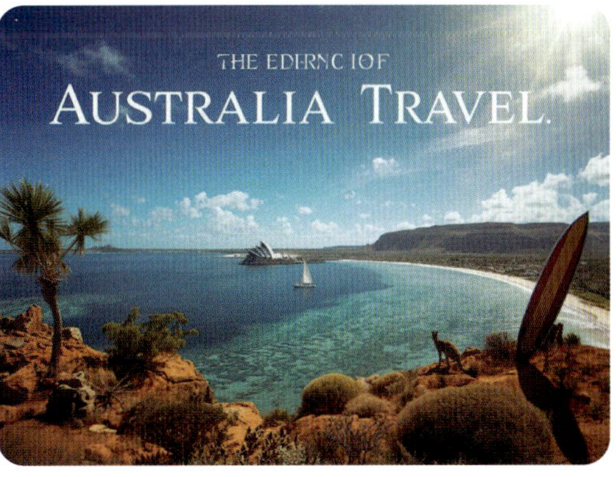

작업 패턴 KEYWORD

❶ 프롬프트 입력창에 여행지를 홍보하는 이미지를 입력하여 이미지 생성
❷ 이미지 비율 옵션에서 4:3을 선택
❸ 스타일을 지정하여 일러스트 스타일의 이미지 생성 후 PC에 저장

예제 콘셉트

캔바는 AI 기반 이미지 생성 기능인 'Text to Image(텍스트로 이미지 생성)'를 제공하여, 사용자가 입력한 문장이나 키워드를 바탕으로 자동으로 이미지를 만들어 줍니다. 이 기능을 활용하면 별도의 디자인 경험이 없어도 원하는 분위기와 콘셉트의 이미지를 손쉽게 제작할 수 있으며, 이미지 생성 과정에서 비율(가로형, 세로형, 정사각형 등)과 사진 · 일러스트 · 아트 스타일 등 다양한 스타일 옵션을 자유롭게 설정할 수 있습니다. 이를 통해 홍보용 이미지, 프레젠테이션 자료, SNS 콘텐츠 등 다양한 목적에 맞는 시각 자료를 빠르고 효율적으로 제작할 수 있습니다.

01 사진 스타일 이미지 생성하기

프롬프트를 입력하여 여행 홍보 주제로 기본적인 사진 스타일의 이미지를 생성합니다.

01 | 웹브라우저에 'canva.com/ai'를 입력하여 캔바 홈 화면으로 이동한 다음 이미지를 생성하기 위해 AI 기능이 탑재된 [Canva AI]를 클릭합니다. 프롬프트 입력창을 클릭한 다음 생성하려는 이미지를 묘사하는 문장을 프롬프트 창에 입력합니다. 예제에서는 여행 홍보 이미지를 생성하기 위해 다음과 같이 입력하고 [이미지]를 클릭합니다.

프롬프트 호주 여행 홍보 이미지를 생성해 줘

02 | 별다른 효과 없이 기본적인 사진 스타일의 이미지를 얻기 위해 프롬프트 하단에 [스타일]을 클릭한 다음 [없음]을 선택합니다.

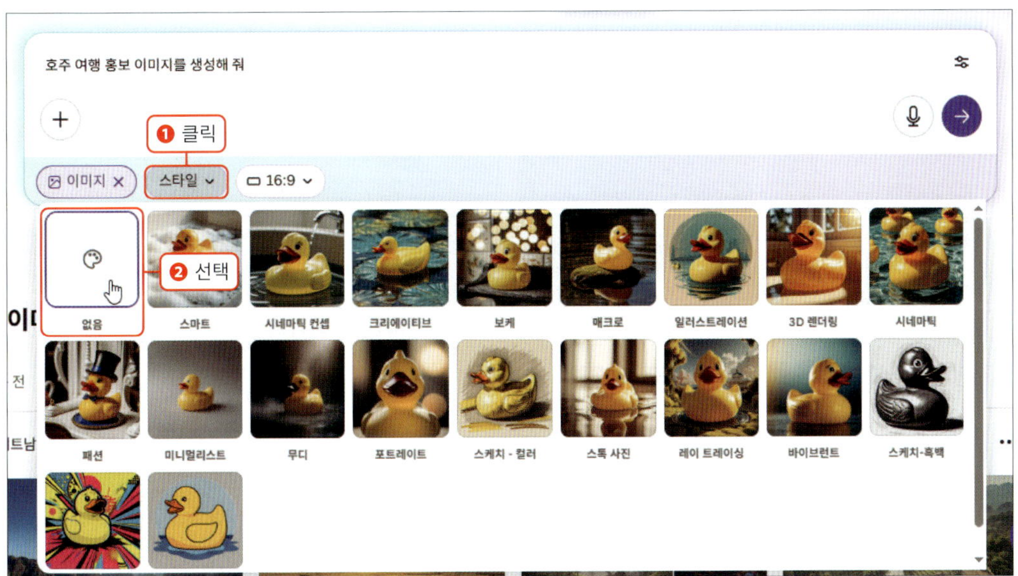

03 | 프롬프트 입력창 하단에 [비율]을 클릭하고 원하는 생성 비율을 선택합니다. 예제에서는 [4:3] 비율을 선택하고 '제출하기' 아이콘(→)을 클릭합니다.

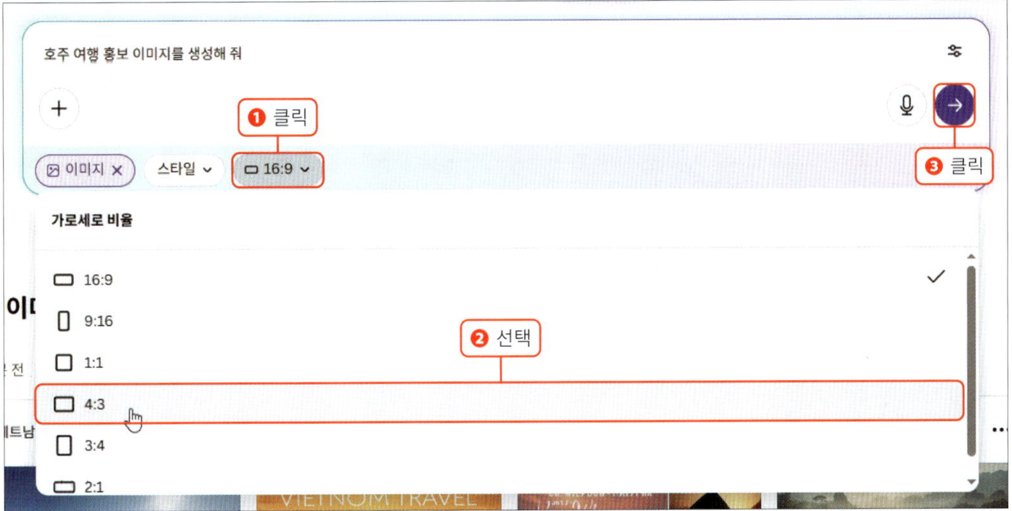

04 | 그림과 같이 4:3 비율의 호주 여행을 홍보하는 사진 이미지가 생성되었습니다. 마음에 드는 이미지에 마우스를 위치시키고 표시되는 '다운로드' 아이콘(⬇)을 클릭하여 내 PC에 저장합니다.

02 일러스트 스타일 이미지 변경하기

스타일 기능으로 기본 사진 스타일을 일러스트 스타일 이미지로 생성합니다.

05 | 같은 프롬프트로 스타일을 다르게 생성해 보겠습니다. 프롬프트 하단에 [스타일]을 클릭하고 [일러스트레이션]을 선택한 다음 '제출하기' 아이콘(→)을 클릭합니다.

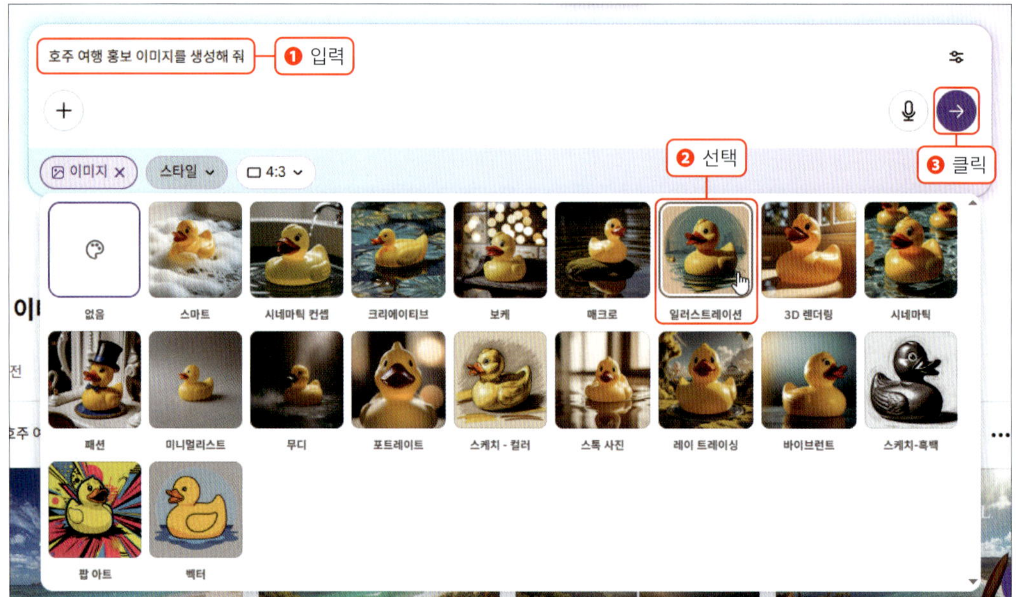

06 | 일러스트 스타일의 여행 홍보 이미지가 생성되는 것을 확인할 수 있습니다. 또 다른 방법으로 생성된 이미지 목록 오른쪽 상단에 표시되는 '프롬프트 재사용' 아이콘(🗗)을 클릭하여 비율과 스타일을 유지하면서 이미지를 재생성해 보겠습니다.

07 | 자동으로 프롬프트 입력창에 이전에 입력한 프롬프트가 표시되면 '제출하기' 아이콘(→)을 클릭합니다. 동일한 콘셉트의 이미지가 생성되는 것을 확인할 수 있습니다.

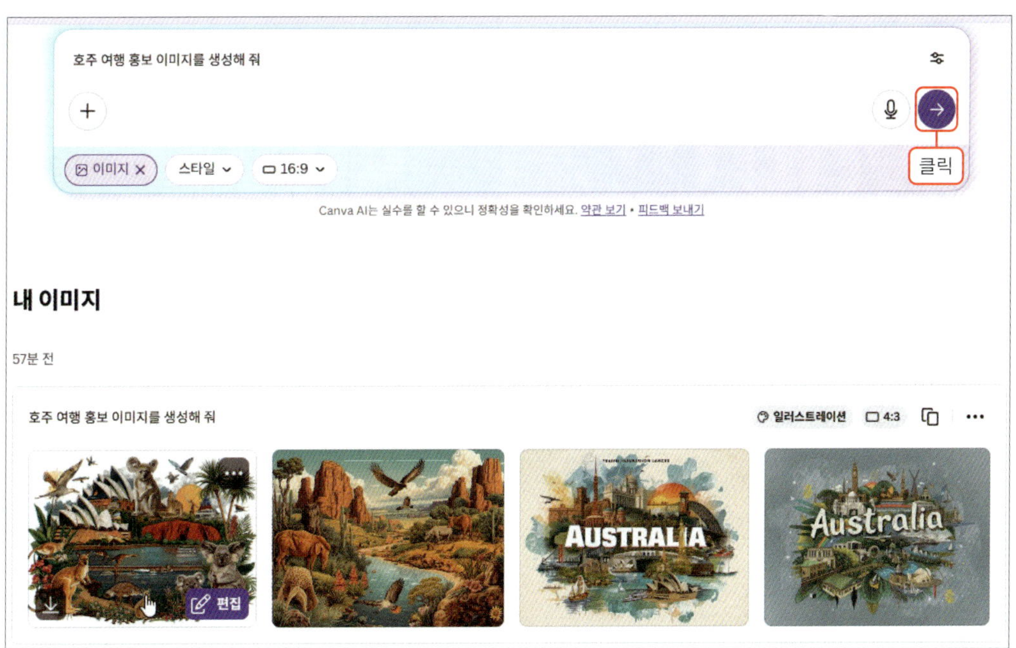

LESSON 03 콘셉트에 맞게 프롬프트로 이미지 변경하기

완성파일: source\페스티벌1~2.jpg

캔바에서는 AI 이미지 생성 기능을 활용하여 사용자가 원하는 이미지를 손쉽게 만들 수 있을 뿐만 아니라, 생성된 이미지의 특정 부분을 프롬프트를 입력함으로써 해당 요소를 세부적으로 수정하거나 교체할 수 있는 기능도 제공합니다. 예제에서는 프롬프트 입력만으로 문자 수정과 배경 이미지를 변경해 보겠습니다.

예제 콘셉트

캔바에서는 AI 이미지 생성 기능을 활용하여 사용자가 원하는 이미지를 손쉽게 만들 수 있을뿐만 아니라, 생성된 이미지의 특정 부분을 프롬프트를 입력함으로써 해당 요소를 세부적으로 수정하거나 교체할 수 있는 기능도 제공합니다. 예제에서는 프롬프트 입력만으로 문자 수정과 배경 이미지를 변경해 보겠습니다.

작업 패턴 KEYWORD

❶ 프롬프트 입력창에 페스티벌 포스터를 입력하여 이미지 생성
❷ 이미지 비율 옵션에서 3:4를 선택
❸ 프롬프트 입력창에 변경하려는 문자와 배경 프롬프트를 입력하여 수정

01 축제 포스터에서 색감과 문자 변경하기

YOUTH FESTIVAL 문자가 있는 축제 포스터에서 SILVER FASTIVAL 문자로 변경하고 야간 연주회 느낌의 색감으로 변경해 봅니다.

01 | 웹브라우저에 'canva. com/ai'를 입력하여 캔바 홈 화면으로 이동한 다음 이미지를 생성하기 위해 AI 기능이 탑재된 [Canva AI]를 클릭합니다. 프롬프트 입력창에 [이미지]를 클릭하고 축제 포스터를 생성하기 위해 다음의 프롬프트를 입력합니다.

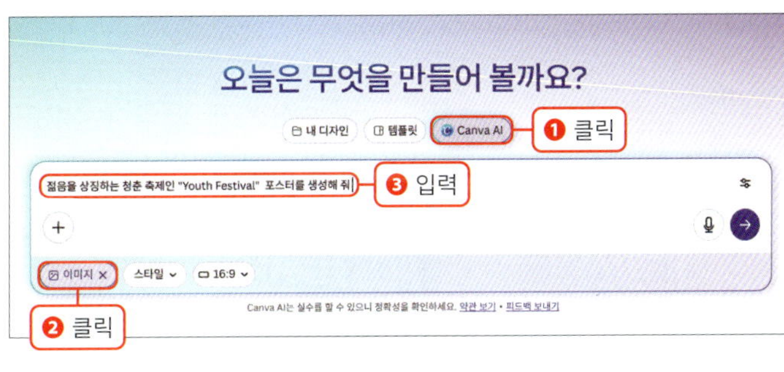

프롬프트   젊음을 상진하는 청춘 축제인 "Youth Festival" 포스터를 생성해 줘

02 | [비율]을 클릭하고 [3:4]를 선택한 다음 '제출하기' 아이콘(→)을 클릭합니다.

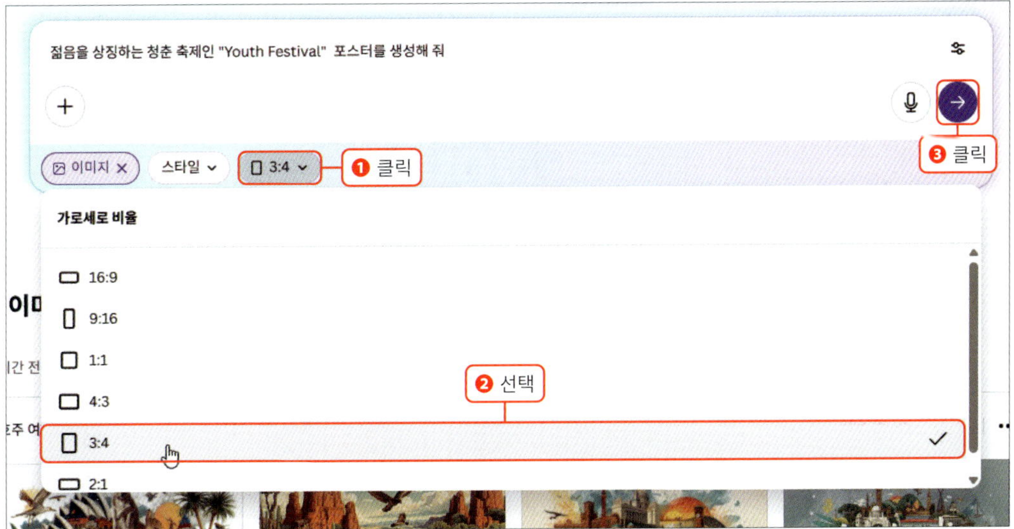

03 | 그림과 같이 YOUTH FESTIVAL 문자가 있는 포스터가 생성되었습니다. 마음에 드는 변경할 포스터를 클릭합니다.

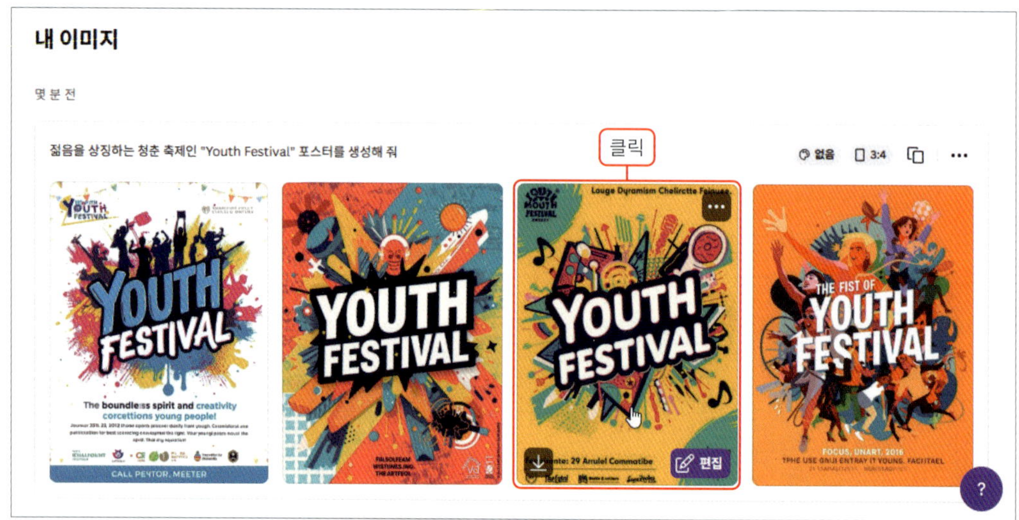

04 | 선택한 이미지가 확대되면 포스터의 문자를 변경하겠습니다. 하단 프롬프트 입력창에 다음과 같이 입력하고 '제출' 아이콘(↑)을 클릭합니다.

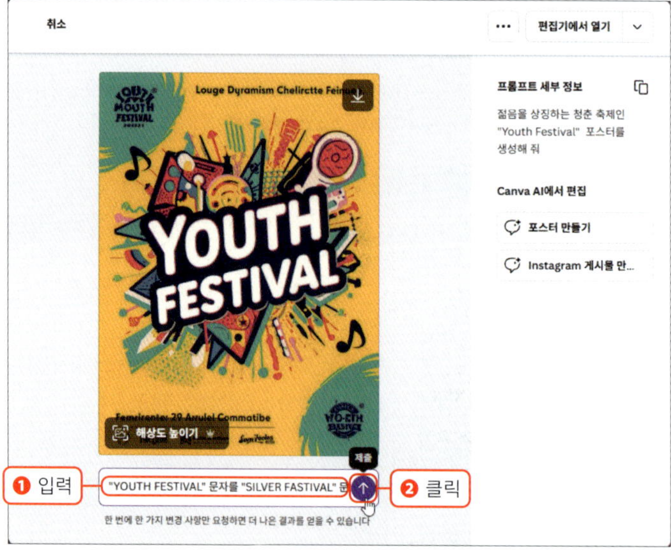

프롬프트 "YOUTH FESTIVAL" 문자를 "SILVER FASTIVAL" 문자로 변경해 줘

05 | 그림과 같이 YOUTH FESTIVAL 문자가 SILVER FASTIVAL 문자로 변경된 것을 확인할 수 있습니다. 추가로 이미지를 변경하기 위해 생성된 이미지를 클릭합니다.

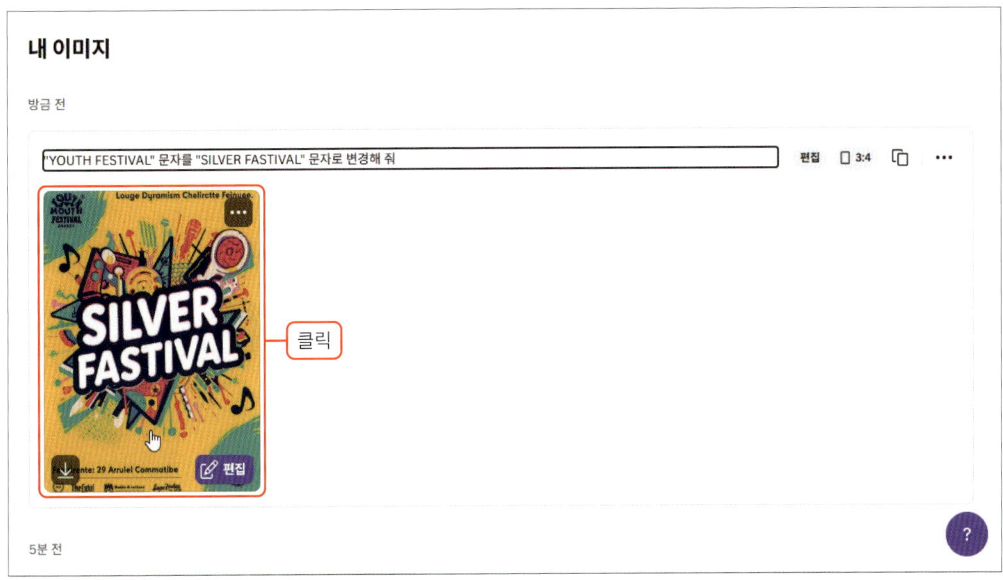

06 | 이미지가 확대되면 배경을 변경하기 위해 다음의 프롬프트를 입력하고 '제출' 아이콘(→)을 클릭합니다. 야간 연주회 느낌의 이미지로 변경된 것을 확인할 수 있습니다.

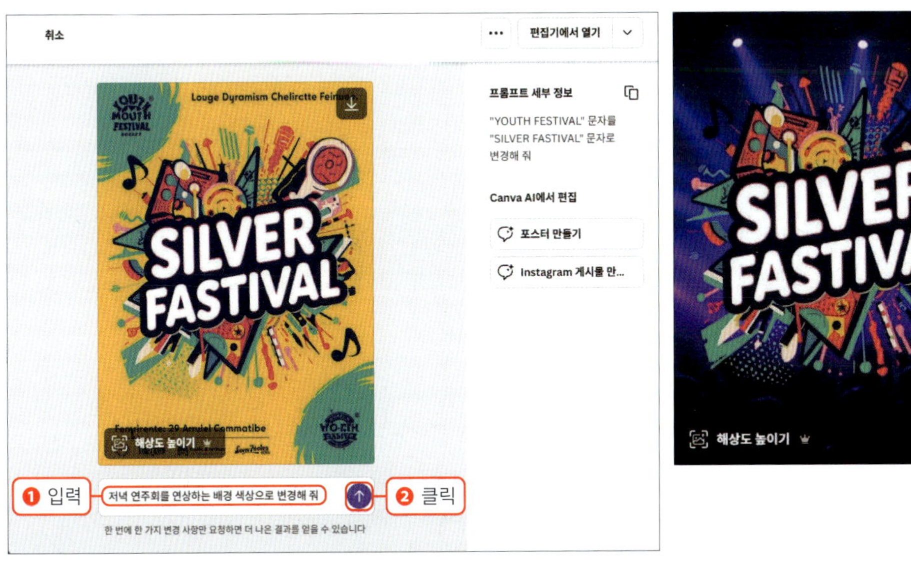

프롬프트 야간 조명이 있는 저녁 연주회 분위기로 변경해 줘

LESSON 04

첨부 이미지와 동일한 스타일의 이미지 생성하기

예제파일: source\webtoon.jpg **완성파일**: source\webtoon_완성.jpg

캔바에서는 사용자가 첨부한 이미지의 스타일이나 분위기를 분석해, 텍스트 프롬프트와 결합한 더 정교한 결과물을 만들어냅니다. 이 기능은 영상 제작자나 디자이너가 장면 콘셉트를 구상하거나 제안할 때 특히 유용하게 활용됩니다. 예제에서는 참조용 삽입 기능으로 동일한 스타일의 이미지를 생성해 보겠습니다.

참조할 원본 이미지

완성 이미지

예제 콘셉트

이미지를 기반으로 AI 이미지를 생성하려면 먼저 참고할 이미지를 업로드합니다. 업로드된 이미지는 프롬프트 입력창에 썸네일 형식으로 표시되며, 이를 통해 AI는 해당 이미지의 스타일, 구도, 색감 등 시각적 특징을 분석하게 됩니다. 이후 프롬프트 입력창에 원하는 문장을 함께 입력하면 업로드한 이미지의 분위기와 스타일을 반영하여 새로운 이미지가 생성됩니다.

작업 패턴
KEYWORD

❶ 미디어 추가 기능으로 참조 이미지 업로드한 다음 이미지 사용 지정
❷ 추가된 이미지를 기준으로 이미지를 생성하기 위해 프롬프트 입력창에 문장 입력

01 스타일 이미지 첨부하기

일러스트 스타일의 이미지를 첨부한 다음 이를 기준으로 프롬프트를 입력하여 동일한 일러스트 스타일의 이미지를 생성해 봅니다.

01 | 캔바 홈 화면 상단에 [Canva AI]를 클릭하여 프롬프트 입력창을 활성화합니다. 참조 이미지를 추가하기 위해 '참조용 파일 삽입' 아이콘(+)을 클릭하고 [업로드]를 선택합니다. 열기 대화상자가 표시되면 source 폴더에서 'webtoon.jpg' 파일을 선택한 다음 〈열기(O)〉 버튼을 클릭합니다.

Tip 참고용 이미지를 업로드하면 별도의 스타일 지정 없이 해당 이미지를 기준으로 유사한 스타일의 이미지를 생성합니다.

02 | 프롬프트 입력창에 업로드한 이미지가 썸네일 형식으로 표시됩니다. 추가된 이미지를 기준으로 독수리와 책을 보는 남성 이미지를 생성하기 위해 프롬프트 입력창에 문장을 입력하고 '제출하기' 아이콘(→)을 클릭합니다.

프롬프트 숲속에서 독수리와 책을 보는 20대 남성

03 | 그림과 같이 추가한 이미지와 같은 스타일의 이미지가 생성된 것을 확인할 수 있습니다. 예제에서는 2번 이미지를 선택했습니다.

04 | 여성에서 남성, 오리에서 독수리로 변경하여 같은 스타일의 이미지가 생성되었습니다.

Tip 첨부 이미지의 스타일을 유사하게 따라가기 때문에 틀에서 크게 벗어나지 않는 선으로 생성됩니다. 추후 편집을 통해 세부적인 부분을 변경하는 것을 추천드립니다.

LESSON 05

포토샵 부럽지 않은 캔바 편집기

캔바의 AI 이미지 편집 기능은 배경 제거, 이미지 확장, 불필요한 요소 삭제(Generative Fill) 등 고급 기능을 손쉽게 사용할 수 있도록 지원합니다. 드래그 몇 번만으로 작업이 가능해 빠르고 효율적인 수정에 적합합니다. 또한 캔바 AI는 단순한 보조 도구를 넘어, 썸네일, 배경, 캐릭터 콘셉트 아트처럼 영상 제작에 필요한 핵심 비주얼을 직접 생성할 수 있는 강력한 창작 도구로 활용됩니다.

01 편집기 화면 살펴보기

편집할 이미지를 [편집기]로 실행하면 다음과 같은 화면이 표시됩니다. 왼쪽 패널에는 기본적인 편집 도구가 모여 있으며, 이미지 수정과 관련된 다양한 기능을 제공합니다. 상단의 편집 탭을 선택하면, 이미지 보정, 필터, 효과, 배경 제거 등 다양한 메뉴를 활용할 수 있습니다. 여기서 핵심 기능인 조정 기능과 매직 스튜디오 기능을 살펴보겠습니다.

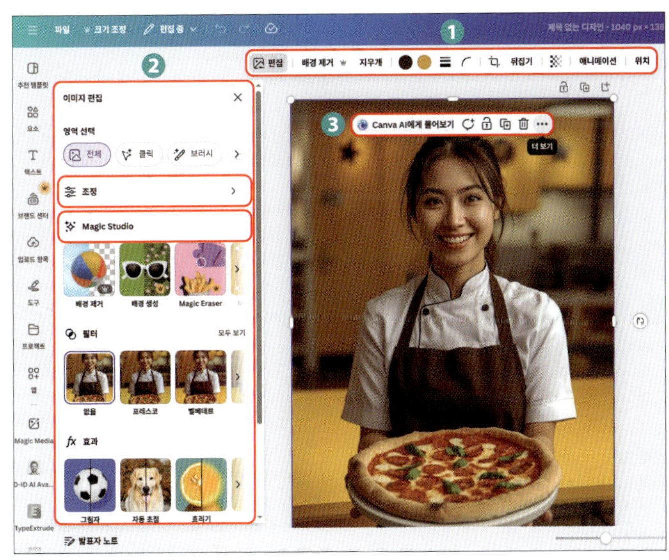

❶ **상단 편집 툴바(Top Editing Toolbar)**: 캔바 편집 화면 최상단에 고정되어 표시되는 영역으로, 배경 제거, 색상 변경, 애니메이션, 정렬 등 주요 편집 기능을 한곳에서 제어할 수 있습니다.

❷ **편집 패널**: 화면 왼쪽에 위치한 영역으로, 선택한 이미지에 적용할 수 있는 보정, 필터, 배경 제거, AI 편집 등 다양한 기능을 항목별로 정리해 제공합니다.

❸ **컨텍스트 툴바(Context Toolbar)**: 선택한 요소에 특화된 편집 및 AI 기능을 즉시 실행할 수 있습니다.

02 조정 메뉴

캔바에서 생성한 이미지를 클릭한 다음 화면 상단의 [편집]을 클릭하고 왼쪽의 [조정]을 클릭하면 다음과 같은 조정 옵션이 표시됩니다.

조정 메뉴는 이미지나 사진의 시각적 느낌을 세밀하게 보정할 수 있는 기능이며, 영상 썸네일이나 SNS 콘텐츠, 브랜딩 이미지 제작 등에서 중요한 역할을 합니다. 특히 화이트 밸런스(온도, 색조)와 조명 관련 조정(밝기, 대비) 옵션은 이미지의 전체적인 분위기와 인상에 큰 영향을 줍니다.

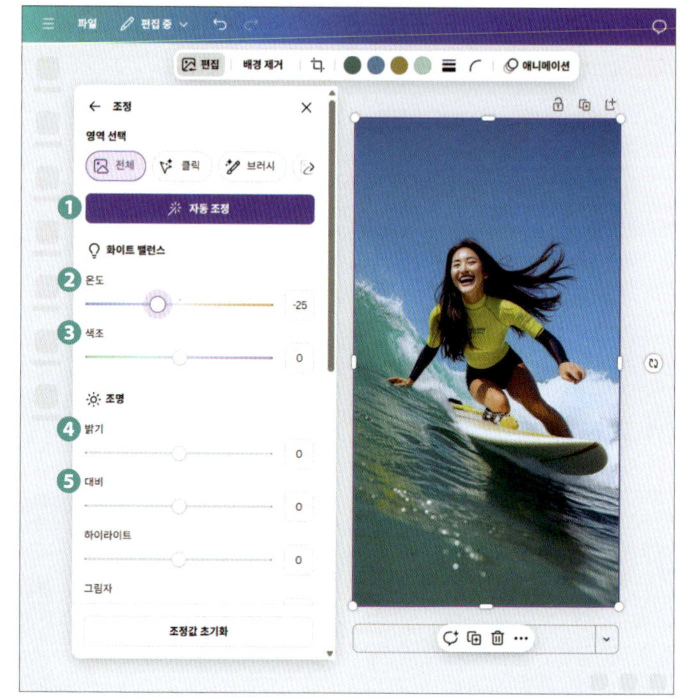

❶ **자동 조정**: 사용자가 세부 수치를 직접 조정하지 않아도, 캔바의 알고리즘이 이미지의 밝기, 대비, 채도, 색조, 온도 등을 자동으로 분석해 최적의 상태로 보정해주는 기능입니다. 주로 빠르고 간편하게 이미지의 퀄리티를 높이고 싶을 때 사용됩니다.

❷ **온도**: 이미지의 색온도를 조절하는 기능으로, 값을 높이면 노란빛이나 주황빛이 돌며 따뜻한 느낌을 주고, 반대로 낮추면 파란빛이 강조되어 차가운 느낌을 줍니다.

❸ **색조**: 마젠타(보라빛)와 그린(녹색) 사이의 색 균형을 맞추는 기능으로, 형광등 조명 아래에서 초록빛이 감도는 피부톤을 조절하거나 특정 색상 왜곡을 보정할 때 유용합니다.

❹ **밝기**: 이미지 전체의 노출도를 조절하는 기능으로, 이미지가 너무 어둡거나 밝을 경우 이를 적절히 보정하여 시각적으로 자연스럽게 만들 수 있습니다.

❺ **대비**: 밝은 부분과 어두운 부분의 차이를 조절하는 기능으로, 대비를 높이면 이미지가 더 강렬하고 또렷한 느낌을 주며, 낮추면 부드럽고 연한 분위기를 연출할 수 있습니다. 인물의 윤곽을 강조하거나 제품의 입체감을 살리고 싶을 때 매우 유용하게 활용됩니다.

03 Magic Studio(매직 스튜디오)

캔바의 상단 편집 툴바에서 [편집]을 클릭하고 왼쪽의 [Magic Studio]을 클릭하면 다음과 같은 옵션이 표시됩니다. Magic Studio는 캔바 AI 기능을 통합적으로 활용할 수 있는 AI 창작 도구 모음입니다. 이 메뉴는 디자인 편집 화면에서 직접 사용할 수 있어, 작업 도중 빠르게 AI 기능을 적용하고 결과물을 확인할 수 있도록 설계되어 있습니다. Magic Studio에서 제공하는 주요 기능들은 다음과 같습니다.

❶ **배경 제거**: 이미지에서 배경을 자동으로 삭제해줍니다. 인물, 사물 등을 분리해서 투명 배경으로 만들고 싶은 경우 유용합니다.

❷ **배경 생성**: AI를 통해 자동으로 새로운 배경을 생성합니다. 이미지 속 사물과 조화를 이루는 배경을 만들어 주며, 가상 환경 연출에 적합합니다.

❸ **Magic Eraser**: 사진이나 이미지에서 불필요한 요소를 클릭하여 제거하면, AI가 자연스럽게 배경을 채워줍니다. 예를 들어 거리 사진 속 사람, 텍스트, 로고 등을 자연스럽게 지울 수 있어 영상 썸네일이나 브랜드 콘텐츠 편집에 유용합니다.

❹ **Magic Grab**: 이미지 속 개체(예 풍선, 사물 등)를 분리해서 독립적으로 조작 가능하게 만들어줍니다. 잡은 개체를 이동하거나 확대/축소, 회전할 수 있습니다.

❺ **텍스트 추출**: 이미지 속 텍스트를 AI가 인식하여 편집 가능한 텍스트로 추출합니다. 스캔된 문서, 포스터, 사진 속 글자를 편집할 수 있게 만들어줍니다.

❻ **Magic Edit**: 선택한 이미지에서 특정 부분을 드래그하여 수정할 수 있는 기능입니다. 예를 들어 인물 사진에서 옷의 스타일을 바꾸거나, 배경의 사물을 다른 오브젝트로 교체하는 등, 기존 이미지 일부를 AI로 변경할 수 있습니다.

❼ **Magic Expand**: 잘린 이미지를 테두리 바깥으로 확장하면, AI가 주변 스타일을 고려해 자연스럽게 외곽을 이어 그려줍니다. 작은 이미지를 큰 프레임에 맞게 키우거나, 화면 구성을 확장할 때 효과적입니다.

LESSON 06
캔바 편집기를 이용하여 이미지 분위기 변경하기

예제파일: source\색온도.jpg **완성파일**: source\색온도2~3.png

화이트 밸런스 옵션의 온도 슬라이더는 사진의 색감을 따뜻하게 또는 차갑게 조절하는 기능입니다. 예제에서는 노란빛이 감도는 원본 이미지를 원색에 가깝도록 보정하기 위해, 색온도를 낮춰 자연스러운 색감으로 보정해 보겠습니다.

원본 이미지

색온도가 낮을 때

색온도가 높을 때

예제 콘셉트

색온도 보정은 이미지의 색감을 자연스럽고 정확하게 재현하는 과정입니다. 이를 통해 카메라나 디스플레이에서 촬영된 색이 실제 환경과 일치하도록 조정할 수 있습니다. 예를 들어, 태양빛 아래에서 찍힌 사진은 따뜻한 톤을 가지며, 이를 보정하지 않으면 과도한 주황색이나 노란색이 나타날 수 있습니다. 또한, 색온도 조정을 통해 원하는 분위기나 감정을 표현할 수 있는데, 따뜻한 색조는 아늑한 느낌을, 차가운 색조는 차분한 분위기를 만듭니다.

작업 패턴
KEYWORD

❶ 프롬프트 입력창에 유럽 여행을 하는 여성을 입력하여 이미지 생성
❷ 이미지 편집을 위해 [편집기에서 열기]를 실행
❸ 편집기 화면이 표시되면 이미지를 보정하기 위해 보정 기능 실행
❹ 화이트 밸런스 옵션에서 온도 슬라이더를 드래그하는 방식으로 보정

01 화이트 밸런스의 색 온도 조정하기

색 온도를 조정하여 노란 톤의 따뜻한 분위기가 느껴지는 인물 사진을 파란 톤의 시원한 느낌이 드는
사진으로 변경해 보겠습니다.

01 | 캔바 홈 화면 상단에 [Canva AI]를 클릭하여 프롬프트 입력 창에 다음과 같이 입력하고 [이미지]를 클릭합니다. 비율을 [9:16]으로 선택하고 '제출하기' 아이콘(→)을 클릭합니다.

프롬프트

배낭을 메고 유럽 여행을 하는 20대 여성

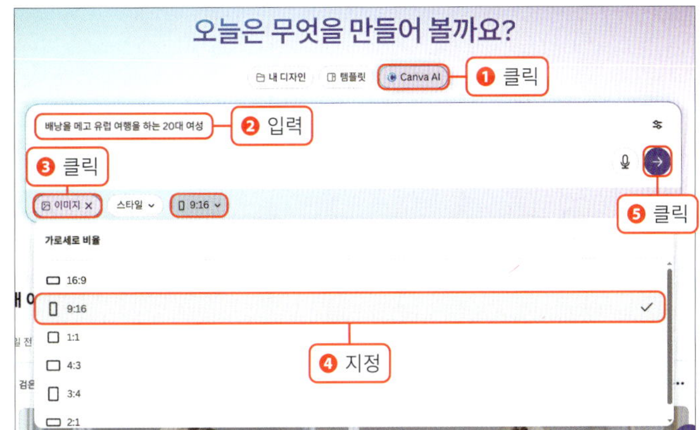

02 | 이미지가 생성되면 마음에 드는 이미지를 선택합니다. 예제에서는 3번 이미지를 선택합니다.

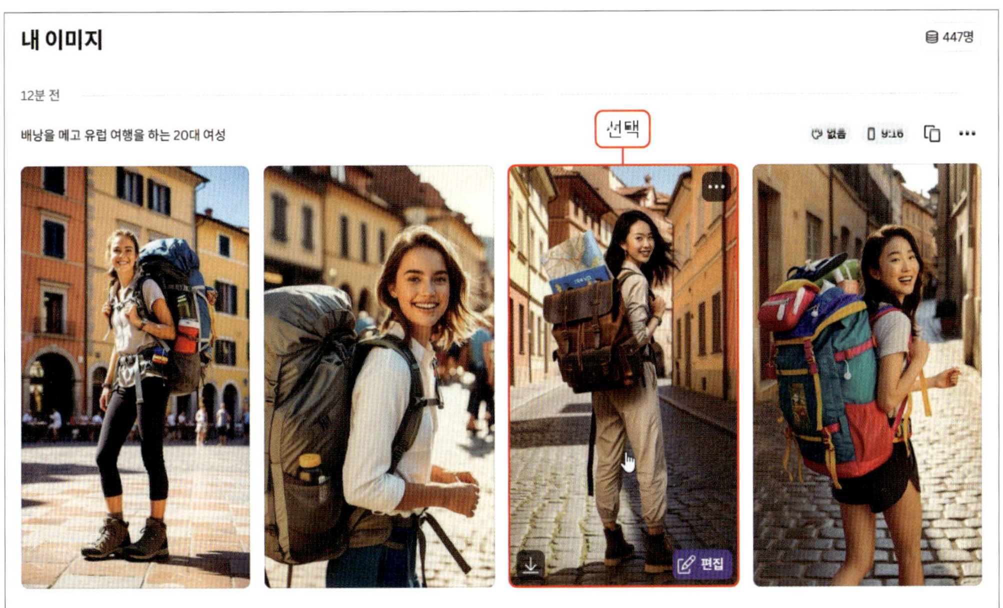

Tip   선택한 이미지 위에 마우스를 위치하면 나타나는 <편집> 버튼을 클릭해 편집기로 이동 가능합니다.

03 | 선택된 이미지가 확대되어 표시됩니다. 이미지 편집을 위해 〈편집기에서 열기〉 버튼을 클릭합니다.

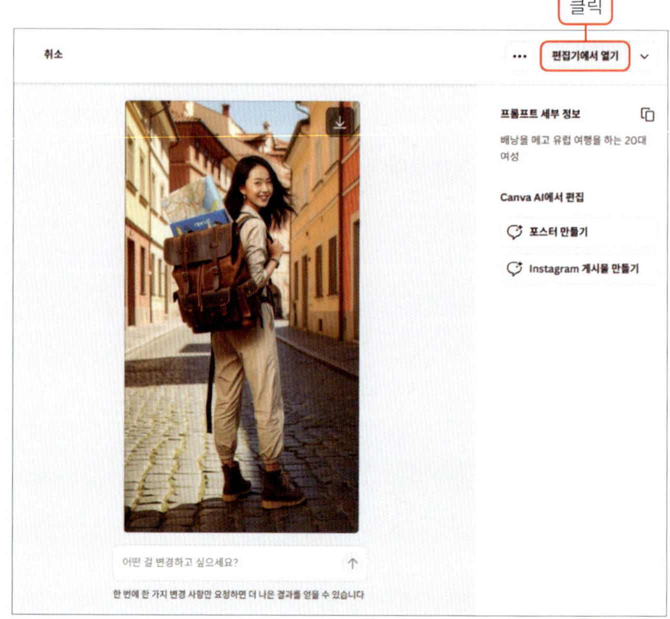

Tip 색 온도

색 온도란 빛의 색감을 나타내는 기준으로 켈빈(K) 단위를 사용하며, 수치가 낮을수록 노란빛이 도는 따뜻한 느낌을 주고 수치가 높을수록 푸른빛이 도는 차가운 느낌을 줍니다.

04 | 편집기 화면이 표시되면 이미지를 보정하기 위해 [조정]을 클릭합니다.

05 | 화이트 밸런스 옵션에서 온도 슬라이더를 오른쪽으로 드래그하면 노란색 톤이 추가된 것을 확인할 수 있습니다.

06 | 온도 슬라이더를 왼쪽으로 드래그하면 파란색 톤이 추가되어 시원한 느낌의 사진으로 보정되는 것을 확인할 수 있습니다. 원하는 색 온도로 조정하여 활용해 보세요.

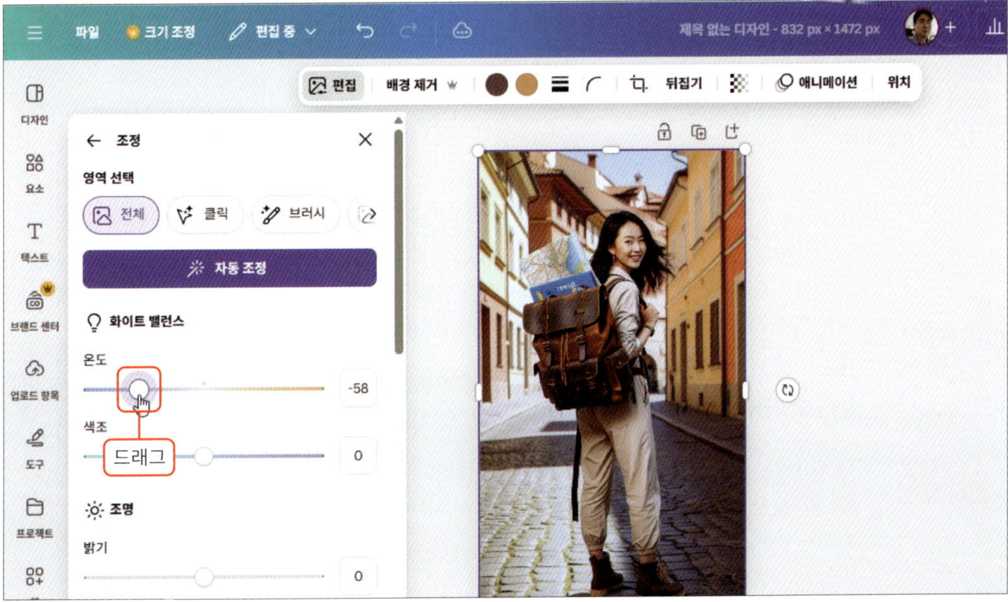

LESSON 07

화면 구성에 맞게
원하는 비율대로 이미지 자르기

예제파일: source\에펠탑2.jpg **완성파일**: source\에펠탑_완성.jpg

캔바의 자르기 기능을 이용하면 원하는 이미지 비율을 선택하여 이미지를 자르거나, 드래그 방식으로 자유롭게 조절하여 자를 수 있습니다. 예제에서는 9:16 비율의 이미지를 16:9 비율로 잘라보겠습니다.

9:16 비율의 원본 이미지

16:9 비율로 자른 이미지

예제 콘셉트

이미지를 원하는 비율로 자르는 이유는 콘텐츠의 목적에 맞는 화면 구성을 만들고, 다양한 플랫폼의 규격에 맞게 최적화된 이미지를 제작하기 위함입니다. 예를 들어, 인물 사진에서는 얼굴을 중심에 배치하거나 제품 사진에서는 제품만 부각시키기 위해 불필요한 배경을 제거하는 방식으로 자르며, 이렇게 하면 시각적 초점을 명확하게 전달할 수 있습니다.

또한, 인스타그램 릴스나 유튜브 쇼츠, 틱톡은 9:16, 유튜브 썸네일은 16:9 등 각 플랫폼마다 요구하는 이미지 비율이 다르기 때문에, 이에 맞춰 이미지를 자를 필요가 있습니다.

작업 패턴
KEYWORD

❶ 자르려는 이미지를 불러와 가로 세로 비율을 선택
❷ 잘려질 영역을 드래그하여 바운딩박스 위치
❸ 바운딩박스의 모서리를 드래그하여 자를 영역 조정

01 세로 이미지를 가로 이미지로 변경하기

원본 이미지의 화면 비율이 9:16 비율의 세로 이미지를 16:9 비율의 가로 이미지로 변경해 봅니다.

01 | 캔바 홈 화면에서 사진을 업로드하기 위해 [더 보기]를 클릭합니다.

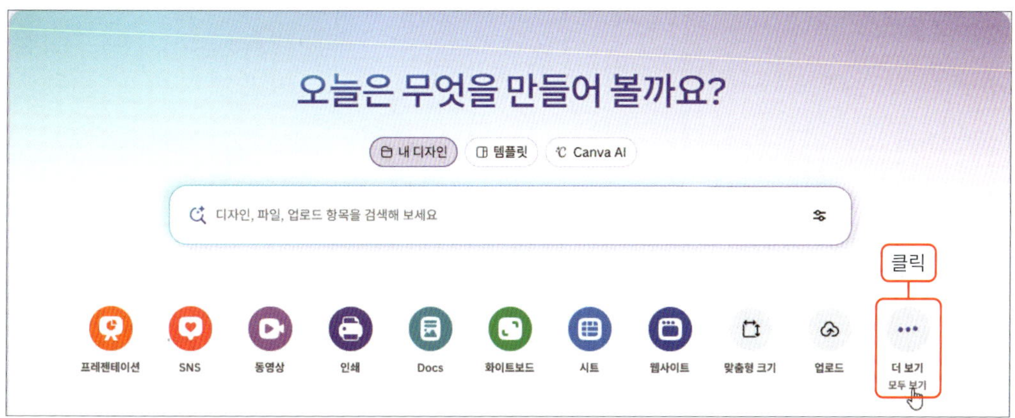

02 | 디자인 만들기 화면에서 [사진]의 [업로드]를 선택하고 열기 대화상자가 표시되면 source 폴더에서 '에펠탑2.jpg' 파일을 선택한 다음 〈열기(O)〉 버튼을 클릭합니다.

03 | 사진을 편집할 수 있는 창이 표시되면 왼쪽 [자르기]를 클릭합니다.

04 | 자르기 화면에서 가로 세로 비율 항목에서 원하는 비율을 선택합니다. 예제에서는 9:16 비율의 세로 이미지를 16:9 비율의 가로 이미지로 자르기 위해 [16:9]을 선택합니다.

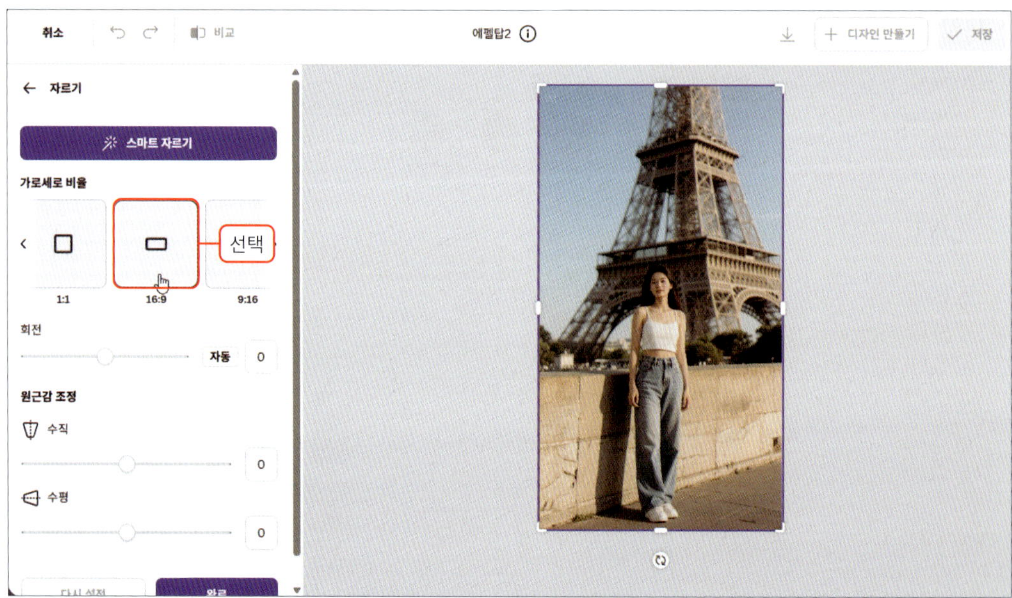

02 자를 영역 지정하기

자를 이미지를 지정하기 위해 바운딩박스를 드래그하는 방식으로 위치시키고 크기 조정을 합니다.

05 │ 미리보기 화면에 잘려질 영역이 표시됩니다. 영역에 맞게 이미지를 드래그하여 위치를 조정합니다.

06 │ 바운딩박스의 모서리를 드래그하면 비율을 유지한채 영역 지정이 가능합니다. 원하는 부분으로 드래그한 다음 〈완료〉 버튼을 클릭하여 이미지를 자릅니다.

Tip　인물 사진 비율

9:16 비율은 세로가 길어 인물의 머리부터 발끝까지를 자연스럽게 담을 수 있어 전신샷에 특히 적합하고, 인물의 비율과 자세, 스타일을 강조하는 데 유리합니다. 반면 16:9 비율은 가로 폭이 넓어 영화 화면과 유사한 인상을 주므로 배경을 활용한 구도나 인물의 얼굴·상반신을 강조하는 클로즈업샷에 잘 어울립니다.

스튜디오 배경을 야외 배경으로 교체하기

예제파일: source\우산1.jpg **완성파일**: source\우산2~4.jpg

캔바의 배경 생성 기능을 활용하면 단순한 스튜디오 촬영 이미지도 다양한 분위기의 배경으로 손쉽게 변환할 수 있어, 제품 이미지에 생동감을 더할 수 있습니다. 이번 예제에서는 스튜디오에서 촬영한 우산 상품 사진을 활용해 이를 다양한 야외 배경 예를 들어, 꽃이 있는 잔디밭, 해변 등 자연스럽게 변경해 보겠습니다.

원본 이미지

꽃이 있는 잔디밭 배경 생성

모래 해변가 배경 생성

예제 콘셉트

배경 생성 기능을 활용하면 별도의 촬영 장소를 이동하거나 세트를 변경할 필요 없이, 기존 이미지를 간단히 원하는 배경으로 수정할 수 있습니다. 예를 들어, 단순한 스튜디오 촬영 컷도 마치 해외 로케이션에서 촬영한 듯한 풍경이나 계절감을 반영한 배경으로 손쉽게 변환할 수 있어, 촬영 환경의 제약을 뛰어넘는 다양한 비주얼을 구현할 수 있습니다.

이를 통해 제품 촬영 후에도 캠페인 콘셉트, 계절 트렌드, 브랜드 컬러에 맞춘 배경을 자유롭게 적용할 수 있으며, 마케팅 캠페인이나 SNS 콘텐츠 제작 시 시기와 목적에 맞게 빠르게 변환이 가능합니다. 결과적으로 촬영 비용과 시간을 대폭 절감하는 동시에, 시각적으로 풍부하고 차별화된 이미지를 제작할 수 있어 브랜드의 전문성과 창의성을 한층 강화할 수 있습니다.

작업 패턴
KEYWORD

❶ **배경 생성 기능**을 사용하기 위해 배경을 생성할 이미지 업로드
❷ 배경 생성 기능의 프롬프트 입력창에 **생성할 배경을 묘사**하여 입력
❸ **다시 생성하기 기능**으로 원하는 배경 이미지를 다시 생성

01 배경 변경하기

스튜디오에서 촬영한 우산 이미지의 배경을 프롬프트를 입력하여 원하는 배경으로 변경해 봅니다.

01 이미지를 업로드하여 바로 배경 편집을 하기 위해 캔바 홈 화면에서 [더 보기]를 클릭합니다.

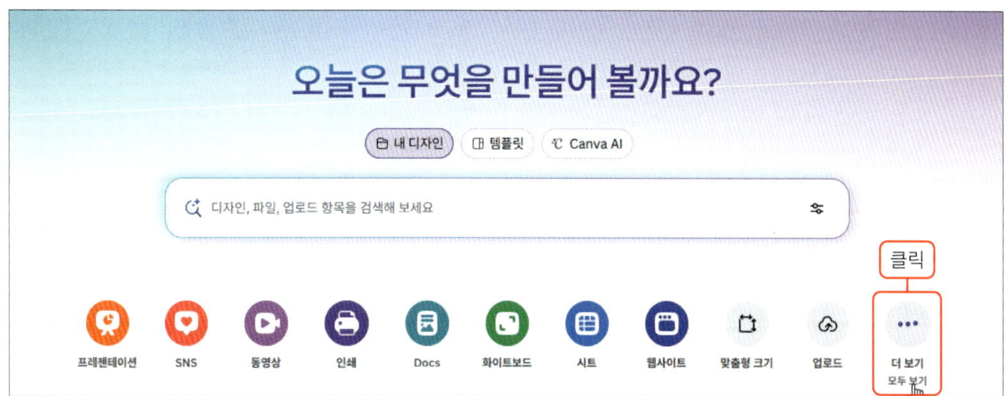

02 디자인 만들기 화면이 표시되면 왼쪽 메뉴에서 [사진]을 클릭한 다음 빠른 작업 항목에서 [배경 생성]을 선택합니다.

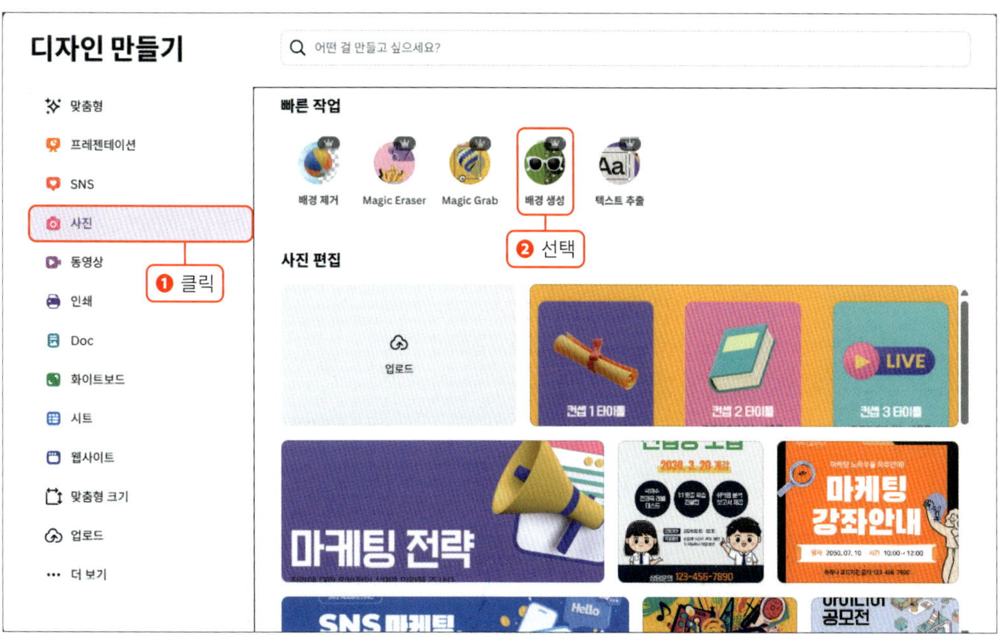

03 미디어 선택에서 배경을 교체할 이미지를 업로드하기 위해 [업로드]를 클릭합니다.

04 열기 대화상자가 표시되면 source 폴더에서 '우산1.jpg' 파일을 선택한 다음 〈열기(O)〉 버튼을 클릭합니다.

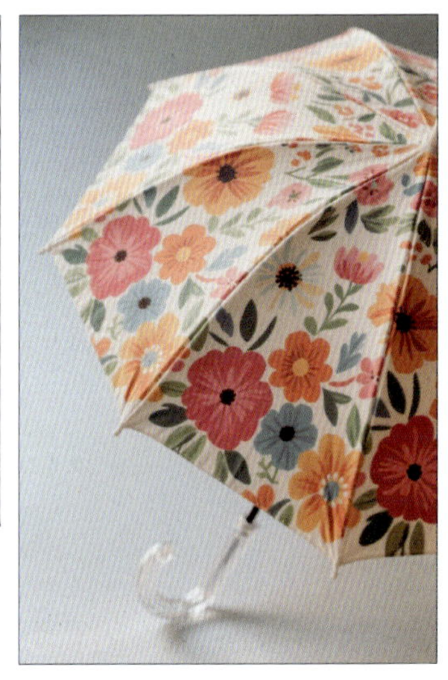

05 예제에서는 프롬프트 입력창에 스튜디오 배경을 꽃이 있는 야외 잔디밭을 묘사하는 문장을 입력하고 〈생성하기〉 버튼을 클릭합니다.

프롬프트 | 꽃들이 피어있는 잔디밭

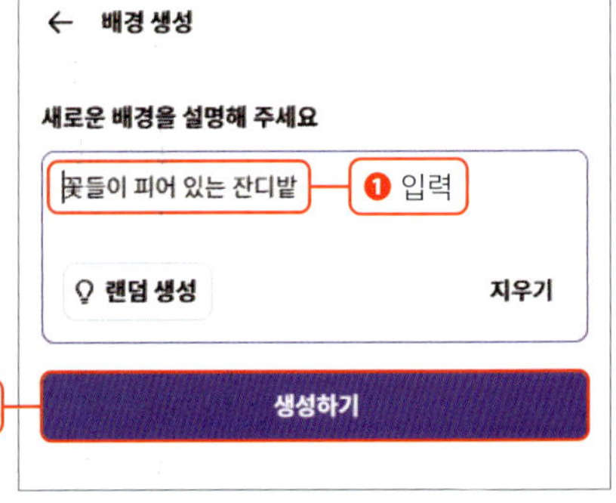

06 │ 그림과 같이 꽃이 피어있는 잔디밭 이미지가 생성되어 우산 이미지와 합성됩니다. 전혀 다른 이미지를 생성하기 위해서는 프롬프트 입력창에 변경하려는 배경 이미지를 묘사하는 문장을 입력한 다음 〈다시 생성하기〉 버튼을 클릭합니다.

프롬프트

불가사리가 있는 모래 해변가

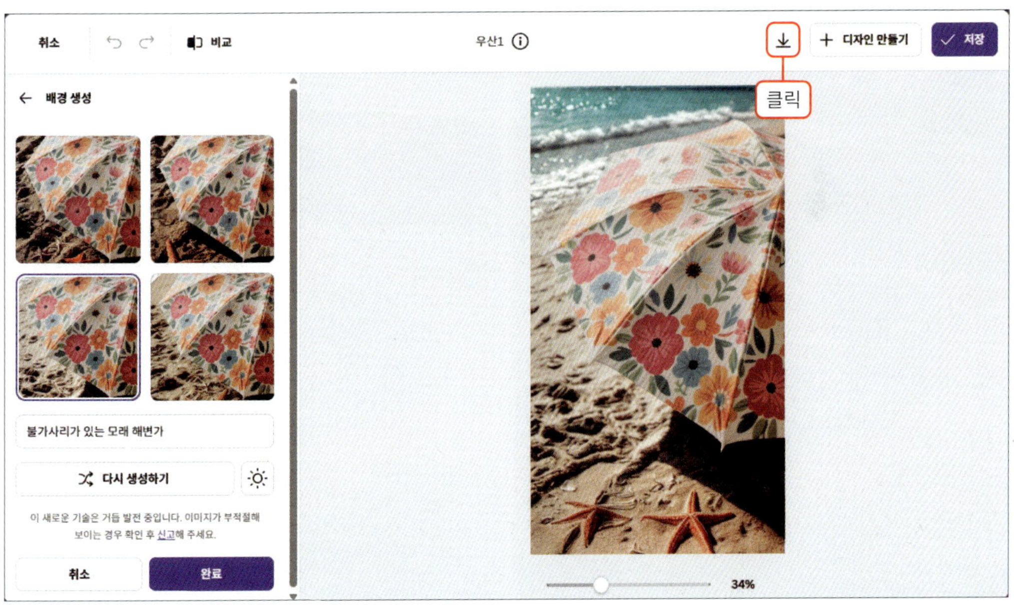

07 │ 그림과 같이 해변가에 우산이 놓여져 있는 이미지로 생성된 것을 확인할 수 있습니다. 상단에 '다운로드' 아이콘(↓)을 클릭하여 이미지를 저장합니다.

✦ **Tip　배경 생성 기능**

캔바 AI의 배경 생성 기능은 사용자가 직접 선택 영역을 지정하지 않아도 텍스트 프롬프트만 입력하면 이미지의 맥락을 이해해 적절한 배경을 자동으로 생성해 주기 때문에 작업 과정이 매우 간소화되며, 반복적인 마스킹이나 세밀한 편집 없이도 자연스러운 결과를 얻을 수 있습니다. 이로 인해 디자인 경험이 많지 않은 사용자도 짧은 시간 안에 완성도 높은 시각 자료를 제작할 수 있습니다.

LESSON 09 이미지의 불필요한 부분을 감쪽같이 지우기

예제파일: source\오리배.jpg   **완성파일**: source\오리배_완성.jpg

캔바의 지우기 기능을 사용하면 원하는 부분을 자연스럽게 제거할 수 있습니다. 브러시로 드래그하거나 삭제하고 싶은 부분을 클릭하기만 하면, 자동으로 해당 영역을 인식해 깔끔하게 지워줍니다. 예제에서는 인물을 강조하기 위해 사진 배경에 있는 오리배를 제거해 보겠습니다.

원본 이미지

왼쪽 배경에 있는 오리배를 지운 이미지

작업 패턴 KEYWORD

❶ Magic Eraser 기능의 브러시 크기를 지울 부분에 맞게 조정

❷ 브러시로 지울 부분을 드래그하여 영역을 지정하고 지우기 기능으로 이미지 삭제

예제 콘셉트

지우기 기능을 활용하면 이미지나 디자인에서 불필요한 요소를 손쉽게 제거해 보다 깔끔하고 집중도 높은 결과물을 만들 수 있습니다. 사용 방법도 매우 직관적이어서, 브러시로 원하는 영역을 드래그하거나 삭제하고 싶은 부분을 한 번 클릭하는 것만으로도 AI가 해당 영역을 자동 인식해 주변 배경과 자연스럽게 조화되도록 메꿔줍니다.

예를 들어, 제품 사진에서 촬영 중 우연히 들어간 그림자나 소품, 배경 속 사람을 제거하거나, 인물 사진에서 배경의 간판·전선 같은 시선을 분산시키는 요소를 없앨 수 있습니다. 전문 포토 편집 툴을 다루기 어려운 사용자도 손쉽게 사용할 수 있어, 마케팅 콘텐츠 제작, SNS 업로드 이미지 보정, 온라인 쇼핑몰 상품 사진 정리 등 다양한 상황에서 빠르고 효율적인 작업이 가능합니다. 결과적으로 촬영 환경의 한계를 보완하고, 이미지의 완성도를 높여 브랜드나 개인의 비주얼 퀄리티를 한층 끌어올릴 수 있습니다.

01 브러시 방식으로 이미지 지우기

Magic Eraser 기능에서 브러시 크기를 지정한 다음 지울 영역을 브러시로 지웁니다.

01 | 이미지를 캔바로 불러와서 편집하기 위해 캔바 홈 화면에서 [더 보기]를 클릭합니다.

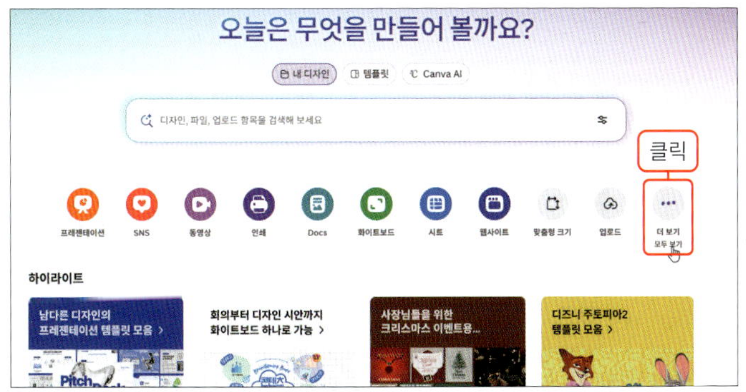

02 | 디자인 만들기 화면이 표시되면 왼쪽 메뉴에서 [사진]을 클릭한 다음 빠른 작업 항목에서 [Magic Eraser]를 선택합니다.

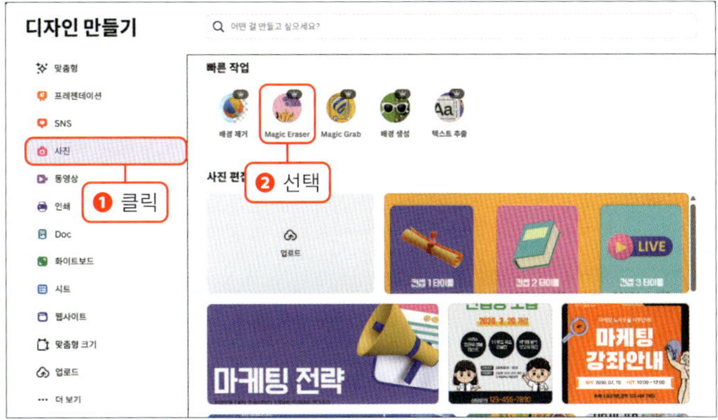

03 | 특정 부분을 지울 이미지를 불러오기 위해 [업로드] 클릭합니다. 열기 대화상자가 표시되면 source 폴더에서 '오리배.jpg' 파일을 선택한 다음 〈열기(O)〉 버튼을 클릭합니다.

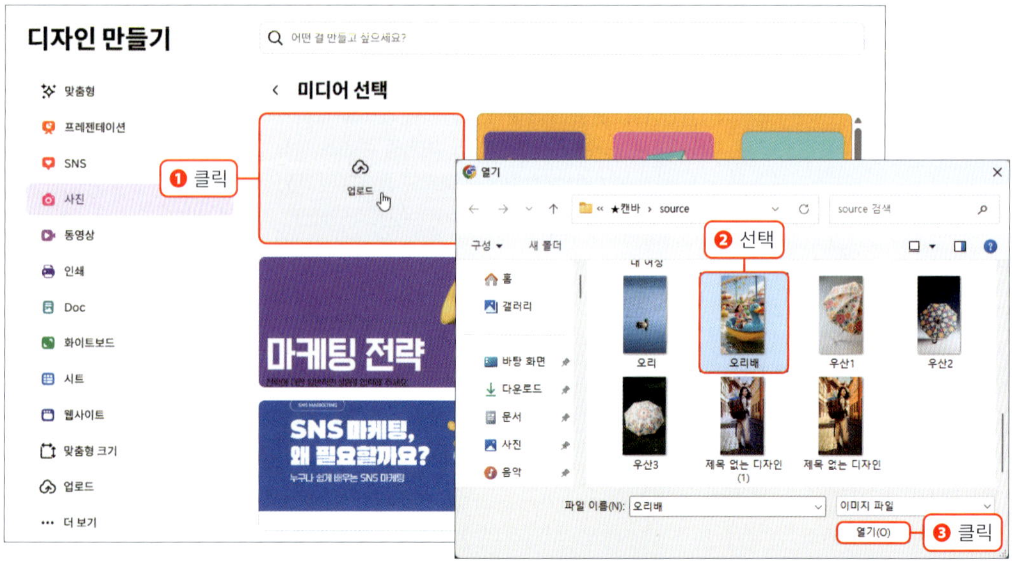

04 | Magic Eraser 화면이 표시되면 작업 화면을 확대하기 위해 하단 슬라이더를 오른쪽으로 드래그하여 이미지 상단을 확대합니다.

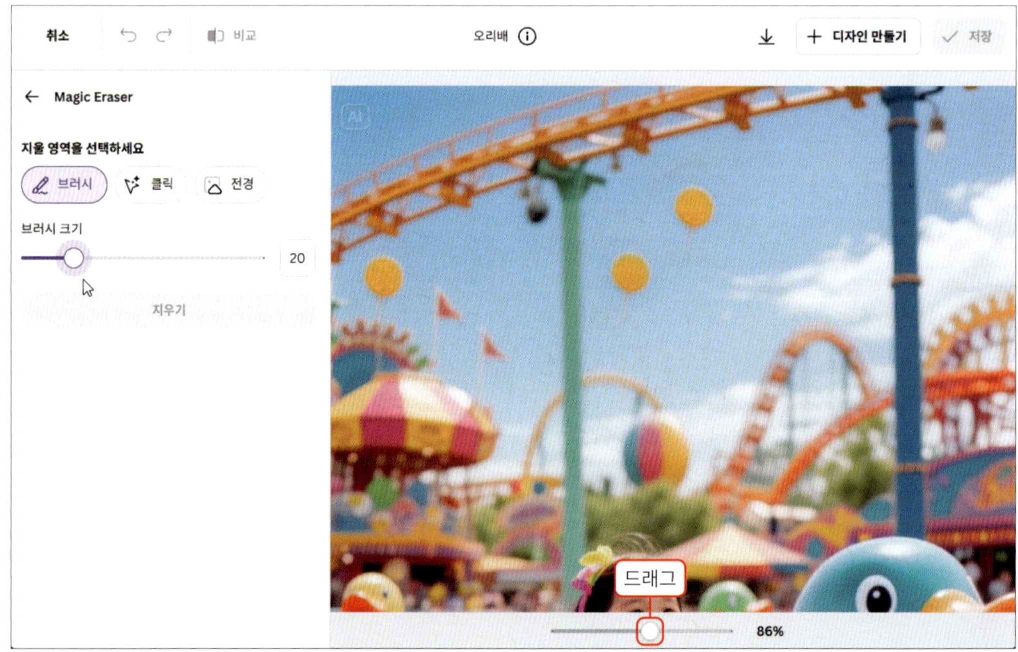

05 │ 먼저 하늘의 풍선 부분을 지우기 위해 [브러시]를 클릭한 다음 브러시 크기를 '20'으로 지정합니다. 풍선 부분을 클릭하여 지울 영역을 지정한 다음 〈지우기〉 버튼을 클릭합니다.

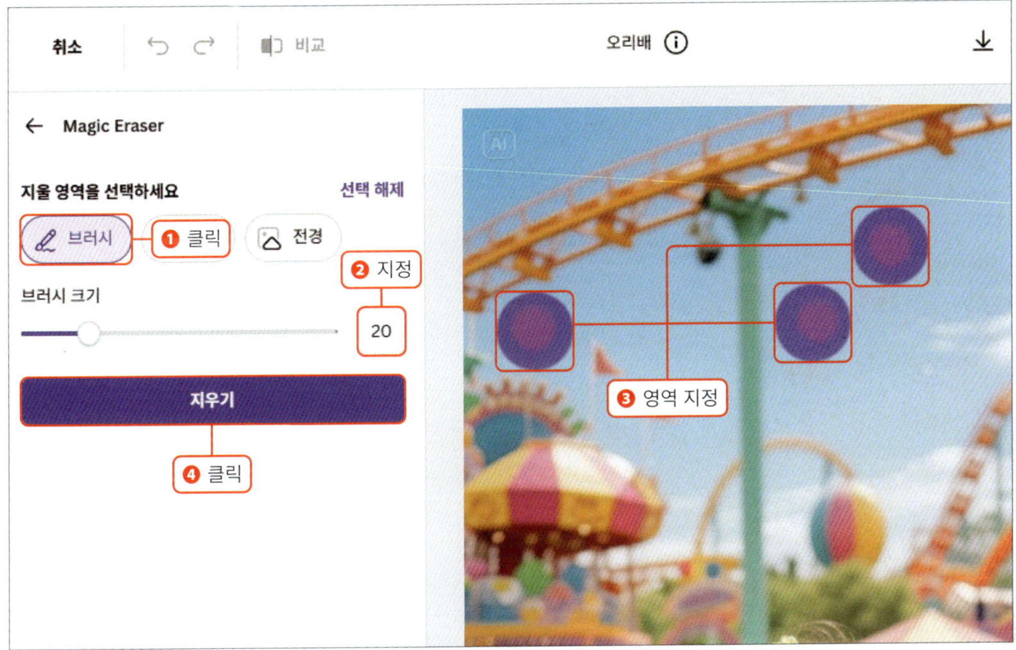

06 │ 영역을 지정한 풍선 부분이 삭제되고 배경이 자연스럽게 채워지는 것을 확인할 수 있습니다.

◆ **Tip　Magic Eraser 기능**

단순히 특정 이미지를 제거하는 수준에 그치지 않고, 삭제된 영역의 주변 맥락과 배경 구조를 AI가 분석해 장면에 어울리는 요소로 자연스럽게 복원해 줍니다. 이를 통해 빈 공간이 인위적으로 보이지 않도록 색감, 질감, 조명 흐름까지 고려한 결과를 만들어내며, 별도의 합성 작업 없이도 완성도 높은 이미지를 빠르게 얻을 수 있습니다.

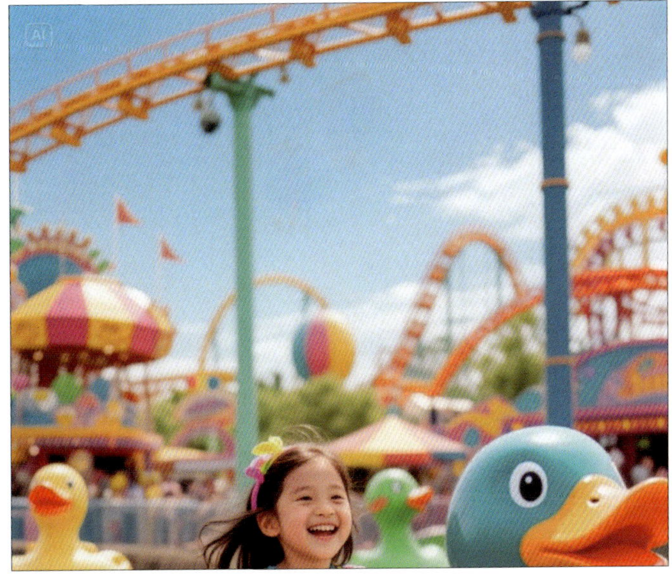

02 클릭 방식으로 이미지 지우기

별도의 지울 영역을 설정하지 않고 이미지를 클릭하는 방식으로 이미지를 지웁니다.

07 | 뒷쪽 오리배를 클릭으로 자동 지정하는 방식으로 지워보겠습니다. 이미지를 지우기 위해 [클릭]을 클릭합니다.

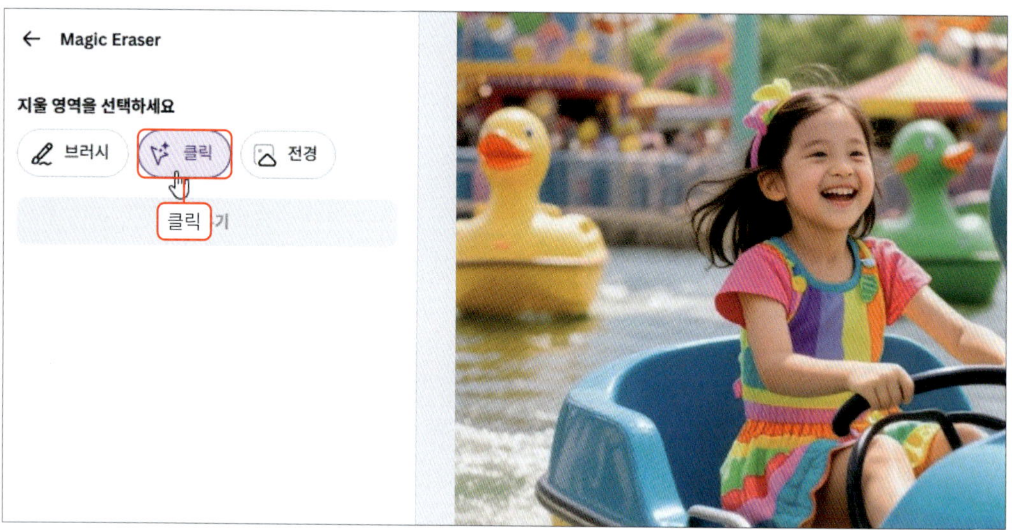

08 | 왼쪽의 배경에 잘려진 오리배를 클릭하면 자동으로 영역이 지정되어 표시됩니다. 하단에 〈지우기〉 버튼을 클릭합니다.

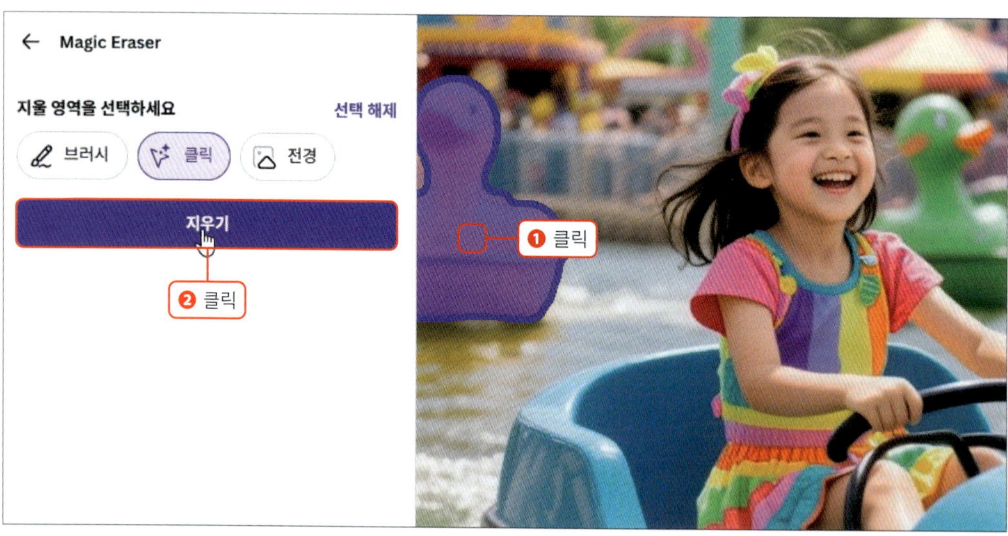

09 | 그림과 같이 왼쪽 오리배가 지워진 것을 확인할 수 있습니다. 같은 방법으로 오른쪽 오리배를 클릭한 다음 〈지우기〉 버튼을 클릭합니다.

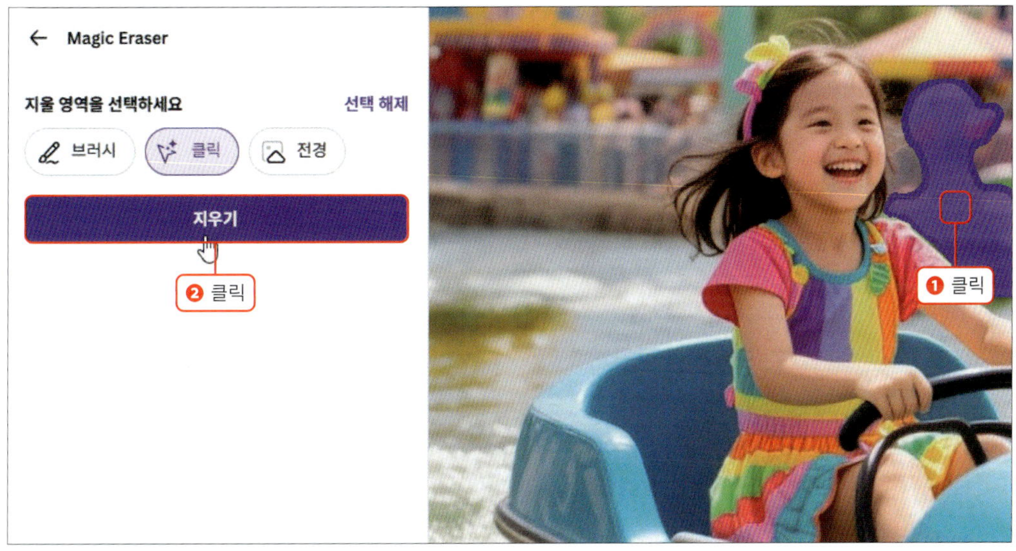

10 | 배경에 있던 오른쪽 오리배도 지워진 것은 확인할 수 있습니다. 〈저장〉 버튼을 클릭하여 업로드 항목에 저장이 가능하며 [다운로드]를 클릭하여 완성된 파일을 PC에 저장합니다.

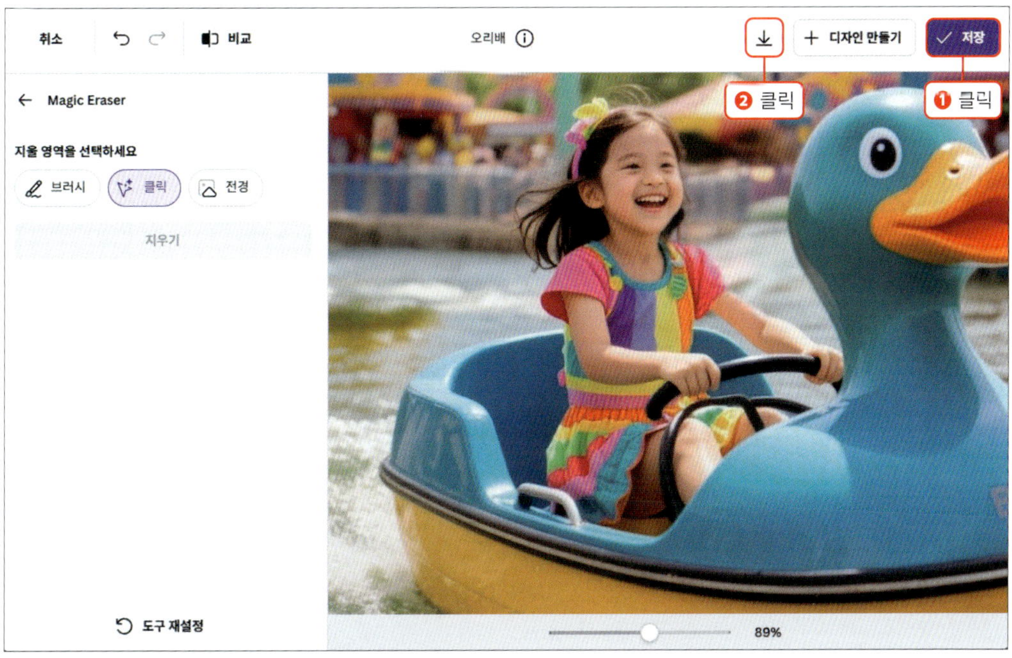

LESSON 10

잡티 제거로 매끄러운 피부 표현하기

예제파일: source\피부.jpg   **완성파일**: source\피부_완성.jpg

Face Retouch 기능은 인물 사진에서 피부의 잡티, 트러블, 주름 등을 자연스럽게 제거해주는 편리한 보정 도구입니다. 이 기능을 활용하면 별도의 전문 프로그램 없이도 손쉽게 깨끗하고 매끄러운 피부 표현이 가능해집니다. 예제에서는 이 기능을 활용해 피부를 보다 깨끗하고 매끄럽게 보정해 보겠습니다.

원본 이미지

피부가 보정된 인물 이미지

예제 콘셉트

Face Retouch 기능은 인물 사진에서 피부의 잡티, 트러블, 주름, 다크서클 등 시각적으로 거슬릴 수 있는 요소를 자연스럽게 완화하거나 제거해주는 편리한 보정 도구입니다. 사용자는 별도의 복잡한 편집 기술이나 전문 프로그램 없이도 몇 번의 클릭만으로 피부 톤을 균일하게 맞추고, 결을 부드럽게 다듬어 한층 깨끗하고 매끄러운 피부 표현을 구현할 수 있습니다.

특히, 보정 효과가 과도하게 인위적으로 보이지 않도록 자연스러운 질감을 유지하기 때문에, 프로필 사진, 웨딩 촬영, SNS용 셀카, 마케팅용 인물 컷 등 다양한 상황에서 활용도가 높습니다. 이를 통해 촬영 당시의 조명이나 피부 상태에 구애받지 않고, 언제든 최상의 컨디션을 반영한 이미지를 제작할 수 있어, 개인 브랜딩 강화와 전문적인 비주얼 연출에 큰 도움을 줍니다.

작업 패턴 KEYWORD

❶ 인물 사진을 업로드한 다음 fx 효과 옵션에서 Face Retouch 기능을 실행

❷ 피부 잡티 제거 슬라이더의 수치값을 조정하여 피부 보정 실행

01 인물 얼굴 잡티 제거하기

Face Retouch 기능을 이용하여 얼굴의 트러블 부분을 드래그하는 방식으로 보정해 봅니다.

01 │ 이미지를 캔바로 불러와서 편집하기 위해 캔바 홈 화면에서 [더 보기]를 클릭합니다.

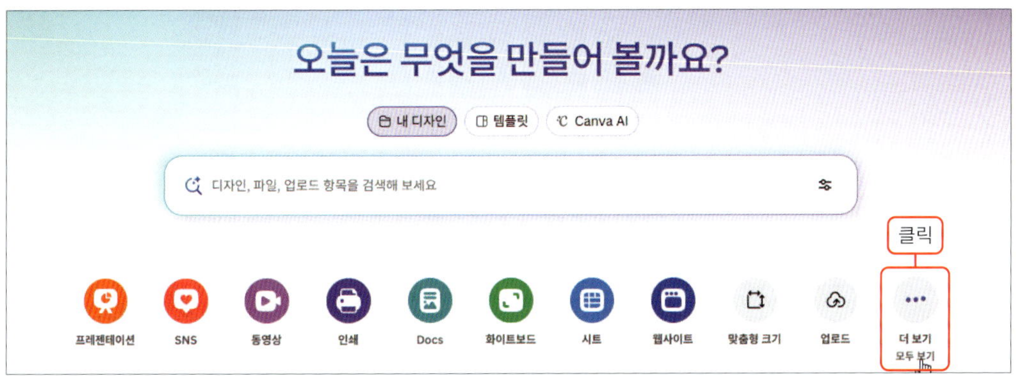

02 │ 디자인 만들기 화면이 표시되면 왼쪽 메뉴에서 [사진]을 클릭한 다음 인물 피부를 보정할 사진을 불러오기 위해 [업로드]를 선택합니다. 열기 대화상자가 표시되면 source 폴더에서 '피부.jpg' 파일을 선택한 다음 〈열기(O)〉 버튼을 클릭합니다.

03 작업 화면에 피부 트러블이 있는 인물 사진이 표시됩니다. 얼굴을 보정하기 위해 fx 효과 옵션에서 [Face Retouch]를 클릭합니다.

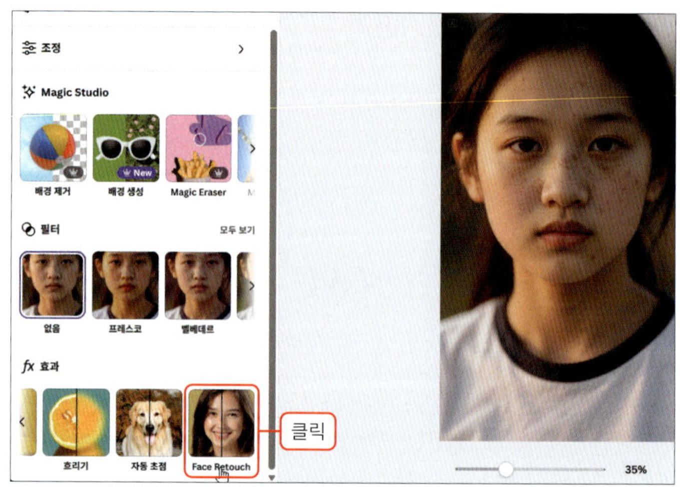

04 Face Retouch 화면에서 피부 잡티 제거 슬라이더가 표시됩니다. 수치값이 0일 경우 원본 그대로이며, 수치값이 높을수록 피부 잡티 제거 효과가 높아집니다. 예제에서는 피부 잡티 제거 수치값을 100으로 지정하여 그림과 같이 인물 얼굴이 깨끗하게 보정되는 것을 확인할 수 있습니다.

Tip　보정 효과를 없애려면 <효과 제거> 버튼을 클릭합니다. 상단에 '실행 취소' 아이콘([↩])을 클릭하여 이전으로 되돌릴 수도 있습니다.

LESSON 11
이미지 생성하여 영역 확장하기

예제파일: source\해변.jpg   **완성파일**: source\해변_완성.jpg

캔바의 Magic Expand 기능을 활용하면 이미지의 경계를 자연스럽게 확장하여 원하는 구도를 완성할 수 있습니다. 이 기능은 이미지의 특정 영역을 지정한 뒤, 인공지능이 주변 배경과 조화를 이루도록 새로운 시각 요소를 자동으로 생성해주는 도구입니다. 예를 들어, 해변가 이미지의 좌우 공간을 확장하고자 할 때, 기존 이미지의 가장자리 부분을 선택하고 Magic Expand를 적용하면, 마치 원래부터 그 자리에 있었던 듯한 해안선이나 하늘, 바다 등이 자동으로 추가되어 더욱 넓은 장면을 연출할 수 있습니다.

원본 이미지

해변가 양쪽을 확장한 이미지

예제 콘셉트

Magic Expand 기능은 기존 이미지의 경계를 자연스럽게 확장해 원하는 구도와 비율을 손쉽게 완성할 수 있습니다. 확장할 영역만 지정하면 AI가 색감·질감·조명을 분석해 주변과 어우러지는 배경을 자동으로 생성합니다. 이를 통해 가로 이미지를 세로형으로 변환하거나 잘린 피사체를 복원하고, 부족한 공간을 자연스럽게 채울 수 있습니다. SNS 썸네일, 광고 배너, 프레젠테이션 자료 제작 등에 유용하며, 재촬영이나 복잡한 보정 없이도 완성도 높은 결과물을 빠르게 얻을 수 있어 작업 효율과 창의적 구도 확장을 동시에 지원합니다.

작업 패턴
KEYWORD

❶ Magic Studio 옵션에 [Magic Expand]를 선택하여 크기 조정을 선택
❷ 맞춤형 크기 너비에 맞게 수치값을 이용하여 크기 조정
❸ 자유 방식이 선택된 상태에서 업로드된 이미지를 확장하기 위해 모서리 앵커점 드래그

01 맞춤형 크기로 이미지 조정하기

이미지 크기를 직접 수치값을 입력하여 원하는 크기로 이미지를 조정합니다.

01 | 이미지를 캔바로 불러와서 편집하기 위해 캔바 홈 화면에서 [더 보기]를 클릭합니다.

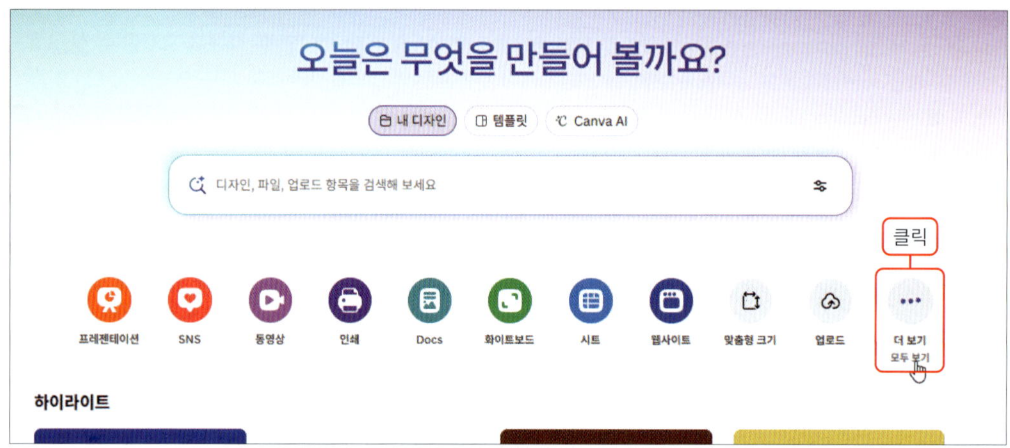

02 | 디자인 만들기 화면에서 [사진]을 클릭하고 [업로드]를 선택합니다. 열기 대화상자가 표시되면 source 폴더에서 '해변.jpg' 파일을 선택한 다음 〈열기(O)〉 버튼을 클릭합니다.

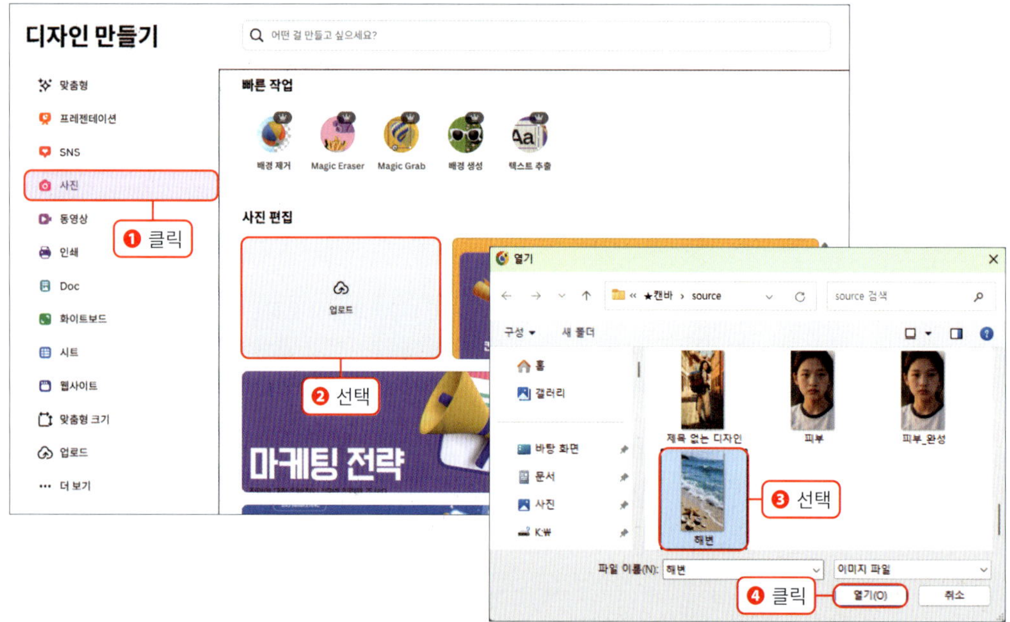

03 │ 업로드된 이미지가 표시되면 Magic Studio 옵션에서 [Magic Expand]를 선택합니다.

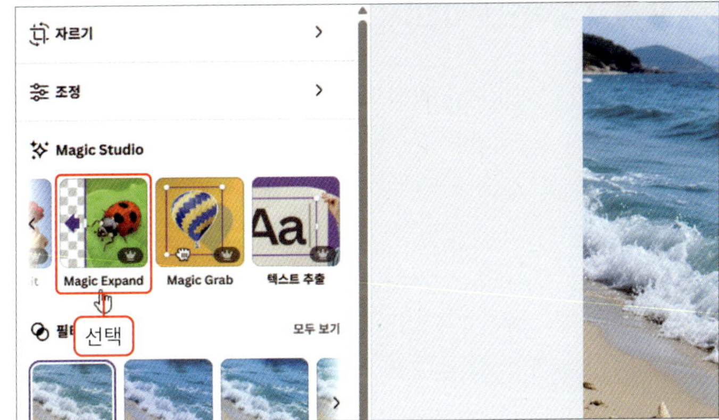

04 │ 작업 화면의 크기를 확장하기 위해 [크기 조정]을 클릭한 다음 [맞춤형 크기]를 클릭합니다.

05 │ 맞춤형 크기의 체크박스를 클릭한 다음 너비를 '1024', 높이를 '768'로 입력하고 〈이 디자인의 크기 조정〉 버튼을 클릭합니다.

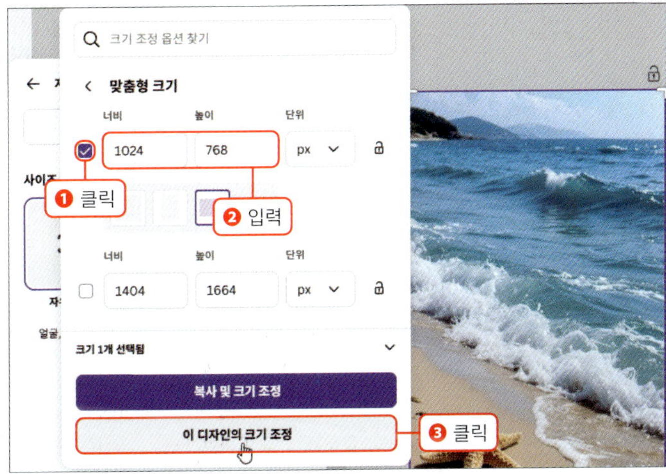

02 드래그 방식으로 이미지 조정하기

원하는 크기만큼 이미지를 직접 드래그하는 방식으로 이미지 크기를 조정합니다.

06 │ 이미지를 더블클릭하고 [확장하기]를 클릭합니다. [자유 형식]이 선택된 상태에서 업로드된 해변 이미지의 왼쪽 부분을 확장하기 위해 바운딩 박스의 모서리를 왼쪽으로 드래그한 다음 〈확장〉 버튼을 클릭합니다.

07 │ 확장될 영역에 생성된 이미지를 썸네일 형식으로 제시하면 마음에 드는 이미지를 선택하고 〈완료〉 버튼을 클릭합니다. 해변가 모래사장 영역이 확장되어 표시됩니다.

Tip Magic Expand 기능

작업 화면의 캔버스 영역을 확장한 뒤, 기존 이미지의 시각적 흐름과 구도를 분석해 연장선상에 자연스럽게 이어지는 이미지를 생성하는 기능입니다. 단순히 여백을 늘리는 것이 아니라 색감, 패턴, 원근, 조명 방향 등을 종합적으로 인식해 확장된 영역까지 하나의 완성된 장면처럼 보이도록 구성해 주어 리프레이밍이나 비율 변경 작업에 효과적으로 활용할 수 있습니다.

08 | 반대쪽도 확장하기 위해 이미지를 더블클릭하여 자르기 화면이 표시되면 [확장하기]를 클릭합니다. [자유 형식]이 선택된 상태에서 바운딩 박스의 모서리를 오른쪽으로 드래그한 다음 〈확장〉 버튼을 클릭합니다.

09 | 확장될 영역에 생성된 이미지를 썸네일 형식으로 제시하면 마음에 드는 이미지를 선택하고 〈완료〉 버튼을 클릭합니다. 확장된 이미지를 저장하기 위해 〈공유〉 버튼을 클릭합니다.

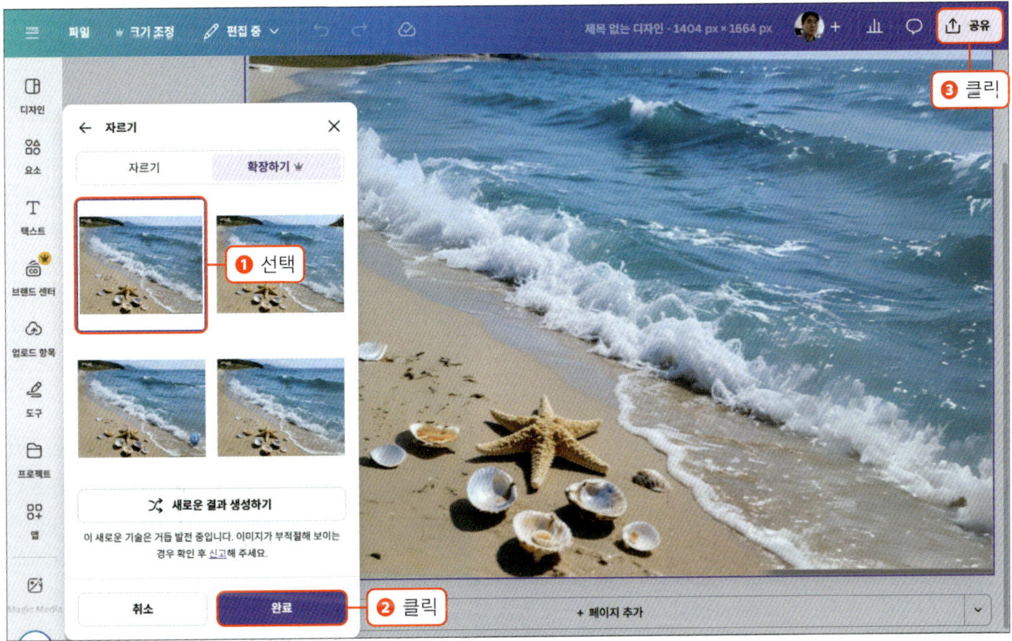

LESSON 12

이미지의 각도를 회전하여 내가 원하는 구도잡기

예제파일: source\기차.jpg **완성파일**: source\기차_완성.jpg

캔바에서는 이미지를 원하는 각도로 회전시켜 정확한 위치에 맞출 수 있는 회전 기능을 제공합니다. 회전 슬라이더를 드래그하면 이미지 회전을 세밀하게 조정할 수 있으며, 이 기능을 활용하면 이미지의 기울어짐을 바로잡거나 디자인에 맞게 각도를 조절하여 더욱 정돈된 이미지를 얻을 수 있습니다.

예제 콘셉트

캔바에서는 이미지를 원하는 각도로 자유롭게 회전시켜 정확한 위치와 구도로 맞출 수 있는 회전 기능을 제공합니다. 사용자는 회전 슬라이더를 드래그하거나 각도를 직접 입력해 세밀하게 조정할 수 있어, 단순한 기울기 보정부터 창의적인 구도 연출까지 폭넓게 활용할 수 있습니다. 특히 촬영 과정에서 발생한 기울어짐을 보정할 때는 이미지 속 건물, 기둥, 창틀, 책장 등 수직 또는 수평인 부분을 기준으로 삼아 각도를 맞추면 보다 정확한 결과를 얻을 수 있습니다. 이를 통해 사진의 안정감과 완성도를 높일 수 있으며, 불필요한 왜곡 없이 원본의 느낌을 유지한 채 깔끔한 이미지를 구현할 수 있습니다.

또한 회전 기능은 단순한 보정 외에도, 디자인 레이아웃에 맞춰 이미지를 의도적으로 기울이거나, 포스터 · 콜라주 · SNS 카드 뉴스 제작 시 역동적인 분위기를 연출하는 데에도 효과적입니다. 텍스트나 그래픽 요소와 조합할 때도 적절한 각도 조절을 통해 디자인의 균형감을 잡을 수 있어, 브랜드 마케팅, 프레젠테이션, 인쇄물 제작 등 다양한 분야에서 전문적인 결과물을 빠르고 손쉽게 완성할 수 있습니다.

작업 패턴 KEYWORD

❶ 이미지를 회전시키기 위해 원근감 조정을 선택
❷ 회전 옵션의 슬라이더를 드래그하면서 이미지 회전 정도를 확인하면서 수정

01 자동으로 기울어진 이미지 조정하기

수평이나 수직이 맞지 않은 이미지를 회전 옵션을 이용하여 원하는 만큼 회전시키거나 자동으로 기울어진 이미지를 조정해 봅니다.

01 │ 이미지를 캔바로 불러와서 편집하기 위해 캔바 홈 화면에서 [더 보기]를 클릭합니다.

02 │ 디자인 만들기 화면이 표시되면 왼쪽 메뉴에서 [사진]을 클릭한 다음 이미지를 회전시킬 사진을 불러오기 위해 [업로드]를 선택합니다. 열기 대화상자가 표시되면 source 폴더에서 '기차.jpg' 파일을 선택한 다음 〈열기(O)〉 버튼을 클릭합니다.

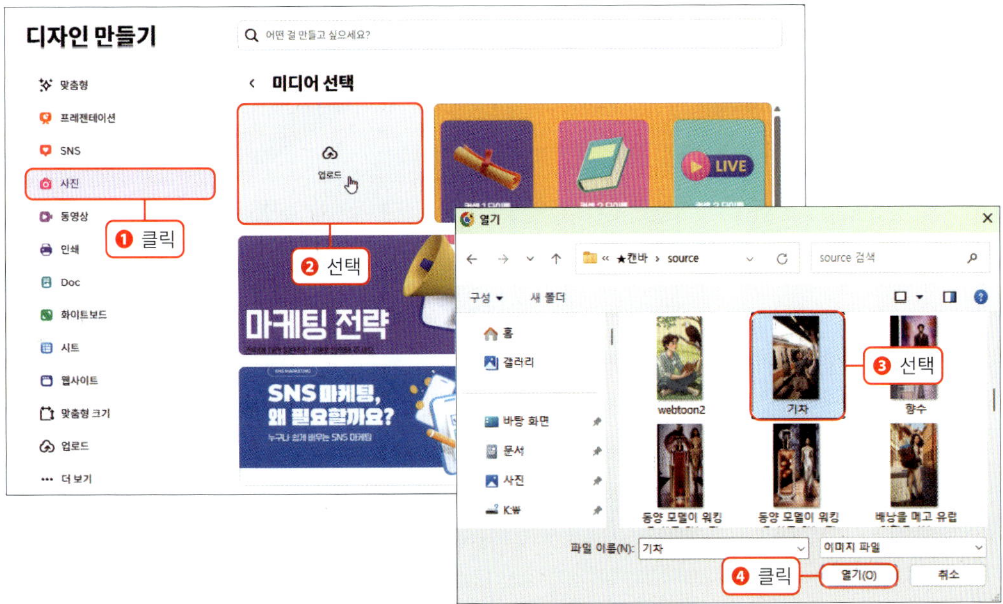

03 | 이미지의 수직 기둥을 보면 비스듬하게 기울어져 있는 것을 확인할 수 있습니다. [자르기]를 클릭합니다.

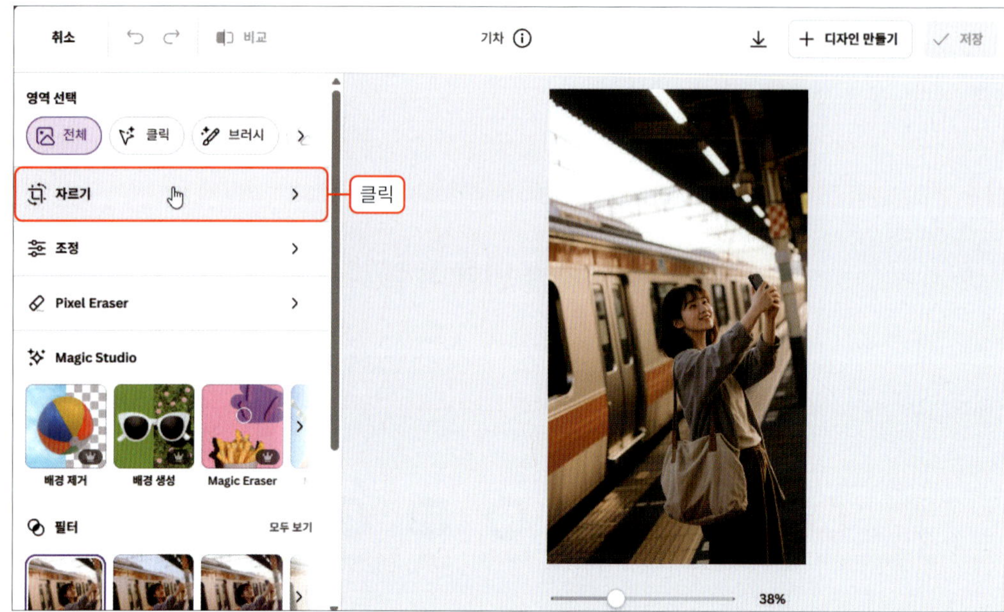

04 | 회전 옵션의 슬라이더를 드래그하면 자르기 영역이 표시되면서 이미지가 회전됩니다.

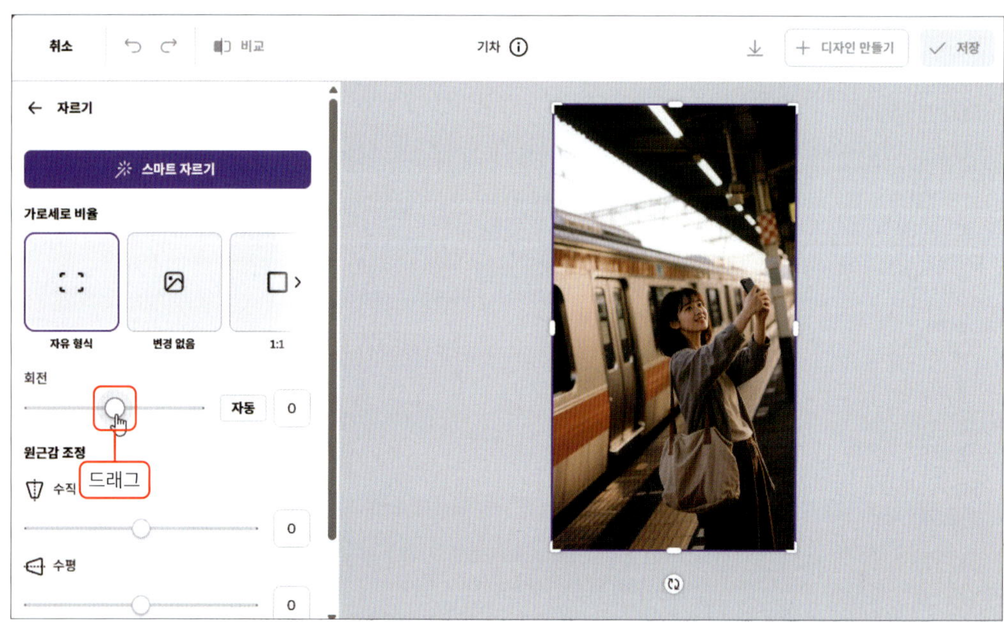

05 | [자동]을 클릭하면 자동으로 기울어진 사진 이미지를 바르게 회전시킵니다. 사진 속의 수직 기둥에 맞게 자르기 영역을 수직으로 맞춰졌다면 〈완료〉 버튼을 클릭합니다.

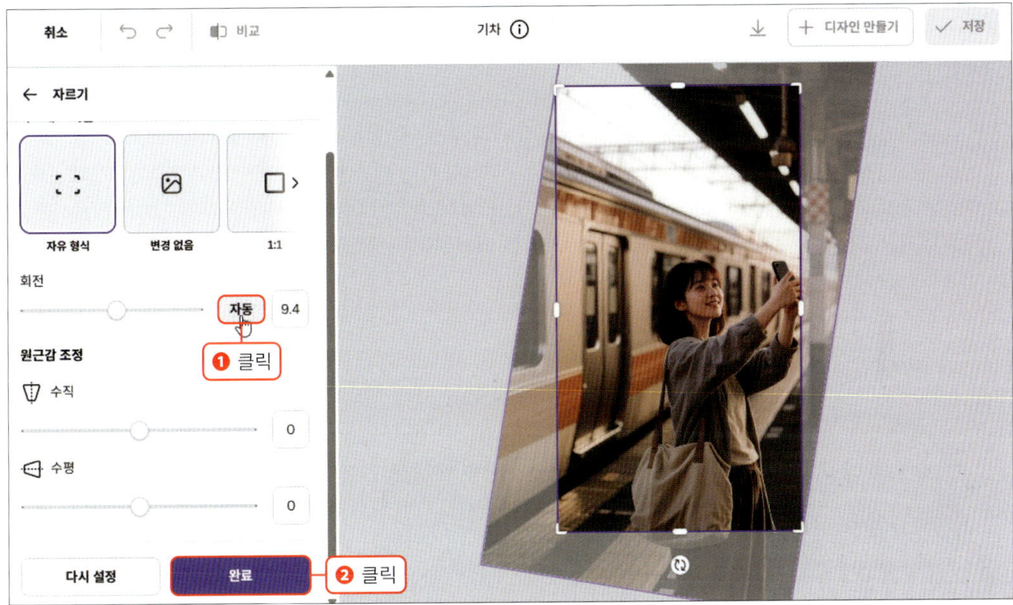

06 | 그림과 같이 바르게 이미지가 회전된 상태에서 이미지가 잘려집니다. 잘려진 이미지를 다운로드하기 위해 '다운로드' 아이콘(⬇)을 클릭합니다.

LESSON 13

스타일 기능으로 로고 이미지 생성하기

완성파일: source\로고1~6.png

캔바의 스타일 기능은 동일한 주제를 다양한 스타일로 시각적 다양성을 표현할 수 있어, 햄버거 로고를 일러스트레이션이나 3D, 벡터 형태 등 다양한 스타일로 생성이 가능합니다. 생성된 이미지에서 배경 제거 기능을 활용하면 스타일링된 로고만을 깔끔하게 추출할 수 있으며 웹사이트, 포스터, 패키지 등 다양한 매체에 로고를 유연하게 적용할 수 있습니다.

일러스트레이션 스타일

3D 렌더링 스타일

벡터 스타일

예제 콘셉트

스타일 기능은 동일한 주제를 기반으로 다양한 시각적 스타일을 적용하여 콘텐츠의 표현력을 크게 확장할 수 있는 강력한 도구입니다. 예를 들어, 하나의 햄버거 로고를 선택하더라도 일러스트레이션, 3D 렌더링, 벡터 그래픽, 평면 디자인 등 여러 가지 스타일로 변환이 가능하며, 각 스타일은 브랜드의 톤과 목적에 맞게 조정할 수 있습니다.

또한, 생성된 이미지에서 배경 제거 기능을 활용하면 로고만을 깔끔하게 분리하여 활용할 수 있어 웹사이트, 소셜 미디어, 포스터, 패키지 디자인, 광고 배너 등 다양한 매체에 자유롭게 적용할 수 있습니다. 이를 통해 동일한 로고를 기반으로 다양한 시각적 브랜드를 만들어낼 수 있으며, 디자인의 일관성을 유지하면서도 각 매체와 상황에 맞는 유연한 스타일링이 가능해집니다.

작업 패턴
KEYWORD

❶ 프롬프트 입력창에 햄버거 로고 이미지 생성을 위한 프롬프트 입력
❷ 스타일을 일러스트레이션으로 지정
❸ 〈편집기에서 열기〉에서 배경색을 제거하기 위해 Magic Studio에서 배경 제거 선택

01 스타일을 선택하여 햄버거 로고 생성하기

텍스트 프롬프트와 원하는 이미지의 스타일을 선택하여 햄버거 로고 형태의 이미지를 생성합니다.

01 | 이미지를 생성하기 위해 캔바 홈 화면에서 AI 기능이 탑재된 [Canva AI]를 클릭합니다. 프롬프트 입력창을 클릭한 다음 [이미지]를 클릭하고, 홍보를 위한 프롬프트를 입력합니다.

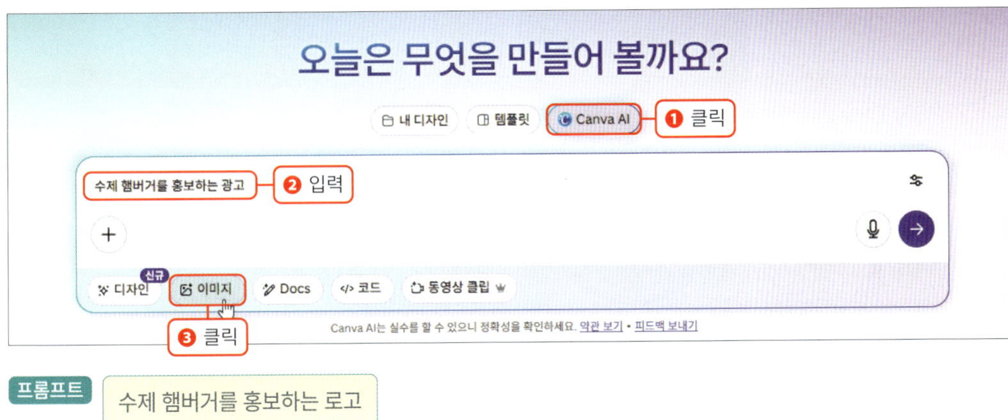

프롬프트   수제 햄버거를 홍보하는 로고

02 | 이미지 비율을 [9:16]으로 지정한 다음 [스타일]을 클릭합니다. 팝업 메뉴에서 [일러스트레이션]을 선택하고 '제출하기' 아이콘(→)을 클릭합니다.

03 | 그림과 같이 햄버거 로고가 생성되었습니다. 이미지를 편집하기 위해 먼저 마음에 드는 햄버거 로고를 클릭합니다. 예제에서는 세 번째 이미지를 선택했습니다.

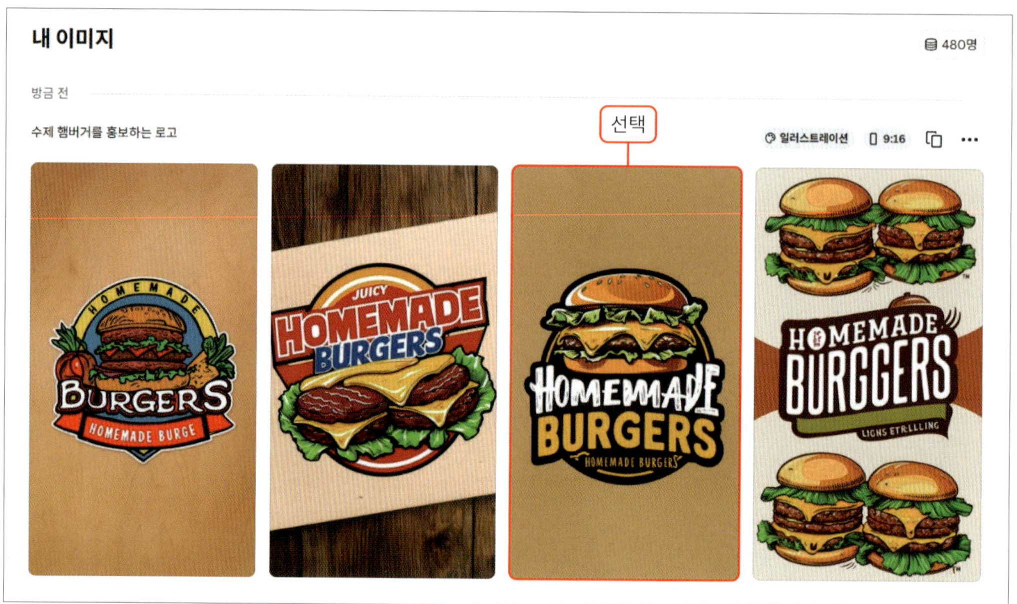

02 불필요한 배경 제거하기

배경 제거 기능으로 햄버거 로고 이미지의 배경 색상을 제거하고 이미지 파일로 저장합니다.

04 | 선택한 로고가 화면에 표시되면 수정을 위해 〈편집기에서 열기〉 버튼을 클릭하고 갈색 계열의 배경색을 제거하기 위해 Magic Studio에서 [배경 제거]를 클릭합니다.

05 | 그림과 같이 배경이 삭제되어 수제 햄버거 로고만 표시된 것을 확인할 수 있습니다. 〈공유〉 버튼을 클릭한 다음 메뉴에서 [다운로드]를 클릭하여 로고 이미지를 저장합니다.

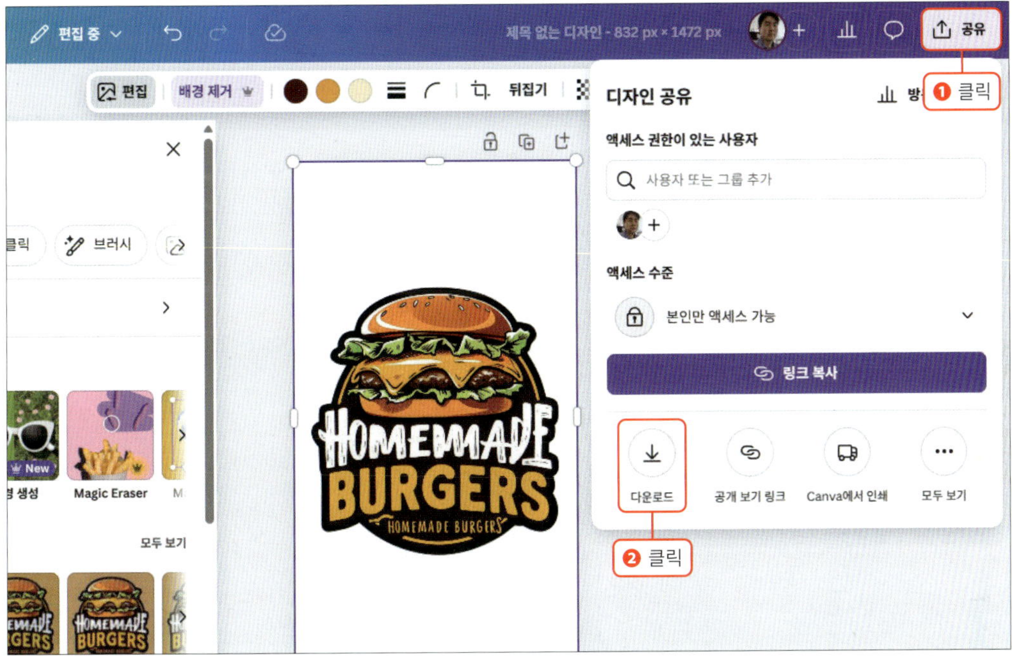

06 | 같은 방법으로 다양한 스타일을 적용하여 변형해 보세요.

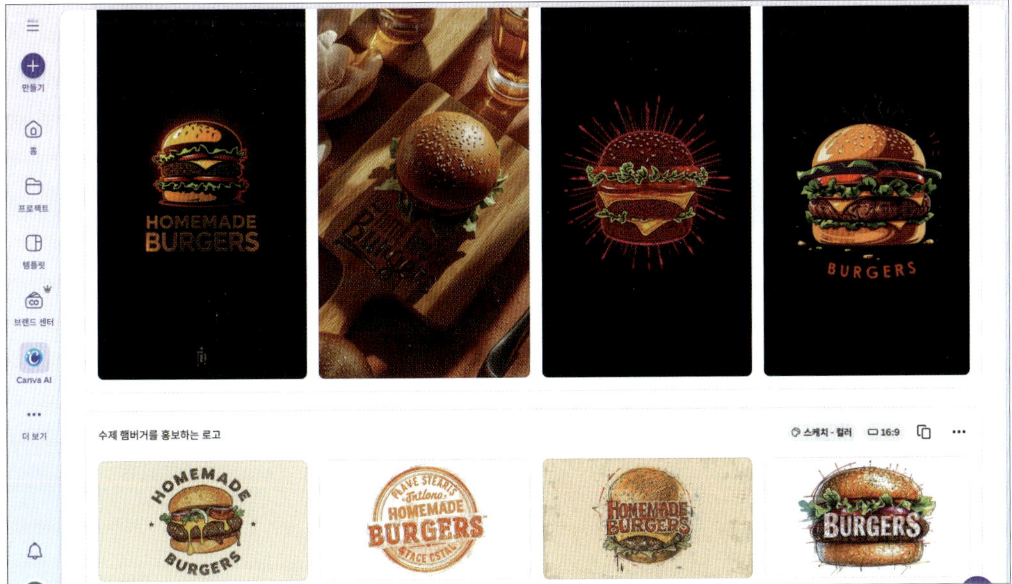

LESSON 14
이미지에서 텍스트 추출하고 문자 수정하기

예제파일: source\유튜버.jpg **완성파일**: source\유튜버완성.png

캔바 AI의 문자 추출 기능을 이용하면 이미지에서 문자를 추출한 다음 문자 속성을 살려 동일한 글꼴로 문자를 수정이 가능합니다. 예제에서는 영문 문자가 있는 이미지에서 문자를 추출한 다음 영문과 한글 문자에 글꼴을 변경하여 입력해 보겠습니다.

예제 콘셉트

이미지에 포함된 문자는 문자 속성이 없는 이미지 형태이기 때문에 직접 수정이 불가능하며, 내용을 바꾸려면 새로 입력해야 합니다. 캔바 AI의 텍스트 추출 기능을 활용하면 이미지 안에 포함된 문자를 그대로 다시 입력하지 않아도 손쉽게 편집 가능한 텍스트로 변환할 수 있어 작업 효율이 크게 향상되며, 추출된 텍스트는 자유롭게 수정하거나 다른 문구로 바꿀 수 있을 뿐 아니라 글꼴, 크기, 색상 등한 번에 변경할 수 있어 전체 디자인의 완성도를 높이는 데 도움이 됩니다.

작업 패턴 KEYWORD

❶ 문자가 있는 이미지를 불러온 다음 텍스트 추출 기능을 실행
❷ 문자가 추출되면 수정할 문자를 블록으로 지정
❸ 문자를 입력한 다음 한장의 이미지로 저장하기 위해 다운로드 실행

01 이미지에서 문자 추출하기

이미지의 영문 문자를 추출 기능으로 문자 속성이 살아있는 문자로 추출합니다.

01 | 문자를 추출하여 수정할 이미지를 불러오기 위해 캔바 홈 화면에서 [더 보기]를 클릭합니다.

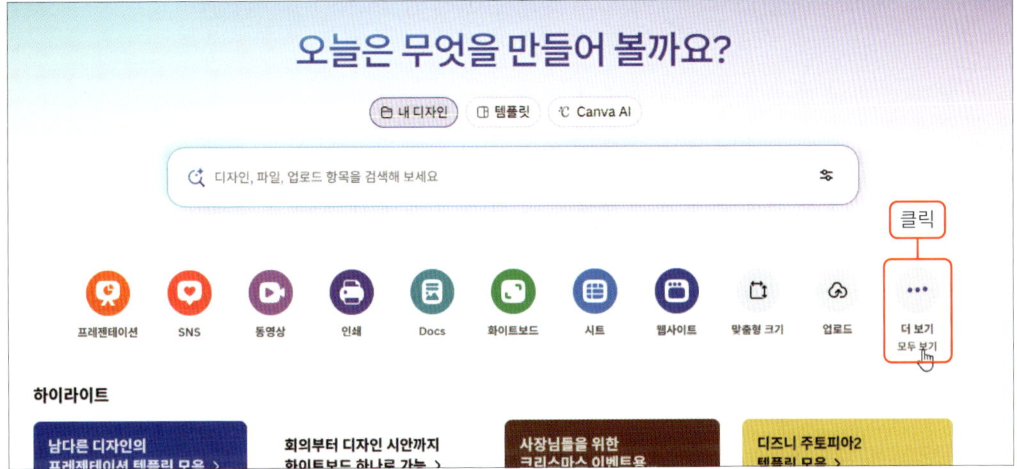

02 | 디자인 만들기 화면이 표시되면 왼쪽 메뉴에서 [사진]을 클릭한 다음 [텍스트 추출]을 클릭합니다.

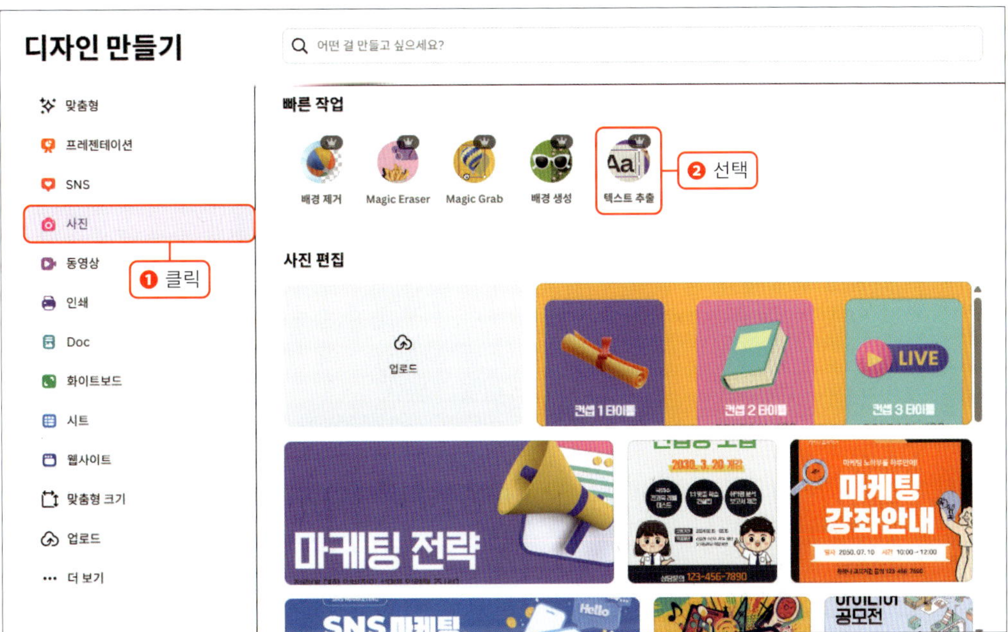

03 | 문자를 추출할 이미지를 불러오기 위해 [업로드]를 클릭합니다. 열기 대화상자가 표시되면 source 폴더에서 '유튜버.jpg' 파일을 선택한 다음 〈열기(O)〉 버튼을 클릭합니다.

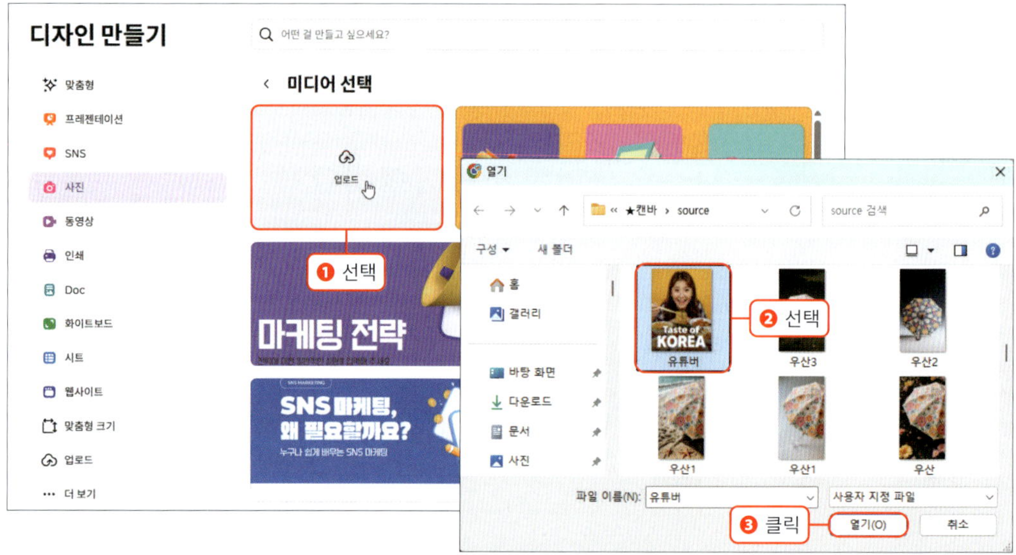

04 | 추출할 텍스트를 선택하는 화면이 표시되면 [클릭]이 선택된 상태에서 이미지 하단의 문자 부분을 클릭한 다음 〈추출하기〉 버튼을 클릭합니다.

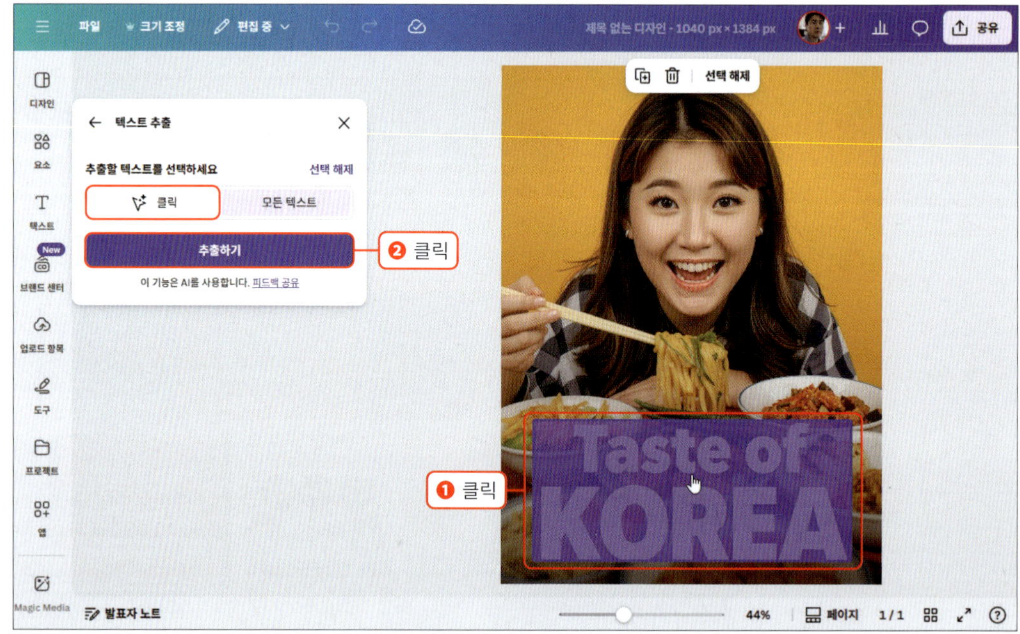

02 추출된 영문 문자 수정하기

이미지에서 문자가 추출되었다면 추출된 문자를 블록으로 지정한 다음 원하는 문자로 수정합니다.

05 | 문자가 추출되면 문자박스가 표시됩니다. 'Taste of' 문자 부분을 수정하기 위해 드래그하여 블록으로 지정합니다.

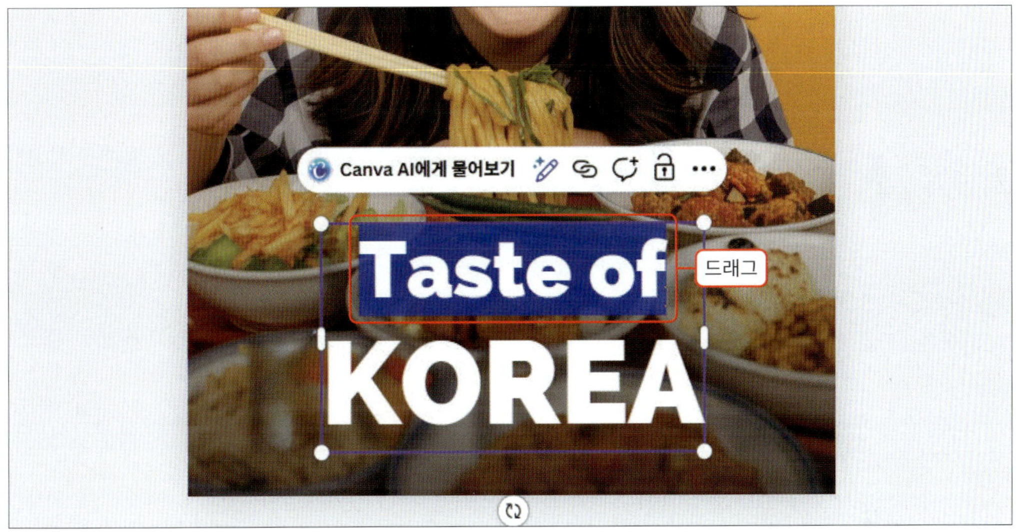

06 | 'Delicious Food'라고 입력하면 폰트를 인식하여 기존 동일한 글꼴로 입력되는 것을 확인할 수 있습니다. 마찬가지로 하단의 'KOREA'를 드래그하여 블록으로 지정합니다.

07 | 영문을 한글로 변경하여 텍스트 상자에 '먹방 유튜브'라고 입력합니다.

08 | 설정할 텍스트를 드래그하고 예제에서는 캔바에서 제공하는 Gasovk One 글꼴을 선택하여 적용하였습니다.

09 | 이미지의 문자를 추출한 다음 영문과 한글 문자 수정이 완성되었습니다. 〈공유〉 버튼을 클릭하여 내 PC로 저장합니다.

Tip   문자 이미지와 문자 속성

이미시의 문자는 글지기 이미지의 일부로 포함된 형태이기 때문에 단순한 그림으로 인식되어 수정이나 복사, 검색이 어렵습니다. 반면 문자 속성이 살아있는 문자는 텍스트 데이터로 인식되어 편집, 검색, 번역이 가능하며 폰트나 크기, 색상과 같은 속성도 자유롭게 변경할 수 있어 활용성과 접근성에서 큰 차이를 보입니다.

이미지 문자를 문자 속성이 살아있는 문자로 변경하면 텍스트를 자유롭게 편집·복사·검색할 수 있어 작업 효율이 크게 향상됩니다. 또한 번역이나 접근성 기능(화면 읽기 등)을 활용할 수 있고, 폰트·크기·색상 변경이 가능해 다양한 매체와 디자인에 유연하게 적용할 수 있다는 장점이 있습니다.

문자 속성이 살아있다면 디자인 작업 시 수정 가능

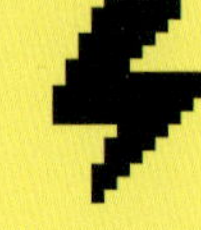

PART 3

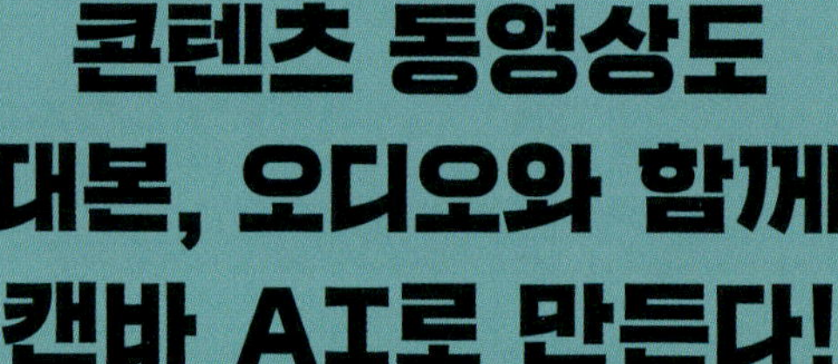

콘텐츠 동영상도 대본, 오디오와 함께 캔바 AI로 만든다!

캔바의 AI 동영상 기능을 활용하면 프롬프트 입력만으로 영상 생성 부터 대본과 이미지 제작, 음성이 포함된 영상 완성까지 하나의 흐름 으로 작업할 수 있습니다. 이 콘텐츠에서는 성공적인 AI 동영상 프롬 프트 작성 공식과 원하는 분위기를 연출하기 위한 조명과 스타일 설정 방법을 체계적으로 살펴봅니다. 또한 템플릿을 활용한 간편한 영상 편집, 영상 순서 변경과 페이지 추가, 장면 분할과 삭제 등 실무에서 바로 활용 가능한 편집 기능까지 단계별로 정리하여 누구나 완성도 높 은 AI 영상을 제작할 수 있도록 안내합니다.

이미지+영상 생성
콘텐츠 생성까지!
!!!
AI
캔바 AI 동영상 생성 편
무엇이든 디자인하는
캔바 AI

LESSON 01
AI 동영상 기능을 이용한 캔바에서 영상 생성하기

캔바는 인공지능(AI) 기술을 적극적으로 도입하여 이미지와 프레젠테이션 제작을 넘어, 영상 콘텐츠 제작 영역까지 서비스를 확장하고 있습니다. 그중에서도 AI 영상 생성 기능은 효율적인 영상 제작을 가능하게 하는 기능으로 주목받고 있습니다.

01 캔바에서 동영상 생성하기

캔바의 AI 영상 생성 기능은 사용자가 영상의 주제나 목적을 간단한 문장으로 입력하기만 하면, AI가 해당 내용을 자동으로 분석하여 영상의 전체 구성과 장면 흐름을 체계적으로 설계해 주는 방식으로 작동합니다. 이 과정에서 영상에 어울리는 분위기와 조명 등이 함께 제안되며, 캔바가 보유한 다양한 템플릿과 방대한 미디어 자료가 유기적으로 결합되어 짧은 시간 안에 완성도 높은 영상을 제작할 수 있으며 마케팅 영상, 소셜 미디어 콘텐츠, 교육 자료, 발표용 영상 등 다양한 목적의 콘텐츠 제작에 폭넓게 활용할 수 있습니다. 이를 통해 영상 제작 경험이 적은 개인 사용자뿐만 아니라, 교육 현장이나 기업 실무 환경에서도 시간과 노력을 절약하며 효율적으로 전문적인 영상을 제작할 수 있습니다.

또한 AI가 자동으로 생성한 영상은 이후 단계에서 사용자가 자유롭게 수정하고 보완할 수 있습니다. 장면의 순서를 변경하거나 자막 내용을 세부적으로 수정하고, 이미지나 영상 클립을 다른 자료로 교체하는 등 모든 편집 작업을 기존 캔바 편집 환경과 동일한 방식으로 직관적으로 수행할 수 있어 사용자의 의도와 창의성을 충분히 반영할 수 있습니다.

캔바의 동영상 편집 화면

02 동영상 생성을 위한 캔바 AI 인터페이스

캔바의 동영상 생성 인터페이스는 복잡한 영상 편집 기술이나 전문 지식이 없어도 텍스트 입력이나 간단한 이미지 선택만으로 영상을 제작할 수 있도록 설계되어 있어, 초보자부터 실무자까지 누구나 손쉽게 활용할 수 있습니다.

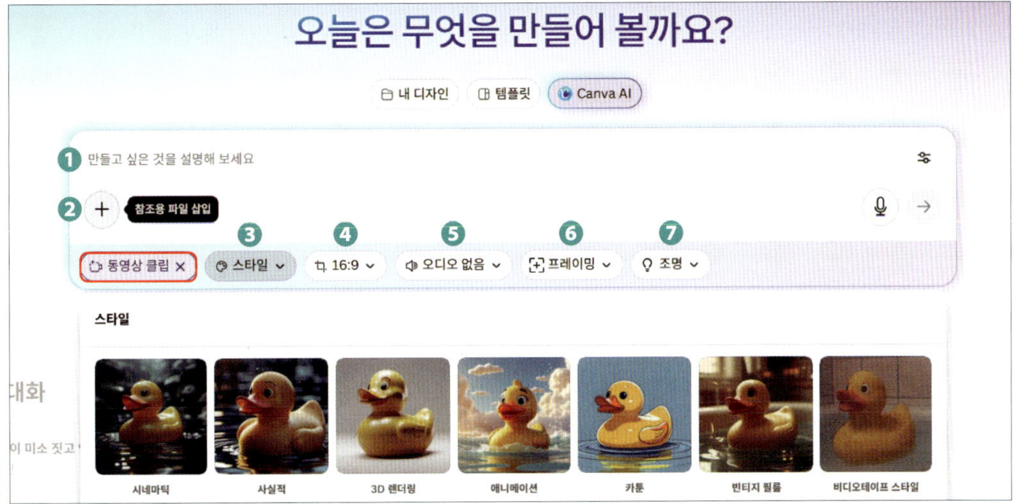

❶ **프롬프트 입력창**: 제작하고자 하는 영상의 주제, 분위기, 장면 구성 등을 문장으로 입력하면, AI가 해당 내용을 분석하여 영상의 전반적인 구조와 시각 요소를 자동으로 생성합니다. 설명을 구체적으로 입력할수록 결과물의 완성도가 높아집니다.

❷ **업로드**: 개인 PC에 저장된 사진이나 영상을 업로드할 수 있습니다. 특정 인물이나 제품 사진을 올리고, 프롬프트에 원하는 영상 생성을 같이 명령할 때 사용합니다.

❸ **스타일**: 영상의 전체적인 시각적 분위기를 결정합니다. 시네마틱, 사실적, 애니메이션, 수채화, 사이버펑크 등 다양한 필터를 적용할 수 있습니다.

❹ **가로 세로 비율**: 영상의 가로 세로 비율을 선택합니다.

❺ **오디오**: 영상 생성 시 배경음악이나 효과음을 함께 생성할지 여부를 결정합니다. 영상 분위기에 맞는 AI 생성 음악을 입히고 싶을 때 설정하며, 나중에 캔바의 편집기에서 별도의 음원을 넣을 계획이라면 '오디오 없음' 지정합니다.

❻ **프레이밍**: 카메라가 피사체를 어떤 구도와 거리로 담아낼지를 설정하는 기능으로, 영상이나 이미지의 분위기와 전달력을 크게 좌우합니다. 첨부된 이미지처럼 하나의 피사체라도 프레이밍 방식에 따라 전혀 다른 인상을 줄 수 있습니다.

  ⓐ **전체 장면**: 피사체와 배경을 함께 보여 주어 공간감과 상황 설명에 적합하며, 이야기의 시작이나 배경 소개에 효과적입니다.

  ⓑ **반신 장면**: 피사체의 형태와 표정을 균형 있게 담아 인물이나 사물의 특징을 자연스럽게 전달할 수 있습니다.

  ⓒ **어깨 너머 장면**: 관찰자의 시점을 표현해 현장감과 몰입감을 높입니다.

  ⓓ **클로즈업 장면**: 얼굴이나 특정 부분에 집중해 감정이나 디테일을 강조하는 데 유용합니다.

  ⓔ **POV(1인칭 시점) 장면**: 마치 시청자가 직접 상황을 바라보는 듯한 경험을 제공해 콘텐츠의 몰입도를 극대화합니다.

  ⓕ **위에서 내려다본 장면**: 전체 구성을 한눈에 보여 주거나 색다른 시각적 재미를 주는 데 활용할 수 있습니다.

❼ **조명**: 부드러운 조명, 강한 조명, 골든아워 등 빛이 들어오는 방향이나 종류를 선택하여 영상의 입체감을 높입니다.

LESSON 02 성공적인 AI 동영상 프롬프트 작성 공식

AI 동영상 생성에서 프롬프트는 결과물의 품질을 좌우하는 가장 핵심적인 요소입니다. 효과적인 프롬프트는 AI가 장면을 명확하게 이해할 수 있도록 구조적으로 작성하는 것이 중요합니다. 일반적으로 [주체] + [동작/행동] + [배경/환경] + [조명/분위기] + [카메라 구도]의 순서로 프롬프트를 구성하면, 보다 정확하고 완성도 높은 동영상 결과를 얻을 수 있습니다.

01 명확한 주체 설정

프롬프트 작성의 첫 단계는 영상에서 가장 중요한 요소인 주체를 명확하게 설정하는 것입니다. 주체란 화면 안에서 시선을 가장 먼저 끌고, 이야기를 이끌어가는 중심 대상입니다. 사람, 동물, 사물, 가상의 캐릭터 등 무엇이든 주체가 될 수 있으나, AI가 이를 정확히 이해할 수 있도록 구체적으로 설명하는 것이 중요합니다. 예를 들어 단순히 '사람이 서 있다'라고 작성하는 것보다는 사람의 성별, 연령대, 외형적 특징, 표정, 복장 스타일, 전반적인 분위기 등을 함께 제시하는 것이 효과적입니다. 이러한 정보는 AI가 인물의 이미지를 보다 명확하게 구성하는 데 도움을 주며, 결과 영상의 일관성과 완성도를 높여 줍니다.

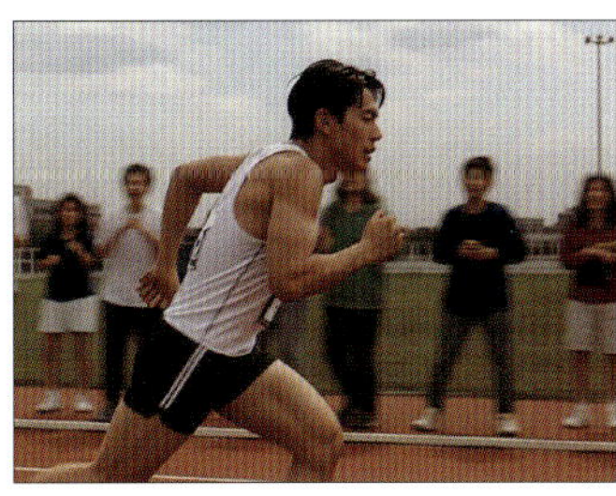

프롬프트 운동장 트랙을 달리는 한국 남성 선수, 주변에는 깃발을 들고 응원하는 사람들

결과적으로 주체를 명확하고 구체적으로 설정할수록 영상의 초점이 분명해지고, AI가 사용자의 의도를 정확하게 파악할 수 있습니다. 이는 불필요한 수정 과정을 줄이고, 처음부터 원하는 결과에 가까운 AI 동영상을 생성하는 데 중요한 기반이 됩니다.

주체를 명확하게 설정한 이후에는, 해당 주체가 어떤 행동이나 움직임을 하는지 구체적으로 설명하는 단계가 필요합니다. 동영상은 정지된 이미지와 달리 시간의 흐름과 움직임이 핵심이기 때문에, 동작에 대한 묘사가 프롬프트의 완성도를 크게 좌우합니다.

단순히 '걷는다', '본다', '서 있다'와 같은 기본적인 동작만 제시하기보다는, 움직임의 방향, 속도, 리듬을 함께 표현하는 것이 좋습니다. 예를 들어 천천히 걷는지, 급하게 달려가는지, 자연스럽게 몸을 움직이는지와 같은 요소를 추가하면 AI가 장면을 더욱 역동적으로 구성할 수 있습니다. 또한, 동작에 감정이나 의도가 느껴지도록 표현하면 영상의 몰입도가 한층 높아집니다. 기쁘게 웃으며 움직이는 모습, 긴장된 표정으로 주변을 살피는 행동 등은 주체의 감정을 시각적으로 전달하는 데 도움이 됩니다. 이러한 감정 표현은 영상의 분위기와 스토리를 자연스럽게 형성하는 역할을 하기 때문에 동작의 연속성을 고려하는 것도 중요합니다.

프롬프트 길거리의 강아지를 쓰다듬고 품에 안은 다음 강아지 뺨에 뽀뽀하는 행복한 표정의 한국 여성

하나의 행동으로 끝나는 것이 아니라 시작과 진행, 마무리 과정이 느껴지도록 설명하면 영상이 보다 자연스럽게 흐릅니다. 예를 들어 특정 방향으로 이동하며 행동을 이어가는 모습이나, 행동의 변화가 드러나는 장면을 함께 제시하면 AI가 시간의 흐름을 반영한 영상을 생성할 수 있습니다. 동작에 대한 설명이 모호할 경우, AI는 정적인 이미지에 가까운 장면을 생성할 가능성이 높습니다.

03 배경과 환경 묘사

배경과 환경은 영상의 전체적인 맥락과 분위기를 결정하는 중요한 요소입니다. 프롬프트에서 주체와 동작을 설정한 후에는, 주체가 위치하고 있는 공간과 주변 환경을 구체적으로 묘사하는 것이 필요합니다.

예를 들어 '실내'인지, '실외'인지, '도시'인지 '자연'인지, 시간대는 낮인지 밤인지, 계절은 언제인지와 같은 정보를 포함하면 AI가 장면을 보다 현실감 있고 구체적으로 구성할 수 있습니다. 또한 날씨, 조명 상태, 배경 속 오브젝트나 소품의 유무까지 상세하게 표현하면 영상의 몰입도가 높아집니다.

배경 묘사는 주체와 동작을 자연스럽게 연결하는 역할도 합니다. 예를 들어 '주인공이 공원에서 달리고 있다'라고만 쓰는 것보다, '봄 햇살이 따뜻하게 내리쬐는 공원, 벚꽃이 흩날리는 길을 따라 소녀가 자전거를 타고 간다'라고 작성하면 AI는 주체의 행동과 배경을 조화롭게 연결해 자연스러운 장면을 생성할 수 있습니다.

  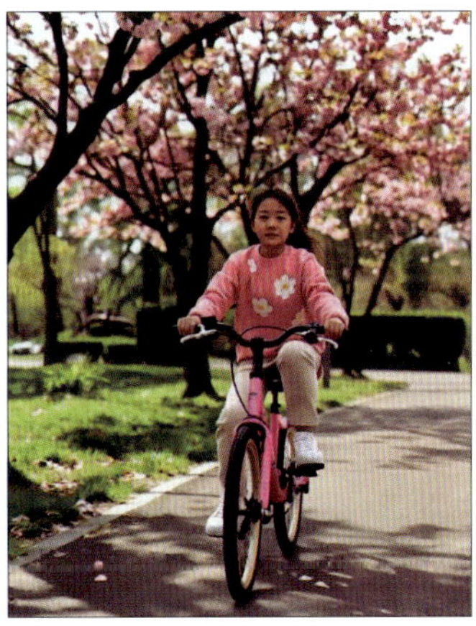

봄 햇살이 따뜻하게 내리쬐는 공원, 벚꽃이 흩날리는 길에 줄다리기를 하는 학생들을 지나 소녀가 자전거를 타고 간다

배경 묘사는 영상의 스토리와 감정 전달에도 큰 영향을 줍니다. 같은 동작이라도 배경이 도시의 번화가인지, 안개 낀 숲길인지에 따라 주는 느낌이 달라지므로, 영상에서 전달하고 싶은 분위기와 메시지를 고려해 배경을 세밀하게 작성하는 것이 중요합니다. 배경과 환경을 구체적으로 설명하면, AI 동영상 생성에서 장면의 깊이와 현실감을 높일 수 있으며, 시청자가 몰입할 수 있는 영상 결과물을 만드는 데 핵심적인 역할을 합니다.

04 스타일과 조명 지정

스타일과 조명은 영상의 시각적 완성도와 분위기를 결정하는 핵심 요소입니다. AI가 생성하는 영상의 느낌과 감성은 주체, 동작, 배경뿐만 아니라 스타일과 조명 설정에 크게 좌우되므로, 프롬프트에서 이를 명확히 지정하는 것이 중요합니다.

스타일 측면에서는 '현실적인 느낌'인지, '애니메이션이나 만화풍 일러스트'인지, 혹은 '영화 같은 시네마틱 연출'인지 구체적으로 표현해야 합니다. 스타일을 명확히 지정하면 AI가 영상의 질감과 표현 방식을 이해하고, 주체와 배경, 동작이 전체적으로 조화를 이루도록 장면을 생성할 수 있습니다.

조명과 분위기를 설정하는 것도 매우 중요합니다. 밝은 낮의 자연광, 따뜻한 햇살, 어두운 밤의 조명, 차분한 실내 조명, 몽환적이고 신비로운 느낌 등 조명과 분위기를 함께 지정하면 AI가 영상의 감정을 보다 정확하게 표현할 수 있습니다. 예를 들어, '캐릭터가 자동차를 타고 비행장을 간다'라고만 쓰는 것보다 '캐릭터가 자동차를 타고 비행장을 가로지른다, 픽사 입체 애니메이션 스타일'이라고 입력하여 영상 스타일을 반영합니다.

프롬프트 자동차를 타고 비행장을 가로지르는 캐릭터, 픽사 입체 애니메이션 스타일

스타일과 조명은 영상의 스토리 전달력과 시청자 몰입도에도 큰 영향을 줍니다. 같은 장면이라도 스타일과 조명 설정에 따라 활기차고 밝은 느낌을 줄 수도 있고, 차분하고 감성적인 분위기를 만들 수도 있습니다. 따라서 AI 동영상 프롬프트를 작성할 때는 전달하고 싶은 메시지와 감정을 고려하여 스타일과 조명을 구체적으로 명시하는 것이 매우 중요합니다.

05 카메라 연출(구도) 기법

카메라 구도와 연출 방식은 영상의 전문성과 몰입도를 높이는 핵심 요소입니다. 동일한 장면이라도 카메라 시점과 움직임에 따라 영상의 느낌과 전달력이 완전히 달라집니다. 프롬프트에서 구체적인 구도와 연출 기법을 명시하면, AI가 장면을 더 정교하게 생성할 수 있습니다.

❶ 정면 샷(Front Shot)

정면 샷은 주체를 화면의 정면에서 촬영하여 주인공의 표정과 행동을 직접적으로 보여주는 방식입니다. 시청자는 주체의 감정을 즉시 파악할 수 있으며, '주인공이 카메라를 보며 행복한 표정으로 산책을 한다'처럼 감정과 정확한 정보를 전달할 때 사용합니다.

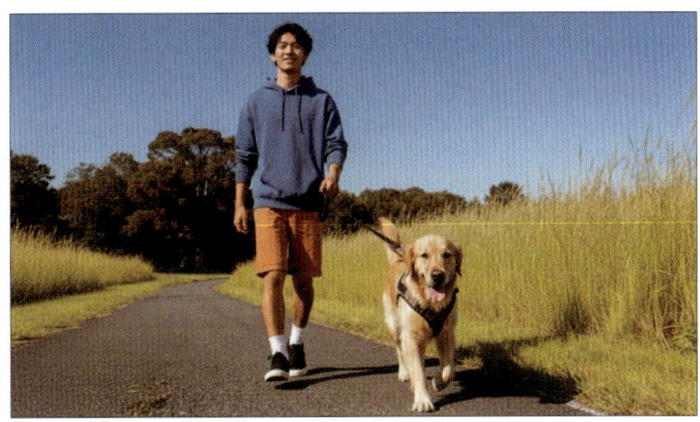

❷ 측면 샷(Side Shot)

측면 샷은 주체를 옆에서 바라보는 구도로, 걷거나 달리는 동작의 흐름을 자연스럽게 보여주고 싶을 때 직합합니다. 예를 들어 '주인공이 길을 가로질러 천천히 산책하는 모습을 측면에서 포착한다'와 같이 동작과 배경의 관계를 힘께 깅조힐 수 있습니다.

❸ 클로즈업(Close-up)

클로즈업은 얼굴, 손, 소품 등 세부 디테일을 강조하여 감정이나 중요한 정보에 시선을 집중시키는 구도입니다. '남성 인물이 미소를 지으며, 쳐다보는 클로즈업 샷'처럼 장면의 감정적 포인트를 강조할 때 효과적입니다.

❹ 롱샷(Long Shot)

롱샷은 주체와 배경을 함께 보여주는 넓은 시야로, 장면의 전체 맥락과 장소, 분위기를 전달할 수 있습니다. '주인공이 억새풀이 있는 산책로를 개와 함께 걸어가는 장면을 롱샷으로 담는다' 처럼 공간감과 스토리를 동시에 보여주는 연출에 적합합니다.

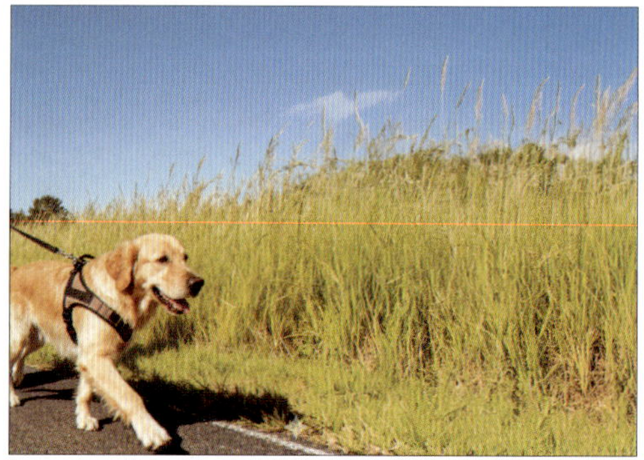

❺ 하이 앵글(High Angle)

하이 앵글은 주체보다 높은 위치에서 내려다보는 구도로, 주체가 작거나 외로워 보이는 효과를 주며 장면의 깊이와 분위기를 강화합니다. '주인공과 개가 산책로 계단으로 내려오는 장면을 아래에서 위로 올려본다'처럼 감정적 포인트를 강조할 수 있습니다.

❻ 로우 앵글(Low Angle)

로우 앵글은 주체보다 낮은 위치에서 올려다보는 구도로, 주체를 웅장하게 보이게 하거나 긴장감을 높이는 효과가 있습니다. '주인공이 높은 건물을 바라보며 서 있는 장면을 아래에서 올려다본다'처럼 주체의 힘과 위상을 강조할 때 활용됩니다.

❼ 버드아이 뷰(Bird's Eye View)

버드아이 뷰는 하늘에서 장면을 내려다보는 구도로, 전체 공간 배치와 패턴을 보여주거나 주체의 움직임을 시각적으로 강조할 때 유용합니다(예 주인공과 개가 산책로를 따라 걷는 장면을 하늘에서 내려다본다).

❽ 아이 레벨(Neutral Eye Level)

아이 레벨 샷은 주체와 동일한 높이에서 촬영하는 구도로, 시청자에게 자연스러운 시점과 몰입감을 제공합니다. '주인공과 대화하는 장면을 같은 눈높이에서 촬영한다'와 같이 사용하며 현실감 있는 장면 연출이 가능합니다.

❾ 오비 디 숄디(Over the Shoulder, OTS)

오버 더 숄더 샷은 주체의 어깨 너머로 다른 대상을 바라보는 구도입니다. 대화 장면이나 관찰 시점을 강조할 때 유용하며, '주인공과 개가 산책하는 장면을 여성의 어깨 넘어로 보는 장면을 생성한다'처럼 장면의 긴장감과 시점 전달에 활용할 수 있습니다.

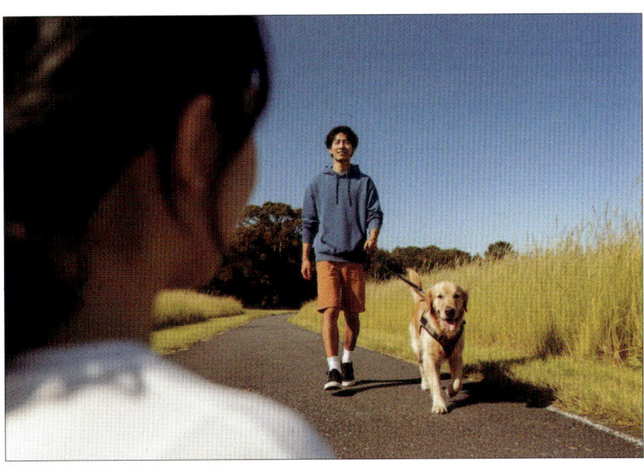

❿ 다치 앵글(Dutch Angle/Tilted Angle)

다치 앵글은 카메라를 기울여 촬영하는 방식으로, 긴장감, 불안, 혼란 등을 강조할 때 사용합니다. '주인공이 어두운 골목을 걷는 장면에서 카메라가 기울어진 상태로 촬영된다'처럼 심리적 효과를 강조할 수 있습니다.

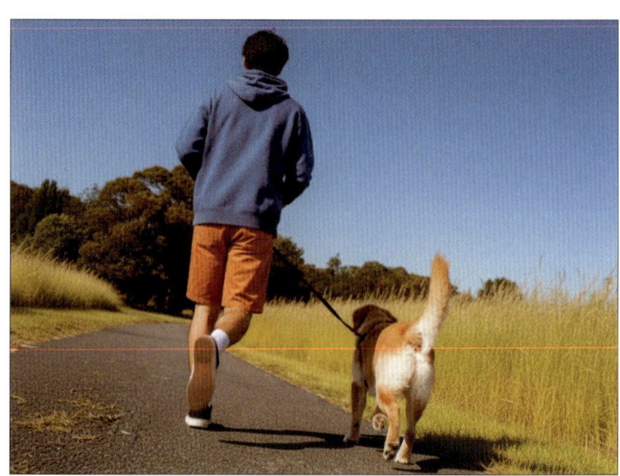

✦ **Tip** **프롬프트에 전문 용어 입력 시 영어 vs 한글 사용**

AI 동영상 프롬프트에서 전문 용어를 입력할 때는 연출과 기술 관련 요소는 영어로 작성하고, 장소, 감정, 배경 등 문화적 요소와 세부 디테일은 한글로 작성하는 혼합 전략이 가장 효과적입니다. 이렇게 하면 AI가 의도와 디테일을 정확히 이해하여 생동감 있고 몰입감 있는 영상을 생성할 수 있습니다.

프롬프트 작성 시 먼저 영어 용어로 테스트한 뒤 필요에 따라 한글 설명을 보조적으로 추가하면 결과 정확도가 높아집니다. 또한, 단어 단위가 아닌 문장 단위로 맥락을 제공하면 AI가 의도를 더 잘 이해합니다. 예를 들어 단순히 'Dutch Angle'만 입력하는 것보다 '주인공이 긴장하며 골목을 걷는 장면, Dutch Angle로 촬영, 어두운 조명'처럼 문맥을 포함하면 자연스럽고 정확한 장면을 생성할 수 있습니다. 마지막으로, 자주 사용하는 영어 전문 용어 목록을 정리해 두면 반복적인 프롬프트 작성 시 효율성을 높일 수 있습니다.

❶ 영어 사용의 장점

영어로 전문 용어를 입력하면 AI가 방대한 영어 기반 학습 데이터를 활용할 수 있어, 연출 의도나 기술적 요소를 정확하게 이해할 가능성이 높습니다. 영화, 애니메이션, 3D 렌더링 등에서 널리 쓰이는 표준 용어는 대부분 영어이기 때문에, 영어로 작성하면 다른 창작물과 일관된 연출과 스타일을 유지할 수 있습니다. 예를 들어 'Dutch Angle', 'Cinematic Lighting', 'Close-up' 같은 용어를 영어로 넣으면 심리적 긴장감이나 조명 연출을 정확하게 AI가 반영할 수 있으며, 한글로 단순히 '기울인 각도'나 '영화적 조명'이라고 번역하면 의미가 모호해져 원하는 결과를 얻기 어려울 수 있습니다.

❷ 한글 사용의 장점

반면 한글을 사용하는 경우, 직관적이고 구체적인 장면 묘사가 가능하며 한국적 배경이나 문화적 요소를 표현할 때 특히 효과적입니다. '한옥 마당', '설날 풍경', '김치 담그는 장면'처럼 한글로 작성하면 AI가 한국적 장소와 문화 요소를 정확히 이해하여 자연스럽게 반영할 수 있습니다. 또한 한국어 학습 데이터를 기반으로 하는 AI에서는 한글 프롬프트가 더 자연스럽고 디테일한 결과를 만들어주는 경우가 많습니다.

❸ 영어와 한글 혼합 사용 전략

가장 이상적인 방법은 영어와 한글을 혼합하여 사용하는 것입니다. 연출, 스타일, 카메라 구도, 조명 등 전문 용어는 영어로, 배경, 장소, 감정, 소품 등은 한글로 작성하면 AI가 정확성과 자연스러움을 동시에 반영할 수 있습니다. 예를 들어 '주인공이 한옥 마당을 걷는 장면, Dutch Angle, soft cinematic lighting, 클로즈업으로 얼굴 감정을 강조한다'처럼 프롬프트를 작성하면, 주체의 동작과 감정을 강조하면서도 한국적 배경이 자연스럽게 표현됩니다.

LESSON 03 — 원하는 스타일로 동영상을 만들기 위한 조명

영상 제작에서 빛과 구도는 시각적 메시지의 전달력을 결정짓는 핵심 요소입니다. 그중에서도 주광(Key Light)은 장면의 전체 조명을 주도하는 중심 광원으로, 피사체의 밝기, 윤곽, 분위기를 설정하는 데 가장 중요한 역할을 합니다.

01 강렬한 인상을 남기는 주광

주광은 단순히 피사체를 비추는 것을 넘어, 장면에 입체감을 부여하고 감정의 뉘앙스를 형성하는 도구입니다. 예를 들어, 위쪽에서 비추는 주광은 인물의 이목구비를 또렷하게 드러내면서 자연스러운 명암을 형성해 강렬하거나 극적인 인상을 남길 수 있습니다. 반면, 옆이나 뒤쪽에서 조명할 경우 신비롭거나 긴장된 분위기를 연출할 수 있어 연출 의도에 따라 다양한 감정의 층을 만들 수 있습니다. 따라서 AI 기반 영상 생성 과정에서도 주광의 위치, 세기, 방향을 전략적으로 설계해야 영상의 품질과 몰입도를 높일 수 있습니다.

프롬프트   캐주얼한 의상의 소녀가 무대에서 바이올린을 켜는 장면, 강한 주광

02 입체감을 살리는 보조광

주광으로 인해 생기는 그림자를 완화하고, 화면 전체의 조명 밸런스를 조절하는 데 필수적인 조명 요소입니다. 이 조명은 피사체의 어두운 부분을 밝히는 보조적 역할을 하며, 장면의 디테일을 보다 명확하게 드러내는 데 기여합니다. 특히 주광이 강하거나 특정 방향에서만 들어올 경우, 깊은 그림자가 생겨 피사체의 얼굴이나 물체의 일부분이 지나치게 어두워질 수 있습니다. 이때 보조광을 적절히 활용하면 그 어두운 부분을 부드럽게 밝히면서 입체감을 유지할 수 있습니다.

다만, 보조광의 세기는 신중하게 조절해야 합니다. 너무 강하게 설정하면 그림자가 사라지면서 장면이 납작하고 생동감 없는 느낌이 들 수 있습니다. 반대로 너무 약하면 그림자가 강하게 남아 피사체의 표정이나 질감이 충분히 드러나지 않을 수 있습니다. 단순히 어두운 영역을 밝히는 기능을 넘어, 화면의 감정 톤과 분위기를 조율하는 역할도 합니다. 조명의 각도와 확산 정도에 따라 인물의 성격이 부드럽게 보이거나, 공간이 차분하고 안정적으로 인식될 수 있습니다. 따라서 보조광을 어떻게 설정하느냐에 따라 장면의 사실성뿐 아니라 연출 의도까지 보다 정교하게 전달할 수 있습니다. AI로 영상이나 이미지 장면을 연출할 때도, 보조광의 역할을 의도적으로 설계하면 인물과 공간의 분위기 표현에 큰 차이를 만들 수 있습니다.

비너스 조각상 주변을 비추는 오렌지색 보조광, 옆에서 셀카를 찍는 소녀

03 인물의 실루엣을 표현하는 배경광

피사체의 뒤편 또는 배경 쪽에서 비추는 조명으로, 피사체를 배경과 시각적으로 분리시켜 입체감을 높이는 데 핵심적인 역할을 합니다. 이 조명은 장면에 깊이를 부여하고, 시선의 초점을 자연스럽게 피사체로 유도하는 데 효과적입니다. 배경광은 종종 피사체의 실루엣을 부각시키거나, 공간의 레이어를 분명히 드러내기 위해 사용됩니다.

또한 배경 자체를 강조하거나 특정 분위기(예 창밖 불빛, 스모그 속 헤드라이트 등)를 연출하는 데도 활용됩니다. 다만 조명이 지나치게 강하면 윤곽이 날아가거나 세부 묘사가 사라질 수 있으므로, 세기와 각도를 섬세하게 조절해야 합니다. AI 기반 영상 생성에서도 프롬프트에 'rim lighting', 'background glow', 'silho-uette enhancement' 같은 키워드를 활용하면 피사체와 배경 간의 구분이 명확한 입체적인 결과물을 얻을 수 있습니다.

프롬프트 피벗 모니터를 보면서 유튜브 방송을 하는 인물, 부드러운 조명, 링라이트

04 편안한 인상의 정면광

카메라와 동일한 방향에서 피사체를 향해 빛을 비추는 조명 방식으로, 피사체를 고르게 밝히고 그림자를 최소화하는 데 효과적입니다. 이 조명은 피부의 결점을 감추고 부드럽고 깨끗한 인상을 전달하기 때문에, 시청자에게 안정감과 친근함을 주는 데 자주 활용됩니다. 특히 뉴스 방송, 토크쇼, 인터뷰 등에서 정면광이 많이 사용되는 이유는 인물의 표정을 뚜렷하게 보여주면서도 과도한 대비 없이 자연스럽고 균형 잡힌 인상을 줄 수 있기 때문입니다. 이로 인해 피사체는 카메라 앞에서 보다 편안하고 신뢰감 있게 표현됩니다.

하지만 정면광은 입체감이 부족하다는 단점도 있습니다. 명암 대비가 줄어들어 피사체가 평면적으로 보일 수 있으며, 화면에 깊이가 느껴지지 않을 수 있습니다. 따라서 드라마틱한 연출이나 감정 표현이 중요한 장면에서는 피하는 것이 좋습니다. AI 기반 영상 생성 시에도 정면광을 활용하면 명확하고 친숙한 분위기를 만들 수 있으며, 특히 인물 중심 콘텐츠나 제품 소개 영상에서 유용하게 적용됩니다. 다만 장면의 목적에 따라 빛의 방향과 세기를 적절히 조정하는 것이 중요합니다.

컬러풀한 의상을 입고 광고하는 20대 여성 쇼핑호스트, 정면광

05 드라마틱한 분위기를 표현하는 측면광

피사체의 옆면에서 빛을 비추어 명암의 대비를 극대화하고, 텍스처와 입체감을 선명하게 드러내는 조명 기법입니다. 이 방식은 빛이 닿은 부분과 그렇지 않은 부분 사이에 뚜렷한 경계를 만들어 피사체의 구조, 윤곽, 질감을 강조하는 데 탁월한 효과를 발휘합니다. 특히 인물의 얼굴에 적용할 경우, 한쪽은 밝고 다른 쪽은 어두운 명암 대비가 생기면서 감정의 깊이나 드라마틱한 분위기를 표현하는 데 적합합니다. 이러한 효과 때문에 측면광은 영화, 연극, 인물 사진 등에서 감정의 긴장감이나 미묘한 내면 표현을 전달할 때 자주 활용됩니다.

공원에서 비글을 훈련시키는 여성, 측면광

06 강한 대비 효과를 주는 역광

역광(Backlighting)은 피사체의 뒤쪽에서 빛을 비추어, 피사체의 윤곽을 강조하고 인물이나 사물의 실루엣을 도드라지게 만드는 조명 기법입니다. 이 방식은 강한 대비와 빛의 테두리를 통해 장면에 신비롭고 감성적인 분위기를 더하며, 화면에 깊이와 극적인 긴장감을 부여합니다. 특히 감정의 여운을 남기거나 스토리의 진한점을 암시할 때 효과적입니다.

인물의 얼굴을 드러내지 않고 형태만을 보여줌으로써 미스터리한 분위기를 조성하거나, 태양이나 강한 광원이 배경에 위치할 때 환상적이고 몽환적인 느낌을 연출할 수 있습니다. 하지만 역광만 사용할 경우, 피사체의 전면이 어둡게 되어 디테일이 완전히 사라질 수 있기 때문에, 일반적으로 전면이나 측면에서 보조광을 함께 사용해 주요 정보나 표정을 보완합니다. 이때 약한 보조광이나 리플렉터(반사판)를 활용하면 실루엣의 분위기를 유지하면서도 필요한 부분의 명확성을 확보할 수 있습니다.

해변가에서 뛰어 노는 아이들, 역광

07 따뜻한 빛

노란색, 주황색 계열의 색온도가 낮은 조명으로, 시각적으로 부드럽고 감성적인 분위기를 조성하는 데 효과적입니다. 이 조명은 자연광에 가까운 색감을 지니며, 인간의 정서에 안정감과 온기를 전달해 편안하고 친근한 인상을 줍니다. 따뜻한 빛은 주로 일출·일몰 시간대의 햇빛이나 조명이 은은한 실내 공간에서 자주 사용됩니다. 식탁 위의 조명, 벽난로 주변, 혹은 저녁 시간대의 창가 장면 등에서 활용되며, 가족 간의 유대감, 회상, 낭만적인 감정 등을 시각적으로 전달할 수 있습니다.

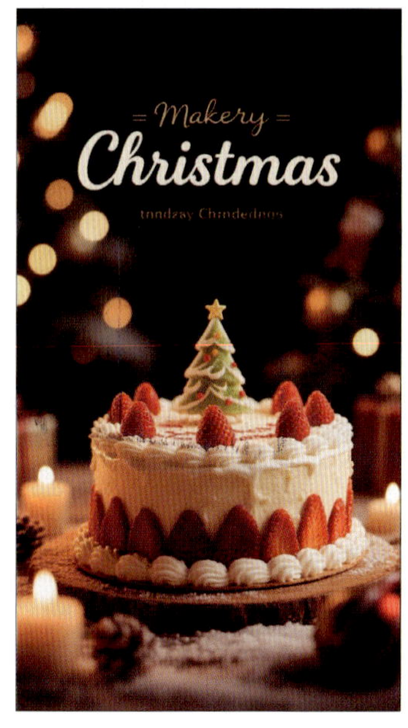

크리스마스트리의 따뜻한 불빛 아래 케이크를 홍보하는 포스터

감정 연출 면에서는 따뜻한 빛이 공감, 애정, 안락함을 부각시키는 데 적합하며, 인물의 피부 톤을 자연스럽고 건강하게 표현하는 데도 유리합니다. AI로 영상을 생성할 때도 'warm light', 'sunset tone', 'cozy atmosphere'와 같은 프롬프트 요소를 활용하면 장면에 따뜻하고 감성적인 정서를 더할 수 있습니다. 특히 인물 중심의 감정적 연출이나, 공간의 분위기를 부드럽게 연출하고자 할 때 필수적인 조명 설정입니다.

크리스마스 트리 옆에서 자는 고양이 캐릭터, 따뜻한 빛

08 차가운 빛

청색 계열의 색온도가 높은 조명으로, 화면에 냉정하고 정제된 분위기를 부여하는 조명 방식입니다. 주로 푸른빛이나 청록색 계열의 톤을 띠며, 시각적으로는 서늘하고 세련된 인상을 전달합니다. 이러한 차가운 조명은 현대적인 공간, 첨단 기술, 혹은 겨울과 같은 계절적 배경을 표현할 때 자주 활용됩니다. 깨끗하고 선명한 이미지를 연출할 수 있어 병원, 실험실, 미래적 공간이나 도시 야경 장면 등에서 효과적입니다. 감정적으로는 고요함, 고립감, 혹은 긴장감을 강조하는 데 유리하며, 인물의 심리적 거리감을 표현할 때도 쓰입니다.

예를 들어, AI 기술이나 디지털 환경을 다룬 영상에서는 차가운 조명이 기술적이고 비인간적인 느낌을 강화해주는 역할을 할 수 있습니다. 반면 인간의 감정이 소외되거나 갈등이 있는 장면에서도 차가운 빛은 감정적 거리감을 강조하는 데 적합합니다. AI 영상 생성 과정에서도 차가운 색조의 조명을 설정하면 분위기 연출의 방향성을 명확히 할 수 있으며, 특정 키워드에 'cool lighting', 'blue tone', 'cold atmosphere' 등의 표현을 함께 사용하면 보다 정밀한 시각 효과를 구현할 수 있습니다.

프롬프트

스노보드를 타고 내려오는 남성, 푸른 빛 조명

LESSON 04
대본과 이미지 영상 생성까지 요리 영상 만들기

예제파일: source\음식요리.jpg   **완성파일**: source\음식요리_완성.mp4

D-ID AI Avatars 기능을 통해 간편하게 인물 영상을 제작할 수 있습니다. 사용자는 원하는 대본과 성우 목소리를 선택한 후, 실제처럼 말하는 가상의 인물을 생성하여 자연스럽고 몰입감 있는 프레젠테이션이나 교육, 마케팅 콘텐츠 영상을 만들 수 있습니다. 이 기능을 활용하면 전문 촬영 없이도 손쉽게 고품질의 인물 중심 영상을 제작할 수 있습니다.

예제 콘셉트

D-ID AI Avatars 기능으로 사용자는 원하는 대본을 입력하고, 성우 목소리 또는 AI 음성을 선택하면, 실제 사람처럼 자연스럽게 말하는 가상의 인물을 자동으로 생성할 수 있습니다. 이렇게 생성된 아바타는 프레젠테이션, 교육용 콘텐츠, 마케팅 영상, 제품 소개 등 다양한 분야에서 활용할 수 있으며, 시청자에게 몰입감 있는 경험을 제공합니다.

이 기능을 사용하면 실제 촬영이나 스튜디오 장비 없이도 고품질의 인물 영상을 제작할 수 있어, 시간과 비용을 크게 절감할 수 있습니다. 인물 아바타의 표정, 시선, 입 모양까지 세밀하게 조정할 수 있어 보다 생동감 있는 연출이 가능하며, 동일한 아바타를 반복 사용하거나 다양한 콘텐츠에 맞춰 변형할 수 있어 일관된 브랜드 이미지 유지에도 유리합니다. 이를 통해 기업이나 개인 제작자는 전문 배우나 촬영 장비 없이도 전문적인 퀄리티의 영상 콘텐츠를 빠르고 효율적으로 만들어, 다양한 플랫폼에서 효과적인 커뮤니케이션을 구현할 수 있습니다.

작업 패턴
KEYWORD

❶ D-ID AI Avatars에서 계정을 연결한 다음 인물 이미지를 업로드
❷ 프롬프트 입력창에 음성 대본을 입력하고 음성을 설정하기 위해 모두 보기 선택
❸ 언어와 성우 음성 설정하고 발표자 생성을 실행하여 인물 영상 생성

01 이미지와 레시피 생성하기

AI 기능으로 이미지를 생성한 다음 대본에 사용할 음식 레시피를 문장 형식으로 생성합니다.

01 | 캔바 홈 화면에서 AI 기능을 사용하기 위해 [Canva AI]를 클릭하고 다음의 프롬프트를 입력합니다. [이미지]를 클릭하고 비율을 [9:16]으로 선택한 다음 '제출하기' 아이콘(→)을 클릭합니다.

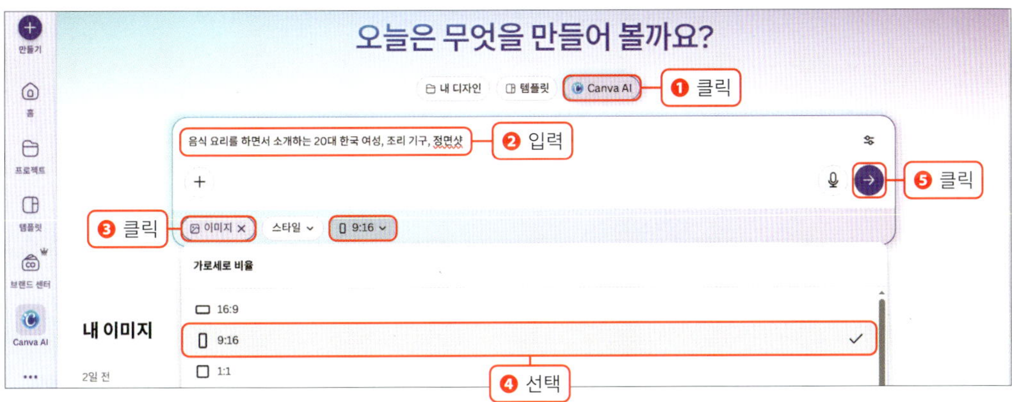

프롬프트   음식 요리를 하면서 소개하는 20대 한국 여성, 조리 기구, 정면샷

02 | 그림과 같이 프롬프트에 추가한 문장대로 요리하는 인물이 생성되었습니다. 마음에 드는 이미지 하단의 '다운로드' 아이콘(↓)을 클릭하여 생성된 이미지를 파일로 저장합니다.

03 | 캔바 홈 화면으로 돌아와 AI 기능을 이용하여 대본을 작성하기 위해 [Docs]를 클릭합니다.

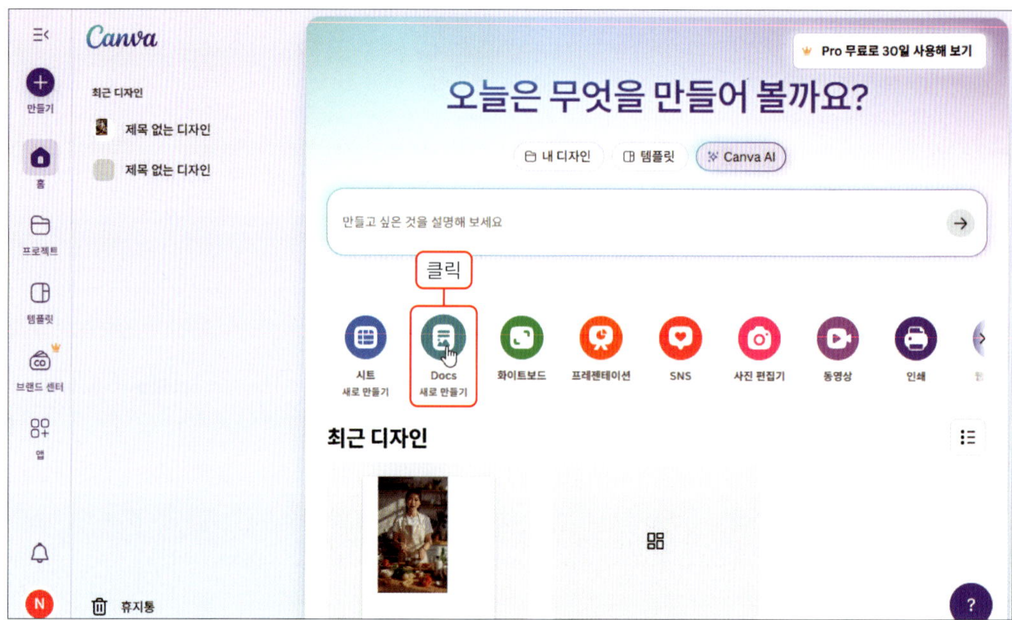

04 | 상단 편집 툴바에서 [Magic White]를 클릭한 다음 입력창에 대본에 사용될 레시피 정보를 얻기 위해 레시피 요청 문장을 입력하고 '생성하기' 아이콘을 클릭합니다.

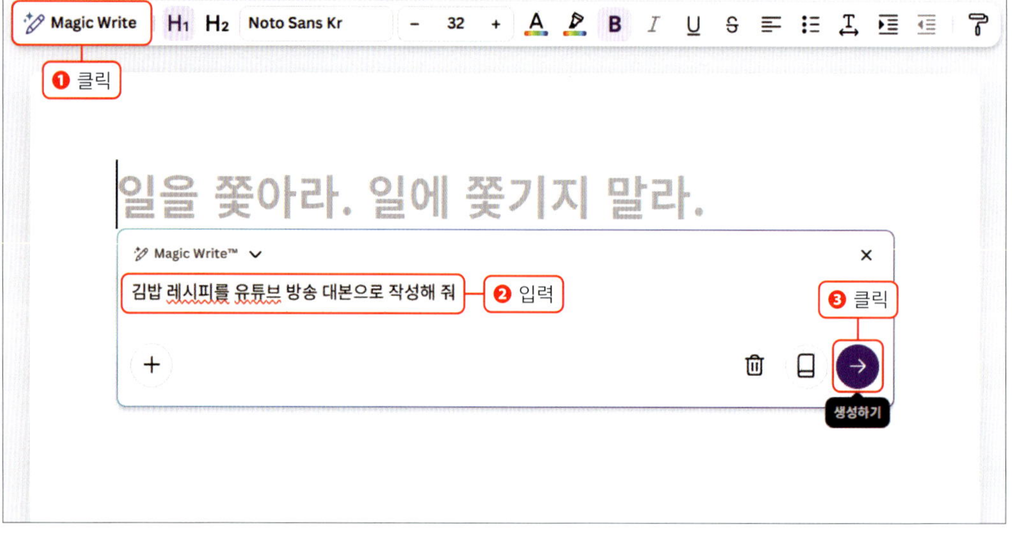

프롬프트   김밥 레시피를 유튜브 방송 대본으로 작성해 줘

05 | 레시피 문장이 생성되면 대본으로 사용할 문장을 드래그하여 블록으로 지정한 다음 Ctrl+C 를 눌러 복사합니다.

Tip 복사한 대본은 메모장이나 워드 문서에 붙여넣기 해두면 수월합니다.

이제 **김밥 만들기 과정**에 대해 말씀드리겠습니다.

첫 번째 단계: 밥 양념하기

- 따뜻한 밥에 참기름과 소금을 약간 넣고 잘 섞어 주세요. 밥이 너무 질지 않도록 주의해야 합니다.

두 번째 단계: 재료 준비하기

- 모든 재료를 길게 썰어 준비합니다.
- 계란은 풀어서 소금을 약간 넣고 얇게 부친 후 길게 썰어 주세요.

세 번째 단계: 김밥 말기

1. 김발 위에 김을 올리고 밥을 골고루 펼쳐 줍니다. 김의 위쪽을 2cm 정도 남겨 두세요.
2. 밥 위에 단무지, 오이, 당근, 계란, 시금치를 차례로 올립니다.
3. 모든 재료가 올려지면 김발을 이용해 단단히 말아줍니다.

마지막으로 김밥을 먹기 좋은 크기로 썰어주면 완성입니다! 이상으로 김밥 만드는 방법에 대한 발표를 마치겠습니다. 감사합니다!

❶ 드래그
❷ Ctrl+C

02 성우 지정하여 완성하기

생성한 인물 이미지를 말하는 영상으로 만들기 위해 이미지를 업로드한 다음 성우를 지정하여 대본을 음성으로 변환시킵니다.

06 | 인물이 대사를 읽는 영상을 생성하기 위해 왼쪽 [앱] 메뉴를 클릭하고 [D-ID AI Avatars]를 선택합니다. 사용자가 텍스트를 입력하면 AI가 이를 음성으로 변환하고, 선택한 인물이 해당 내용을 말하는 영상을 생성할 수 있습니다.

Tip [앱] 메뉴는 플러그인처럼 작동하는 확장 도구들을 모아놓은 곳으로, 사용자는 자신의 작업 스타일에 맞게 필요한 앱을 추가해 활용할 수 있습니다.

07 | 팝업창이 표시되면 〈새 디자인에서 사용〉 버튼을 클릭하고, 영상 비율을 선택합니다. 예제에서는 인스타그램에서 사용할 동영상을 만들기 위해 [인스타그램 게시물(4:5)]를 선택합니다.

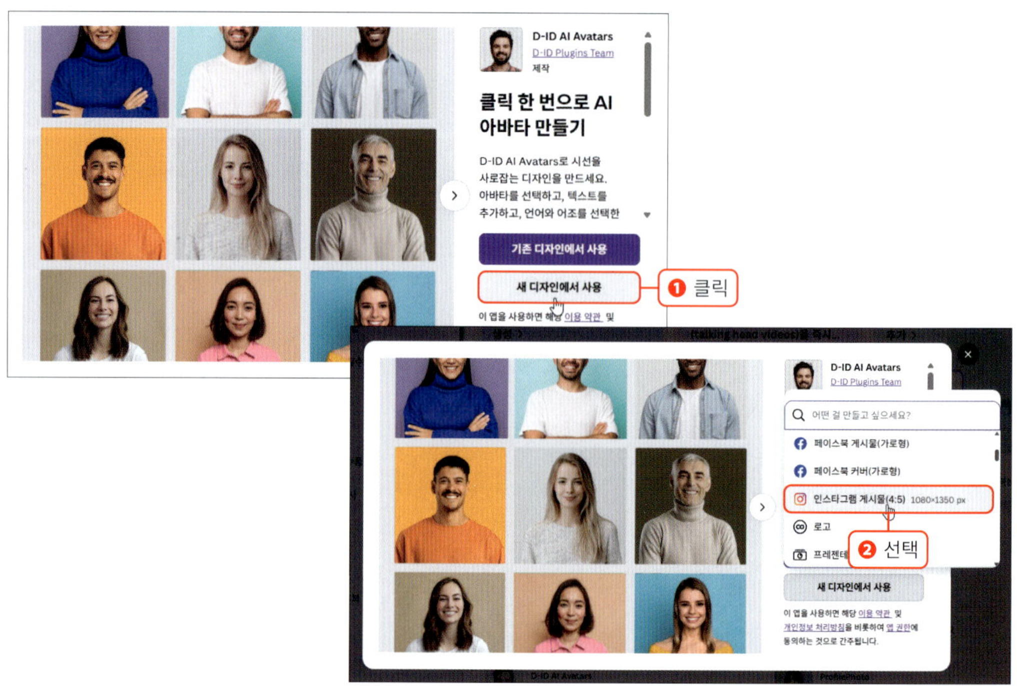

08 | 캔바에서 기본으로 제공하는 인물을 선택할 수 있습니다. 예제에서는 앞서 생성한 인물 이미지를 불러오기 위해 아바타 항목에서 [업로드]를 클릭합니다.

09 | D-ID AI Avatars에서 계정을 연결하기 위해 〈연결〉 버튼을 클릭한 다음 로그인 방법을 선택합니다. 예제에서는 구글 계정을 이용한 연결 방법을 선택하였습니다.

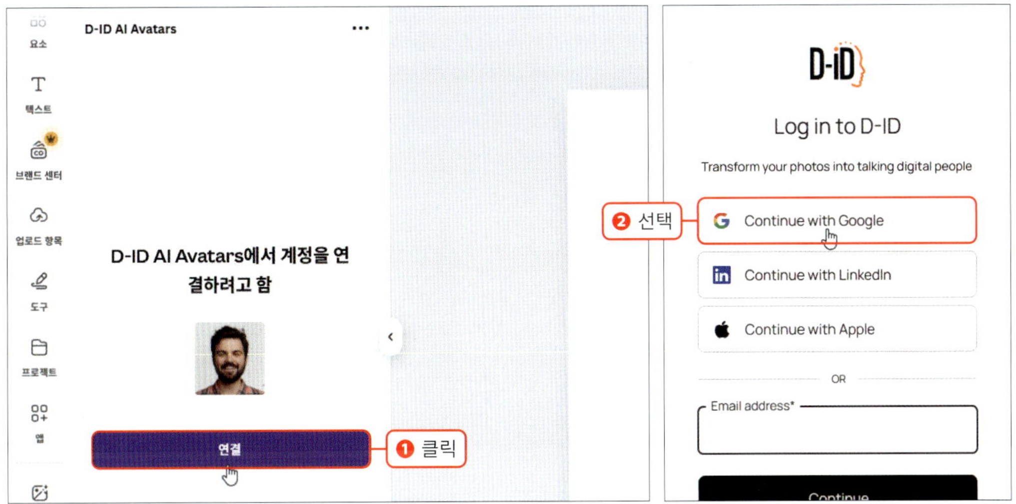

10 | 구글 계정을 선택한 다음 d-id.com 서비스 로그인을 위한 〈계속〉 버튼을 클릭합니다.

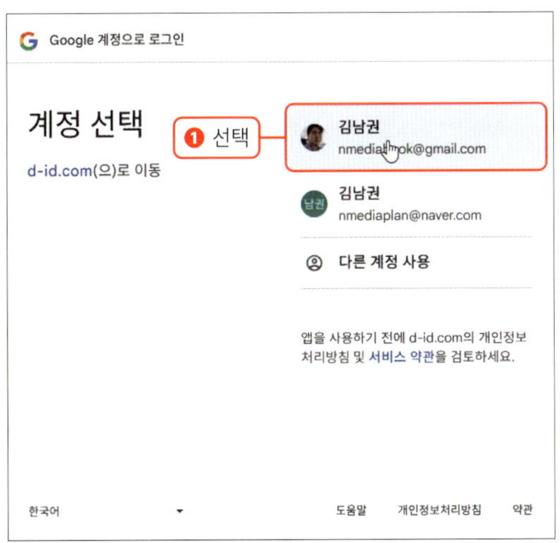

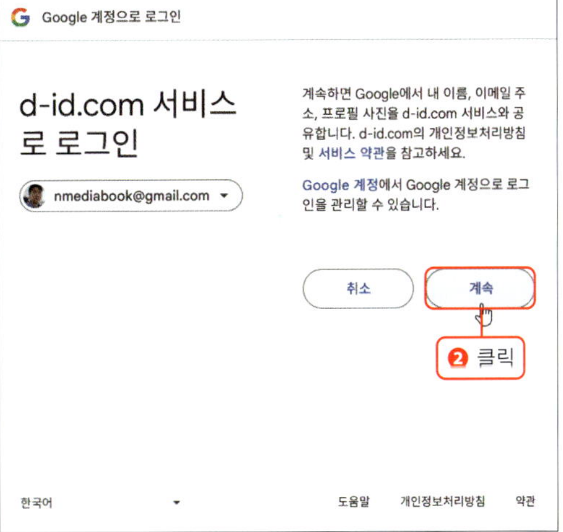

11 | 이후에 다시 [업로드]를 클릭한 다음 열기 대화상자에서 다운로드한 source 폴더에 '음식요리.jpg' 파일을 선택한 다음 〈열기(O)〉 버튼을 클릭합니다.

12 | 업로드된 이미지를 선택하고 복사해둔 레시피 대본을 프롬프트 입력창에 붙여넣습니다(Ctrl + V).

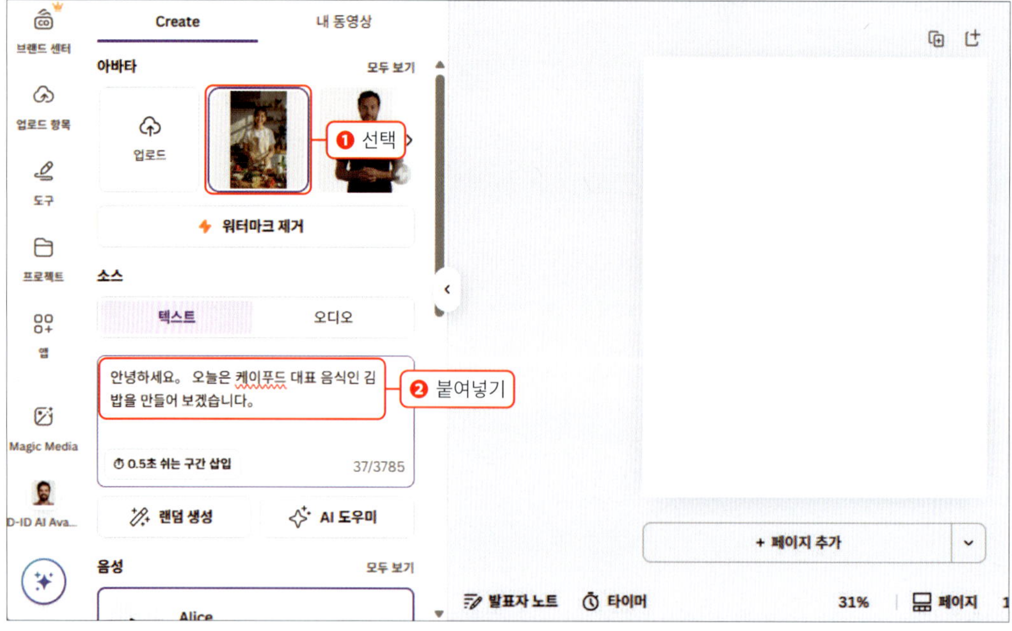

13 │ 음성을 설정하기 위해 [모두 보기]를 클릭하고 음성 언어를 [한국어]로 지정한 다음 성우를 선택합니다. 예제에서는 [JiMin]을 선택하고 〈음성 사용〉 버튼을 클릭합니다.

Tip 음성 이름 옆에 위치한 '재생' 아이콘(▶)을 클릭하여 음성을 들어보고 이미지와 잘 어울리는 음성을 선택합니다.

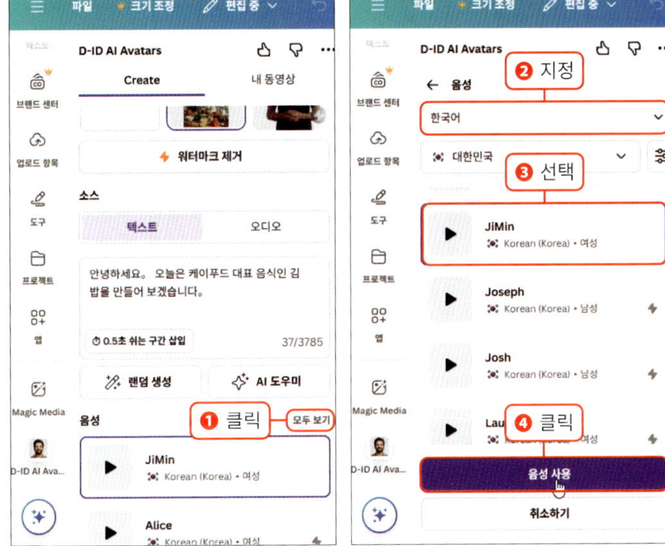

14 │ 대본과 성우를 선택하였다면 영상을 생성하기 위해 〈발표자 생성〉 버튼을 클릭합니다. 인물 이미지가 음성 대본에 맞춰 입을 움직이는 영상을 생성합니다.

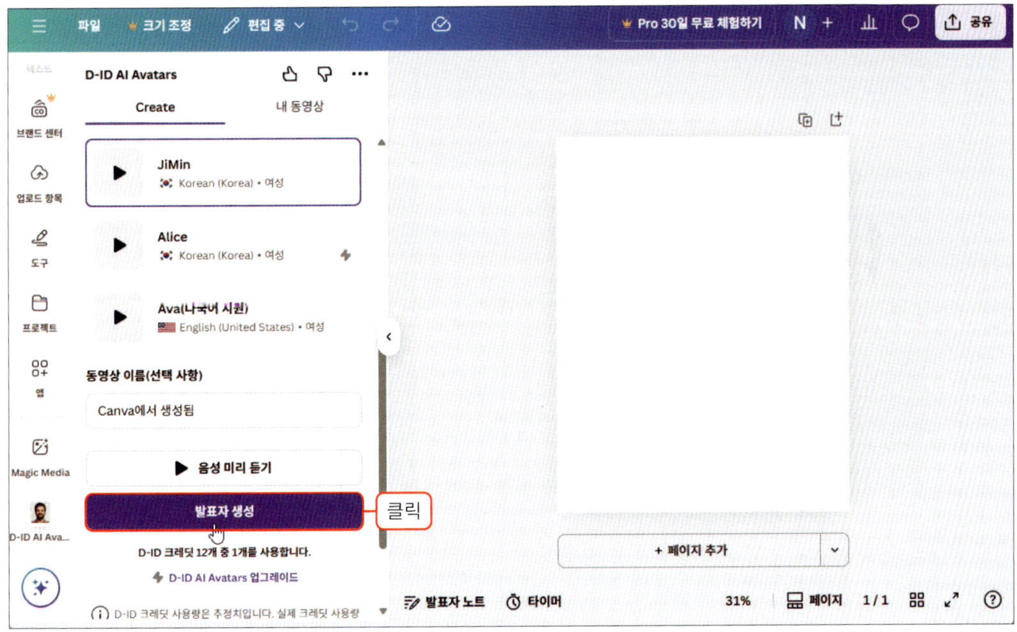

15 | 생성된 영상의 크기를 조정하기 위해 영상의 모서리 부분을 작업 영역까지 드래그합니다.

16 | 여백이 생기지 않도록 화면을 채워 조정했다면 완성된 영상을 동영상 파일로 다운로드하기 위해 〈공유〉 버튼을 클릭하고 디자인 공유 화면에서 [다운로드]를 클릭하여 영상을 다운로드합니다.

LESSON 05

검색하면 다 나와! 템플릿으로 간단하게 영상 편집하기

완성파일: source\피크닉.mp4

동영상 템플릿을 활용하면 누구나 손쉽게 영상 제작과 편집을 시작할 수 있습니다. 다양한 스타일과 주제에 맞춘 템플릿을 제공하므로, 별도의 전문 기술 없이도 원하는 분위기의 영상을 빠르게 만들 수 있습니다.

예제 콘셉트

영상 템플릿을 활용하면 누구나 손쉽게 영상 제작과 편집을 시작할 수 있으며, 영상 제작 경험이 부족한 사용자도 빠르게 전문적인 퀄리티의 결과물을 만들어낼 수 있습니다. 캔바는 다양한 스타일과 주제에 맞춘 템플릿을 제공하여, 브랜딩, 마케팅, 교육, SNS 콘텐츠 등 목적과 매체에 맞는 영상 제작을 지원합니다. 사용자는 템플릿에 포함된 디자인 요소나 텍스트는 사용자의 목적에 맞게 자유롭게 수정할 수 있어 브랜드에 맞는 콘텐츠로 손쉽게 커스터마이징할 수 있습니다. 이처럼 직관적인 편집 기능과 고품질 소스를 바탕으로, 짧은 시간 안에 전문적인 완성도의 영상을 제작할 수 있습니다.

특히, 반복 작업이나 다양한 버전 제작도 효율적으로 수행할 수 있습니다. 결과적으로, 템플릿 기능은 사용자가 아이디어에 집중할 수 있도록 돕고, 동시에 영상 제작 과정에서 발생할 수 있는 부담을 최소화하여, 전문적인 영상 콘텐츠를 빠르고 손쉽게 구현할 수 있는 필수 도구라고 할 수 있습니다

작업 패턴 KEYWORD

❶ 영상에 맞는 키워드를 검색하거나 스크롤하여 원하는 템플릿 선택

❷ 영상에 포함된 텍스트를 선택하여 문자를 입력하여 수정

01 템플릿을 수정하여 영상 만들기

영상의 크기를 지정한 다음 키워드를 입력하여 원하는 동영상을 검색하여 작업 영역으로 위치시킵니다.

01 | 템플릿을 이용하여 동영상을 편집하기 위해 캔바 홈 화면의 [동영상]을 클릭합니다.

02 | 디자인 만들기 화면이 표시되면 만들려는 동영상 크기를 선택합니다. 예제에서는 [모바일 동영상(1080x1920px)]을 선택합니다.

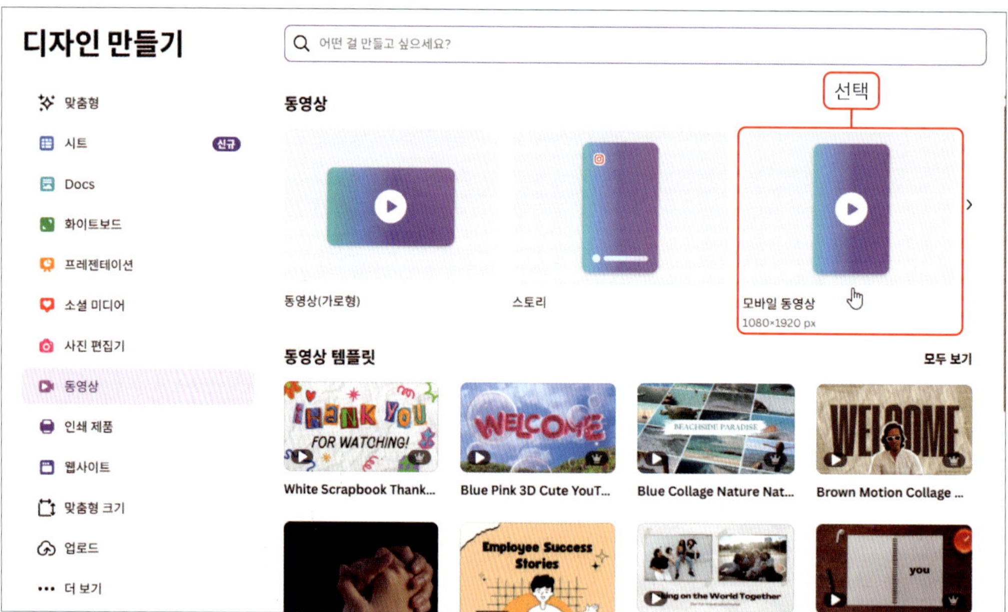

03 | 왼쪽에는 템플릿 화면이 표시됩니다. 만들려는 영상에 맞는 키워드를 검색하거나 스크롤하여 원하는 템플릿을 선택하고 템플릿을 클릭하거나 작업 영역으로 드래그하여 위치합니다.

 **Tip**　무료 사용자는 템플릿 오른쪽 하단의 유료 표시(👑)가 없는 템플릿을 선택하여 예제를 따라 할 수 있습니다.

02 템플릿 텍스트 수정하기

템플릿 영상에 포함된 텍스트를 원하는 문자로 입력하거나 수정하고 위치를 변경합니다.

04 | 영상에 포함된 텍스트를 선택하여 수정이 가능합니다. 텍스트를 클릭하여 바운딩박스가 표시되면 변경시키려는 문자를 더블클릭하여 활성화시킵니다.

05 | 변경을 원하는 문자를 입력하여 문장을 수정합니다. 예제에서는 기존에 적혀있던 문구에서 '여행'을 '피크닉'으로 수정하였습니다.

06 | 입력한 문자나 디자인 요소는 드래그하여 위치 이동이 가능합니다. 예제에서는 위치 이동하려는 문자와 디자인 요소를 각각 클릭하여 하단으로 드래그합니다.

Tip   캔바 템플릿

캔바에서 템플릿을 이용한 영상 편집은 초보자도 쉽게 고품질 영상을 만들 수 있게 해줍니다. 방대한 템플릿 라이브러리를 활용하면 디자인 경험이 부족해도 전문가 수준의 결과를 빠르게 얻을 수 있습니다. 템플릿은 25만 개 이상의 고퀄리티 디자인으로 제공되어 색상, 이미지, 자막, 음악 등을 자유롭게 커스터마이징할 수 있습니다. 드래그앤드롭 방식의 직관적 UI 덕분에 복잡한 소프트웨어 학습 없이 컷 편집, 전환 효과, 배경 제거를 간편하게 처리할 수 있습니다.

LESSON 06
영상 불러와 전환 효과 적용하기

예제파일: source\car1~3.mp4   **완성파일**: source\car완성.mp4

사용자가 직접 영상을 업로드하여 원하는 위치에 배치할 수 있으며, 다양한 전환 효과를 간편하게 적용해 장면 전환을 자연스럽고 세련되게 연출할 수 있습니다. 이를 통해 복잡한 편집 프로그램을 사용하지 않고도 손쉽게 영상의 흐름을 조절하고, 시각적인 완성도를 높일 수 있어 초보자부터 전문가까지 누구나 효과적인 영상 제작이 가능합니다.

예제 콘셉트

사용자는 직접 영상을 업로드하여 원하는 위치에 자유롭게 배치할 수 있으며, 직관적인 인터페이스를 통해 다양한 전환 효과를 손쉽게 적용할 수 있습니다. 이러한 전환 효과는 장면 간의 흐름을 자연스럽게 연결해줄 뿐만 아니라, 영상의 분위기나 메시지에 따라 세련된 연출을 가능하게 하여 전체적인 영상의 완성도를 한층 높여줍니다.

특히 복잡하고 전문적인 영상 편집 프로그램을 다루기 어려운 사용자라도, 별도의 고급 기술 없이도 간단한 조작만으로 영상 흐름을 자유롭게 조절할 수 있어 편리합니다. 이처럼 사용자의 편의성과 시각적 품질을 모두 고려한 기능 덕분에, 영상 편집에 익숙하지 않은 초보자는 물론, 빠르고 효율적인 작업이 필요한 전문가에게도 유용한 영상 제작 도구로 활용될 수 있습니다.

작업 패턴 KEYWORD

❶ 영상을 타임라인에 위치시킨 다음 작업 영역에 드래그하여 크기 조정
❷ 클립 사이에 마우스 커서를 위치시킨 다음 전환 효과 추가를 선택
❸ 디졸브와 슬라이드 전환 효과를 적용하여 영상 완성

01 영상 클립을 타임라인에 위치시키기

영상 클립을 작업 영역으로 드래그하여 페이지를 추가하는 방식으로 영상을 순차적으로 위치시킵니다.

01 | 템플릿을 이용하여 동영상을 편집하기 위해 캔바 홈 화면의 [동영상]을 클릭합니다.

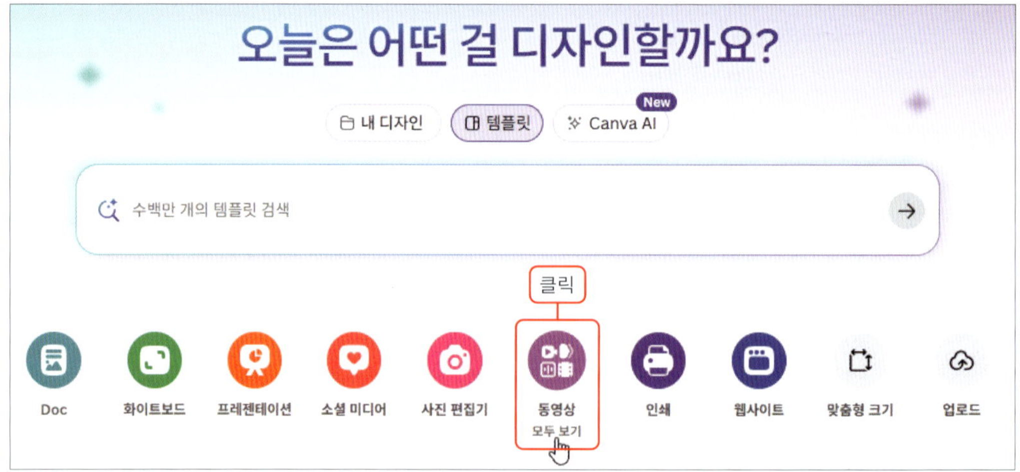

02 | 디자인 만들기 화면이 표시되면 만들려는 동영상 크기를 선택합니다. 예제에서는 [모바일 동영상]을 선택합니다.

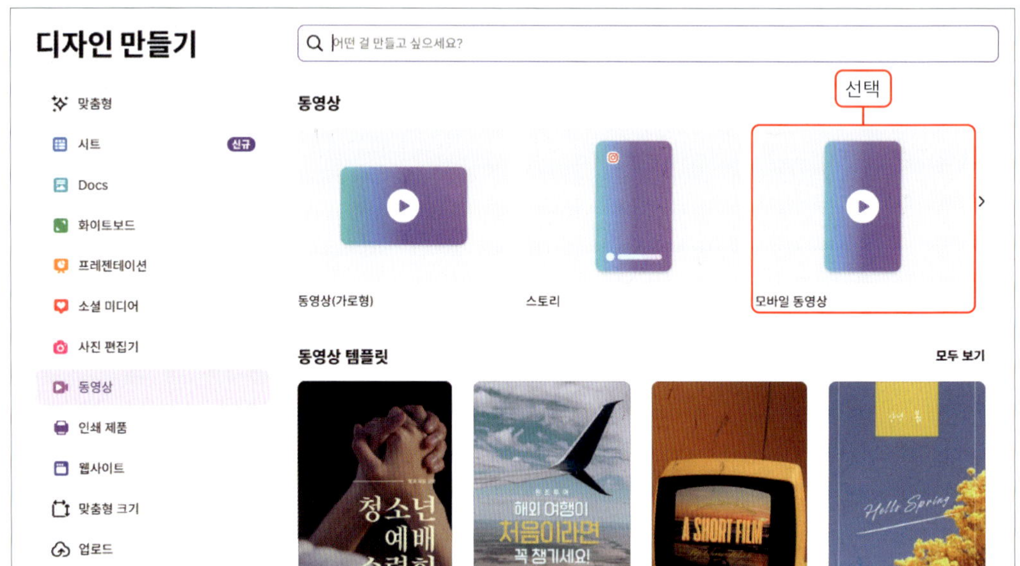

03 | 영상 소스 파일을 업로드하기 위해 (업로드 항목) 메뉴를 클릭한 다음 〈파일 업로드〉 버튼을 클릭합니다. 열기 대화상자가 표시되면 source 폴더에서 'car1~3.mp4' 파일을 선택한 다음 〈열기(O)〉 버튼을 클릭합니다.

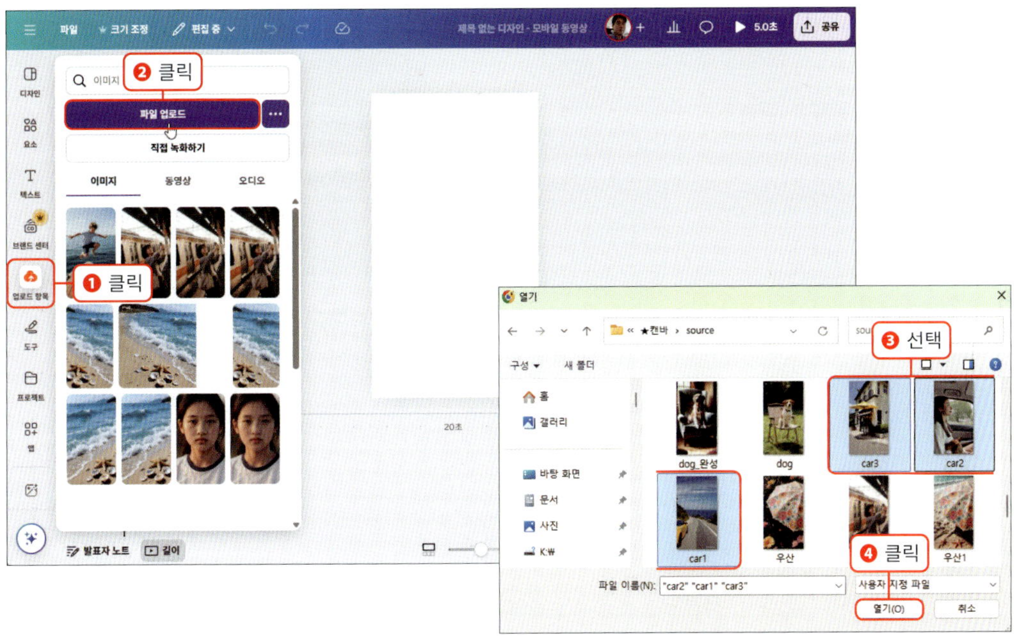

04 | 왼쪽 화면에서 자동차가 도로를 지나가는 영상인 'car1.mp4'의 썸네일을 타임라인에 위치시키기 위해 클릭합니다.

Tip   썸네일 위에 마우스 커서를 위치시키면 별도로 재생 버튼을 클릭하지 않아도 영상이 재생되는 것을 확인할 수 있습니다.

05 │ 그림과 같이 작업 영역에 영상이 표시되며, 화면 하단의 타임 라인에도 클립이 위치된 것을 확인 할 수 있습니다. 영상의 모서리 부 분을 드래그하여 영상이 작업 영역 에 꽉 차도록 조정합니다.

06 │ 왼쪽 화면에서 인물이 자동차를 운전하는 영상인 'car2.mp4'의 썸네일을 타임라인에 위치시키기 위해 클릭합니다. 타임라인에 car1 영상 클립 오른쪽에 car2 영상 클립이 위치되는 것을 확인할 수 있습니다.

07 | 마찬가지로 카페 전경이 보이는 영상인 'car3.mp4'의 썸네일을 타임라인에 위치시키기 위해 클릭합니다. 타임라인에 car2 영상 클립 오른쪽에 car3 영상 클립이 위치되는 것을 확인할 수 있습니다.

02 전환 효과 추가하기

영상 클립이 자연스럽게 전환 재생되는 효과를 적용하기 위해 전환 효과 추가 기능으로 원하는 형태의 전환 효과를 적용합니다.

08 | 서로 다른 영상이 바뀔 때 자연스러운 전환 효과를 적용하기 위해 'car1' 클립과 'car2' 클립 사이에 마우스 커서를 위치시킨 다음 '전환 효과 추가' 아이콘(▷)을 클릭합니다.

09 | 전환 효과 옵션에서 영상이 점점 투명하게 사라지면서 다음 영상이 점차적으로 나타나는 [디졸브] 효과를 클릭합니다.

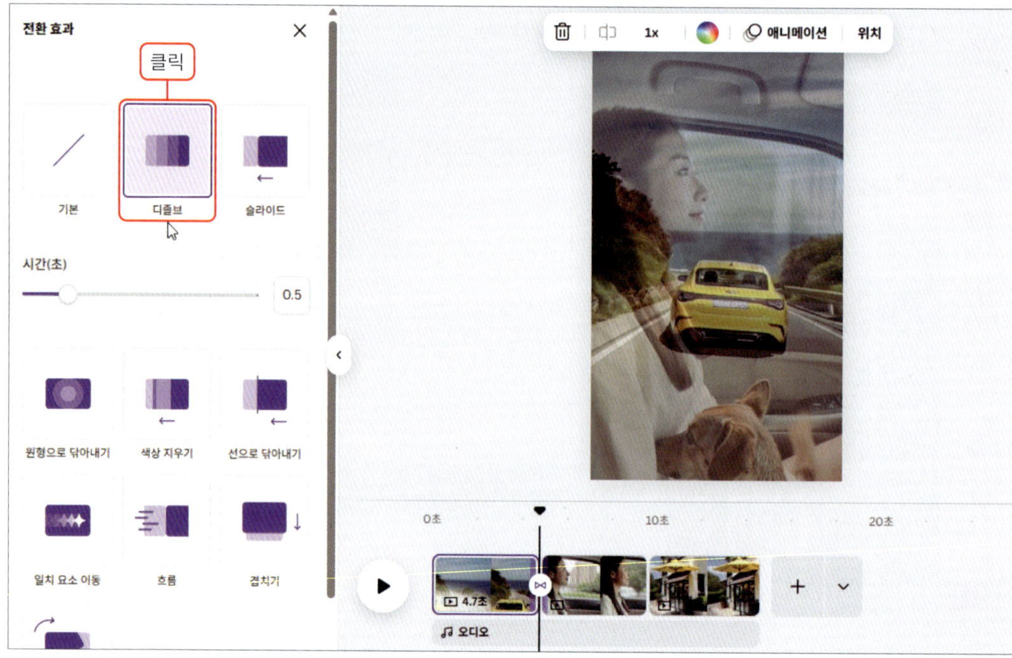

10 | 'car2' 클립과 'car3' 클립 사이에 마우스 커서를 위치시킨 다음 '전환 효과 추가' 아이콘(▷)을 클릭합니다. 예제에서는 다음 영상이 기존 영상을 밀면서 장면이 전환하는 [슬라이드] 효과를 선택합니다.

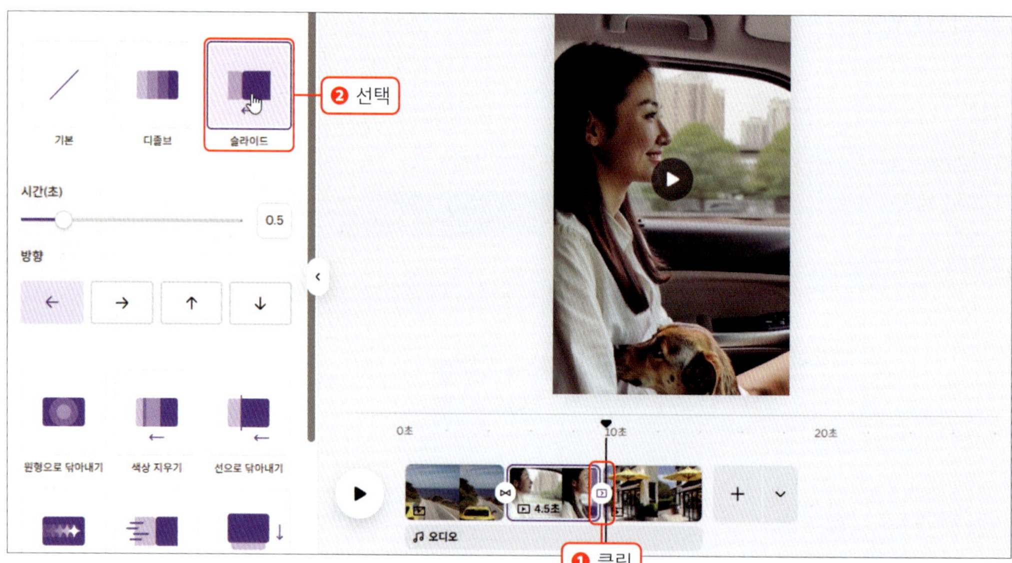

11 │ '재생' 아이콘(▶)을 클릭해 영상 전환 효과를 확인해 봅니다. 영상이 바뀔 때마다 디졸브와 슬라이드 전환 효과를 확인할 수 있습니다.

 **Tip   팁 캔바에서 제공하는 영상 전환 효과**

캔바(Canva)는 동영상 편집에서 다양한 전환 효과를 무료로 제공해 클립 간 부드러운 연결을 돕습니다. 대표적인 효과로는 디졸브, 슬라이드, 와이프, 페이드, 줌, 블러 등이 있으며, 이를 통해 영상의 전문성을 높일 수 있습니다.

- **디졸브(Dissolve)**: 한 장면이 다음 장면으로 서서히 겹쳐지며 페이드아웃/인 되는 효과로, 시간 흐름이나 부드러운 전환에 적합합니다.
- **슬라이드(Slide)**: 클립이 화면 한쪽에서 다른 쪽으로 슬라이딩하며 이동하는 효과로, TikTok이나 Instagram 릴스 같은 재미있는 콘텐츠에 유용합니다.
- **와이프(Wipe)**: 한 장면이 특정 방향(왼쪽→오른쪽)이나 모양(원형)으로 밀려나며 다음 장면이 드러나는 효과로, 장면 강조나 영화적 전환에 좋습니다.
- **페이드(Fade)**: 장면이 서서히 어두워지거나 밝아지며 다음 클립으로 전환되는 기본적이면서도 우아한 효과로, 인트로/아웃트로나 감성적인 영상에 적합합니다.
- **줌(Zoom)**: 클립이 확대되거나 축소되며 다음 장면으로 이동하는 동적 효과로, 주목을 끌거나 드라마틱한 전환을 원할 때 유용합니다.
- **블러(Blur)**: 기존 장면이 점점 흐려지면서 다음 장면이 선명하게 나타나는 효과입니다. 감성적인 브이로그나 인터뷰 영상에서 장면의 여운을 남기고 싶을 때 적합합니다. 시청자의 시선을 자연스럽게 이동시키면서도 자극적이지 않은 연결을 만들 수 있어, 차분한 톤의 콘텐츠에 잘 어울립니다.

전환 효과는 많이 사용하는 것보다 콘텐츠의 성격에 맞게 절제해 사용하는 것이 중요합니다. 장면의 의미를 강화하는 방향으로 선택하면 영상의 완성도와 전문성이 자연스럽게 높아집니다.

LESSON 07

원하는 대로 영상 순서 변경하기

예제파일: source\생일1~3.mp4, cake.jpg   **완성파일:** source\생일완성.mp4

영상 편집 시 각 장면을 자유롭게 이동하거나 새로운 영상을 추가하여 영상 순서를 재구성할 수 있습니다. 원하는 장면을 클릭한 후 드래그하여 순서를 변경할 수 있으며, 재생 헤드를 이용하여 새로운 장면을 삽입할 수 있습니다. 이러한 기능을 통해 영상 흐름을 자연스럽게 구성하고, 필요한 내용을 쉽게 보완할 수 있습니다.

예제 콘셉트

영상 편집 과정에서는 각 장면의 배치를 자유롭게 조정하거나 새로운 영상을 삽입하여 전체 영상의 흐름을 재구성할 수 있습니다. 예를 들어, 특정 장면을 앞쪽으로 이동시키거나 뒤쪽으로 옮기고 싶다면, 하단 타임라인 또는 장면 목록에서 해당 장면을 클릭한 뒤 원하는 위치로 드래그하면 됩니다. 이렇게 순서를 변경하면 이야기 전개가 더 자연스럽고 효과적으로 전달됩니다.

또한, 새로운 아이디어나 필요한 장면이 편집 도중에 떠오를 경우, 손쉽게 새로운 장면을 삽입할 수 있습니다. 빈 페이지를 추가해 직접 편집하거나, 기존에 준비해 둔 이미지·영상 자료를 불러와 바로 적용할 수도 있습니다. 이러한 기능을 활용하면 영상의 흐름을 부드럽게 조율하고, 편집 중에 발견한 부족한 부분을 즉시 보완할 수 있어 완성도를 한층 높일 수 있습니다.

작업 패턴
KEYWORD

❶ 영상을 타임라인에 위치시키기
❷ 클립을 드래그하는 방법으로 영상 순서 변경
❸ 재생 헤드를 이용하여 이미지 클립 추가

01 영상 순서 변경하기

타임라인에 위치한 영상 클립을 드래그하는 방식으로 영상 순서를 변경합니다.

01 | 동영상을 편집하기 위해 캔바 홈 화면의 [동영상]을 클릭합니다.

02 | 디자인 만들기 화면이 표시되면 만들려는 동영상 크기를 선택합니다. 예제에서는 [모바일 동영상]을 선택합니다.

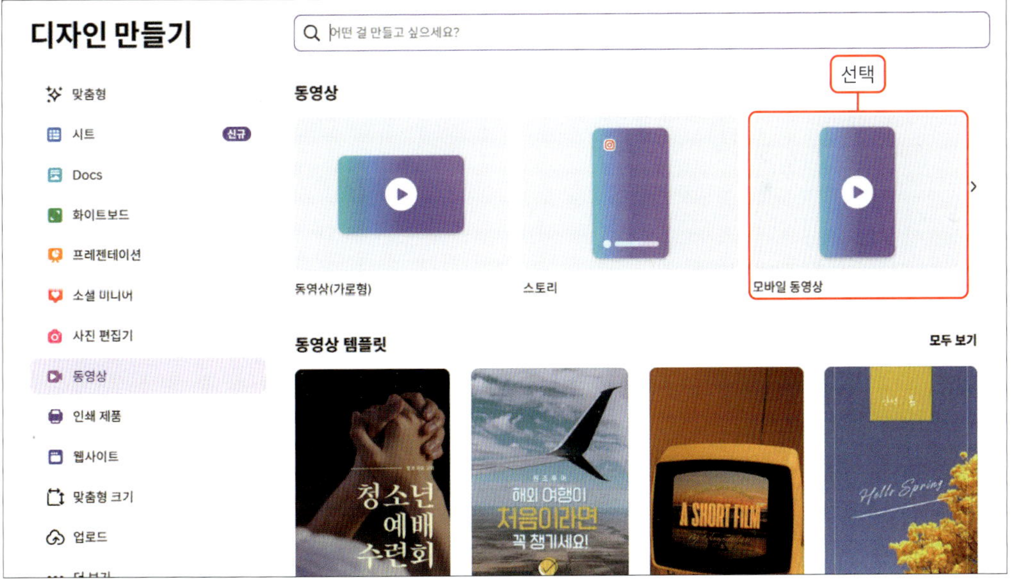

03 │ 영상 소스 파일을 업로드하기 위해 〔업로드 항목〕 메뉴를 클릭하고 〈파일 업로드〉 버튼을 클릭합니다. 열기 대화상자가 표시되면 source 폴더에서 '생일1~생일3.mp4' 파일을 선택한 다음 〈열기(O)〉 버튼을 클릭합니다.

04 │ 인물이 케이크를 먹는 영상인 '생일1.mp4' 썸네일을 클릭하여 타임라인에 위치시킵니다.

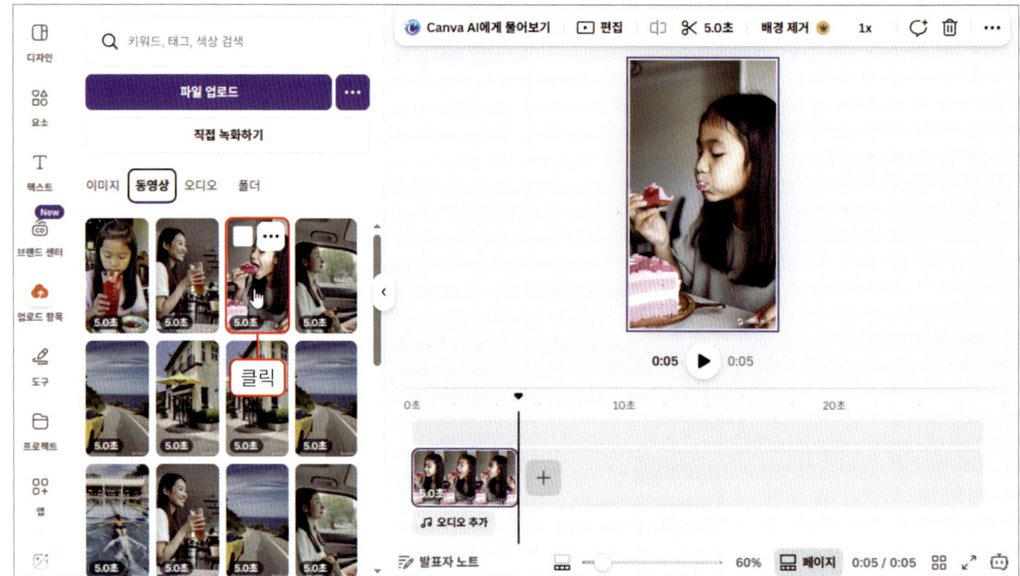

05 | 같은 방법으로 '생일2.mp4', '생일3.mp4' 썸네일을 클릭하여 타임라인에 순서대로 영상 클립을 위치시킵니다.

06 | 클립을 드래그하는 방법으로 간단하게 영상의 순서 조정이 가능합니다. 타임라인에 위치한 '생일3' 클립을 드래그하여 '생일1' 영상 클립과 '생일2' 영상 클립 사이로 드래그하여 영상 순서를 변경합니다.

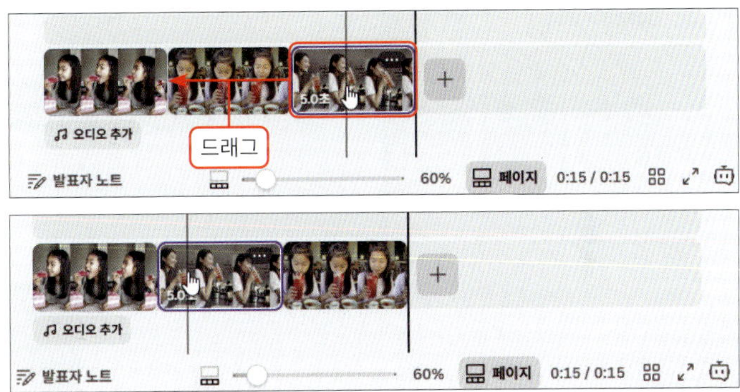

07 | '생일1' 영상 클립 다음에 이미지 클립을 추가하기 위해 재생 헤드를 '생일1' 영상 클립 끝부분에 위치시킨 다음 (업로드 항목) 메뉴를 클릭하고 〈파일 업로드〉 버튼을 클릭합니다.

08 | 열기 대화상자에서 source 폴더의 'cake. jpg' 파일을 선택한 다음 〈열기(O)〉 버튼을 클릭합니다. 'cake' 썸네일을 클릭하면 그림과 같이 위치합니다.

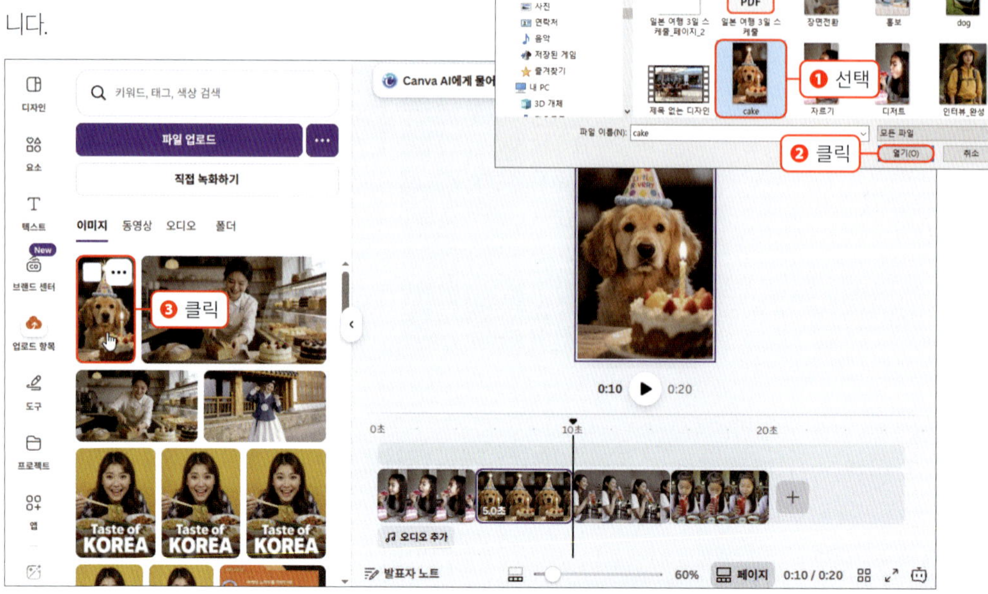

09 | 영상을 재생해보면 영상 클립에 추가된 이미지 클립이 영상에 포함되어 재생되는 것을 확인할 수 있습니다.

Tip　타임라인에는 영상 파일뿐만 아니라 이미지 파일도 불러올 수 있으며, 페이지 길이에 맞게 재생됩니다.

LESSON 08  자유자재로 영상 분할과 삭제하기

예제파일: source\쇼핑몰.mp4   **완성파일:** source\쇼핑몰_완성.mp4

영상 편집 과정에서는 필요에 따라 클립을 분할하고 불필요한 장면을 삭제해 보다 깔끔하고 완성도 높은 결과물을 만들 수 있습니다. 캔바의 영상 편집 기능에서 타임라인에 위치한 하나의 클립을 여러 개로 분할할 수 있으며, 분할된 클립의 위치 수정이나 삭제도 가능합니다.

예제 콘셉트

영상 분할은 편집 과정에서 가장 기본이 되는 작업입니다. 타임라인에서 편집할 영상을 먼저 선택한 뒤, 자르고 싶은 정확한 지점에 재생 헤드를 이동시키고 영상을 분할하면 하나의 클립이 두 개로 나뉩니다. 이 기능을 활용하면 인터뷰의 불필요한 공백, NG 장면, 흐름을 방해하는 구간을 세밀하게 정리할 수 있어 편집의 자유도가 크게 높아집니다.

필요 없는 장면은 해당 클립을 선택한 뒤 Delete 를 누르거나, 마우스 오른쪽 버튼을 클릭해 [삭제] 를 실행하는 방식으로 간단히 제거할 수 있습니다. 또한 여러 개의 불필요한 클립이 연속되어 있을 경우에는 드래그로 한 번에 선택해 정리할 수도 있어 작업 시간을 효과적으로 단축할 수 있습니다. 이러한 분할과 삭제 과정을 반복하면서 꼭 필요한 장면만 남기면 영상의 전체 리듬이 자연스럽게 정돈됩니다.

작업 패턴
KEYWORD

❶ 분할하려는 영상 클립에 재생 헤드를 위치
❷ 팝업 메뉴에서 분할을 선택하여 영상 클립 분할
❸ Delete 를 누르거나 삭제를 선택하여 영상 클립 삭제

01 영상 분할하기

영상을 편집하기 위해 재생 헤드를 분할하려는 영상 클립에 위치시킨 다음 분할 기능으로 영상을 분할합니다.

01 | 캔바 홈 화면에서 동영상을 편집하기 위해 [동영상]을 클릭합니다.

02 | 디자인 만들기 화면이 표시되면 만들려는 동영상 크기를 선택합니다. 예제에서는 [모바일 동영상]을 선택합니다.

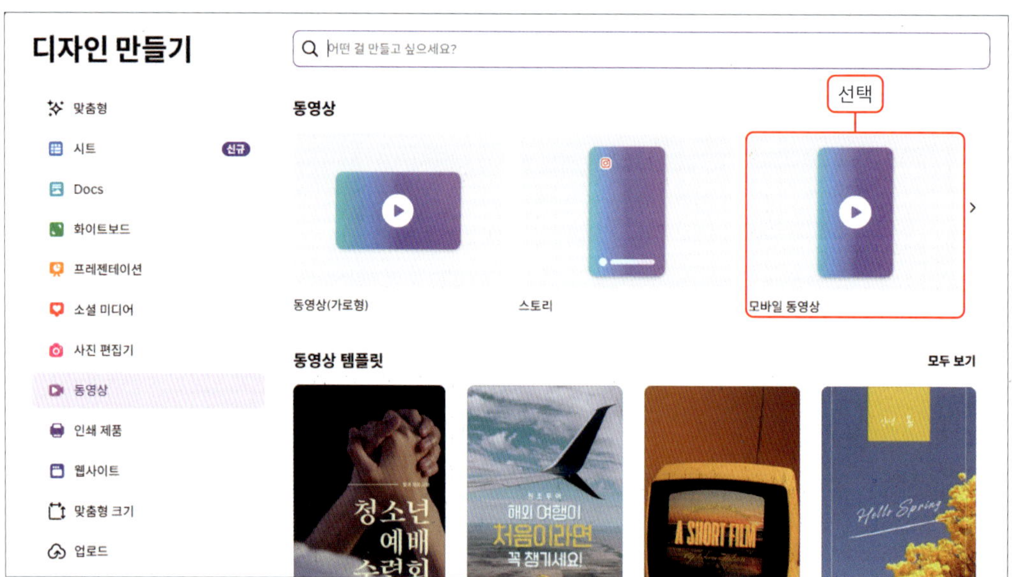

03 | 영상 소스 파일을 업로드하기 위해 (업로드 항목) 메뉴를 클릭하고 〈파일 업로드〉 버튼을 클릭합니다. 열기 대화상자가 표시되면 source 폴더에서 '쇼핑몰.mp4' 파일을 선택한 다음 〈열기(O)〉 버튼을 클릭합니다.

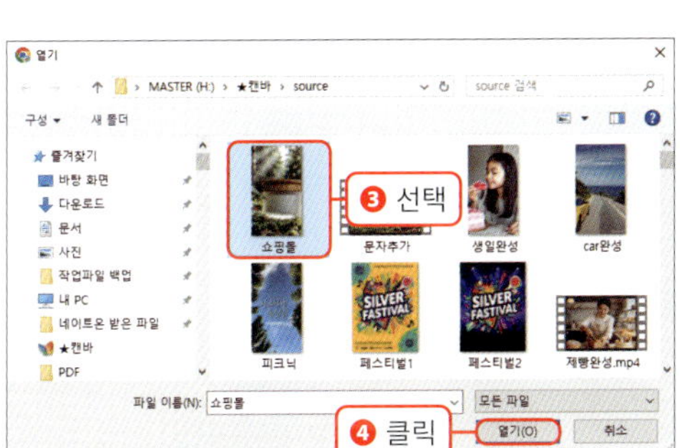

04 | 쇼핑몰 썸네일을 클릭하여 타임라인에 영상을 위치시킨 다음 화면이 바뀌는 영상에서 가운데 인물 영상을 분할한 다음 삭제하기 위해 인물의 시작 부분인 8초 위치로 재생 헤드를 이동시킵니다.

05 | 마우스 오른쪽 버튼을 클릭한 다음 [분할]을 실행합니다. 그림과 같이 재생 헤드가 위치한 부분을 기준으로 영상이 분할됩니다.

06 | 인물 영상의 끝 부분인 10초 위치로 재생 헤드를 이동하고 마우스 오른쪽 버튼을 클릭한 다음 분할을 실행합니다.

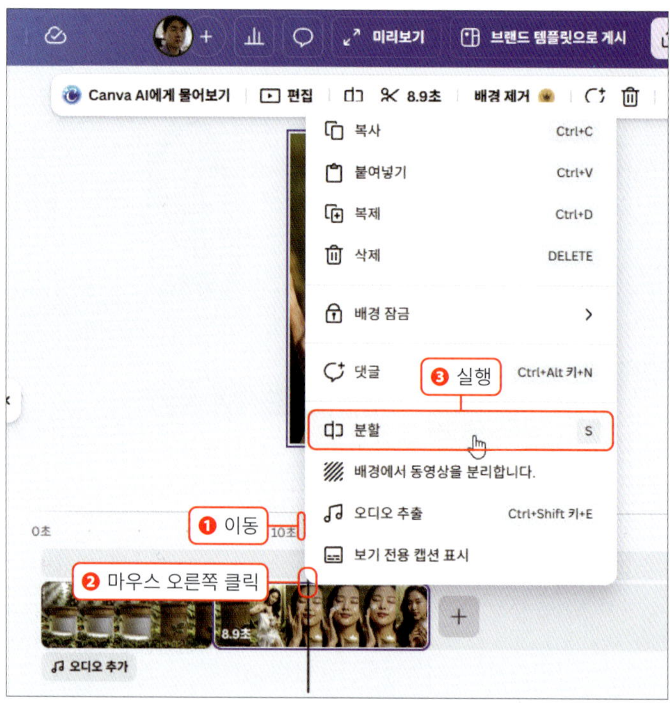

02 영상 삭제하기

하나의 영상을 여러 개의 클립으로 분할하였다면 삭제 기능으로 영상을 삭제합니다.

07 | 세 개의 클립으로 분할되면 불필요한 부분을 삭제하겠습니다. 두 번째 영상이 선택된 상태에서 Delete 또는 마우스 오른쪽 버튼을 클릭한 다음 [삭제]를 실행합니다.

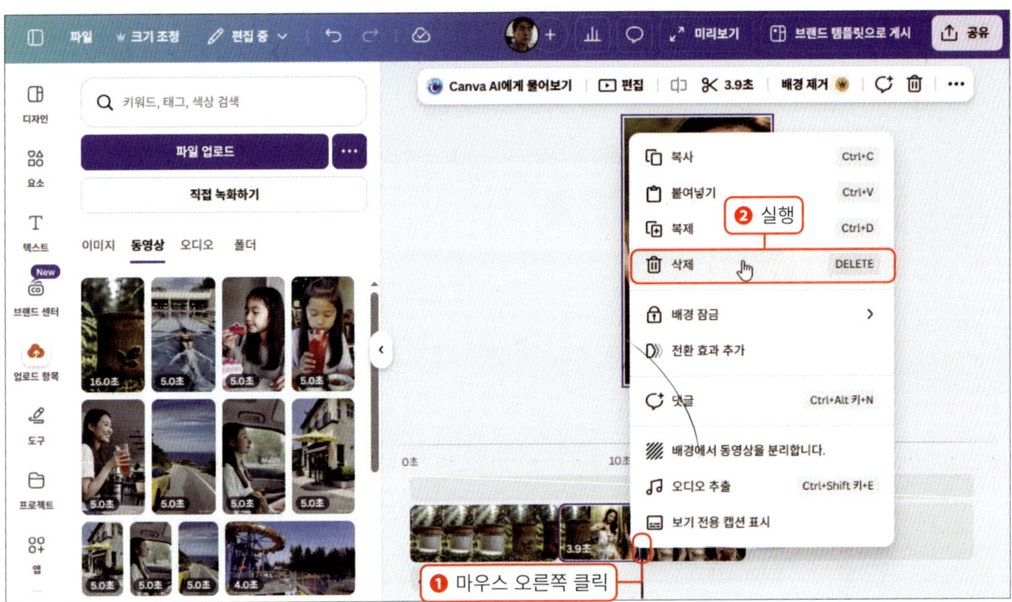

08 | 그림과 같이 두번째 클립의 인물 영상이 삭제되고, 첫번째 영상 클립과 마지막 영상 클립이 연결된 것을 확인할 수 있습니다.

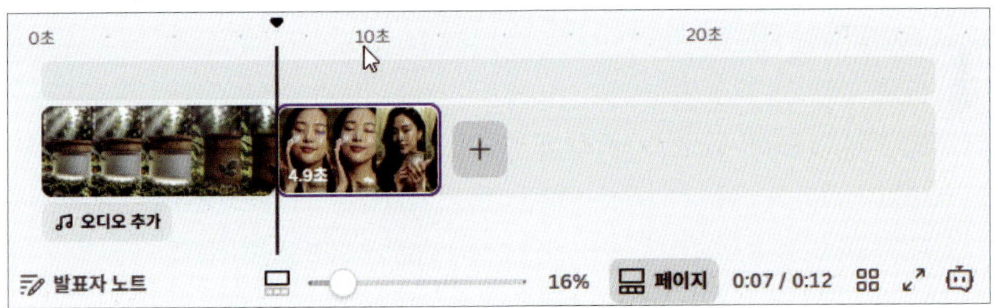

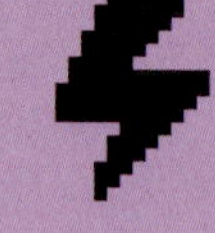

PART 4

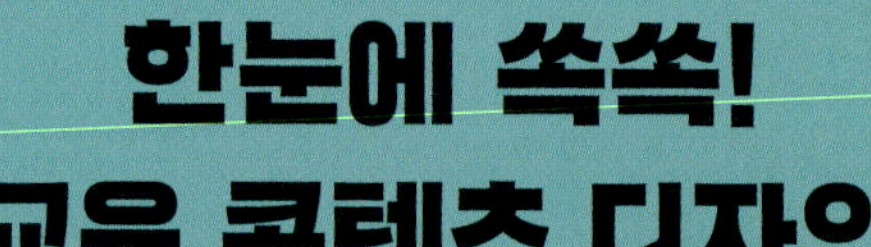

한눈에 쏙쏙!
교육 콘텐츠 디자인

캔바는 디자인 경험이 없어도 다양한 교육용 템플릿을 제공하여 수업 주제에 맞는 자료를 빠르게 구성할 수 있습니다. 아이콘과 이미지, 차트 등 시각 요소가 풍부하여 학습 내용을 한눈에 이해할 수 있도록 도와줍니다. 색상과 글꼴을 일관성 있게 적용할 수 있어 전문적인 교육 자료 제작이 가능합니다. 핵심 내용을 강조한 디자인은 학습자의 집중력과 이해도를 높여줍니다. 특히 콘텐츠를 손쉽게 수정하고 재사용할 수 있어 장기적인 수업 운영에 효율적입니다. 이러한 장점 덕분에 캔바는 교육 콘텐츠를 한눈에 쏙쏙 전달하는 최적의 디자인 도구입니다.

이미지+영상 생성
콘텐츠 생성까지!
!!!
AI
교육 콘텐츠 편
무엇이든 디자인하는
캔바 AI

LESSON 01

Magic Write로 스토리형 워크시트 만들기

완성파일: source\수학개념.png

수학 수업의 설계는 학습자가 스스로 지식을 구성하고 과정을 관리하도록 돕는 것을 목표로 수업을 설계하는 것이 중요합니다. 전통적으로 수학 학습은 계산 숙달(절차적 숙달)에 크게 의존했지만, 2022 개정 교육과정에서는 과정 중심 평가와 자기 점검을 통해 학생들이 스스로 예상하고, 소통하고, 점검하는 활동을 통해 학습자의 성장과 지속적인 학습을 지원하는 것을 목표로 명시하고 있습니다. 예제에서는 '중학교 – 피타고라스의 정리' 개념 학습을 위한 수업 설계와 자료 이미지 제작 과정을 함께 진행해 보겠습니다. 또한 Magic Write 기능을 이용해 스토리형 문제와 해답 및 워크시트를 제작하겠습니다.

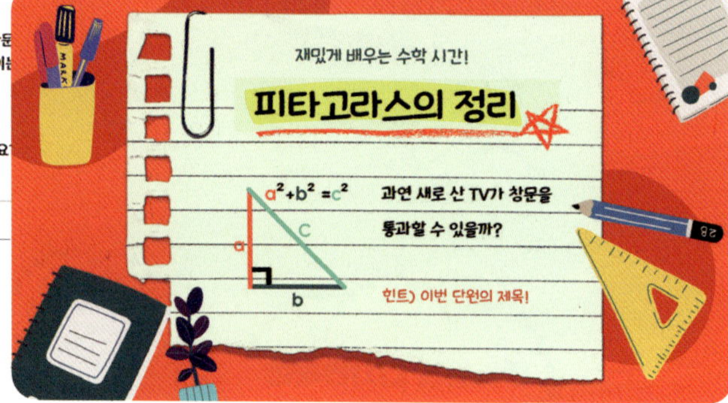

생동감 있는 오렌지 계열 컬러를 중심으로 밝고 유쾌한 분위기를 구성해 학습에 대한 흥미와 집중도를 높입니다. 교실과 책상 위의 감성을 표현하기 위해 필기도구와 찢어진 종이 오브젝트를 배치해 화면에 시각적 리듬을 더합니다. 제목에는 형광펜 효과를 적용해 수업의 핵심 개념을 직관적으로 강조하며, 배움에 대해 긍정적인 인상이 먼저 전달되도록 문제를 구성합니다.

예제 콘셉트

작업 패턴
KEYWORD

❶ 학습 내용에 관련한 디자인적인 요소들을 알맞게 배치

❷ [Magic Write] 기능을 활용하여 배우는 주제와 관련된 수학 문제를 난도에 맞춰 출제

❸ 수학 수식은 캔바 AI로 유니코드를 생성하거나 플러그인 [Equations]으로 입력

01 과정 중심의 수업 설계하기

수학 학습 설계 과정에서 학생들이 단순한 계산 숙달을 넘어 스스로 지식을 획득하는 과정을 통해 지속적인 학습을 할 수 있도록 구성하는 것이 중요합니다. 예상(전개)하고, 소통하며, 검증(집중 학습)하는 활동을 통해 개념을 스스로 발견하기 위해서는 과정 중심 학습 모형이 필요합니다.

수업 설계를 위한 5단계 프레임워크

Step 1 **도입(문제 인식):** 학습자는 주어진 학습 과제를 확인하고, 문제 상황에 대한 인식을 점검합니다.

Step 2 **전개(예상 및 아이디어 공유):** 이전에 경험했던 지식을 바탕으로 문제 해결 방안을 예상하고, 이를 다른 학습자와 공유하며, 스스로 생각하고 아이디어를 학습에 활용합니다.

Step 3 **집중 학습(검증 활동):** 자신이 예상한 내용의 타당성을 검증하며 학습 내용을 심화하고, 학습 진전 상황 및 결과물을 기록합니다.

Step 4 **정리(일반화 및 연결):** 검증된 자료를 바탕으로 일반화된 원리를 자료로 만들고, 정오 확인 활동을 통해 학습 내용을 최종적으로 점검합니다.

Step 5 **과제(자기 점검 및 포트폴리오):** 학습 과정을 되돌아보며 자기 주도적으로 점검하고 평가합니다. 모든 학습 활동 기록을 포트폴리오로 구축하여 지속적인 학습 관리를 수행합니다.

수업 주제		과연 새로 산 TV가 창문을 통과할 수 있을까?(주요 수학 개념: 피타고라스 정리)
수업 설계	도입	학습 과제(TV의 창문 통과 가능 여부)를 확인하고, TV가 창문을 통과하려면 창문의 폭과 높이 외에 대각선 길이가 필요함을 인식한다.
	전개	창문 폭과 높이를 이용하여 대각선 길이를 계산할 예상 계산 방법이나 아이디어를 만든다. 학습자들은 자신의 예측이나 아이디어를 공유한다.
	집중 학습	학생들이 $a^2 + b^2 = c^2$ 원리를 적용하여 창문의 대각선 길이를 계산하고, 이를 TV의 길이와 비교하여 예상이 맞는지 틀리는지 확인하는 검증 활동을 수행한다.
	정리	창문 문제 해결 과정에서 얻은 자료를 바탕으로 직각삼각형의 세 변의 관계에 대한 일반화된 원리를 도출하고 기록하고, 이 결론이 타당한지 정오 확인 활동을 통해 점검한다.
	과제	1단계부터 4단계까지 작성했던 자료(예상, 검증 결과, 피드백 등)를 모아 포트폴리오로 구축하여 학습 진전 상황을 지속적으로 확인하고 다음 학습 계획을 세운다.
	형성 평가	학습 과정 중 피드백 제공 자기 주도적 점검 및 정오 확인 활동 지필 평가 결과와 비교

수업 설계	수행 평가	학습 활동 기록이 충실한지 포트폴리오가 의미 있게 구축되었는지 학습 태도와 참여가 드러나는지 학습 목표 달성 여부가 분명한지

학생들은 이 단원을 통해 단순히 계산 과정만 습득하는 것이 아니라 직각삼각형의 세 변의 관계(피타고라스 정리)를 실제 생활에 적용하고 원리를 이해할 수 있게 됩니다. 또한 학습 과정의 기록에서 개념을 발견하고 적용하는 자기 주도적 학습 경험을 함으로 인해 다음 학습을 위한 지속적인 흥미를 유지하고 학습 진전 상황을 관리할 수 있습니다.

02 시각적인 요소 구성하기

일상 속 질문에서 출발한 수학 수업 자료를 함께 만들어 보겠습니다. 밝은 오렌지 컬러와 종이 질감을 활용해 교실의 생동감을 살리고, 개념 이해가 자연스럽게 이어지도록 이미지를 구성해 봅니다.

01 | 수업 자료 화면을 생성하기 위해 캔바 홈 화면에서 [프레젠테이션]을 클릭합니다.

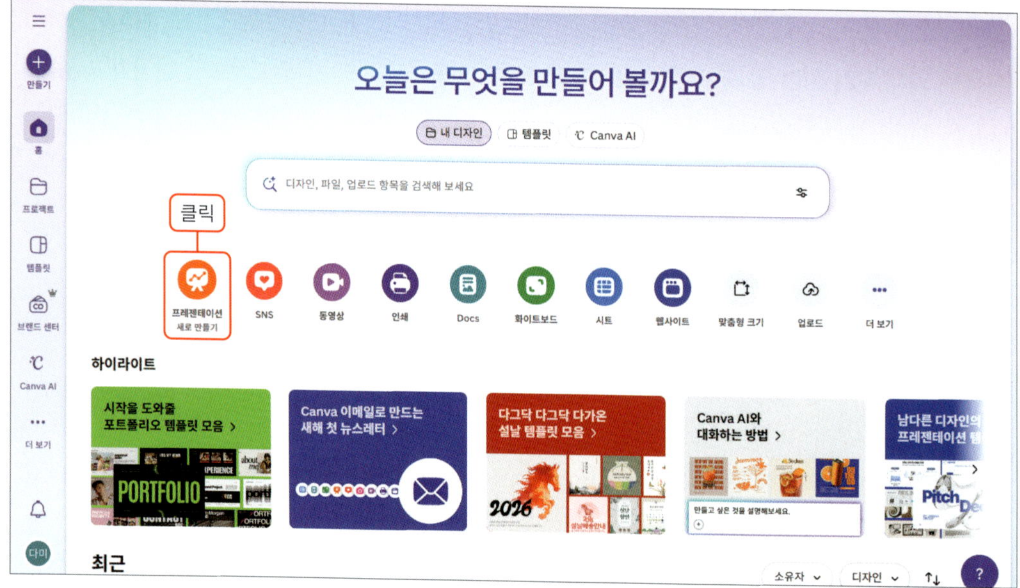

02 | 배경을 선택하면 나타나는 상단 편집 툴바에서 '색상' 아이콘(🔴)을 클릭하고 문서 색상을 주황색 (#f76651)으로 설정합니다.

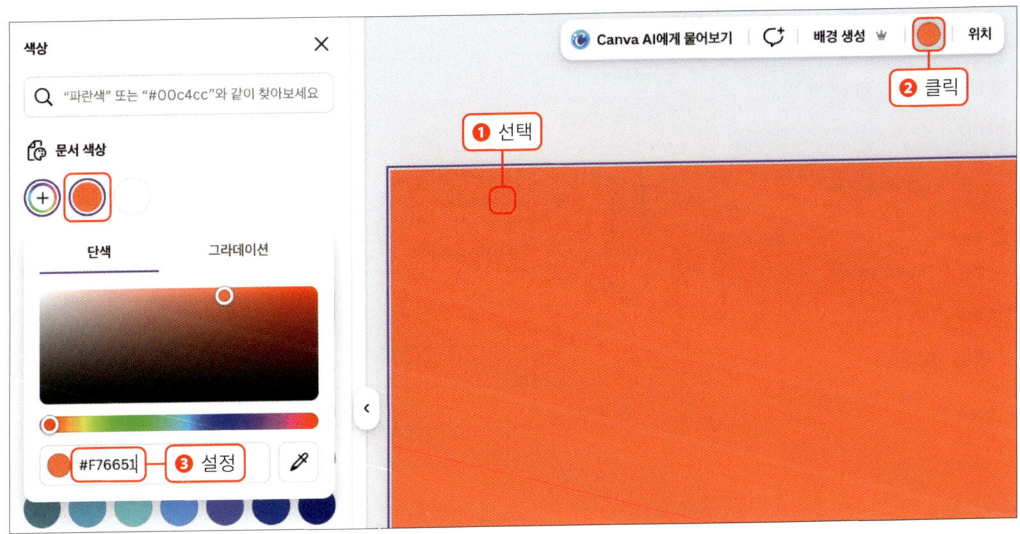

03 | 왼쪽 [요소] 메뉴를 클릭하고 검색창에 '클립 라인 종이'를 입력한 다음 '제출하기' 아이콘(➡)을 클릭합 니다. [그래픽], [하얀색]을 클릭해 범위를 좁히고 다음의 이미지를 선택합니다.

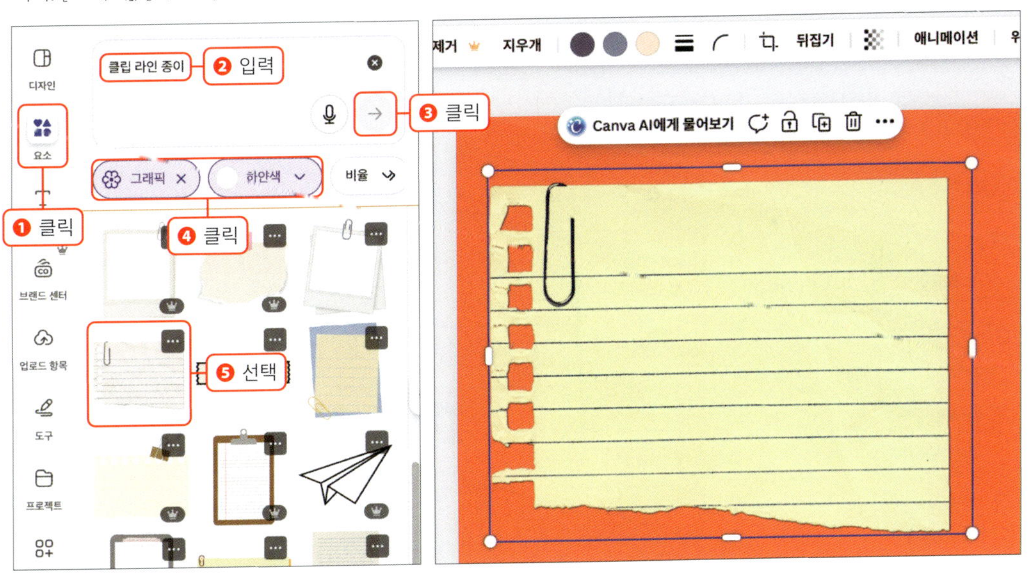

Tip   예제에서는 노란 종이 느낌을 주기 위해 상단 편집 툴바에서 [편집]을 클릭하고 **[필터] → [X-Pro +]**를 선택 했습니다.

04 | 왼쪽 [텍스트] 메뉴에서 〈텍스트 상자 추가〉 버튼을 클릭하고 '재밌게 배우는 수학 시간!'을 입력합니다. 글꼴은 'TDTD캠퍼스커플', 글자 크기는 '39', '중앙 정렬', 색상은 초록색(#0b6e69), 글자 간격은 '-30'으로 설정합니다.

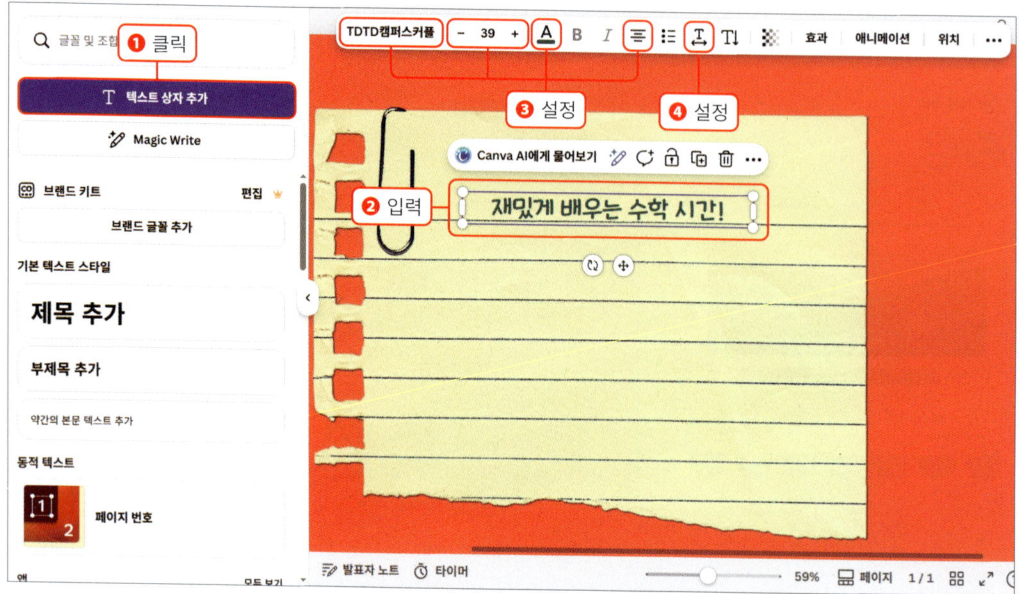

05 | 바로 아래에 텍스트 상자를 추가하고 '피타고라스의 정리'를 입력합니다. 글꼴은 'TDTD캠퍼스커플', 글자 크기는 '82', '중앙 정렬', 색상은 검정색(#000000)으로 설정합니다. 제목의 글자 크기가 커서 간격은 '-50'으로 설정합니다.

06 | 큰 제목이 선과 겹쳐 가독성이 떨어지는 부분을 해결하기 위해, 왼쪽 〔도구〕 메뉴를 클릭하고 [도형]의 [사각형]을 선택해 제목의 뒤로 추가합니다. 배경 색상은 종이와 같은 크림색(#fcf6d9)으로 설정합니다. 이후 다른 텍스트 상자도 동일한 과정으로 추가 구성합니다.

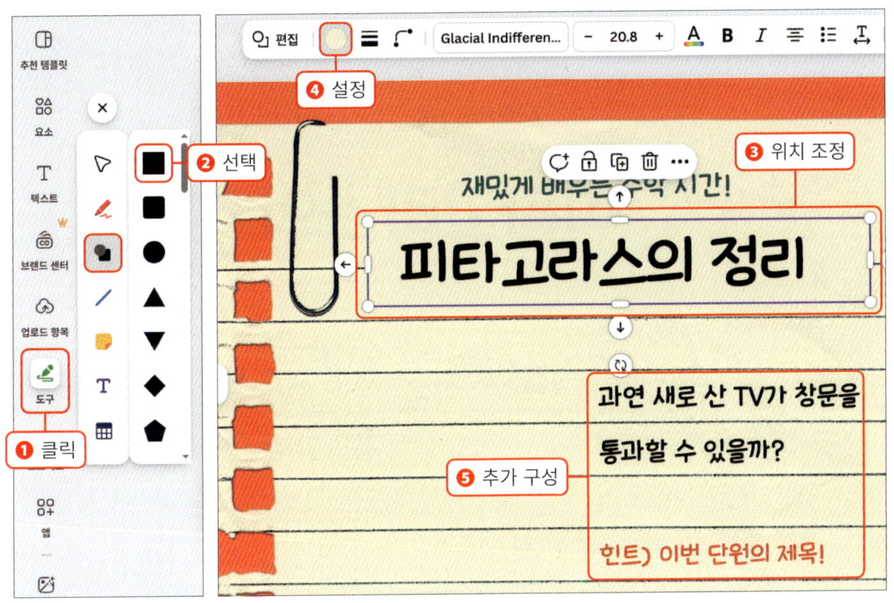

Tip　사각형을 선택한 후 레이어 '뒤로 보내기(Ctrl + [ )'를 적용해 도형 레이어를 제목 레이어 뒤로 보냅니다.

07 | 왼쪽 〔요소〕 메뉴를 클릭하고 검색창에 '피타고라스 정리'를 입력하고 Enter 을 누릅니다. 다음과 같은 이미지를 선택하고 톤앤매너를 맞추기 위해 상단 편집 툴바에서 색상은 기존 파란색을 민트색(#72cead), 초록색을 청록색(#0b6e69), 보라색을 주황색(#f76651)'으로 변경하여 설정합니다.

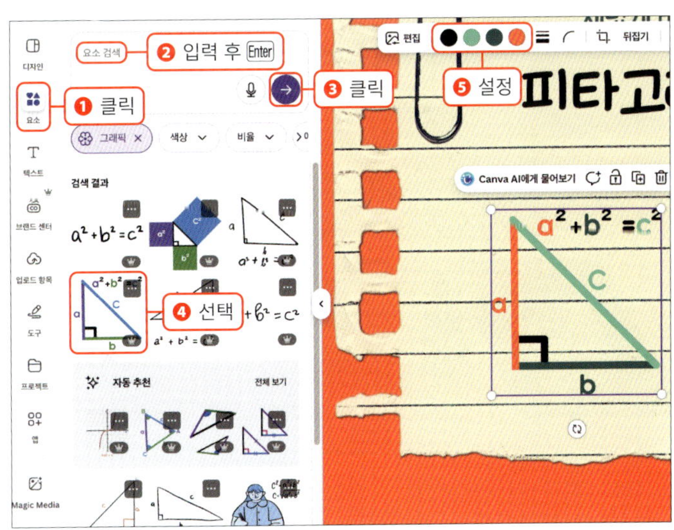

08 | 이전 과정과 동일한 방법으로 요소 메뉴에서 원하는 요소를 검색하여 구성합니다. 예제에서는 제목 영역에 '형광펜'은 노란색(#f7ec13)으로, 빨간색 '밑줄'과 '별'을 추가해 노트 필기와 같은 느낌을 표현했습니다.

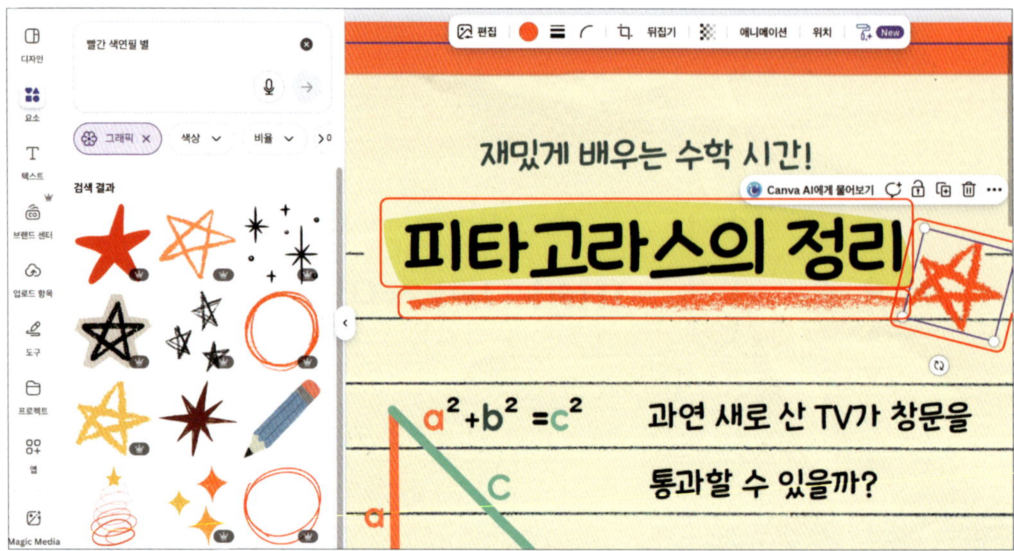

09 | 빈 공간에 책상 위 발랄한 느낌을 주기 위해 여러 요소들을 추가로 배치합니다. 예제에서는 다음과 같이 구성하여 마무리했습니다.

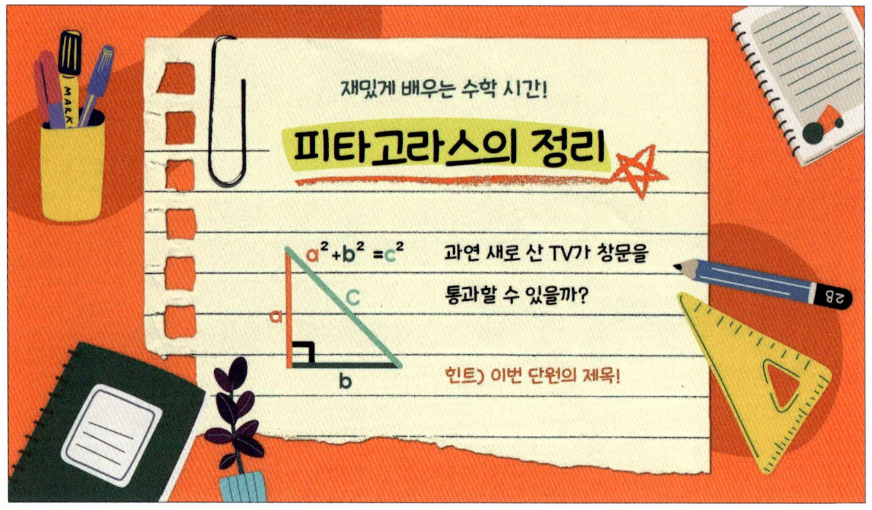

Tip 예제에서 사용한 '필기도구' 요소들은 set:nAEta715V9A를 검색해 찾을 수 있으며 요소는 반드시 예제와 같지 않아도 됩니다. 원하는 요소를 추가하여 개성있게 완성해보세요.

03 AI 기능으로 문제 워크시트 만들기 에듀테크

Magic Write 기능을 활용해 상황형 문제를 단계별 난이도로 조절하며 자동으로 문제와 해답을 생성하고, 수업에 즉시 활용 가능한 워크시트를 구성합니다.

10 │ 새 문서를 만들기 위해 상단의 '+'를 클릭하고 [Doc]를 선택합니다.

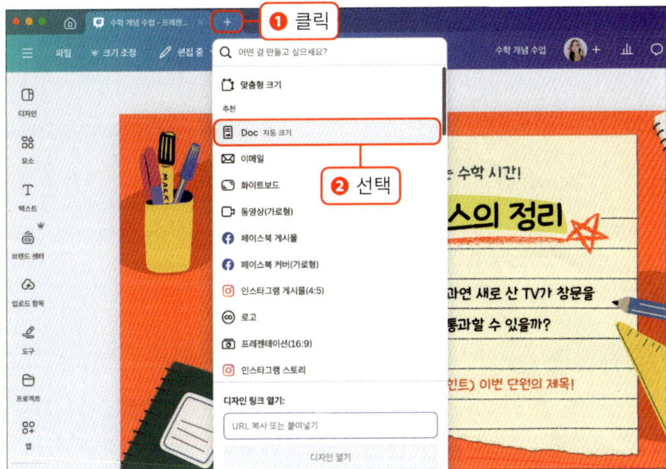

11 │ 상단 편집 툴바에 [Magic Write]를 클릭하고 문제를 생성하도록 다음의 프롬프트를 입력한 다음 '생성하기' 아이콘(●)을 클릭합니다.

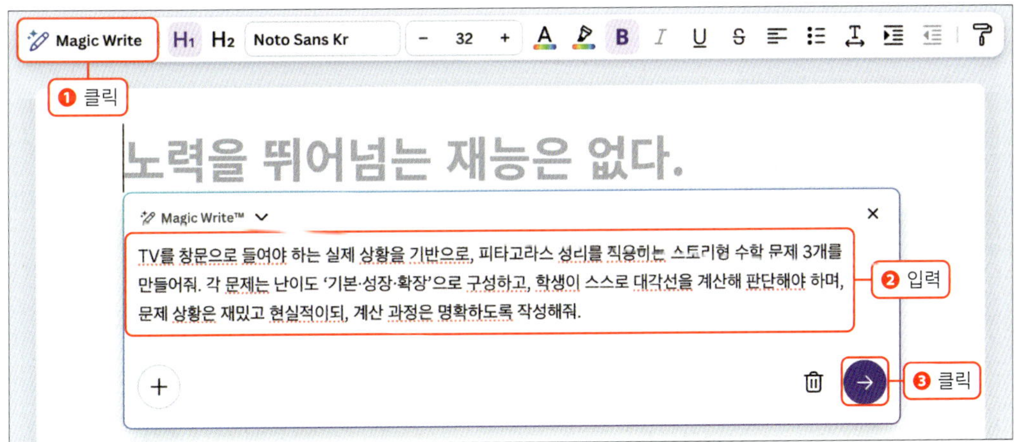

프롬프트 │ TV를 창문으로 들여야 하는 실제 상황을 기반으로, 피타고라스 정리를 적용하는 스토리형 수학 문제 3개를 만들어줘. 각 문제는 난이도 '기본, 성장, 확장'으로 구성하고, 학생이 스스로 대각선을 계산해 판단해야 하며, 문제 상황은 재밌고 현실적이되, 계산 과정은 명확하도록 작성해줘.

12 | 문제 생성이 완료되면 내용을 한 번 검토하고 이상 없을 시 〈삽입〉 버튼을 클릭하여 임시 템플릿 화면으로 불러옵니다.

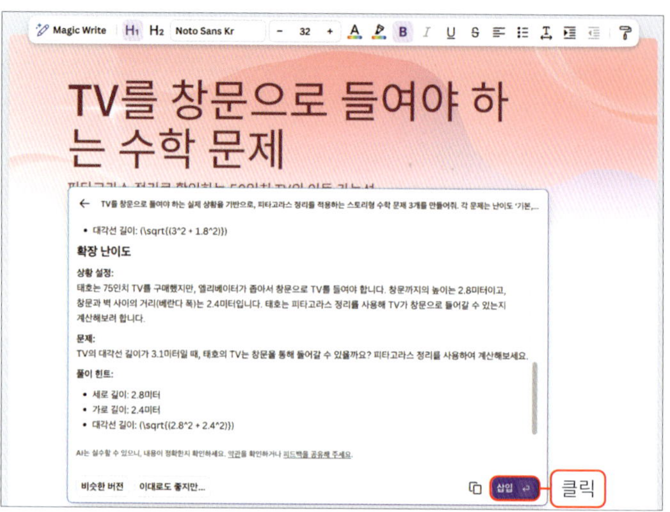

13 | 임시 템플릿으로 지정이 되어있는 상단 영역의 디자인을 변경하기 위해 더블클릭합니다. 템플릿에서 원하는 디자인을 선택하면 '템플릿을 새 페이지로 추가하시겠습니까?' 창이 표시됩니다. 입력해둔 내용이 들어가기 위해 〈현재 페이지 대체〉 버튼을 클릭하고 내용을 다음과 같이 변경합니다.

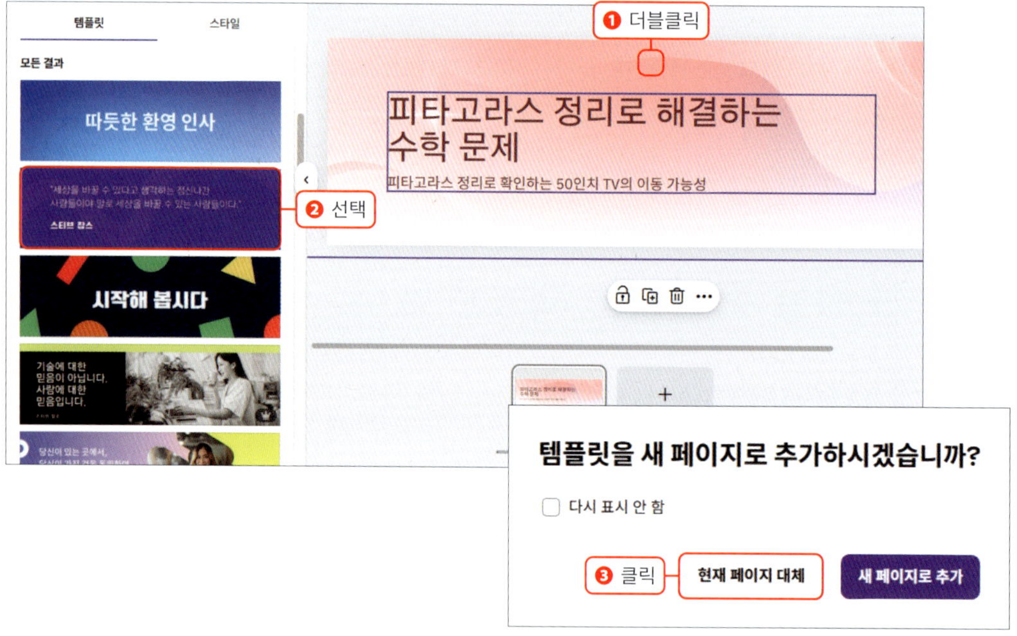

프롬프트

피타고라스 정리로 해결하는 수학 문제
피타고라스 정리로 확인하는 50인치 TV의 이동 가능성

14 텍스트 상자를 클릭하여 서체는 'TDTD캠퍼스커플', 글자크기는 대제목 '96', 소제목 '42'으로 설정합니다.

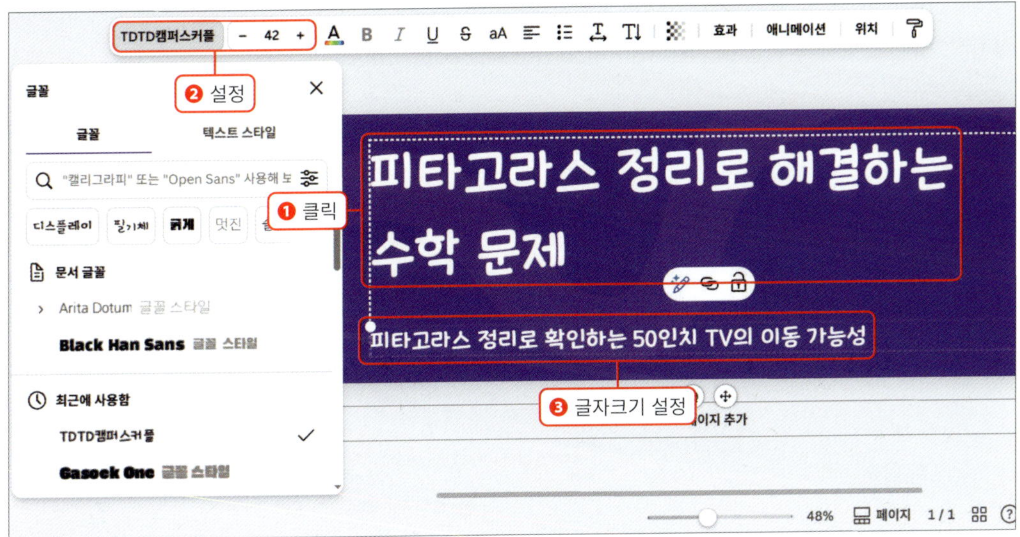

15 템플릿의 바탕 색상은 주황색(#f76651), 무늬 색상은 진주황색(#e7523c)으로 변경한 다음 오른쪽 상단의 〈저장〉 버튼을 클릭해 문서로 돌아갑니다.

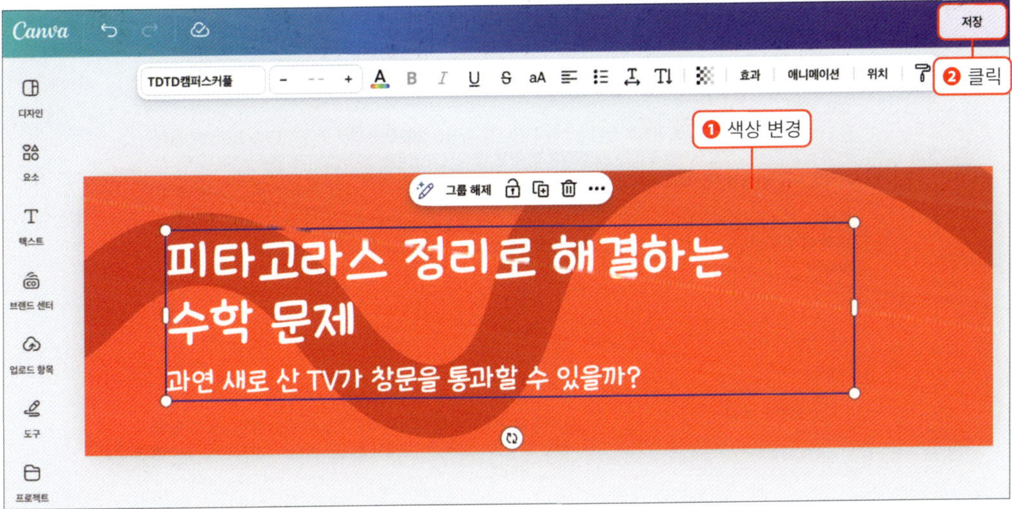

04 학생용 워크시트 만들기

학생용 워크시트를 함께 만들어 보겠습니다. Magic Write로 주제에 맞는 수학 문제를 난도별로 구성하고, 수식은 유니코드 또는 Equations 플러그인을 활용하여 입력합니다.

16 │ 화면 하단에 [페이지 썸네일 표시]를 클릭합니다. 작업중인 페이지 위에 마우스를 위치시키고 나타나는 '확장 메뉴' 아이콘(•••)을 클릭해 [페이지 복제]를 실행합니다.

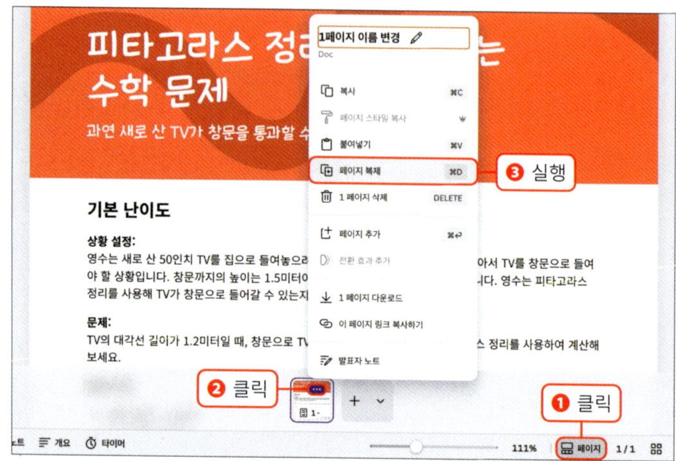

17 │ 2페이지는 학생들이 문제 풀이를 할 수 있도록 문제 풀이 힌트 부분을 드래그하여 삭제(Delete)하고 풀이를 할 수 있는 공간을 추가하기 위해 빠른 실행(\)을 누르고 [표]의 [1X1]을 선택합니다.

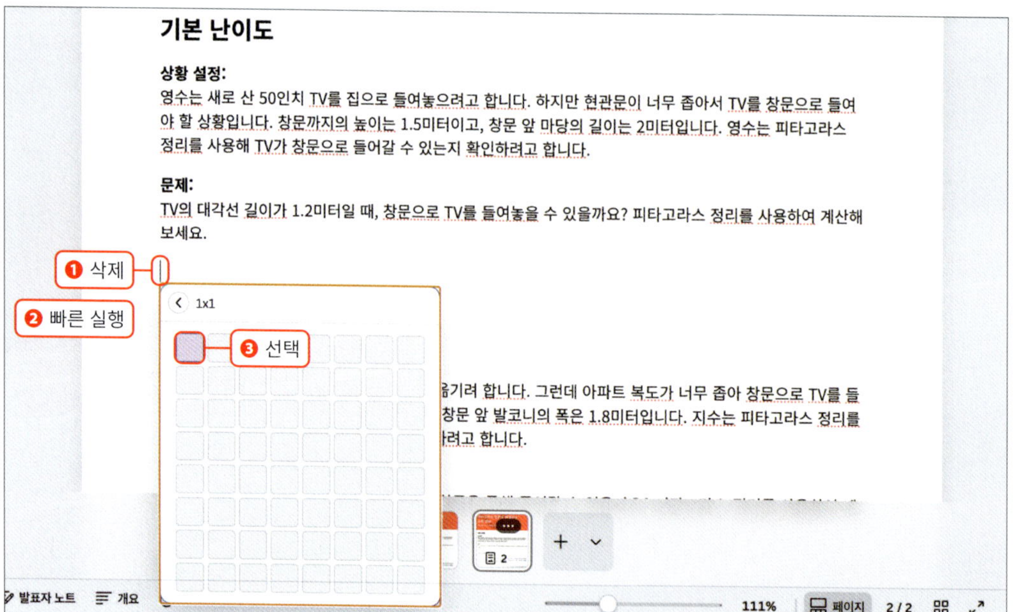

18 ｜ 학생들이 문제의 답을 입력하는 공간이니 공간을 충분히 넓혀주세요. 다른 문제들도 동일하게 풀이 공간을 추가해 보세요.

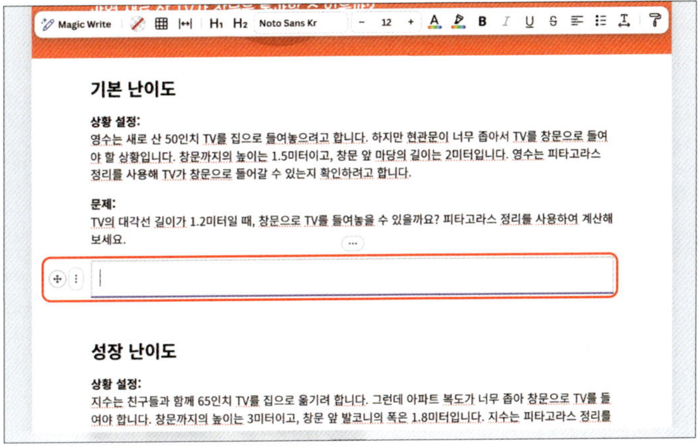

05 유니코드 수학 수식으로 표기하기

캔바 AI로 수학 수식 유니코드를 생성해 워크시트에 넣어 보겠습니다. 캔버스 본문에 직접 붙여넣는 버튼으로 수식 입력이 수월합니다.

19 ｜ 다시 첫페이지를 클릭하면 수학 수식이 텍스트(LaTex 형식)로 적혀 있는 모습을 볼 수 있습니다. 유니코드 수학 기호로 나타내기 위해 수식을 드래그하고 컨텍스트 툴바에 [Canva AI에게 물어보기]를 클릭합니다. 다음의 프롬프트를 입력한 다음 '댓글 제출하기' 아이콘(↑)을 클릭합니다.

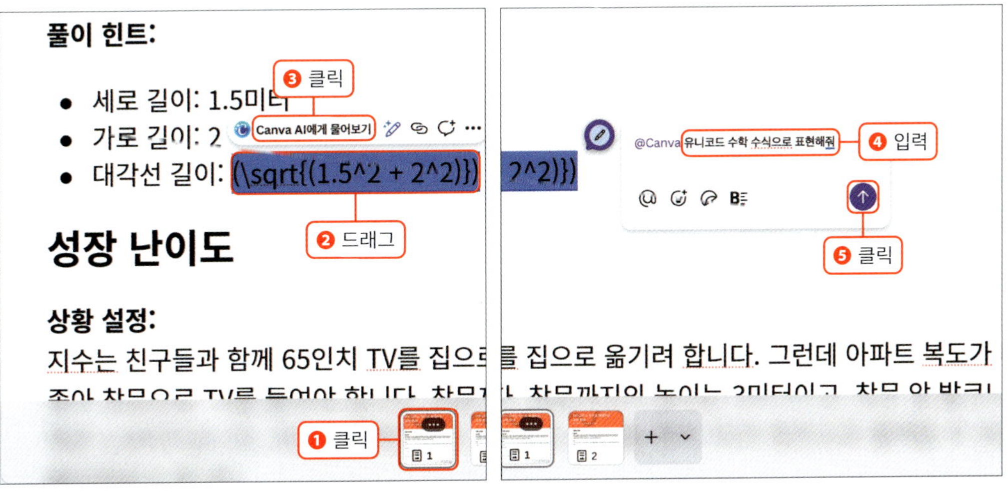

프롬프트 이 코드를 유니코드 수학 수식으로 표현해줘.

20 | 오른쪽 대화창에 캔바 AI가 추천해준 수식중 원하는 수식을 선택하고 '디자인에 추가' 아이콘(+)을 클릭하여 기존의 내용과 교체합니다.

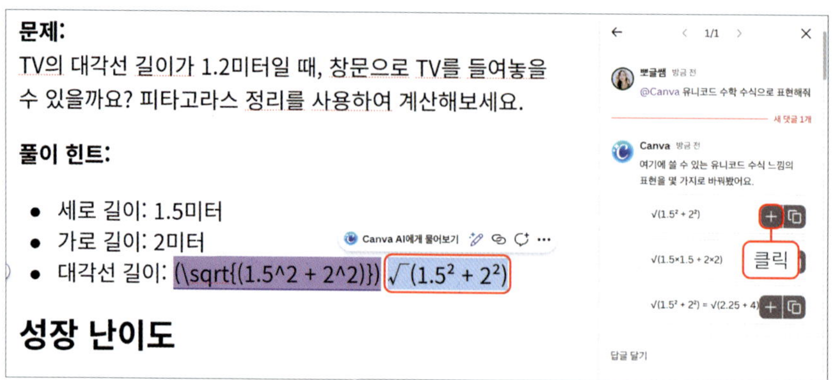

> **Tip** 유니코드 수식은 캔바에서 빠르게 작성할 수 있다는 장점이 있지만, 학생들에게 나눠주는 워크시트에 사용하기에는 한계가 있습니다. 분수, 행렬, 대분수, 여러 줄로 배열되는 수식처럼 구조가 복잡한 형태는 정확하게 구현하기 어렵습니다. 또한 루트 기호의 상단 바가 짧아 전문적인 수식처럼 보이지 않는 제한이 있으니 간단한 수식 표현에 활용하세요.

06 복잡한 수학 수식은 플러그인 활용하기

이번에는 복잡한 수식을 입력하기 위해 Equations 플러그인을 활용해 보겠습니다.

21 | 왼쪽 〔앱〕 메뉴를 클릭하여 검색창에 'Math'를 입력하고 [Equations] 앱을 선택한 다음 〈열기〉 버튼을 클릭합니다.

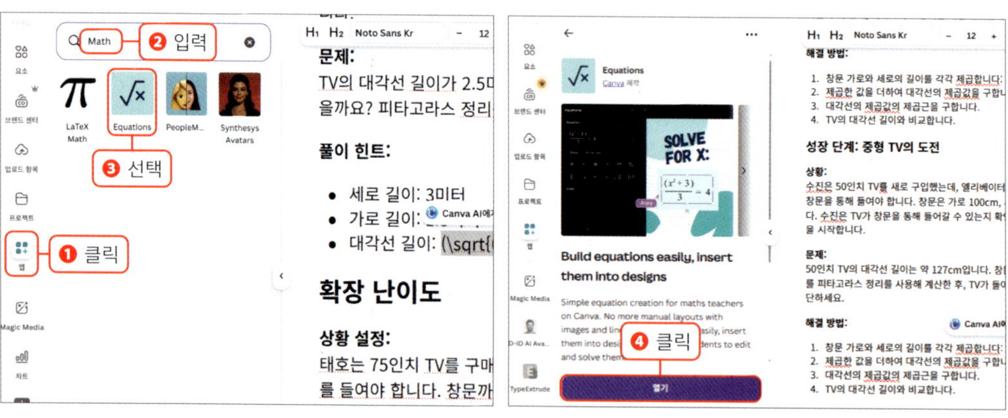

22 │ 기존 수식을 복사(Ctrl+C)하여 붙여넣으면(Ctrl+V) 자동으로 바꿔 표기합니다. 하단에 〈Insert equation〉 버튼을 클릭하여 문서에 삽입합니다.

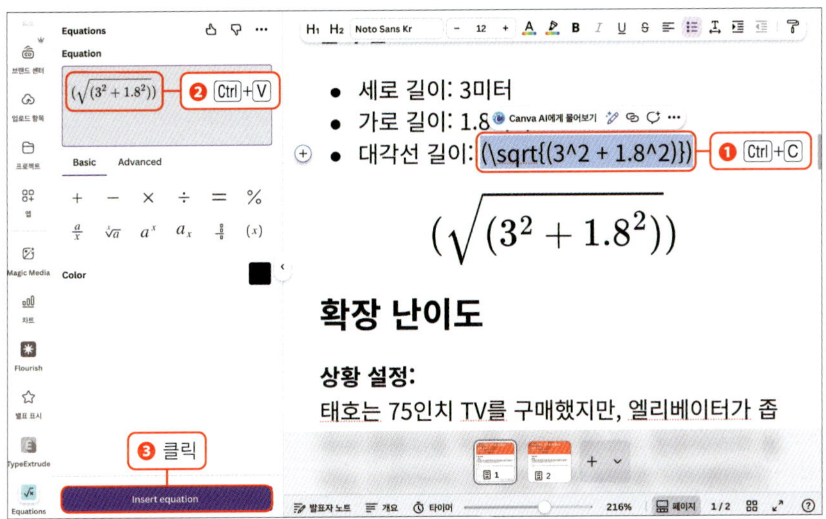

 **Tip** 이미지 형식으로 삽입되기 때문에 수정을 위해서는 수식을 새로 생성해야 합니다.

07 해설 추가하여 완성하기

출제한 문제에 대한 해답을 Magic Write로 자동 생성하여 캔버스에 추가합니다.

23 │ 문서 하단에 해답을 추가하기 위해 빈 공간에 커서를 두고 '빠른 작업' 아이콘(+)을 클릭합니다. [Magic Write]를 선택하고 다음과 같이 입력한 다음 '생성하기' 아이콘(→)을 클릭합니다.

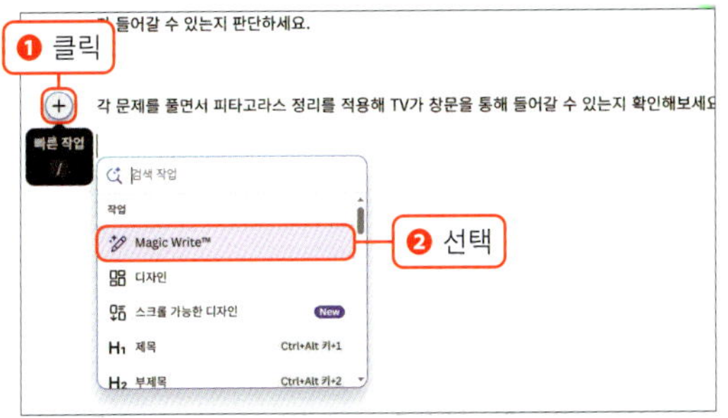

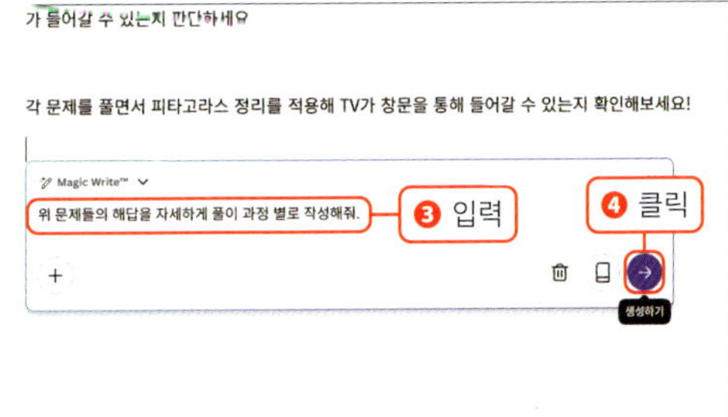

프롬프트   위 문제들의 해답을 자세하게 풀이 과정 별로 작성해줘.

24 | 해답의 내용을 살펴보고 내용에 이상이 없다면 〈삽입〉 버튼을 클릭합니다. 작성된 해답을 문서에 추가하였습니다.

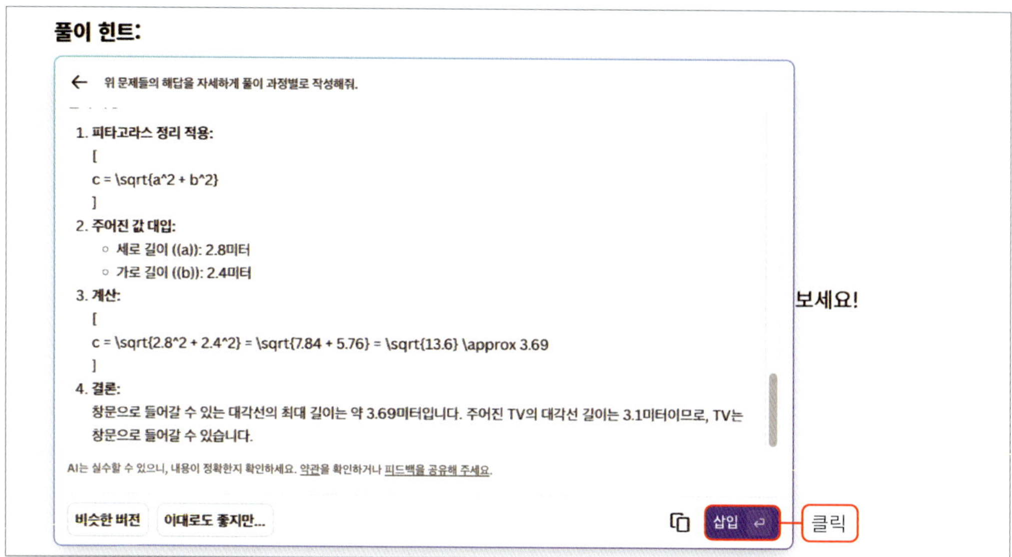

25 | 문제와 해설을 구분하기 위해 '빠른 작업' 아이콘(＋)을 클릭하여 구분선을 선택해 문제 영역과 해설 영역을 구분 지어 마무리합니다.

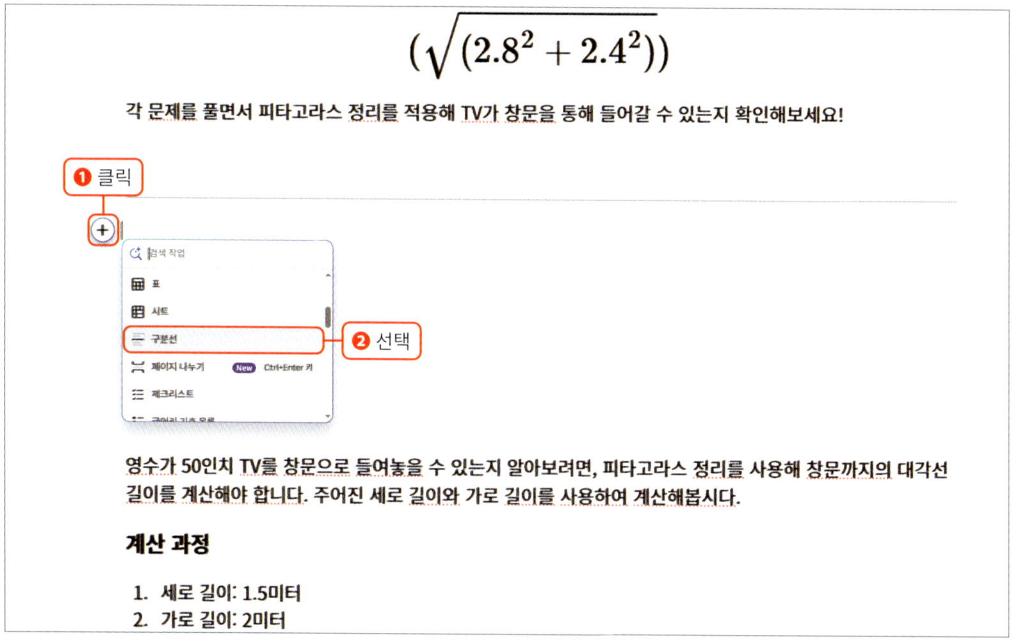

LESSON 02

카드뉴스 스타일의 퀴즈 프레젠테이션 만들기

완성파일: source\사회수업 자료.png

사회 과목의 수업은 학습자가 단순한 지식 습득을 넘어 복잡한 사회 문제를 탐구하고 해결하는 역량을 기를 수 있도록 수업을 설계하는 것이 중요합니다. 예제에서는 '5학년 사회 – 은행의 기능'을 탐구하기 위한 수업을 설계하고, 자료 이미지를 제작해 보겠습니다. 또한 수업시간에 학생들의 참여를 유도할 수 있도록 상호작용할 수 있는 'OX퀴즈' 프레젠테이션을 함께 제작해 보겠습니다.

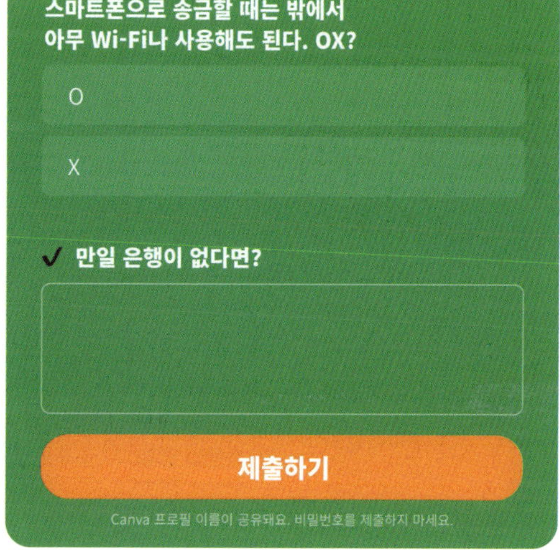

예제 콘셉트

전체 구성은 2~3가지 컬러만 사용해 명료하고 집중되는 색감 구조를 유지하고, 핵심 정보에 자연스럽게 시선이 집중되는 색감 구소를 유지힙니다. 주제와 관련된 그래픽 요소(돼지 저금통, 지폐, 지갑, 동전 등)을 추가해 정보와 이미지의 균형을 맞추며, 감성적 친근한 톤으로 확장합니다. 이때 배경 상자에 질감처리(신문지 느낌)를 하여 시각적 완성도를 높입니다.

작업 패턴
KEYWORD

❶ 요소에서 3D 이미지를 불러온 후 'fx 효과 → 그림자 → 드롭' 스타일로 입체감 표현
❷ 요소에서 불러온 이미지를 디자인과 어울리는 색상으로 교체
❸ 수업시간에 라이브로 'OX퀴즈'를 진행할 수 있는 인터랙티브 프레젠테이션 제작
❹ 캔바에서 학생들이 제출한 답변을 확인하고, 원형의 통계 그래프를 생성해 데이터를 시각화

01 금융 수업 설계하기

수업 설계를 위해서는 학습자가 아는 것(지식)과 할 수 있는 것(기능), 그리고 문제 해결(태도)를 모두 고려해야 합니다. 예금·대출 같은 은행의 기능을 단순히 설명하는 수준을 넘어, 금융 시스템과 사회 문제의 연결성을 탐구하고 해결 방안을 제안해 보도록 설계합니다.

수업 설계를 위한 4단계 프레임워크

Step 1 **흥미 유발**: 학생들이 탐구를 통해 핵심 아이디어를 발견하고, 이 아이디어를 바탕으로 단원의 주요 탐구 질문을 도출합니다.

Step 2 **지식/탐색**: 핵심 아이디어 속 지식과 기능을 깊게 발전시키며 개인적 이해를 형성합니다.

Step 3 **일반화**: 지식과 기능의 탐구 결과를 바탕으로 잠정적인 결론을 도출하고 동료와 공유합니다.

Step 4 **과제 수행/평가**: 일반화된 결론을 바탕으로 복잡한 문제를 해결을 위한 산출물(예 프로젝트, 제안서)을 제작하며 문제 해결과정을 경험하며, 전체적인 과정을 평가합니다.

수업 주제		은행의 역할이 디지털 환경 속에서 어떤 영향이 있을까?
수업 설계	흥미 유발	금융 사고 사례 등을 소개하며 흥미로운 질문을 제시하여 학습 동기를 형성하고, 개인적인 연결고리를 만들도록 유도한다.
	지식	• 은행의 기본 기능: 예금, 대출, 이체, 지급결제 • 금융기관의 역할: 자금의 흐름을 연결하고 경제 활동을 지원– 이자 개념과 기본 금융 원리
	탐색	디지털 도구로 자료 조사 및 정보 탐색을 수행함 예 • 은행이 없다면 사회는 어떻게 달라질까? / • 디지털 금융은 왜 점점 확대되고 있을까? / • 모바일 뱅킹이 편리함 외에 어떤 위험을 가져올까? 등
	일반화	예 은행이 없다면? • 자금 흐름이 막혀 경제 활동이 불안정해진다. • 돈의 보관과 대출이 어려워 사회의 신뢰와 거래 구조가 흔들리게 된다.
	수행 과제	예 금융 보안 캠페인 제작, 청소년 대상 금융 교육 프로그램 기획, 디지털 금융의 장단점 공익 포스터 제작 등
	형성 평가	탐구 질문 생성 능력 기사 분석 활동 피드백 개념 간 관계도를 통한 이해 확인
수업 설계	수행 평가	조사한 내용이 정확한지 금융의 위험성과 예방 방법을 스스로 이해하고 설명하는지 표현이 쉽고 명확한지 디자인이나 구성에 성의가 있는지

02 카드뉴스 스타일의 수업 자료 만들기

생활 속 경제 주제를 시각적으로 풀어내기 위해 색 사용을 절제하고 그래픽 요소와 질감을 조합한 사회 탐구 수업 자료 이미지를 만들어 보겠습니다.

01 | 캔바 홈 화면에서 [템플릿]을 클릭하고 '미니멀 카드뉴스'를 입력한 다음 '제출하기' 아이콘(→)을 클릭합니다. 예제에서는 다음의 템플릿을 선택했습니다.

02 | 〈이 템플릿 맞춤 편집하기〉 버튼을 클릭하여 새 창을 띄웁니다.

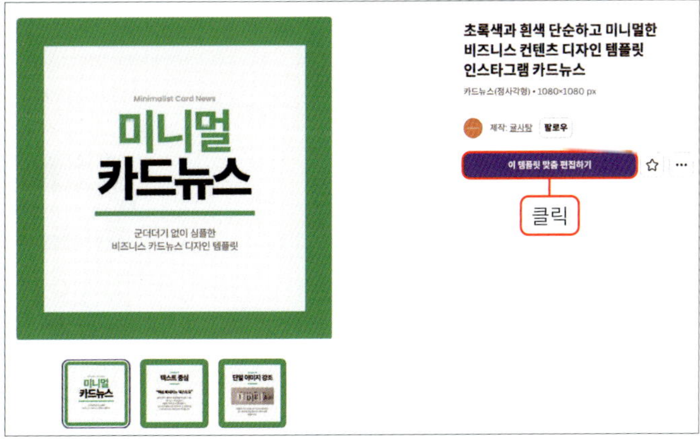

03 | 첫 번째 텍스트 상자를 더블클릭해 '경제 활동과 우리 생활'로 입력하고 글꼴은 'Source Han Sans KR / 굵은', 글자 크기는 '26', 색상은 검은색(#000000), 투명도를 '100'으로 설정합니다.

Tip 예제에서는 중간에 위치해 있는 초록 라인을 첫 번째 텍스트 상자 아래로 옮겨 배치하였습니다.

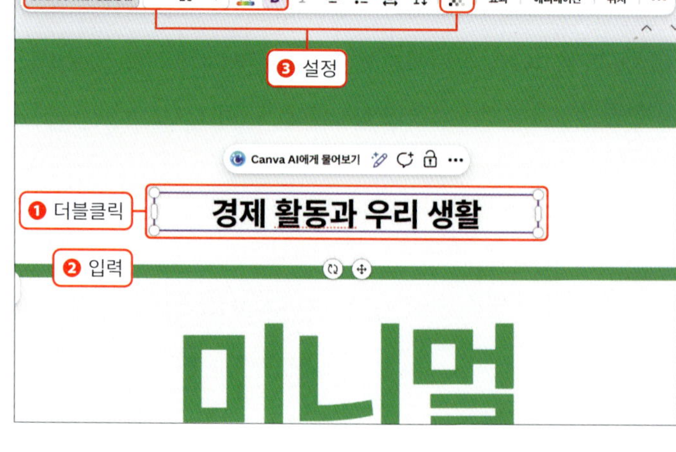

04 | 첫 번째 텍스트 상자를 복제하고(Ctrl + D) '5학년 1학기'를 입력한 다음 왼쪽으로 배치합니다. 글꼴은 'Source Han Sans KR/중간', 글자 크기는 '21'로 작게 설정합니다.

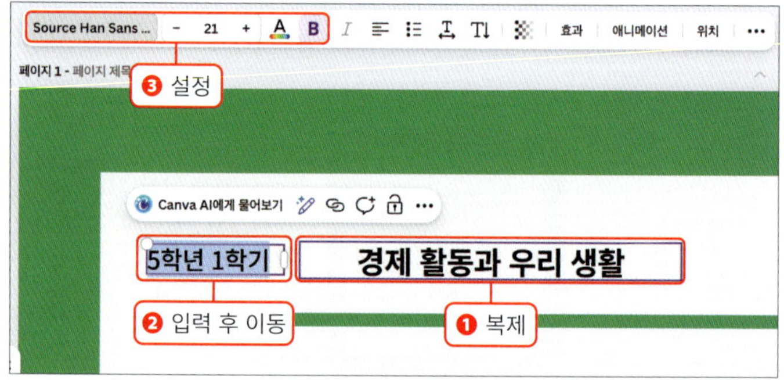

05 | 중앙에 위치한 텍스트 상자에는 '은행이', '하는일'을 나누어 입력하고 글꼴은 'TDTD와이드', 글자 크기는 '107' 색상은 검은색(#000000), 초록색(#00ad64)으로 설정합니다. 하단에 텍스트 상자도 내용을 다음과 같이 입력합니다.

06 | 왼쪽 〔도구〕 메뉴를 클릭하고 [선]의 [직선]을 선택하고 그림과 같이 세로로 조정합니다. 상단 편집 툴바에 '스트로크 스타일' 아이콘(▤)을 클릭하여 굵기를 '1'로 설정합니다.

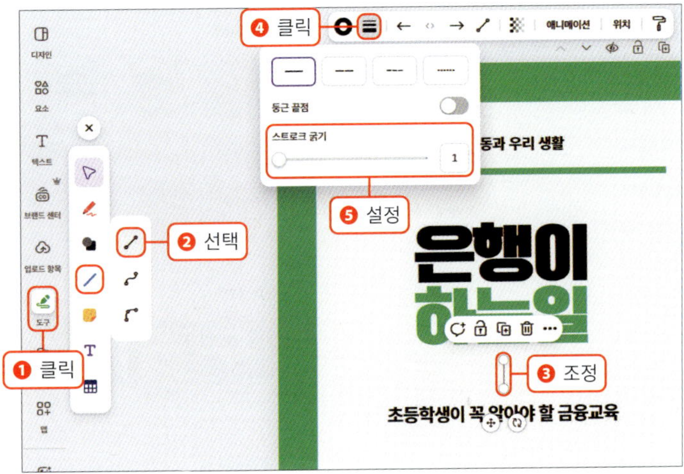

07 | 왼쪽 〔요소〕 메뉴를 클릭하고 '3D 돼지'를 입력하고 '제출하기' 아이콘(→)을 클릭합니다. 마음에 드는 이미지를 선택하여 캔버스로 불러온 후 크기와 기울기를 조정하여 배치합니다.

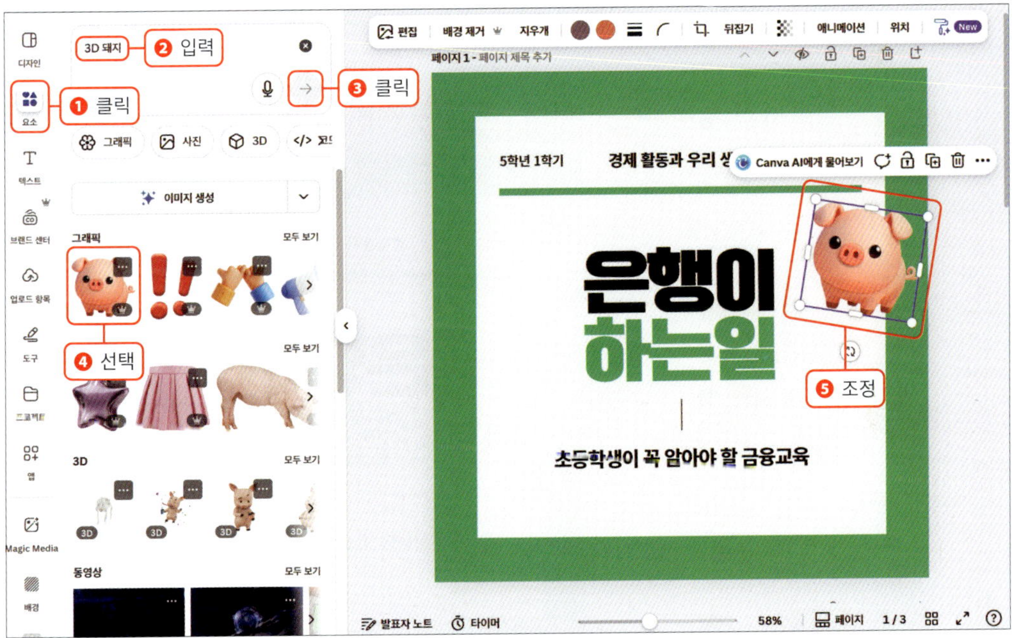

08 │ 이미지를 선택한 상태에서 상단 편집 툴바에 [편집]을 클릭합니다. fx 효과에서 [그림자] 선택, [드롭]을 선택하고 다음과 같이 설정합니다.

09 │ 동일한 방법으로 다음과 같이 '3D 지폐', '3D 지갑' 요소를 추가하여 배치합니다. 세부설정은 원하는대로 설정하여 구성해주세요.

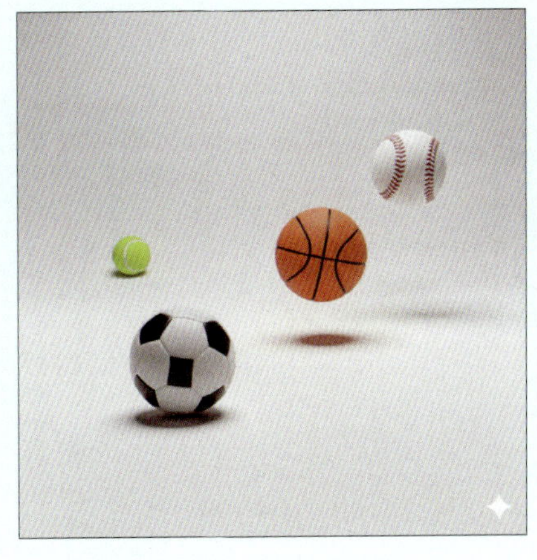

Tip　그림자 효과를 줄 때 자연스러운 표현하는 팁

- **빛의 방향을 먼저 정하기**: 빛의 방향을 먼저 정해 모든 그림자가 같은 방향으로 떨어지게 하는 것이 가장 중요합니다.
- **요소의 거리 표현하기**: 요소의 거리와 흐림 정도(blur)는 과하지 않게 균형을 잡아야 합니다. 그림자의 거리가 멀면 요소가 공중에 붕 떠 있는 느낌을 주고, 거리가 가까우면 요소가 표면에 딱 붙어 있는 듯 안정적으로 보입니다.

10　밋밋한 흰 바탕을 질감이 표현된 이미지로 바꾸기 위해 (요소) 메뉴를 클릭하고 '신문지 프레임'을 입력하여 '제출하기' 아이콘(→)을 클릭해 질감만 표현된 이미지를 선택합니다.

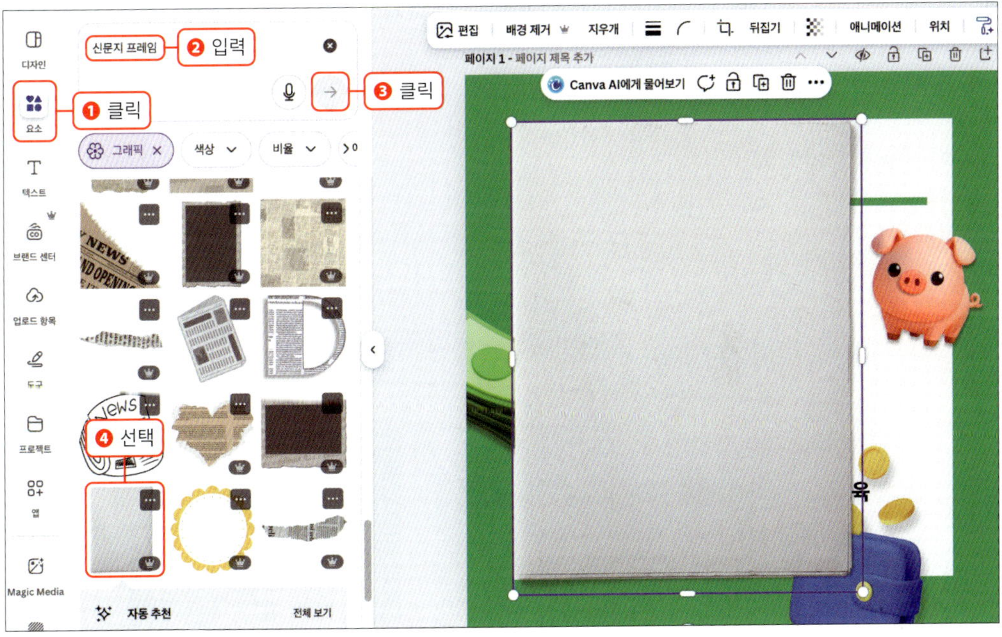

11 | 흰 바탕과 동일한 크기로 조정한 다음 이미지의 오른쪽 상단의 겹쳐진 표현을 살리기 위해 하단을 조정하여 자르고 복제합니다(Ctrl + V). 하단의 겹침표현도 살리기 위해 상단을 조정하여 자릅니다. 맞게 조정했다면 원래있던 흰 바탕은 Delete를 눌러 지워줍니다.

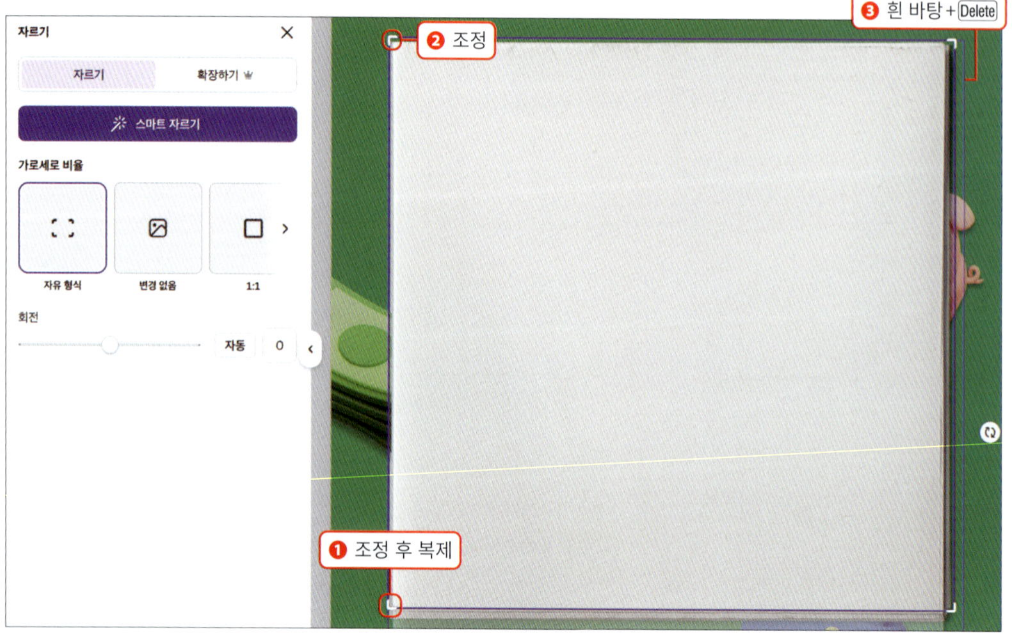

Tip   이미지 크기 조정하기

사각형의 모서리(꼭지점)을 드래그하면 노출되는 영역의 크기를 조절할 수 있으며, 이미지를 더블클릭하여 자르기 편집 모드로 들어가 모서리를 조절하는 방법이 있습니다.

12 | 신문지 프레임을 선택하고 상단 편집 툴바에 [편집]을 클릭합니다. 필터에서 [페이드]를 선택하여 밝게 설정하여 마무리합니다.

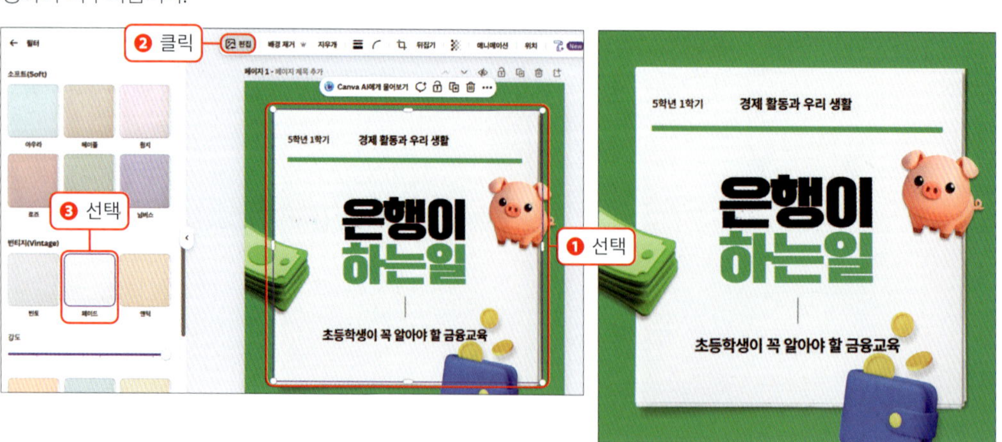

03 인터랙티브한 프레젠테이션 만들기 [에듀테크]

학생들이 배운 내용을 능동적으로 적용해보고, 수업에 참여를 돕기 위해 상호작용이 가능한 프레젠테이션을 만들어 보겠습니다. 질문은 짧고 명확하게 제시하되 실제 생활과 연결되도록 상황을 적용할 수 있는 질문을 해보세요.

13 | 만들어둔 카드뉴스 작업화면에서 오른쪽 상단에 '페이지 추가' 아이콘(⊞)을 클릭해 빈 페이지를 생성합니다.

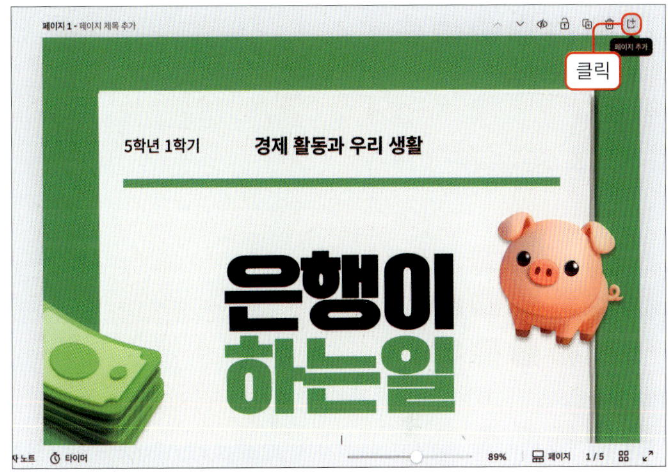

14 | 왼쪽 (요소) 메뉴를 클릭하고 카테고리에서 [폼]을 선택하고 교육용에서 [모두보기]를 클릭합니다. 예제에서는 카드뉴스 크기와 유사한 다음의 폼을 선택했습니다.

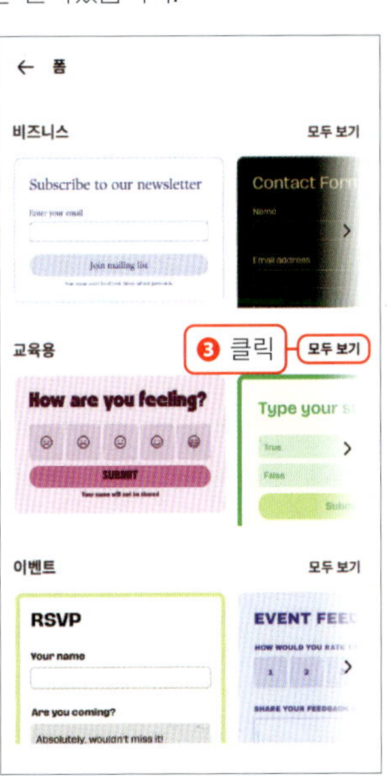

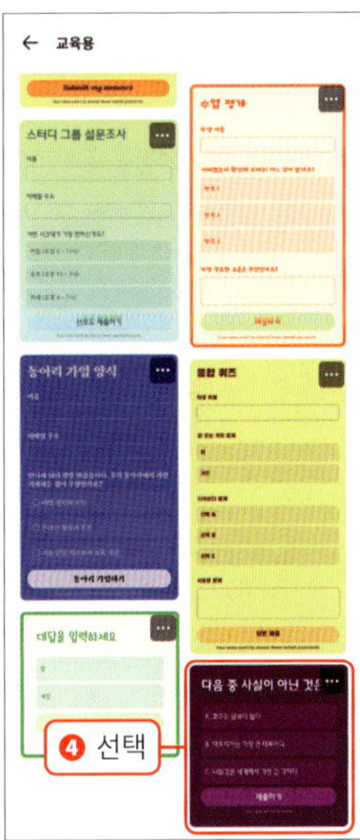

15 | 화면에 꽉 차도록 양식을 드래그하여 조정하고 색상을 변경하겠습니다. 상단 편집 툴바에서 자주색에서 초록색(#00ad64), 분홍색에서 주황색(#ffa100)으로, 글꼴은 'Source Han Sans KR/가장 굵은', 글자 크기는 '31'로 설정합니다.

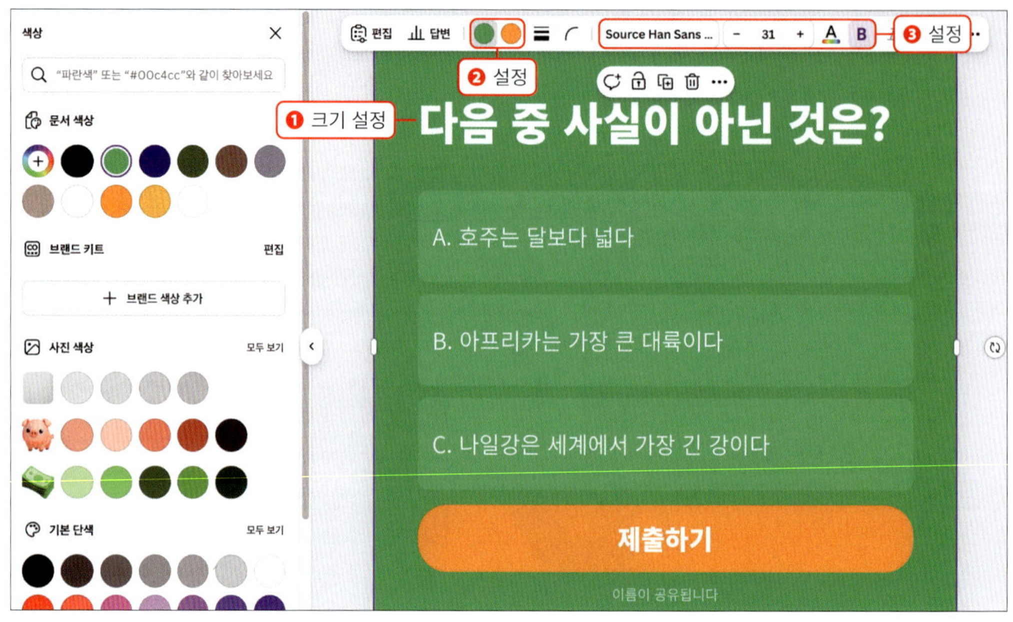

✦ Tip   문서 색상·사진 색상 컬러 팔레트 활용하기

작업중인 문서에서 사용한 색상은 색상 패널에 표시되며, 이를 일관되게 재사용하면 시각적 통일성을 유지할 수 있습니다. 색상이 정리되면 정보의 중요도를 쉽게 구분할 수 있어 디자인의 안정감과 전달력이 함께 높아집니다.

16 | 양식을 더블클릭하여 질문을 다음과 같이 수정하고 마지막 필드는 필요 없으므로 오른쪽 […]를 클릭하여 [삭제]를 선택합니다.

✦ Tip   정답 표시하기

학생들이 해당 답안을 선택했을 때 실제로 정답여부가 표시될 수 있도록 답안 필드의 앞에 있는 체크 아이콘을 클릭합니다.

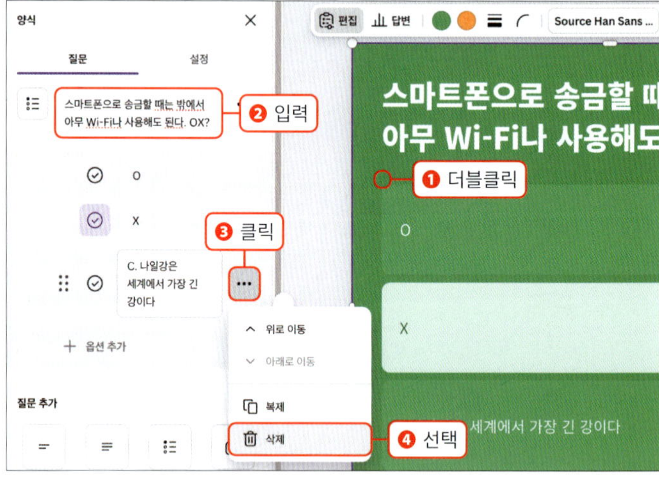

17 | 빈 영역에 서술형 문제를 추가하겠습니다. 질문 추가 영역에 [서술형]을 클릭하고 '✔️ 만일 은행이 없다면?'을 입력합니다. 실제 생활과 연결된 질문으로 학생들이 자신의 생각을 글로 표현할 수 있습니다.

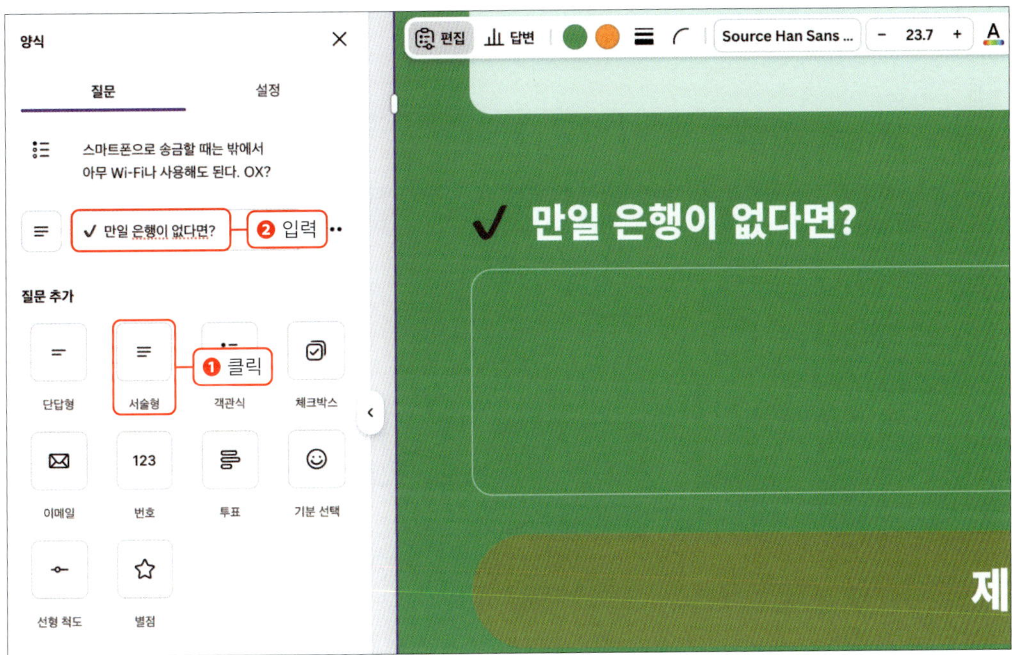

✦ **Tip   특수문자 입력하기**

'✔️ 만일 은행이 없다면?'의 질문에서 '✔️'는 키보드에는 없는 특수문자입니다. 특수문자를 입력하면 디자인적으로 의미를 더욱 명확히 할 수 있어 핵심 내용을 한눈에 파악할 수 있어 정보 전달력이 높아지게 됩니다.

특수문자를 입력을 위해 이모지 창을 여는 단축키

- 맥: Ctrl + Cmd + Spacebar
- 윈도우(Windows 10 이상 버전): ⊞ + .

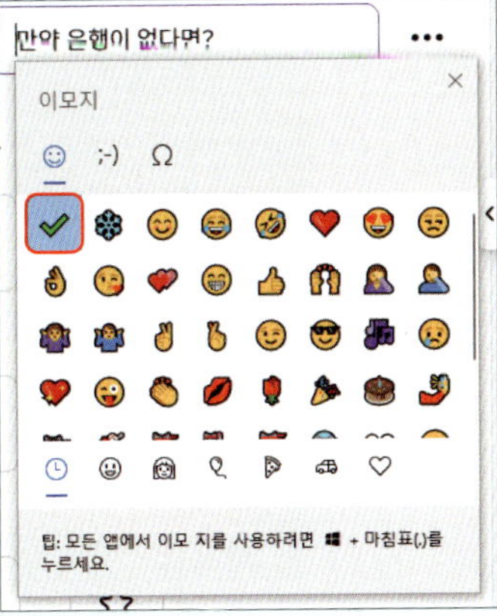

04 프레젠테이션 페이지 공유하기

인터랙티브 프레젠테이션인 'OX퀴즈'를 수업시간에 활용하기 위해 학생들에게 공유해 보겠습니다.

18 | 오른쪽 상단 〈공유〉 버튼을 클릭하고 엑세스 수준을 [링크가 있는 모든 사용자]로 선택합니다. 편집 상태를 [보기 가능]으로 선택해 수정 권한을 제한합니다.

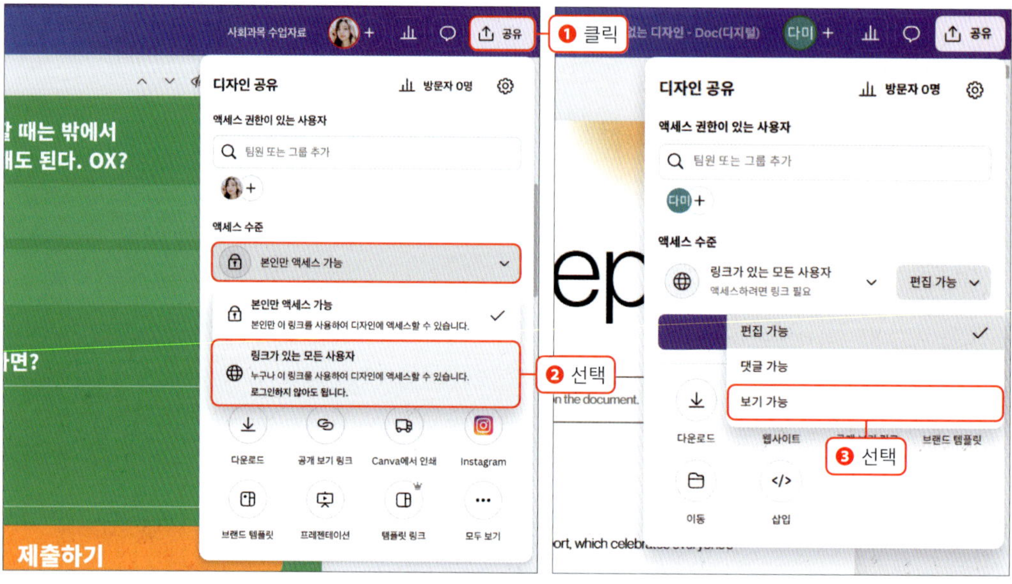

19 | 〈링크 복사〉 버튼을 클릭하고 학생들에게 공유할 수 있는 플랫폼에 해당 주소를 붙여넣기(Ctrl +V)하여 학생들의 참여를 유도합니다.

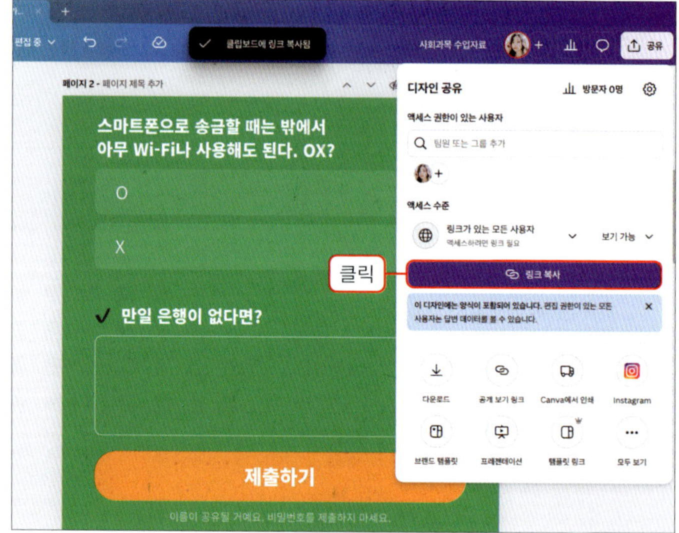

05 시크릿 모드로 테스트하기

실제 학생들에게 공유되었을 경우 문제사항이 없는지 테스트하기 위해 웹 브라우저의 시크릿 모드를 활용합니다.

20 | 웹 브라우저의 시크릿 모드(Ctrl+Shift+N)에서 복사한 주소를 붙여넣기(Ctrl+V)하여 접속합니다. 이용 약관 창이 나타나면 '닫기' 아이콘(✖)을 클릭해 별도의 가입 없이도 확인 가능합니다.

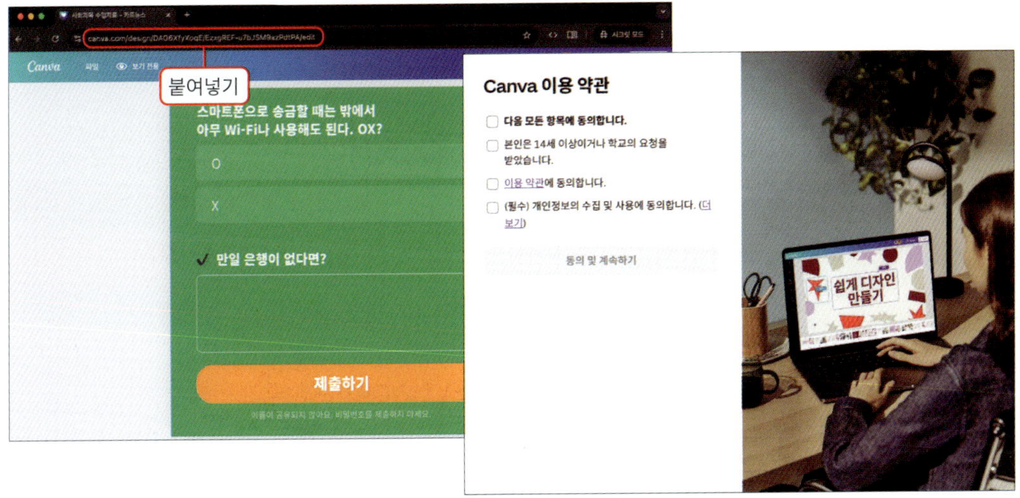

Tip 시크릿 모드(Secret mode)는 기록을 남기지 않고 웹을 이용할 수 있는 모드로 창을 닫으면 방문 기록, 로그인 정보 등이 저장되지 않습니다.

21 | OX 퀴즈 페이지로 이동해 임의로 답안을 입력한 후 〈제출하기〉 버튼을 클릭하면 곧바로 정답 여부를 확인할 수 있습니다.

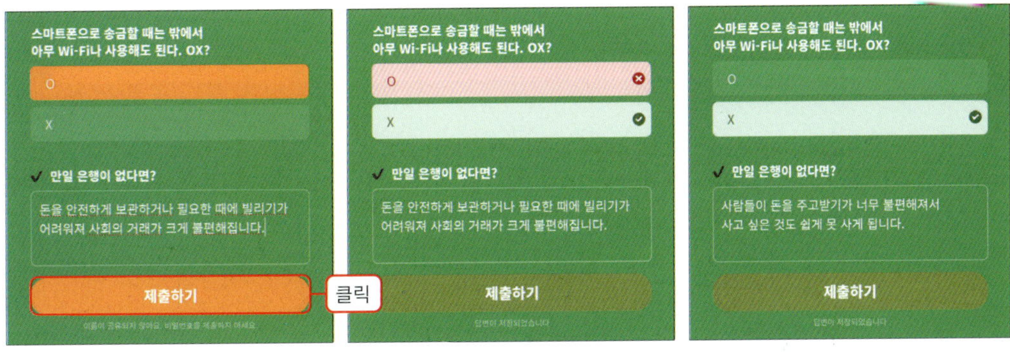

답안 입력 　　　　　 OX 문제 – 틀린 경우 　　　　　 OX 문제 – 맞은 경우

06 답변 데이터 통계 확인하기

수업을 진행한 후 답변 데이터를 가공하여 다양한 차트를 제작하는 방법을 실습해 보겠습니다.

22 │ 작업하던 브라우저로 돌아와 문제 양식을 클릭한 후 상단 편집 툴바에서 [답변]을 클릭합니다. 답변 필드의 스크롤을 이동하여 선택한 답변 등 상세 내용을 확인할 수 있습니다.

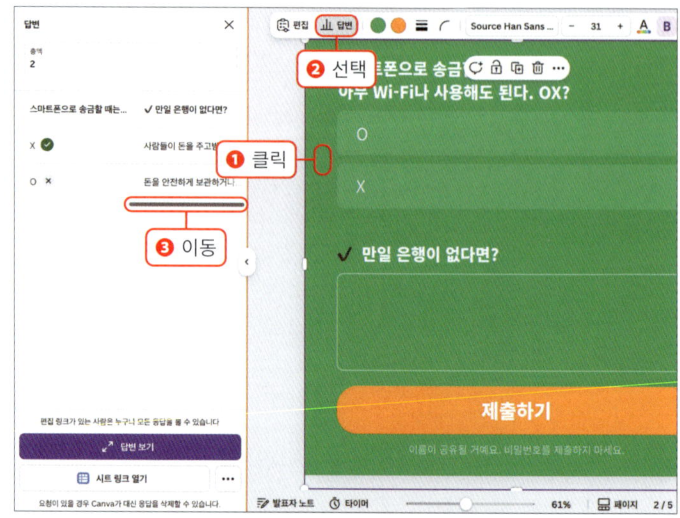

23 │ 하단의 〈답변 보기〉 버튼을 클릭하면 답변 상세 내용을 정돈된 전체 화면에서 확대하여 검토할 수 있으며 〈시트 링크 열기〉 버튼을 클릭해 스프레드시트로 정리된 데이터를 확인하겠습니다.

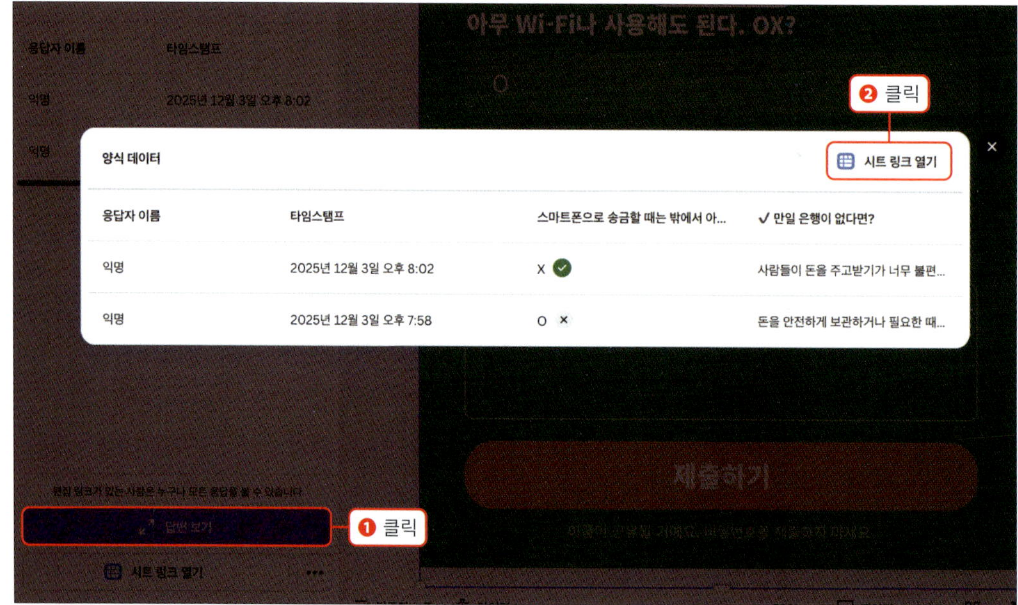

24 | 실제 데이터가 쌓이게 되면, 통계를 내거나 그래프를 만들어 시각화 자료로 변환해 수업 자료에 바로 활용할 수 있습니다. 객관식 문제의 통계 그래프를 만들기 위해 컬럼 D를 선택합니다.

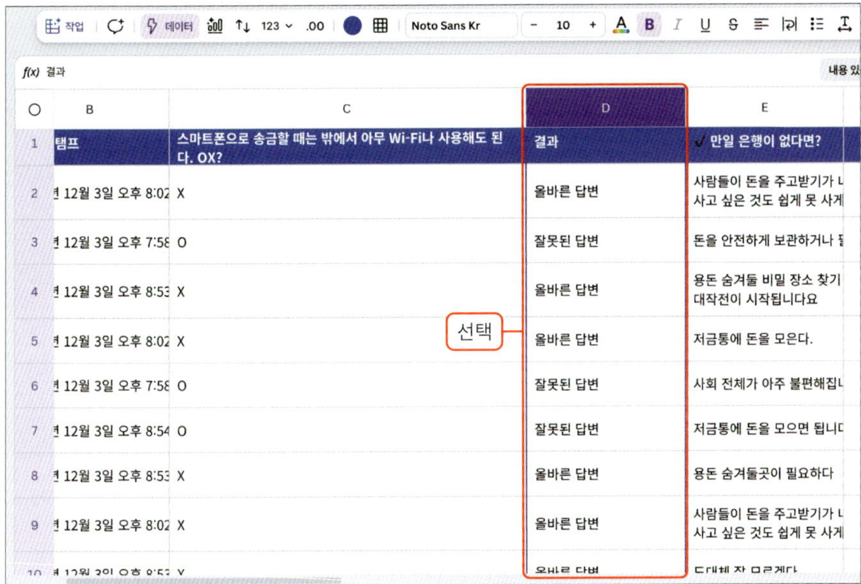

25 | 상단 편집 툴바에서 [작업]을 클릭해 [Magic chart]을 선택하면 나타나는 그래프 패널 상단에 [원형] 그래프를 선택하고 아래 […]의 [새 프레젠테이션 페이지에 차트 추가]를 실행해 데이터를 시각화합니다.

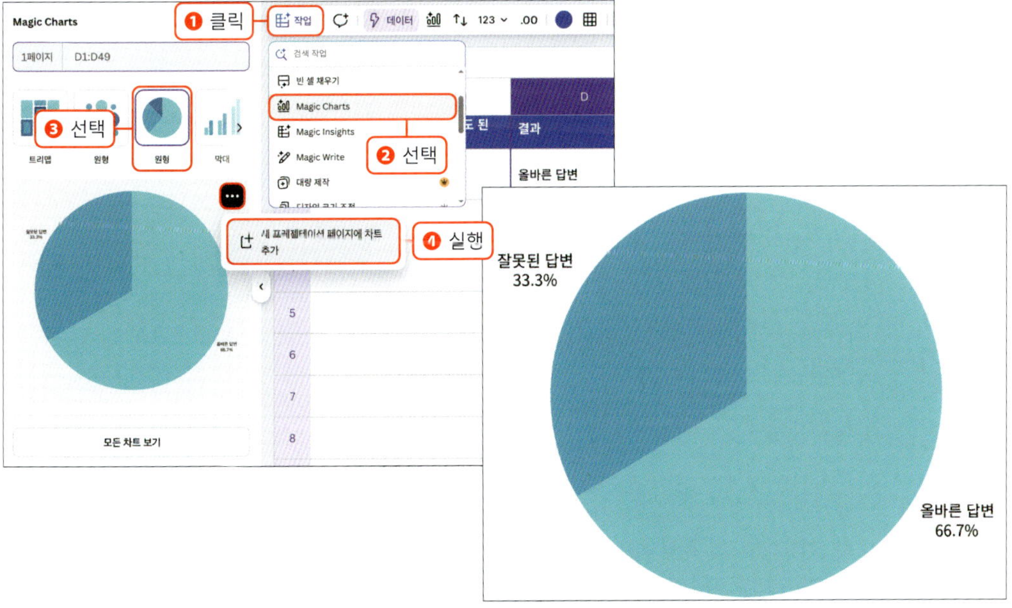

LESSON 03

초성 퀴즈와 짧은 글짓기 제출 폼 만들기

완성파일: source\국어_초성퀴즈.png, 국어_짧은 글짓기.png

국어과에서 글쓰기는 반복적인 연습이 필요하며, 학생들이 기본적으로 어려워하는 문장 구조, 맥락, 수사법 등 복잡한 요소들을 스스로 해결하고 교정하는 능력이 중요합니다. 예제에서는 뉘앙스가 다른 어휘를 묶어 서로 비교하고 '짧은 글짓기'를 진행하여 지속적인 글쓰기 역량 강화를 위한 수업을 설계하고, 자료 이미지를 제작해 보겠습니다. 또한 학생들이 학습한 어휘를 이용해 짧은 글짓기를 한 후 제출할 수 있는 웹페이지를 함께 제작해 보겠습니다.

예제 콘셉트

중앙의 화이트 타원 캔버스로 시선의 중심을 잡아 콘텐츠를 배치합니다. 파스텔과 베이지의 은은한 색감에서 색채 대비를 분명히 주어 생동감 있고 참여 중심의 학습 분위기로 전환합니다. 초성 텍스트에는 워터컬러 질감과 밝은 색을 적용해 즐거운 기분을 시각화하고, 필기 느낌의 손그림(밑줄, 동그라미, 화살표 등)을 더해 직접 활동지를 설명하는 듯한 느낌을 연출합니다.

작업 패턴 KEYWORD

❶ 이미지를 원하는 색상으로 변경하기 위해 색상과 채도, 밝기를 직접 설정
❷ 그림자 효과의 '흐림 정도, 앵글, 거리, 강도'를 조정해 거리감과 방향을 조정
❸ 짧은 글짓기 제출하는 양식의 웹사이트를 제작(데스크탑, 모바일의 반응형 구조)

01 글짓기 교육을 위한 수업 설계하기

초등학생의 글짓기는 일상의 경험을 언어로 정리하며 의미를 구성하는 과정입니다. 특히 초등 고학년 시기에는 어휘의 미묘한 차이를 구별해 표현하는 능력이 글쓰기의 중요한 기초가 됩니다. 본 3단계 글쓰기 과정은 초고 작성부터 수정, 성장 확인까지의 흐름을 통해 글쓰기의 즐거움과 자기주도성을 경험하도록 돕는 데 목적이 있습니다.

글짓기 교육을 위한 3단계 프레임워크

Step 1 **초고 작성 및 기초 피드백 단계**: 학생들은 자신의 경험을 바탕으로 초고를 작성하고, 문장부호 · 띄어쓰기 등 기본적인 맞춤법 중심의 피드백을 받습니다.

Step 2 **표현 다듬기 및 내용 정리 단계**: 피드백을 반영해 문장을 고치고 단어 선택과 글의 흐름을 다듬습니다. 논설문에서는 주장과 근거의 구조도 함께 점검합니다.

Step 3 **과정 기록 및 성장 확인 단계**: 교사는 초고와 수정본을 비교해 학생의 변화를 살피고, 이를 바탕으로 개별 피드백과 과정 중심 평가를 진행합니다.

수업 주제		웃음의 크기가 다른 어휘 '실소, 폭소, 박장대소'를 비교하고, 상황에 맞게 짧은 글로 표현하기
수업 설계	학습 목표	문맥 기반으로 어휘의 의미를 파악하여 언어 감각을 기르며, 일상의 경험을 글로 표현할 때 목적에 맞는 표현을 적절하게 선택할 수 있다.
	도입	어휘의 뉘앙스 차이를 이해한다. 상황 및 단어 카드를 매칭하고, 단어가 갖는 웃음의 강도와 감정의 톤을 비교한다.
	전개	재미있는 순간이나 웃긴 에피소드를 떠올리며 주제를 선택하고, 상황에 맞는 표현을 적절히 선택해 5~7문장정도의 짧은 글을 작성한다. 글쓰기 과정에서 표현 선택과 문맥 흐름을 스스로 조정한다.
	마무리	교사의 피드백을 반영해 글을 수정한다.
	확장 활동	짝꿍 글 바꿔보기 + 피드백/다른 감정 단어 세트로 확장(놀람 · 분노 등)/사자성어 및 관용적 표현으로 연결
평가 요소		어휘 이해/문맥 적용/표현의 자연스러움/자기수정 여부 • 표현이 장면과 어울리는가 • 문장 흐름이 자연스러운가 • 단어 선택이 과하거나 부족하지 않은가

02 초성과 연필 브러시 요소로 수업 자료 만들기

필기하는듯한 손그림 느낌의 이미지를 이용하여 어휘를 익힐 수 있는 초성 퀴즈 이미지를 구성해 봅니다.

01 | 캔바 홈 화면에서 [프레젠테이션]을 클릭해 새 문서를 만듭니다.

02 | 손그림 느낌을 살리도록 아크릴 질감의 배경을 깔아보겠습니다. 왼쪽 〔요소〕 메뉴를 클릭하고 검색창에 아크릴 붓질 배경 컬렉션 ID인 'set:nAFGLmY-ZmU'을 입력하고 '제출하기' 아이콘(→)을 클릭합니다. 원하는 이미지를 선택해 화면에 맞게 크기를 조정합니다.

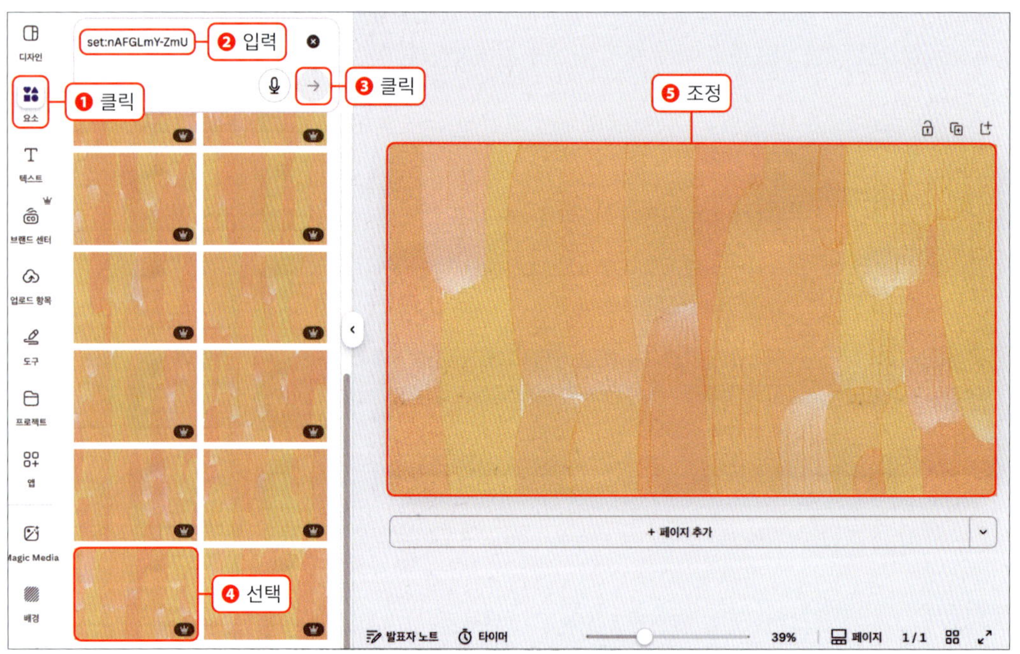

Tip   컬렉션 ID란?

컬렉션 ID는 특정 요소나 컬렉션을 묶어두는 내부 세트 ID입니다. 요소의 검색창에서 ID를 직접 입력하면 특정 일러스트를 직접 검색할 수 있습니다.

03 | 이미지를 선택한 상태로 상단 편집 툴바에서 [편집]을 클릭하고 [조정]을 클릭합니다. 색상 편집에 색상 아이콘을 클릭해 색상 '−90', 채도 '100', 밝기 '−49'로 설정하여 보라색 톤으로 변경합니다.

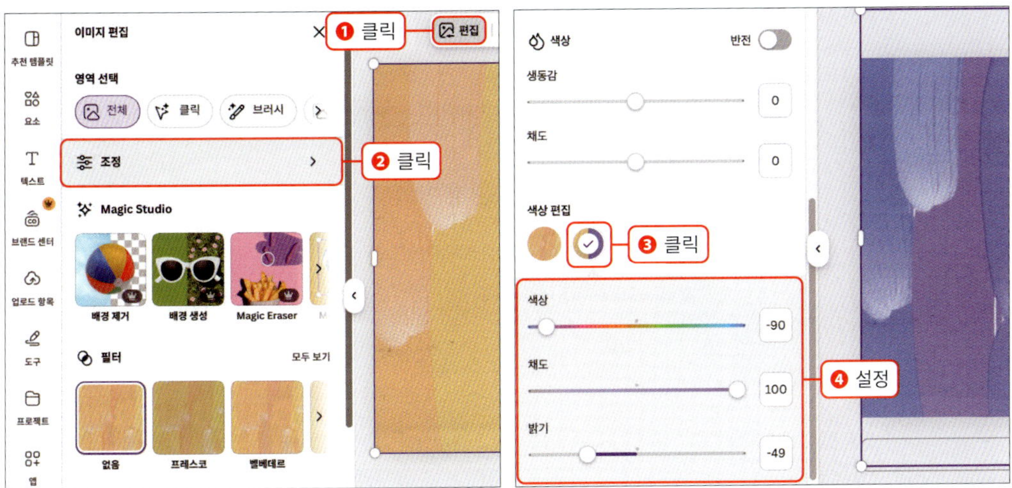

04 | 중앙에 내용을 표시할 공간을 만들기 위해 왼쪽 (요소) 메뉴를 클릭하고 도형 컬렉션 ID인 'set:nAFV6 lSWwzw'을 입력하고 '제출하기' 아이콘(⊙)을 클릭합니다. 그림과 같은 이미지를 선택하고 상단 편집 툴바에서 색상을 아이보리(#ffffda)로 설정합니다.

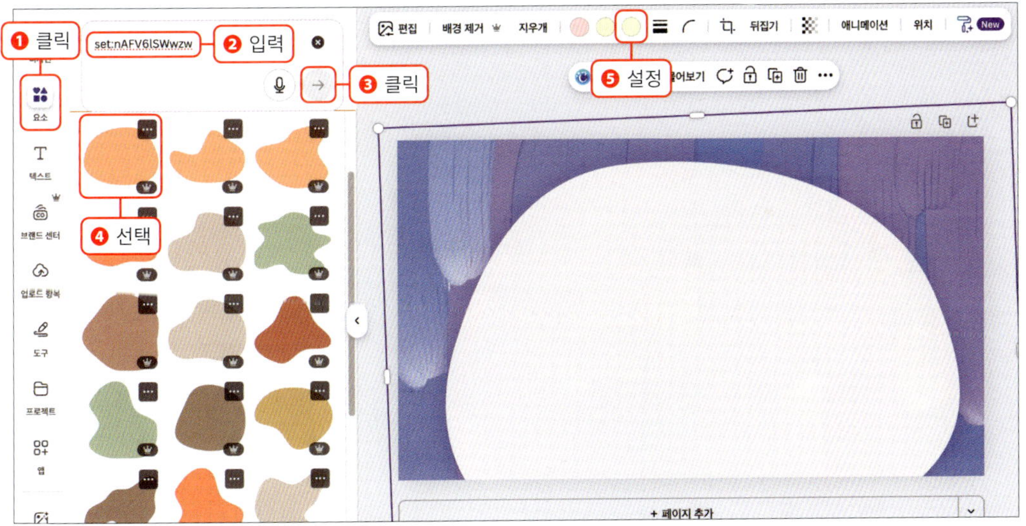

Tip   예제에서는 입체감을 주기 위해 상단 편집 툴바에 **[편집] → 효과 → 그림자 → [글로우]**를 선택하고 세부 설정은 크기 '15', 흐림 정도 '56', 강도 '34'로 설정합니다.

05 | 동일한 과정으로 한글ㄱㄴㄷ 컬렉션 ID인 'set:nAFntbXrcl4'에서 다음과 같은 초성 4글자를 추가합니다. 4글자 모두 같은 효과를 적용하기 위해 상단 편집 툴바에서 [편집]을 클릭하고 [필터]의 [지일]을 선택합니다. 예제에서는 'ㅂ(#ff9e8d), ㅈ(#78aef7), ㄷ(#ffa64d), ㅅ(#87d2e0)'으로 각각의 색상을 설정합니다.

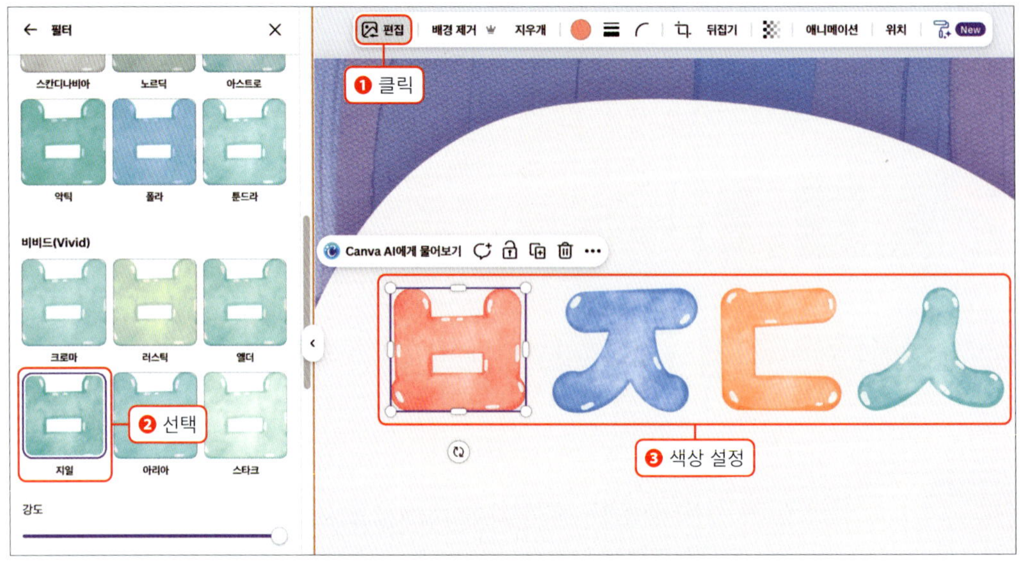

Tip 필터에 [지일] 효과를 통해 색상을 선명하게 하고, 글자에 각각 다른 색을 지정해 발랄한 느낌을 더합니다.

06 | 왼쪽 [요소] 메뉴를 클릭하고 '형광펜'을 입력하고 '제출하기' 아이콘(→)을 클릭합니다. 다음과 같은 이미지를 선택하고 상단으로 배치하여 사이즈를 조절합니다. 상단 편집 툴바에서 색상은 검은색(#000000)으로 설정합니다.

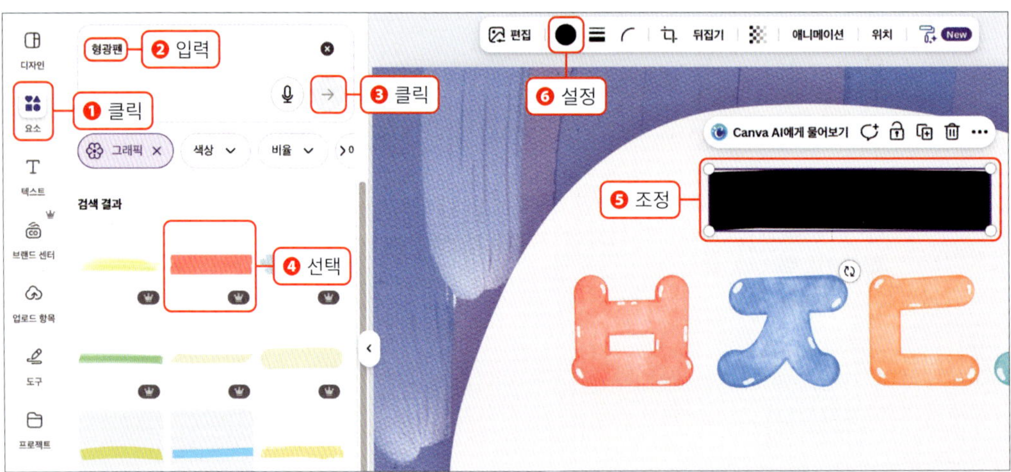

07 | 도형 위에 텍스트 상자를 추가하여 다음과 같이 입력합니다. 글꼴은 '210스톤에이지', 글자 크기는 '42', '중앙 정렬', 색상은 연분홍(#0b6e69)으로 설정합니다.

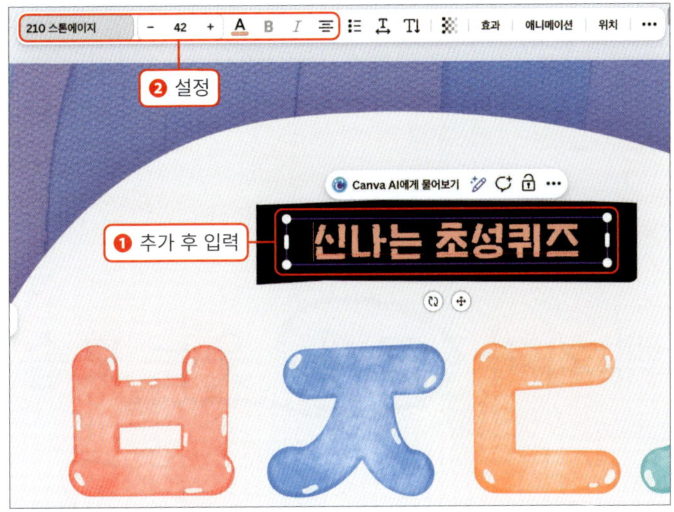

08 | 초성의 아래 위치에도 텍스트 상자를 추가하여 다음과 같이 입력합니다. 글꼴은 'Noto Serif KR', 글자 크기는 '54', 색상은 검은색(#000000), 글자 간격은 '−70'으로 설정합니다.

Tip 설명 텍스트에 연필로 그린 동그라미 이미지를 추가하기 위해 '크게' 텍스트 앞뒤로 여백을 넣었습니다.

09 | 화면에 다음과 같이 설명하는 느낌을 주기 위해 '연필 동그라미'와 '연필 밑줄', '연필 선' 요소를 검색해 추가한 다음 크기와 각도를 조절하여 검은색(#000000)으로 설정합니다.

10 | 기타 아이콘 형태의 꾸밈요소를 적당히 페이지에 구성하여 마무리합니다.

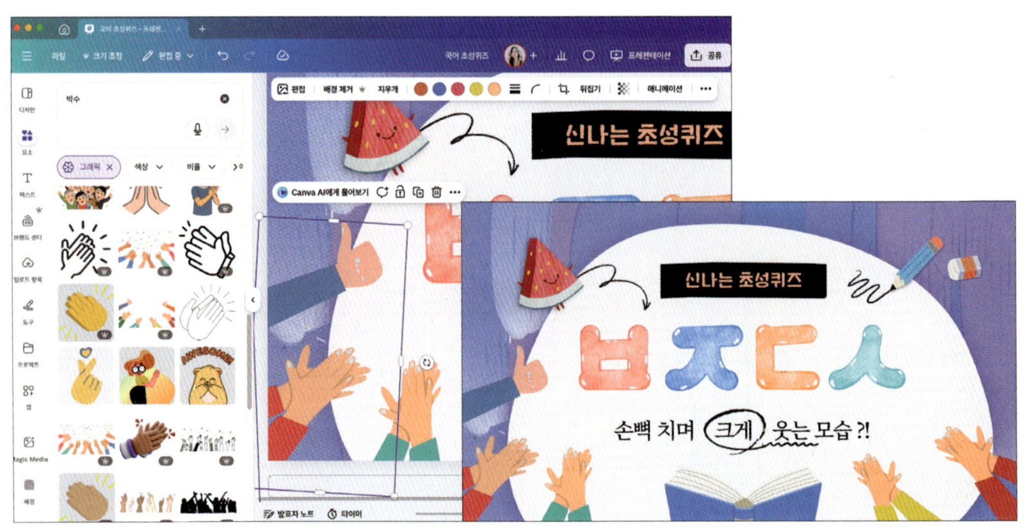

✦ **Tip**　추가한 요소들의 스타일을 동일하게 맞추고 싶을 때는 아트 스타일을 적용할 수 있습니다. 적용 방법은 285쪽을 참고하세요.

03 짧은 글짓기 제출하는 폼 만들기 에듀테크

학생들이 웹사이트를 통해 짧은 글짓기를 제출하는 과정은 디지털 문해력과 표현력을 함께 키우는 활동입니다. 자신의 생각을 정리해 양식에 직접 글을 작성하고 제출하는 과정에서 스스로 표현을 구성하는 힘을 기를 수 있습니다. 제출된 글을 바탕으로 개별 맞춤 피드백을 제공해 보세요.

11 | 캔바 홈 화면에서 [웹사이트]를 클릭하여 새 웹사이트 페이지를 생성합니다.

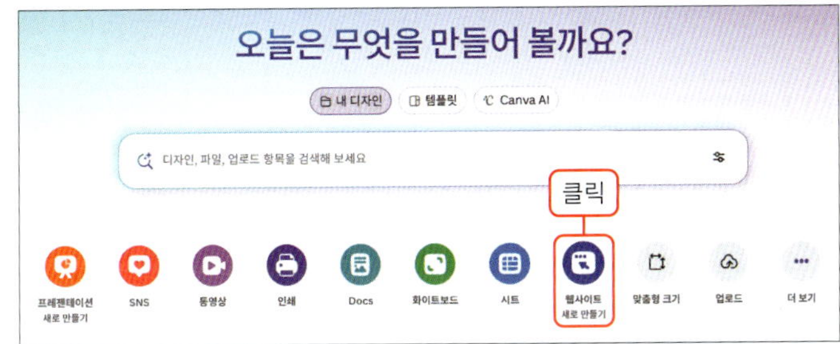

12 | 앞서 '국어 초성퀴즈' 파일에서 만든 페이지에 이미지를 모두 선택(Ctrl + A)해 복사(Ctrl + C)한 후 '국어 짧은 글짓기' 파일로 이동하여 붙여넣기(Ctrl + V)합니다.

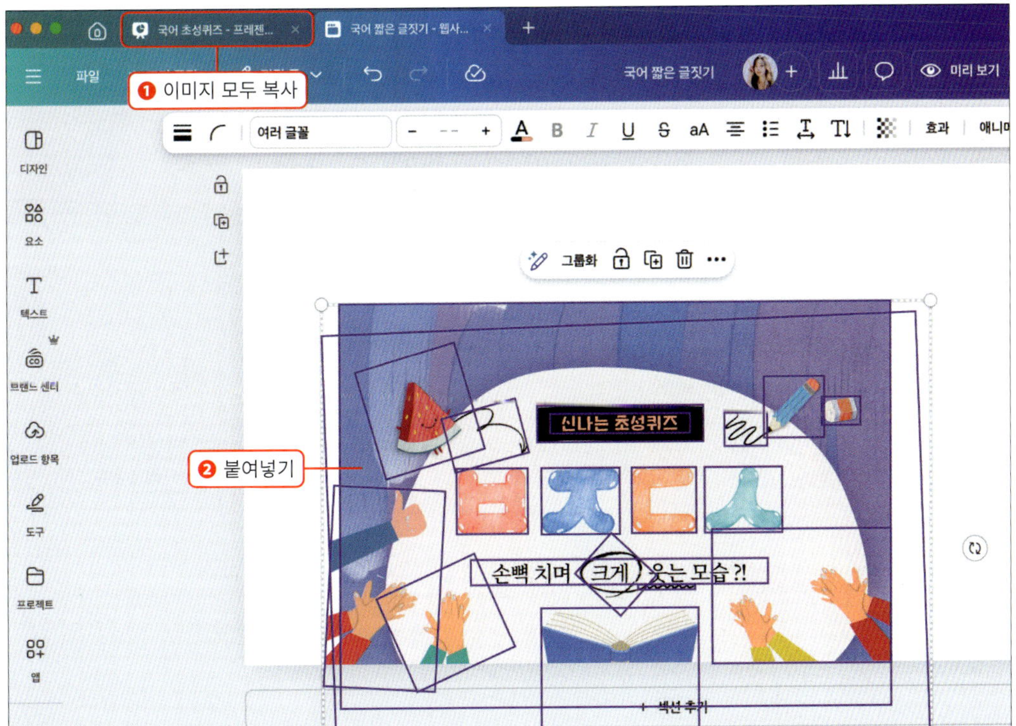

13 | 옮겨온 이미지로 웹페이지의 헤더 영역을 다음과 같이 변경하여 구성합니다. 이전 과정에서 제작한 초성 퀴즈 이미지를 아래 영역으로 드래그하여 이동하고 동일한 요소로 문제를 두 가지 더 추가합니다.

14 | 동일한 텍스트 상자를 복제하여 추가 문제의 힌트가 되는 텍스트를 추가해 배치합니다. 이때 구분할 수 있도록 선을 추가하고 색상은 회색(#d9d9d9), 스트로크 굵기는 '1'로 설정하여 세로로 방향을 변경하여 추가합니다.

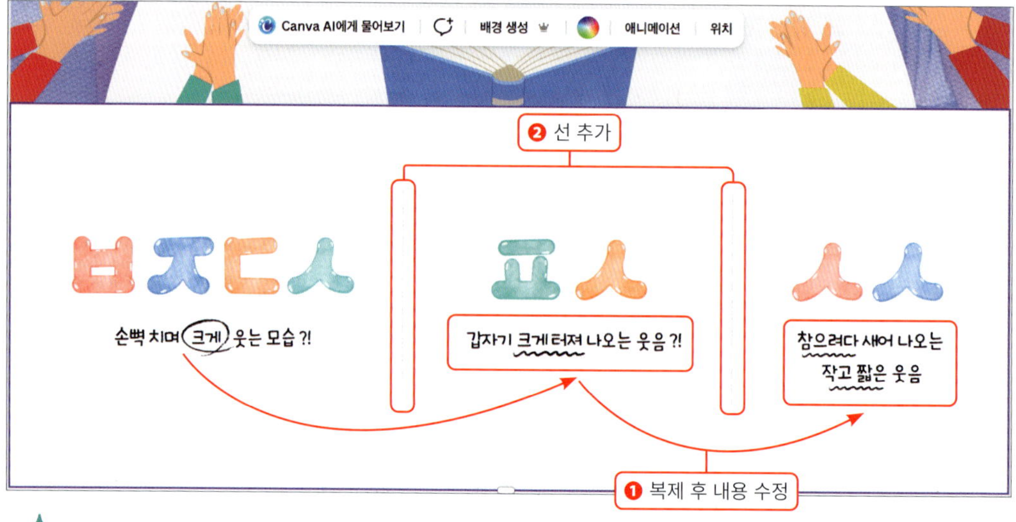

Tip 직선은 왼쪽 [도형] 메뉴에서 [라인]의 [직선]을 선택하여 생성할 수 있습니다.

Tip   웹 페이지 미리보기

디자인 작업 화면을 테스트하기 위해서는 상단의 '미리 보기' 메뉴를 클릭합니다. 데스크탑, 모바일의 스크린 사이즈에서 그래픽 요소와 레이아웃을 확인할 수 있으며 데스크탑에서는 가로 3단으로 배열된 레이아웃이 모바일에서 줄바꿈하여 3줄로 표현되는 모습을 확인할 수 있습니다.

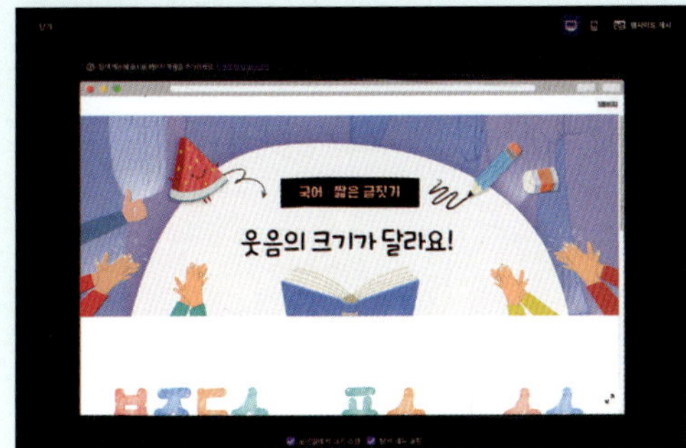

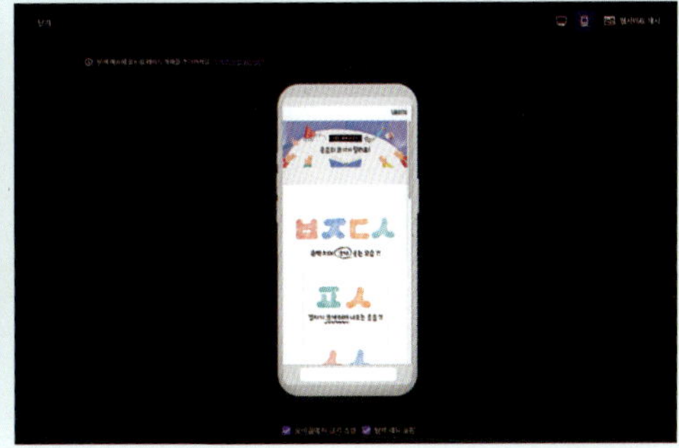

15 | 기존 페이지의 왼쪽에 '섹션 추가' 아이콘(⊞)을 클릭하면 아래에 새 섹션이 추가됩니다. 추가한 섹션을 선택하고 상단 편집 툴바에 '배경 색상' 아이콘(◉)을 클릭하여 베이지(#f9f8f6)로 설정합니다.

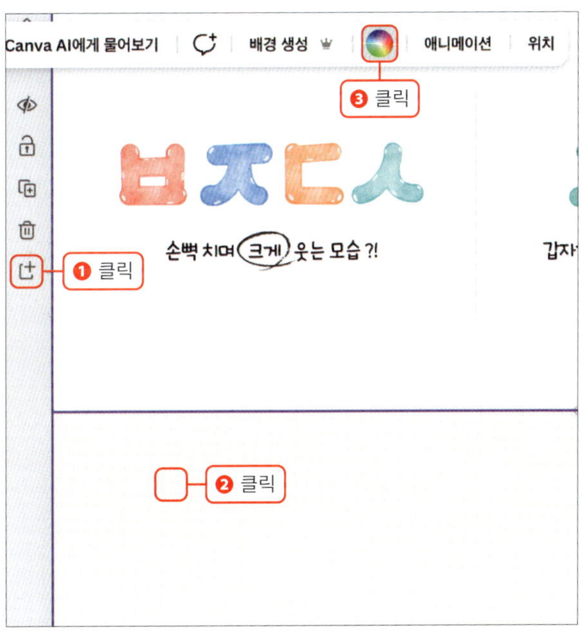

**Tip   **섹션 추가는 페이지가 늘어나는 것이 아닌 현재 작업중인 페이지의 하단으로 이어서 영역을 넓혀주는 역할을 합니다.

16 | 새 섹션에 학생들이 참고할 수 있도록 예시 글과 보조 이미지를 추가합니다. 왼쪽 [Magic Media] 메뉴를 클릭하고 프롬프트를 입력합니다. 아래 스타일 옵션은 [페이퍼 컷]으로 선택하고 〈이미지 생성〉 버튼을 클릭합니다. 원하는 이미지를 선택하여 추가한 뒤 상단 편집 툴바에서 [배경 제거]를 클릭합니다.

프롬프트 엄청 큰 귀가 있는 날개 달린 고양이, 아주 단순한 선으로 그린 낙서 느낌 손 그림 그려줘

17 | 왼쪽 [텍스트] 메뉴를 클릭하고 〈텍스트 상자 추가〉 버튼을 클릭해 이미지 아래에 배치합니다. 글꼴은 'TDTD나만믿어', 글자 크기는 '17'로 설정하고 학습하는 단어에는 포인트 컬러로 빨강(#de4e6b), 파랑(#5388d9), 초록(#37a47a)을 지정합니다.

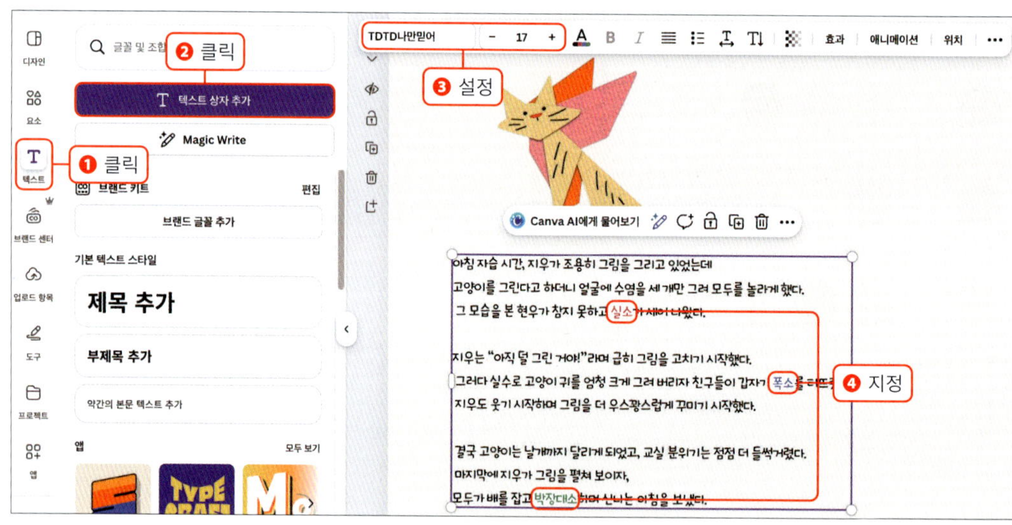

04 문제 입력 양식 추가하기

학생들이 짧은 글짓기를 제출할 수 있는 입력 양식 웹사이트를 제작해 보겠습니다.

18 | 왼쪽 [요소] 메뉴를 클릭하고 [폼]의 의견 항목에서 다음과 같은 디자인의 폼을 선택합니다.

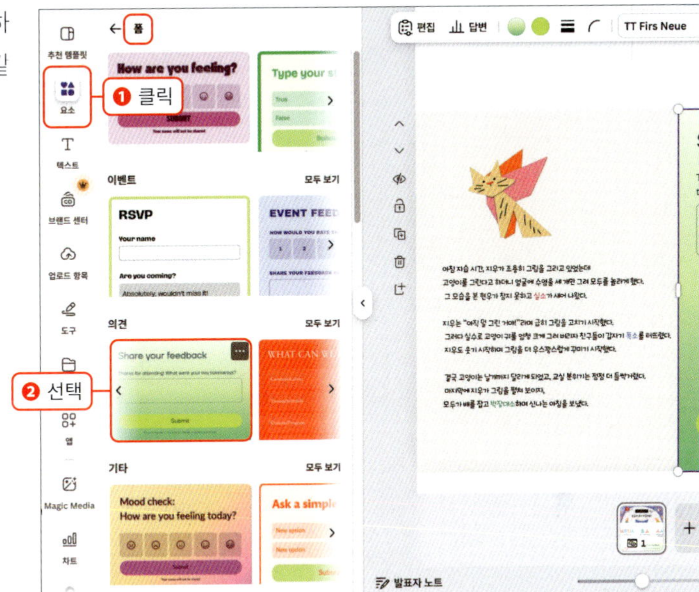

19 | 추가한 폼이 선택된 상태에서 상단 편집 툴바에 바탕색은 배경과 같은 베이지(#9f8f6), 버튼 색은 하늘색(#88bdff)으로 설정하여 전체 색상과 어울리게 변경합니다.

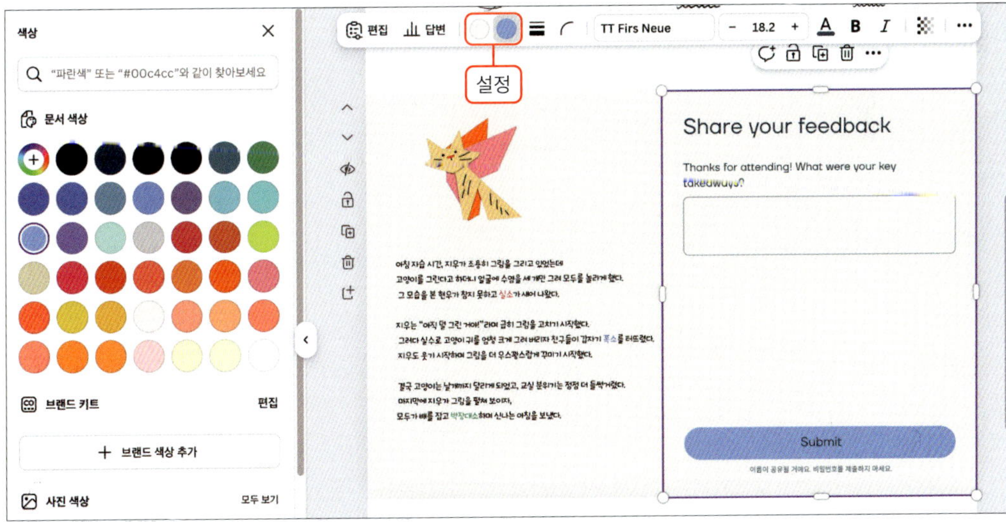

20 | 적용된 폼을 더블클릭해 폼 패널이 나타나면 다음과 같이 입력하고 글꼴은 'TDTD나만믿어', 글자 크기는 '22'로 설정합니다.

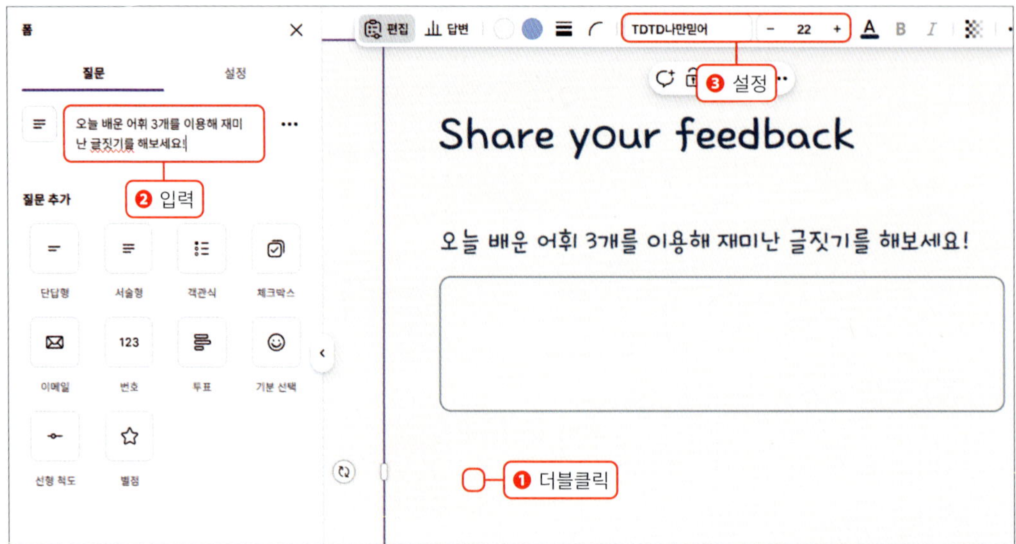

21 | 〔설정〕 탭을 클릭하고 헤더 텍스트는 '글짓기', 버튼 라벨은 '선생님께 제출하기'로 입력합니다.

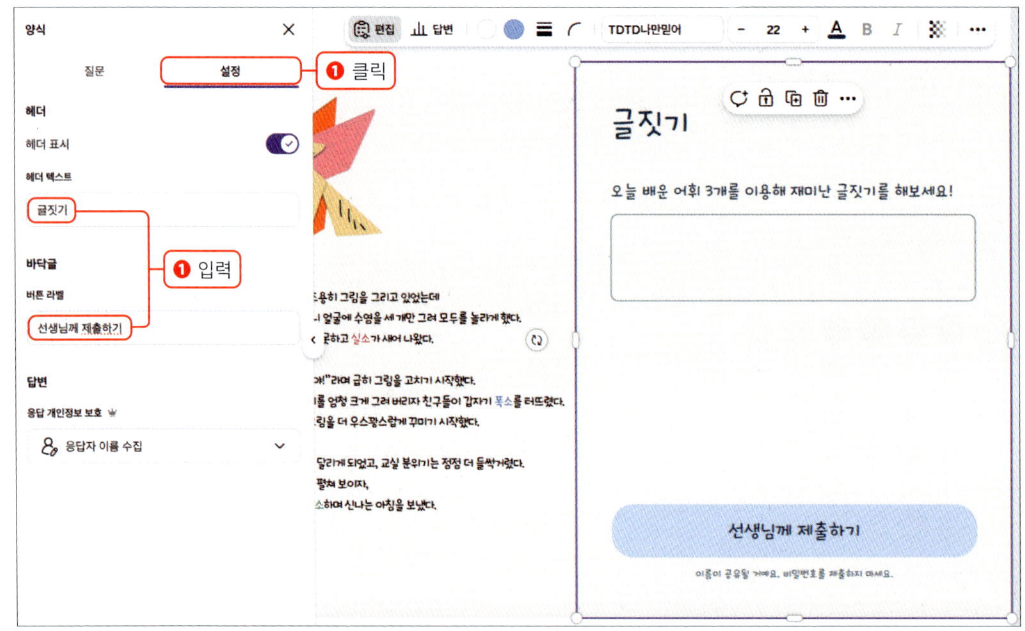

22 | 상단의 '미리보기'를 클릭해 화면을 테스트해본 후 문제사항이 없으면 오른쪽 상단의 '웹사이트 게시'를 클릭합니다. 사이트 주소를 심플하게 'smile'로 변경하고, 오른쪽 하단의 〈게시〉 버튼을 클릭합니다.

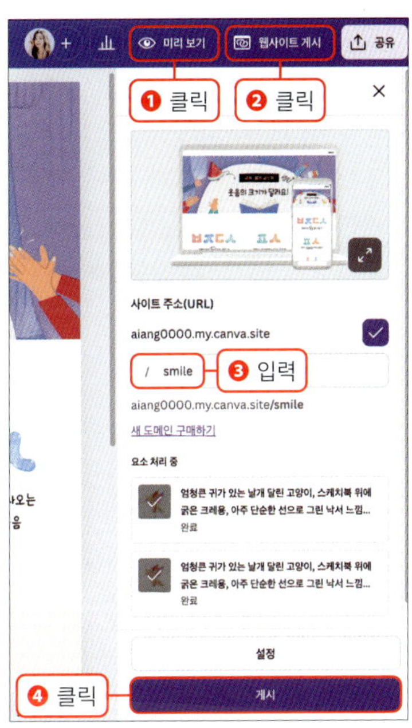

05 웹페이지 테스트하기

학생들에게 배포 후 학생 입장의 환경에서 테스트하여 이상없이 동작하는지 확인합니다. 데스크탑 이외에도 모바일에서도 레이아웃이 깨지지 않는지 테스트 후 학생들이 제출한 글짓기 과제가 캔바 시트에 문제없이 저장되었는지 확인해 봅니다.

23 | 구성한 웹페이지가 잘 작동하는지 확인하기 위해 웹브라우저에 URL을 입력하여 검색힙니다.

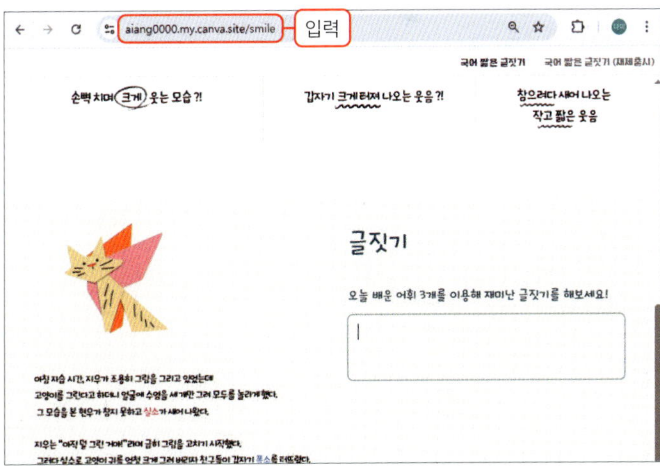

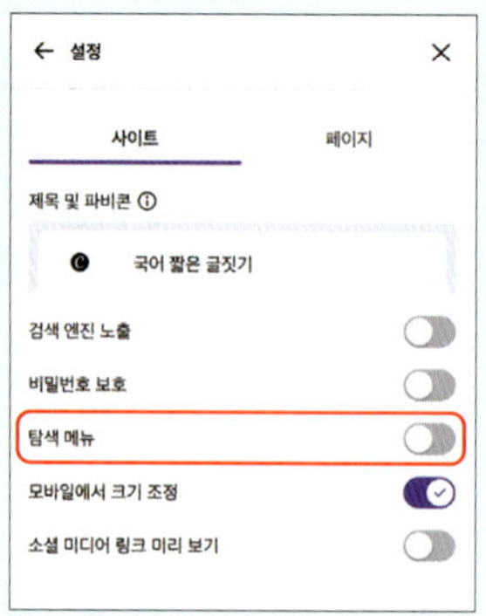

24 | 페이지 하단 영역 글짓기 입력란에 테스트로 글을 입력하고 〈선생님께 제출하기〉 버튼을 클릭해 임의로 글을 제출합니다.

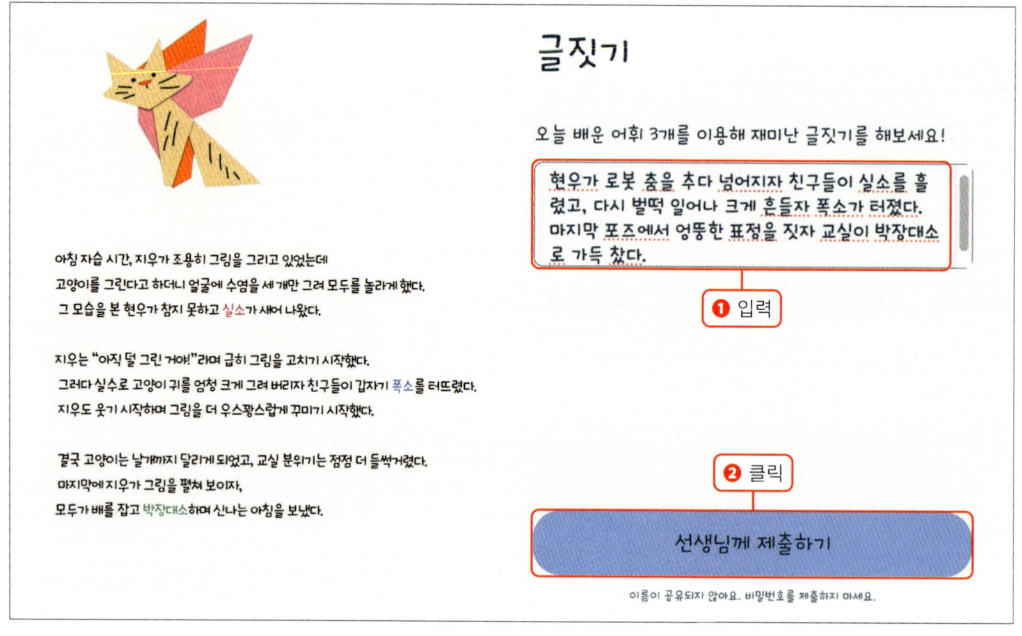

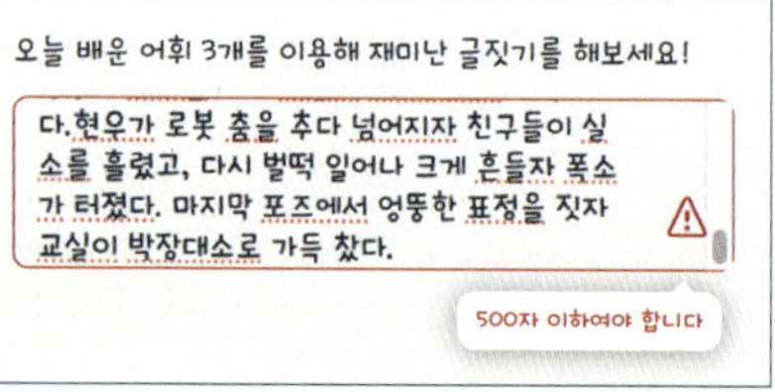

25 ｜ 작업하던 화면으로 돌아와 글짓기 폼을 선택한 상태에서 상단 편집 툴바에 [답변]을 클릭합니다. 하단 〈답변 보기〉 버튼을 클릭하고 넓은 화면으로 보기위해 〈연결된 시트에서 열기〉 버튼을 클릭합니다.

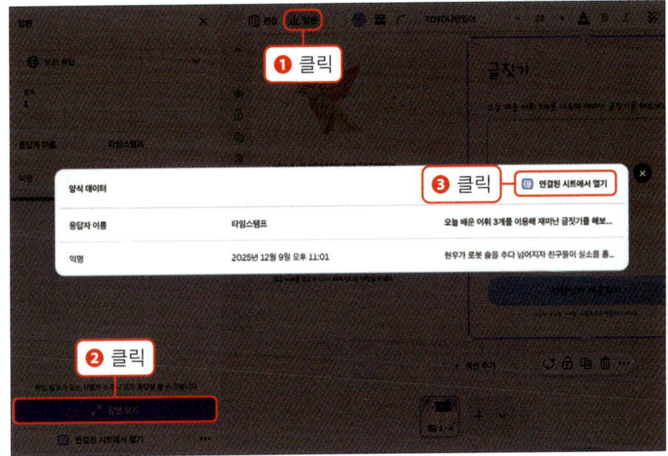

Tip 테스트로 등록한 글에 응답자 이름이 현재 익명으로 보입니다. 그러나 [폼]의 (설정) 탭에서 [답변]을 [응답자 이름 수집]으로 설정했기 때문에 학교와 연결된 학생 계정으로 로그인하여 답변한 경우 학생의 이름이 노출됩니다.

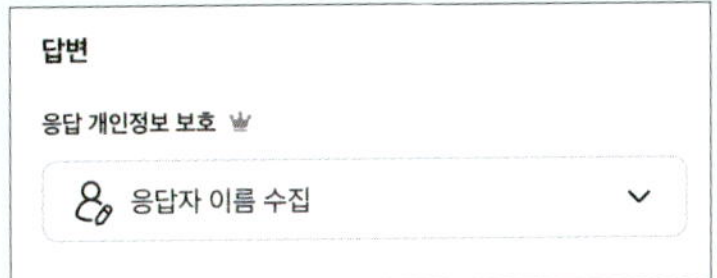

06 답변을 재제출하는 양식 추가하기

캔바 양식 특성상 한 번 제출하면 수정이나 재제출이 불가합니다. 다시 제출할 학생을 위해 추가 페이지를 제작하겠습니다.

26 ｜ 하단 페이지 영역에서 1페이지 썸네일의 '확장메뉴' 아이콘(...)을 클릭하고 복제([Ctrl]+[D])를 실행합니다.

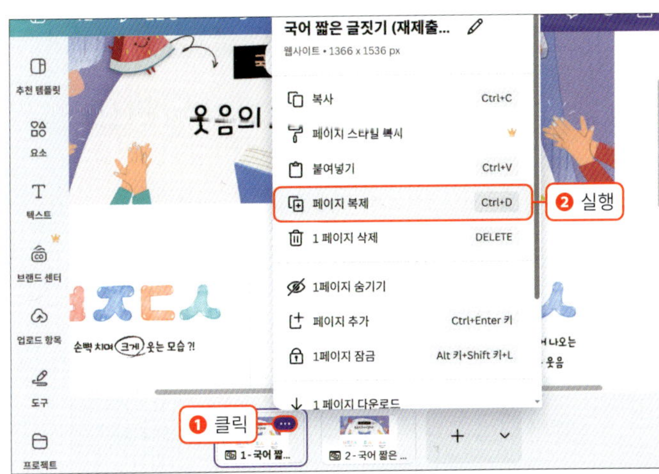

27 | 웹페이지 오른쪽 상단에 노출될 메뉴명을 설정하기 위해 〈웹사이트 게시〉 버튼을 클릭하고 〈설정〉 버튼을 클릭합니다. (페이지) 탭에서 두 번째 페이지 이름을 '국어 짧은 글짓기 (재제출시)'를 입력한 다음 〈게시 과정 계속 진행〉 버튼을 클릭하고, 표시되는 〈변경 사항 게시〉 버튼을 클릭합니다.

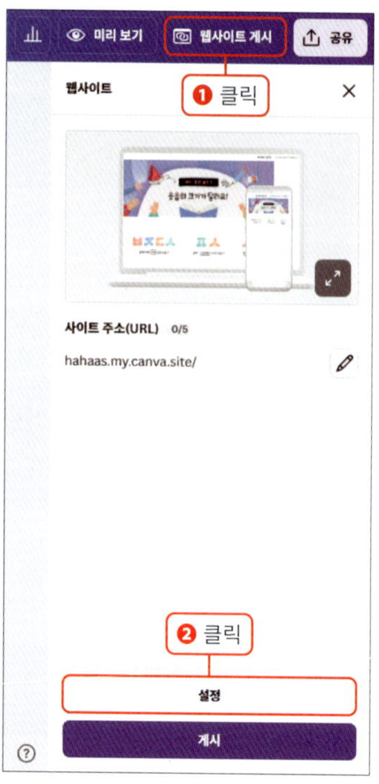

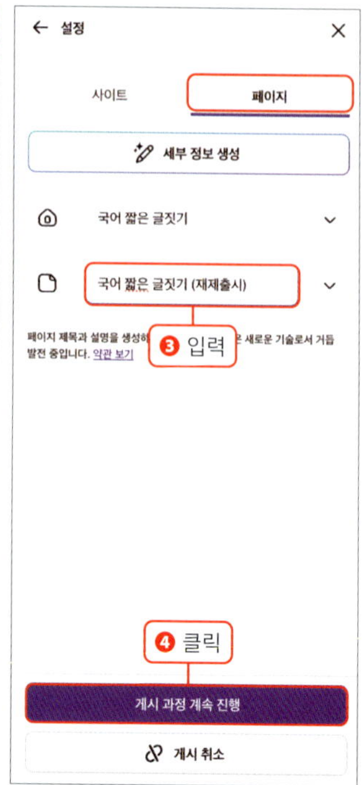

28 | 다시 사이트를 열어보고 오른쪽 상단에 추가 페이지가 보이는지 확인한 다음 추가 제출을 원하는 학생들에게 안내할 수 있습니다.

LESSON 04

동화적 감성의 과학 수업 자료 디자인하기

완성파일: source\과학수업 자료.png

과학 과목의 수업은 학생들이 과학적 지식을 알고 끝나는 게 아니라, 스스로 이해하고 다른 상황에도 자연스럽게 연결할 수 있을 정도의 수준을 바라볼 수 있도록 설계하는 것이 중요합니다. 예제에서는 '5학년 – 태양계와 별'에 대한 수업을 설계하고, 자료 이미지 제작과 평가 기준을 함께 세워보겠습니다. 또한 캔바 AI 기능으로 평가 기준에 맞는 루브릭 평가 코드 생성하고, 학생들의 리포트를 자동 채점할 수 있는 시스템을 함께 구축해 보겠습니다.

예제 콘셉트

차가운 우주 분위기에서 벗어나 어린이가 친숙하게 느낄 수 있는 태양계 학습 톤으로 구성합니다. 메인 컬러는 노랑·민트·오렌지 계열로 전환해 따뜻한 동화적 감성을 더하고, 손글씨 느낌의 둥근 폰트를 사용해 유쾌하고 배우기 쉬운 인상을 전달합니다. 행성은 표정 있는 캐릭터 형태로 바꾸고 태양을 중심으로 둥글게 배치하며, 별과 같은 포인트 그래픽은 심플한 낙서 스타일로 표현합니다.

작업 패턴 KEYWORD

❶ 요소 검색창에서 '컬렉션 ID'를 직접 입력해 **원하는 이미지 빠르게 검색**

❷ 캔바 AI로 **루브릭 평가 코드 생성** 평가 기준 항목을 입력

❸ 학생 정보를 등록하고, 평가 점수를 입력하여 **자동 채점 시스템 구축**

01 태양계 교육을 위한 수업 설계하기

수업 설계는 지식을 단순히 아는 수준을 넘어, 그 의미를 이해하고 다른 맥락에 적용할 수 있도록 구성하는 것이 중요합니다. 이를 위해 무엇을 가르칠지보다 학생이 무엇을 할 수 있게 될지를 학습 목표로 먼저 설정합니다. 백워드 설계를 통해 목표에 맞는 평가와 학습 활동을 구성함으로써 불필요한 활동을 줄이고 깊은 이해를 돕습니다. 이 단원에서 학생들은 태양계를 하나의 체계로 바라보며, 행성의 위치와 조건이 환경을 결정한다는 개념을 이해하게 됩니다.

목표에서 시작하는 백워드 설계

Step 1 **바라는 결과(수업 목표)**: 학생이 최종적으로 갖추어야 할 능력을 설정하는 단계로, 단순 암기보다 핵심 개념의 이해와 활용에 초점을 둡니다.

Step 2 **수용 가능한 증거**: 학생이 목표에 도달했음을 확인할 수행 근거를 마련하며, 지필평가 외에도 수행평가 · 프로젝트 등 다양한 평가 방식을 활용합니다.

Step 3 **학습 경험 및 계획**: 핵심 질문에 답하기 위한 학습 활동을 구성하는 단계로, 활동 흐름과 교사의 발문, 자료 활용 등이 포함됩니다.

수업 주제		태양계로 떠나는 상상 여행: 우주 이웃 행성의 특징을 이해해보기
수업 설계	수업 목표	태양계 구성 요소(행성, 위성, 소행성 등)의 물리적 특성이 어떤 흥미로운 이야기나 현상을 만들어내는지 깊이 이해하고, 이를 창의적으로 설명할 수 있다.
	핵심 질문	– 태양계 행성 중 가장 빠르고, 가장 춥고, 가장 큰 행성은 무엇일까? – 우리가 만약 태양계의 다른 행성에서 하루를 보낸다면, 어떤 깜짝 놀랄 일이 생길까? – 태양계 행성들은 왜 저마다 다른 특징을 가지고 있을까?
	탐구	AI 도구를 활용하여 행성 정보 탐색 및 비교 활동하고, 탐색한 정보를 짝과 공유하며, 행성 간의 극명한 차이점이 만들어내는 현상에 대해 토론한다.
	전이	태양계 요소의 특징을 담은 시각적 결과물 제작한다. 예 토성에서 온 편지, 행성 관찰 만화 등
과정 중심 평가	형성 평가	정보를 탐색하며 질문하고, 복잡한 지식을 논리적으로 정리하는 과정과 태도를 지속적으로 관찰
	수행 평가	개념적 지식(태양계 특성 등)을 창의적인 산출물로 표현하였는가 AI 도구를 통해 얻은 정보가 오류 없이 정확한가 자료 사용 시 윤리적인 맥락을 고려했는가 실제 상황과 관련된 문제 해결 능력을 발휘했는가

02 캔바로 과학 수업 자료 만들기

따뜻한 색감과 캐릭터형 그래픽으로 개념을 즐겁게 이해할 수 있는 과학 탐구 수업 자료를 완성해 보겠습니다.

01 │ 캔바 홈 화면에서 왼쪽 (템플릿) 메뉴를 클릭하고 '과학 탐구'를 입력한 다음 '제출하기' 아이콘(→)을 클릭합니다. 다음의 무료 템플릿을 선택합니다.

02 │ 〈이 템플릿 맞춤 편집하기〉 버튼을 클릭합니다.

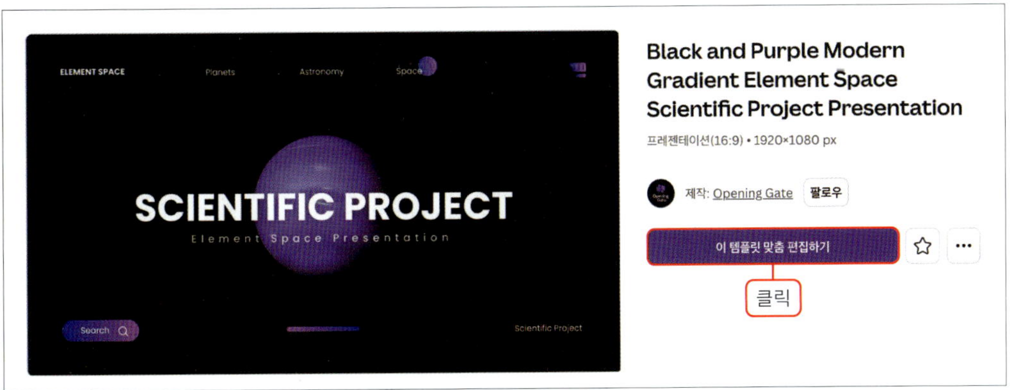

03 | 첫 페이지 중앙에 있는 텍스트 상자를 더블클릭하고 다음과 같이 입력합니다. 상단 편집 툴바에서 글꼴은 '210 오로라', 글자 크기는 '132', '왼쪽 정렬', 글자 간격은 '−30', 줄 간격은 '1'로 설정합니다.

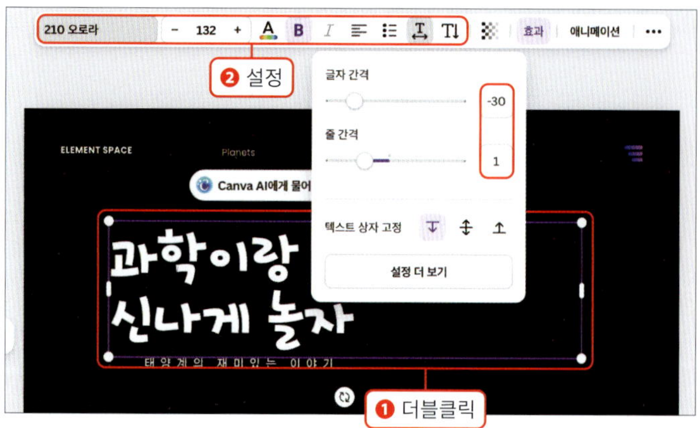

04 | 소제목의 내용은 다음과 같이 입력하고 글꼴은 'Gothic A1 / 약간 굵은', 글자 크기는 '25', '중앙 정렬', 색상은 검은색(#000000)으로 설정합니다. 이때 주변에 다른 요소들은 삭제합니다.

Tip 텍스트의 색상을 검은색으로 변경하여 위치를 찾기 어렵다면 **05**번 과정 이후에 색상을 바꾸어도 상관없습니다.

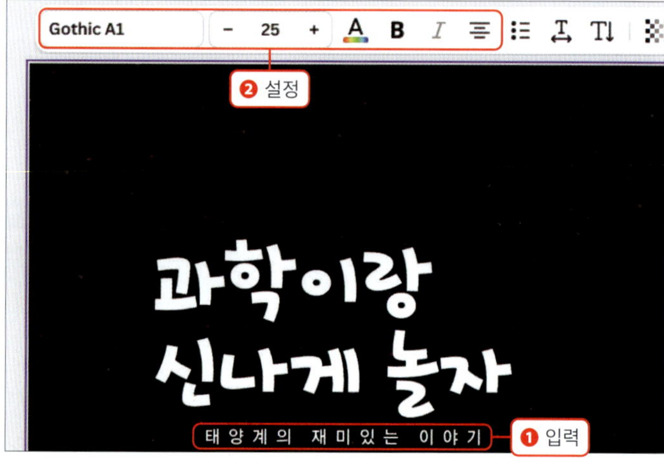

05 | 왼쪽 (도구) 메뉴를 클릭하고 [도형]의 [둥근 모서리 사각형]을 선택합니다. 가로로 길게 조정하고 색상은 흰 색(#ffffff), 모서리 둥글게 만들기를 '17'로 설정합니다.

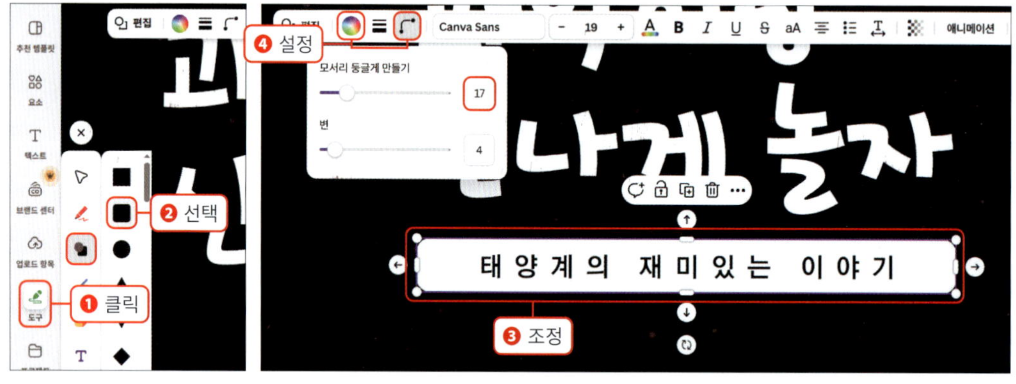

Tip　요소 뒤로 보내기, 앞으로 가져오기

캔바의 모든 요소(텍스트, 이미지 등)는 투명한 종이가 겹쳐진 레이어처럼 위아래 순서를 가지고 있습니다. 정렬을 위해 요소를 선택해 우클릭하여 나타나는 메뉴창에서 **레이어 → 뒤로 보내기(또는 앞으로 가져오기)**를 실행하면 단계를 내리거나 올릴 수 있습니다. 단축키를 사용하면 훨씬 편리합니다.

- 뒤로 보내기(Ctrl + [ ): 선택한 요소를 한 단계 뒤로 내림
- 맨 뒤로 보내기(Ctrl + Shift + [ ): 요소를 전체 레이어 가장 아래로 이동
- 앞으로 가져오기(Ctrl +]): 요소를 한 단계 위로 올림
- 맨 앞으로 가져오기(Ctrl + Shift +]): 요소를 최상단으로 이동

06 ｜ 왼쪽 〔요소〕 메뉴를 클릭하고 태양계 컬렉션 ID(set:nAGY3snSMJA)를 입력한 다음 '제출하기' 아이콘(→)을 클릭합니다. 다음과 같은 태양 이미지를 클릭해 캔버스에 불러옵니다.

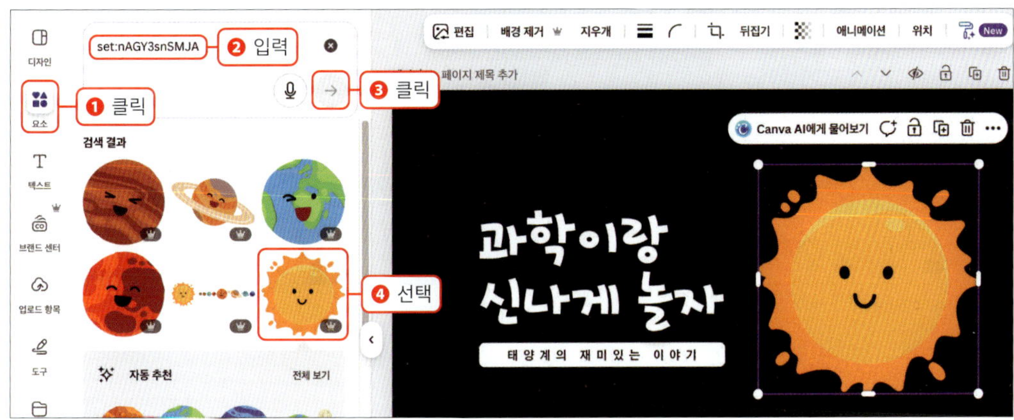

Tip　비슷한 요소의 모음 확인 방법

〔요소〕 메뉴에서 마음에 드는 이미지를 선택했다면 그 이미지와 유사한 스타일의 요소를 다음의 경로로 확인할 수 있습니다.

- 선택한 요소에서 **'…' 아이콘 클릭 → [컬렉션 보기]** 선택

07 | 태양을 중심으로 주변에 둥글게 자리 잡을 수 있도록 행성들을 배치합니다. 행성의 궤도안에 페이지 제목 영역을 포함시켜 주목되는 효과가 있습니다. 웃고 있는 행성들 사이에서 찡그린 암석을 추가하여 위트를 추가합니다.

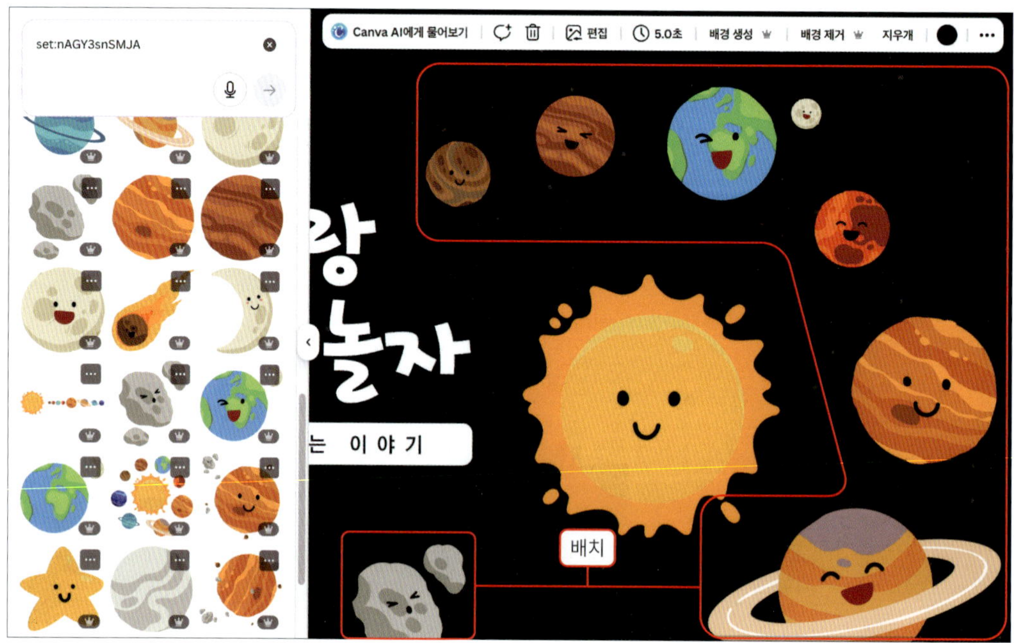

✦ **Tip** 〔도구〕 메뉴를 클릭하고 [도형]을 선택하여 원으로 가이드 라인을 그려 놓으면 행성 이미지를 배치하는데 편리합니다.

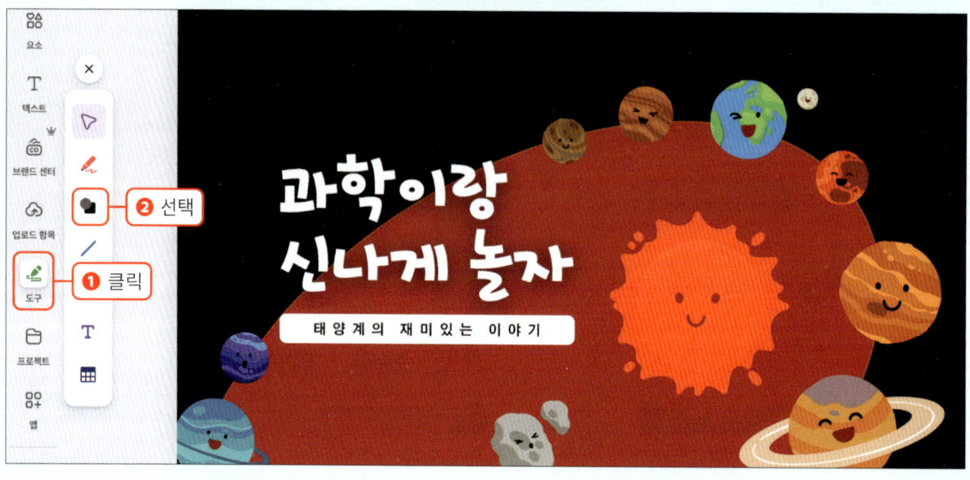

Tip   행성의 이미지와 이름을 구분하는데 아래 표를 참고하세요.

❶ 태양(Sun) → ❷ 수성(Mercury) → ❸ 금성(Venus) → ❹ 지구(Earth) → ❺ 화성(Mars) → ❻ 목성(Jupiter) →
❼ 토성(Saturn) → ❽ 천왕성(Uranus) → ❾ 해왕성(Neptune)

08 │ 배경 레이어를 선택하고 상단 편집 툴바에서 '배경 색상' 아이콘(⬤)을 클릭합니다. 왼쪽 기본 그라데이
션 색상 항목에서 [선형 그라데이션 90°:#000000, #3533cd]를 선택합니다.

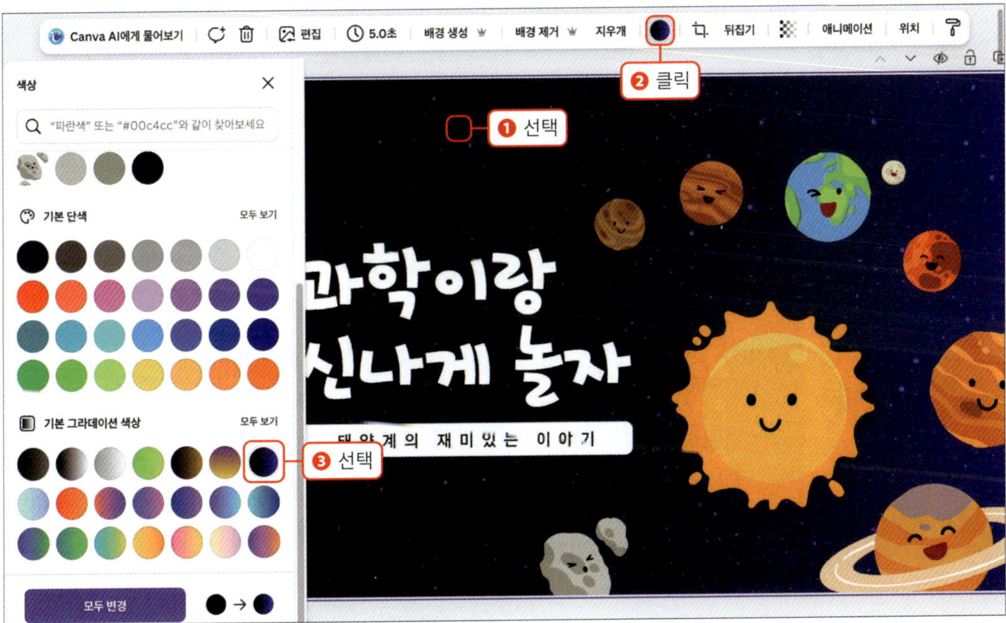

09 | 패널 상단에서 문서 색상 항목에 있는 '새로운 색상 추가' 아이콘(⊕)을 클릭합니다. 스타일에서 [선형 그라데이션 135°]를 선택합니다.

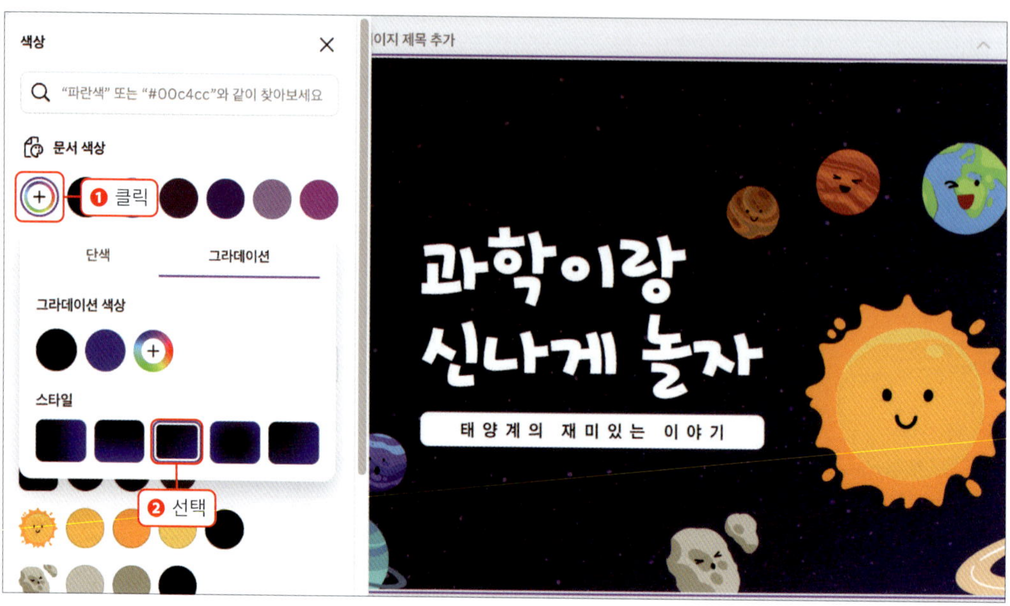

10 | 다양한 손그림 별 요소(set:nAGmAh _ 24 _ k)를 추가로 배치하여 첫 페이지 구성을 완성하였습니다.

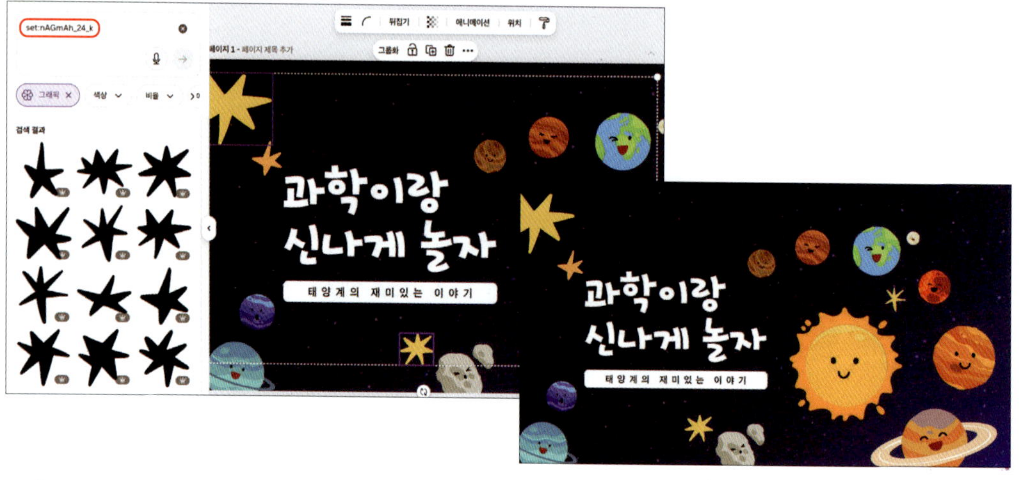

 **Tip**　**컬렉션 보기 vs 지금과 비슷한 이미지 더 보기**

[컬렉션 보기]는 크리에이터가 묶어둔 세트로, 동일한 스타일로 묶인 세트를 보여줘 통일된 디자인에 활용하기 좋고, [지금과 비슷한 이미지 더 보기]는 선택한 요소를 기준으로 AI가 유사한 이미지를 추천해 주는 기능입니다.

03 루브릭 평가 코드로 자동채점 시스템 만들기 에듀테크

학생들이 과제 목표를 스스로 이해하고 더 높은 완성도의 결과물을 만들 수 있도록 돕기 위해서는, 공정하고 일관된 채점 기준이 필요합니다. 명확한 루브릭을 세우면 수업의 질이 높아지고, 학생의 이해도와 학습 과정 관리 역시 향상됩니다. 이제 이러한 기준을 바탕으로 자동 채점 시스템을 구축해 보겠습니다.

11 │ 새 문서를 만들기 위해 상단의 '＋'를 클릭해 A4 용지 크기인 '이력서(A4 세로형)'을 선택합니다.

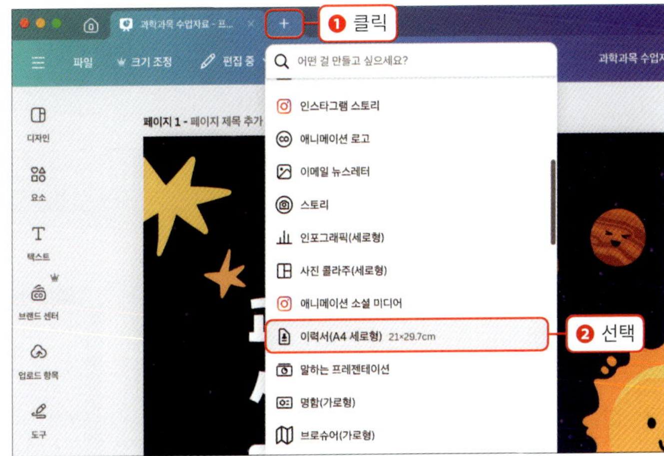

12 │ 왼쪽 [요소] 메뉴를 클릭하고 [시트]를 선택합니다. 첫 번째 시트를 선택해 캔버스에 배치합니다.

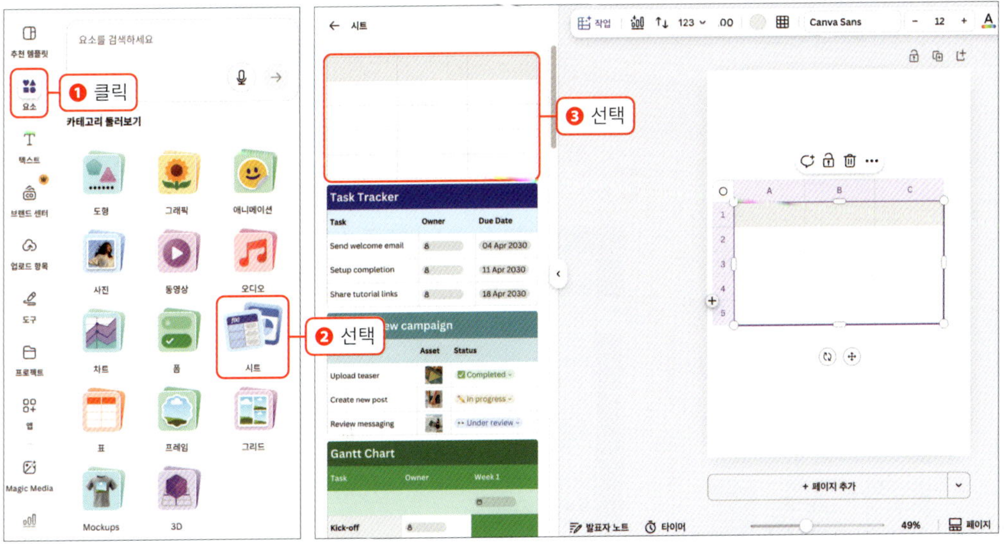

13 | 필요한만큼 열 또는 행을 추가한 다음 평가 기준 항목을 다음과 같이 입력합니다. '창의적 표현/내용 구성/형식 준수/개념 이해/정보 활용'를 채워 넣습니다.

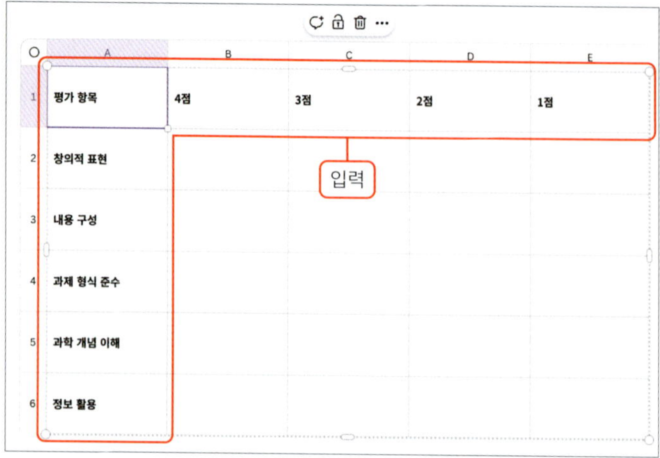

Tip 추가하고 싶은 열 이름(또는 행 이름) 의 모서리에 마우스를 위치시키면 나타나는 '+' 아이콘을 클릭하여 열(또는 행)을 추가할 수 있습니다.

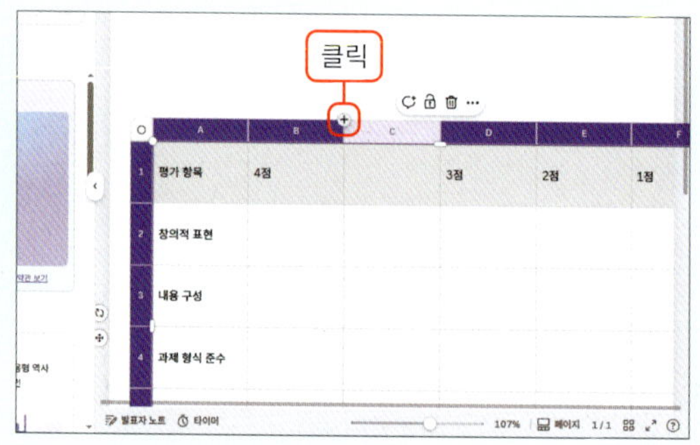

14 | 시트의 왼쪽 상단 'O' 표시를 클릭한 상태로 왼쪽 〔요소〕 메뉴를 클릭하고 '루브릭 추가'를 입력합니다. 〈이미지 생성〉 버튼 옆 'V'를 클릭하고 [코드 생성]을 선택하여 코드가 생성될 때까지 잠시 기다립니다.

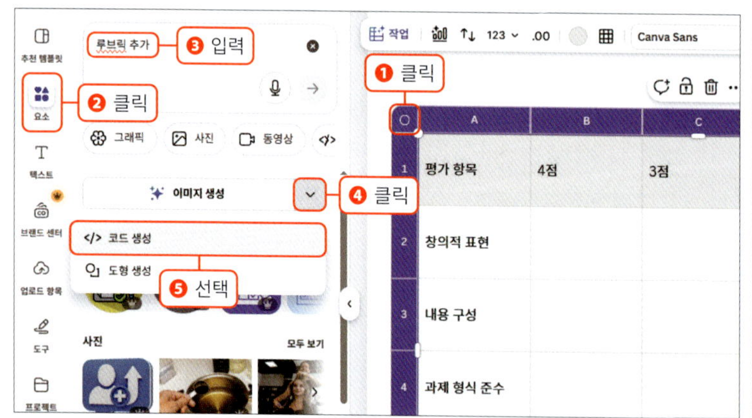

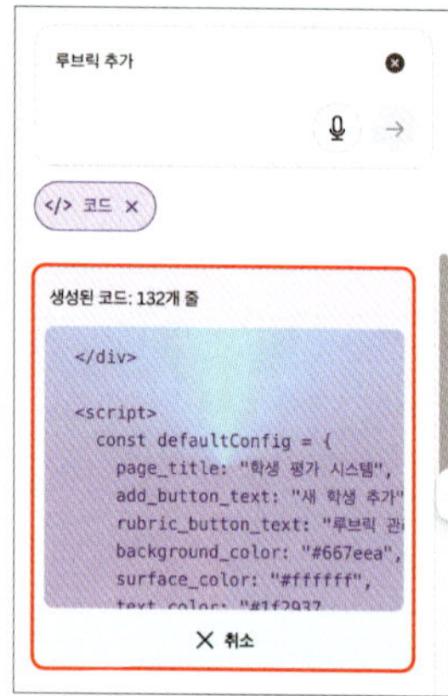

15 | 코드가 완성되면 결과물을 클릭하여 캔버스에 불러옵니다. 기존 작성한 시트는 삭제하고 코드가 반영된 시트를 레이아웃에 맞춰 드래그합니다.

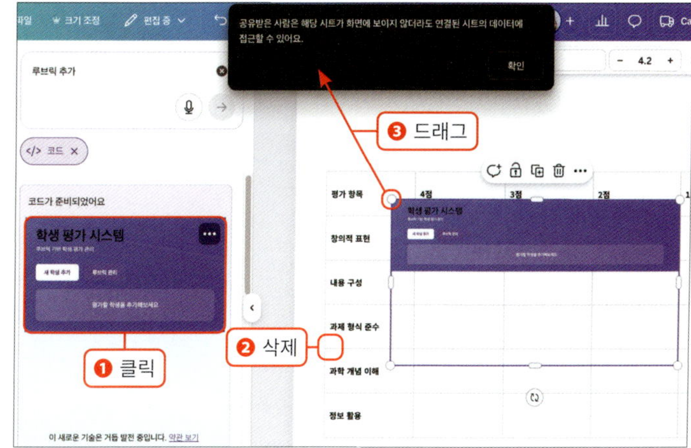

Tip **임의로 작성된 코드 요소 시트는 제목이나 소제목을 변경할 수 없나요?**

이전에는 코드 요소(예 Canva Code로 만든 퀴즈, 계산기 등)로 생성한 시트를 선택하면 상단 편집 툴바에 [편집(Edit)] 버튼이 표시되어 제목을 수정할 수 있었습니다. 현재 업데이트 이슈로 지역/클라이언트 조건에 따라 기능 지원이 되지 않습니다. 최신 업데이트 내용을 확인해 보세요.

16 | 시트에서 코드가 잘 작동되는지 테스트 하기 위해 시트를 더블클릭하여 입력창과 버튼을 활성화합니다. 예제에서는 평가 기준을 입력할 수 있는 〈루브릭 관리〉 버튼, 〈새 학생 추가〉 버튼이 표시되어 클릭했을 때 다음과 같습니다.

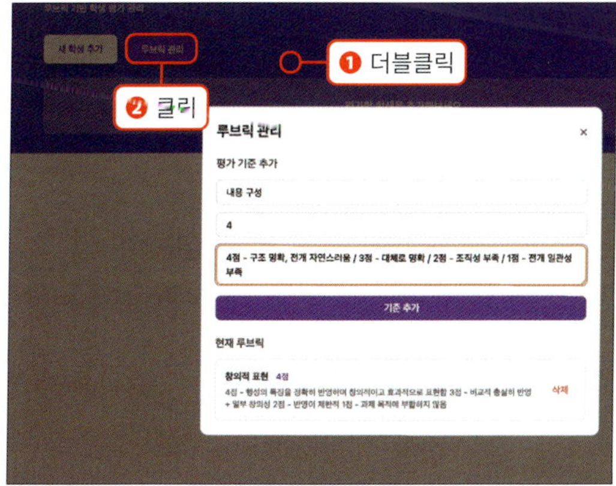

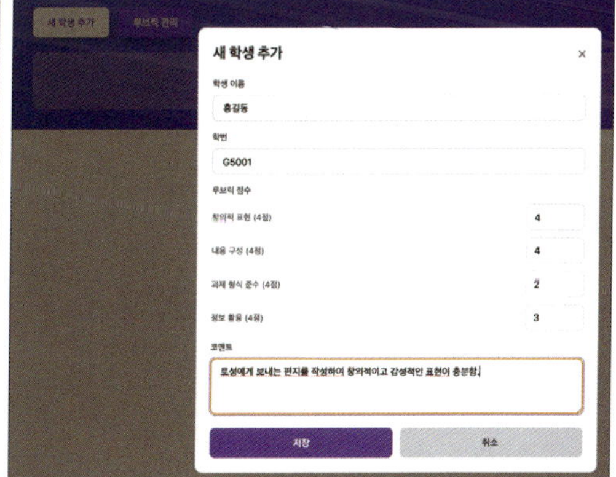

 예제에서는 다음과 같은 평가기준을 입력하여 진행해 보았습니다.

평가 항목	4점	3점	2점	1점
창의적 표현	행성의 특징을 정확히 반영하며 창의적이고 효과적으로 표현함	비교적 충실히 반영+일부 창의성	반영이 제한적	과제 목적에 부합하지 않음
내용 구성	구조 명확, 전개 자연스러움	대체로 명확	조직성 부족	전개 일관성 부족
과제 형식 준수	형식 충족+특징 풍부	형식 충족+특징 반영	형식 OK, 내용 부족	형식 미충족
과학 개념 이해	인과관계 명확히 설명	개념 정확	단편적	오개념
정보 활용	출처 제시+사실성 검토	대체로 정확	구조화 미흡	부정확함

 캔바 코드가 임의로 화면 레이아웃을 구성하기때문에 마음에 드는 구성이 나올 때까지 […] → [코드 다시 생성]을 실행해 보세요.

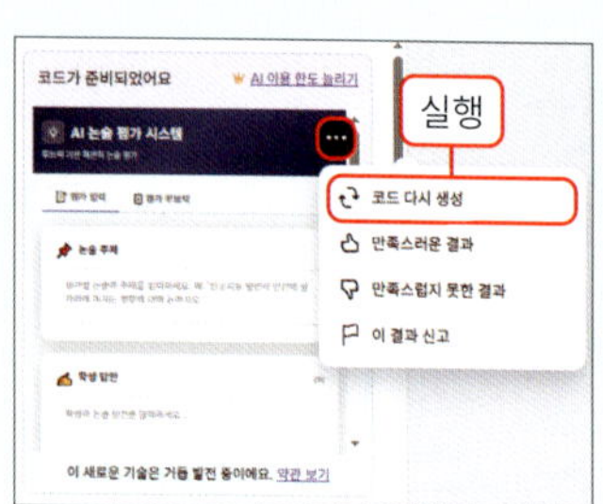

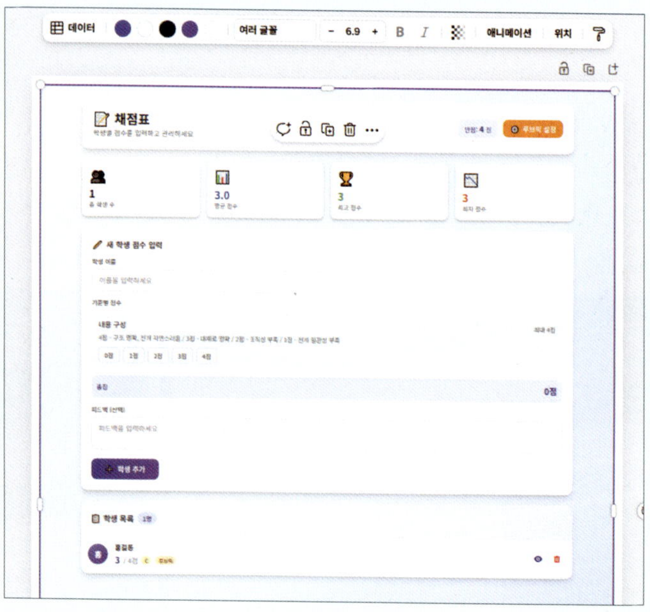

다시 생성했을 때 랜덤하게 구성되는 자동화 시트의 형태

17 | 평가 기준과 학생의 점수 등 내용을 입력하면 자동으로 총점과 등급을 표시하여 보여줍니다.

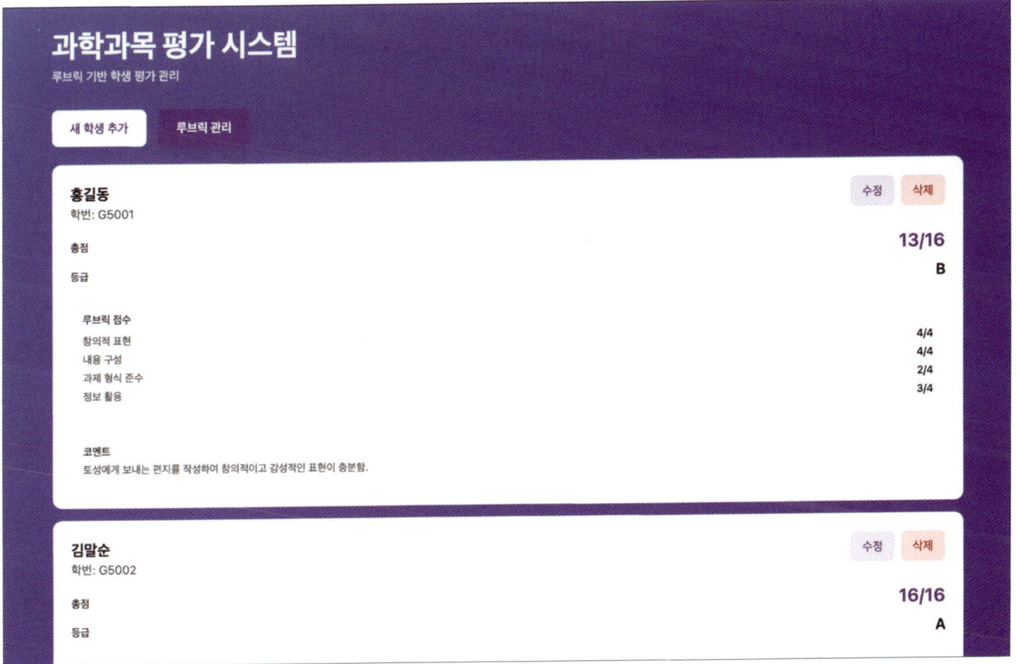

Tip   오른쪽 상단의 <공유> 버튼을 클릭하여 [프레젠테이션] → [전체 화면 프레젠테이션]을 선택하면 넓은 화면에서 입력해볼 수 있습니다.

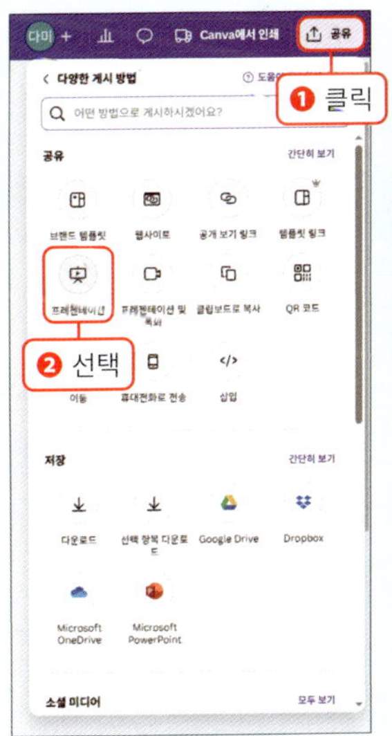

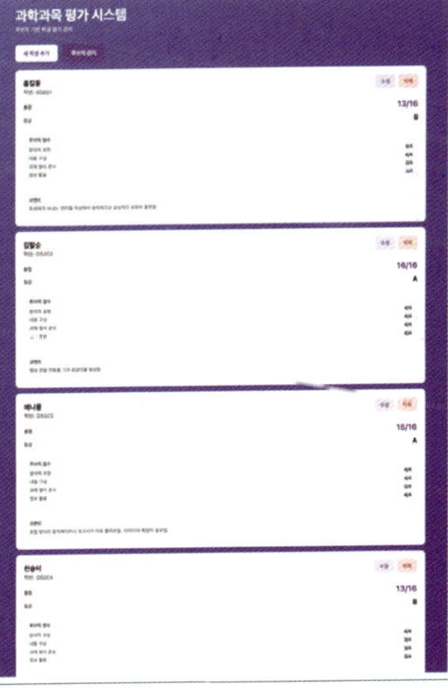

04 학생들 평가 데이터 확인하기

평가 기준에 따라 자동 계산된 평가 데이터의 원자료 시트를 확인해 봅니다.

18 | 입력된 정보를 시트 파일로 확인하기위해 상단 편집 툴바에서 [데이터]를 클릭하면 표시되는 연결된 코드 데이터 파일을 클릭합니다. 새 창으로 연결된 시트가 표시됩니다. 이렇게해서 전체적인 자료를 확인할 수 있습니다.

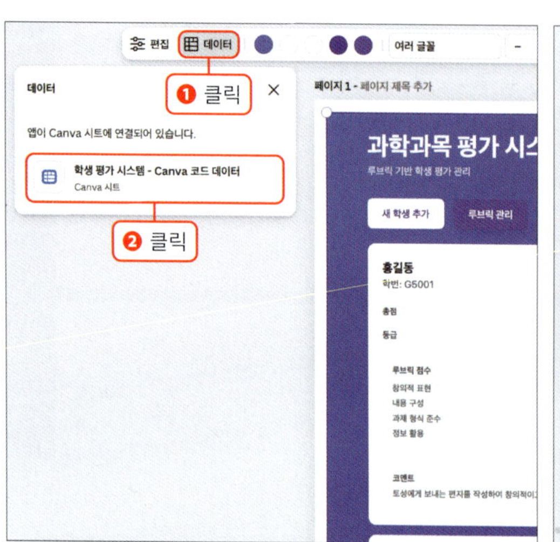
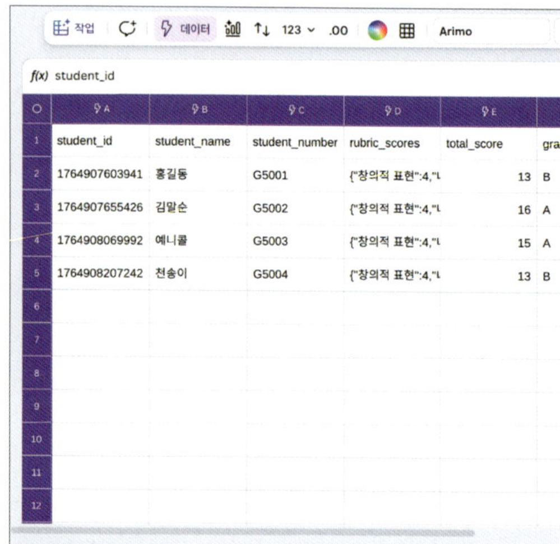

Tip 페이지 공유 주의!

코드를 문서에 추가한 후 외부에 공유하면, 공유받은 사람은 연결된 시트의 데이터에 접근할 수가 있으니 점수와 같은 민감한 데이터가 노출될 우려가 있습니다. 해당 시트가 화면에 보이지 않더라도 노출될 수 있으니, 외부 공유할 때에는 꼭 주의하세요. 다음과 같이 JSON 코드가 적용되지 않은 테이블을 별도로 만들어 외부에 제공해 보세요.

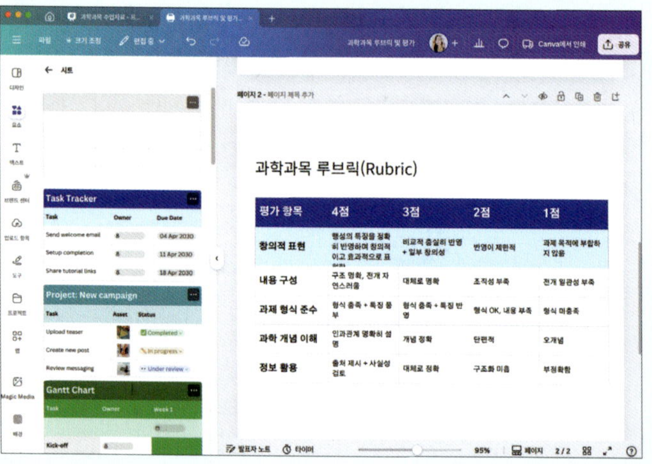

코드가 적용되지 않은 기본 테이블

한국 고전풍의 디자인 구성과
팀 구성을 위한 생성기 만들기

완성파일: source\역사인물탐구.png

이번에는 세종대왕의 리더십과 한글 창제의 원리를 이해할 수 있는 수업을 위한 자료 이미지를 제작해 보겠습니다. '세종대왕과 한글'의 주제에 맞춰 깊이 있는 학습과 협업 역량을 자연스럽게 체득하기 위해서 프로젝트 기반 학습(PBL)을 진행하여 팀별 활동을 할 수 있도록 수업을 구성합니다. 이때 수업 시간에 긴장감을 줄 수 있도록 팀원을 랜덤으로 배치해 팀을 구성하고, 발표 순서를 랜덤 선택하는 '랜덤 생성기'를 함께 제작해 보겠습니다.

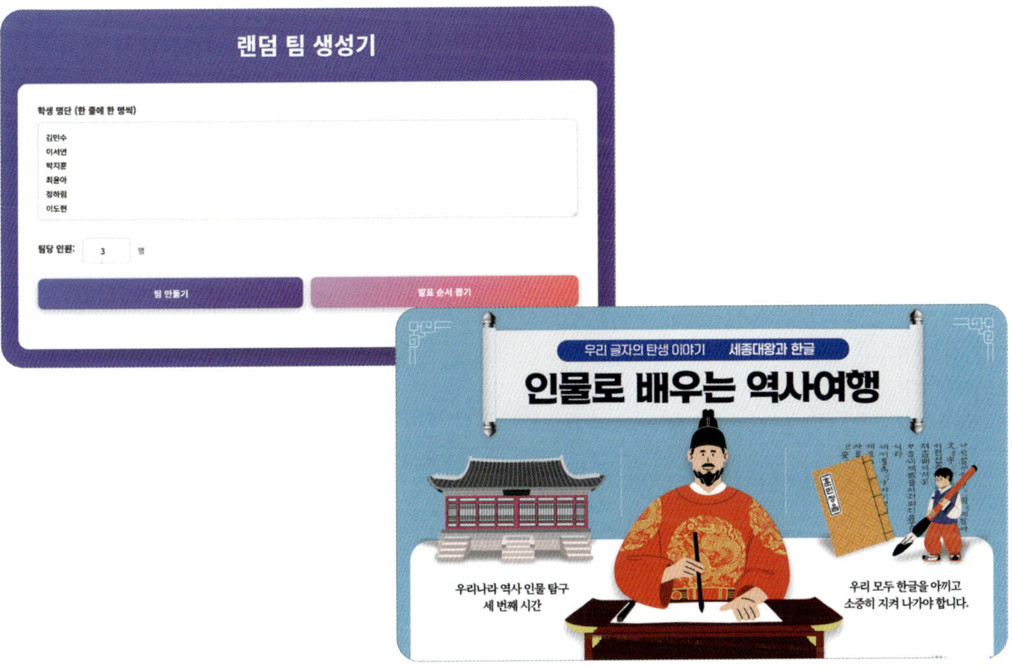

역사 콘텐츠의 정보 전달은 유지하되 딱딱함을 줄이기 위해 친근한 일러스트 중심으로 구성해 이야기의 감성을 강화합니다. 배경에는 맑은 하늘색 계열을 사용해 유쾌하고 교육적인 분위기를 만들고, 한복과 곤룡포의 붉은 홍색을 포인트 컬러로 활용합니다. 여기에 긴 두루마리 그래픽과 단청 패턴 등 전통을 상징하는 시각 장치를 더해 주제를 자연스럽게 드러냅니다.

예제 콘셉트

작업 패턴
KEYWORD

❶ 이미지 위에서 마우스 오른쪽 버튼을 클릭하여 [정보] → [컬렉션 보기]에 들어가 관련 이미지 검색
❷ 요소와 요소 사이에 세로 직선을 추가하여 단 구분
❸ 캔바AI로 랜덤 생성기를 제작해 학생 명단에서 자동으로 랜덤 팀 구성

01 고전풍의 한국사 수업 자료 만들기

친근한 일러스트와 전통 패턴을 활용해 시대적 분위기와 이야기를 담은 한국사 수업 자료를 만들어봅니다.

01 | 수업 자료 프레젠테이션 화면을 구성하기 위해 캔바 홈 화면에서 [프레젠테이션]을 클릭합니다.

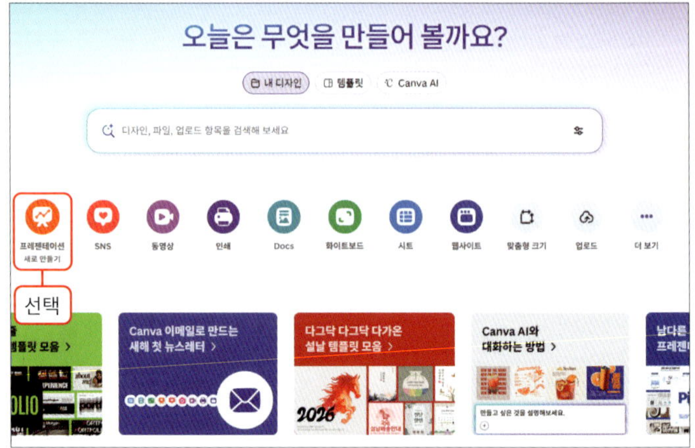

02 | 빈페이지를 클릭하고 상단 편집 툴바에서 '배경 색상' 아이콘(▢)을 클릭합니다. 검색창에 하늘색(#75c6de)을 입력하고 결과를 선택합니다.

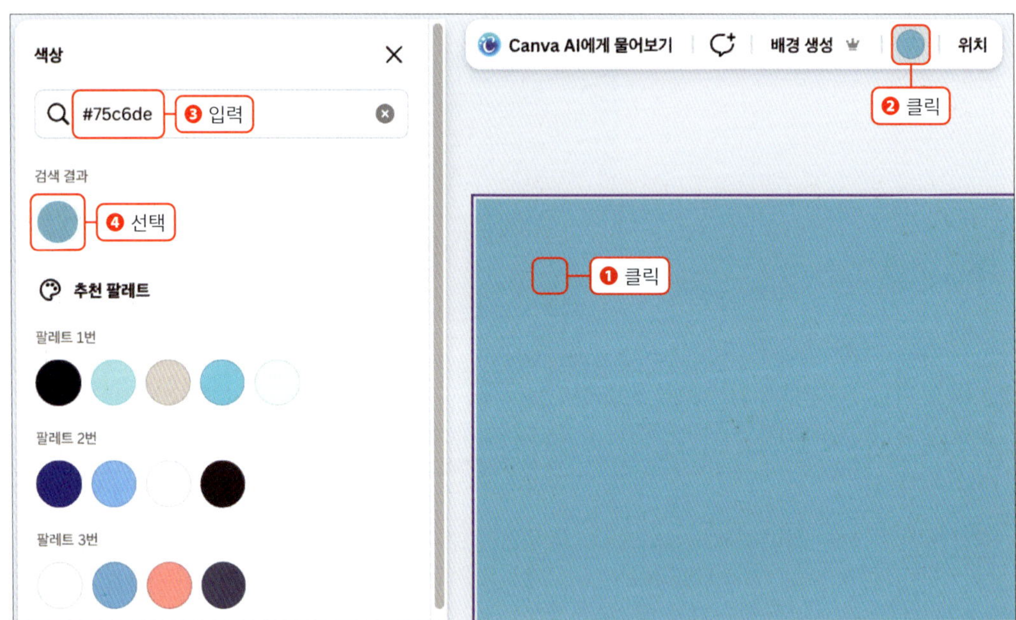

03 왼쪽 [요소] 메뉴를 클릭하고 검색창에 '두루마리 족자'를 입력한 다음 '제출하기' 아이콘(→)을 클릭합니다. [그래픽]을 클릭하여 원하는 이미지를 선택합니다.

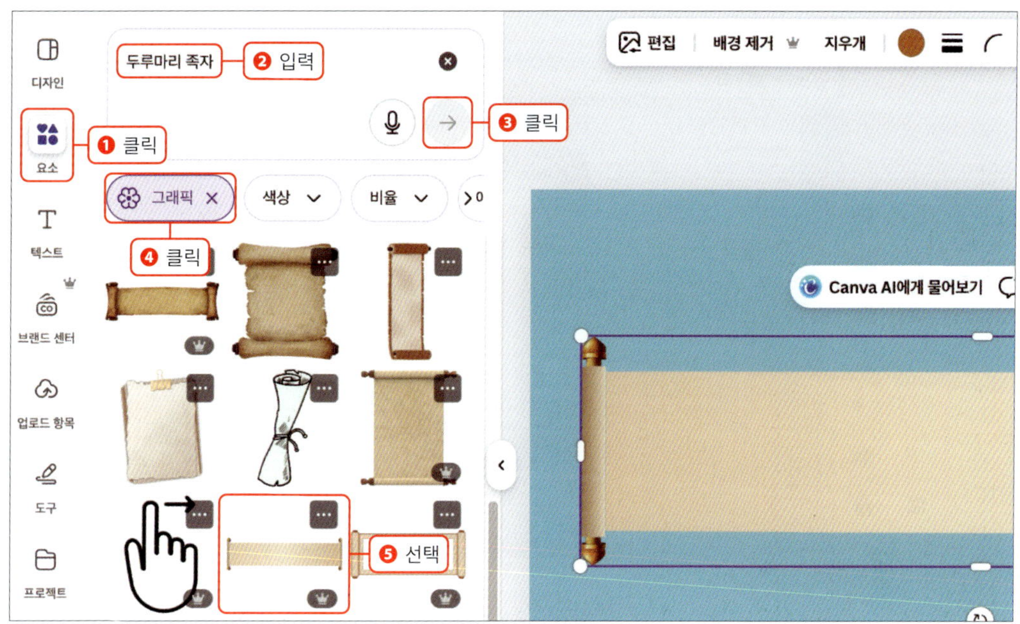

04 상단 편집 툴바에서 [편집]을 클릭하고 필터 항목에서 [클래식]을 선택하여 안정감을 주는 뉴트럴 컬러로 변경합니다.

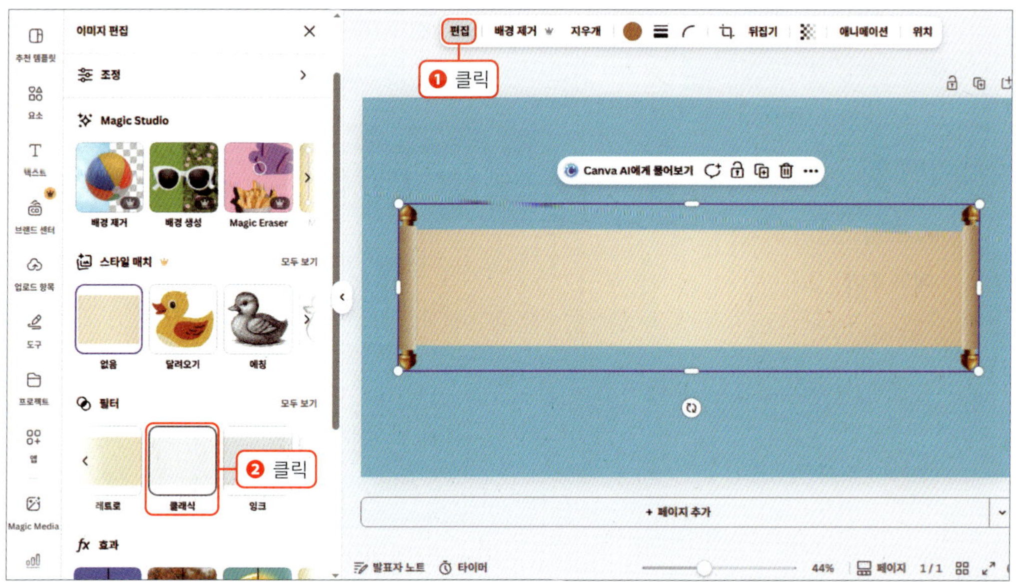

05 | 족자 이미지를 상단으로 드래그하여 배치한 후 왼쪽 〔도구〕 메뉴에서 [도형]의 [둥근 모서리 사각형]을 선택합니다. 색상은 파란색(#004aad)으로, '모서리' 아이콘(■)을 클릭해 '50'으로 설정합니다.

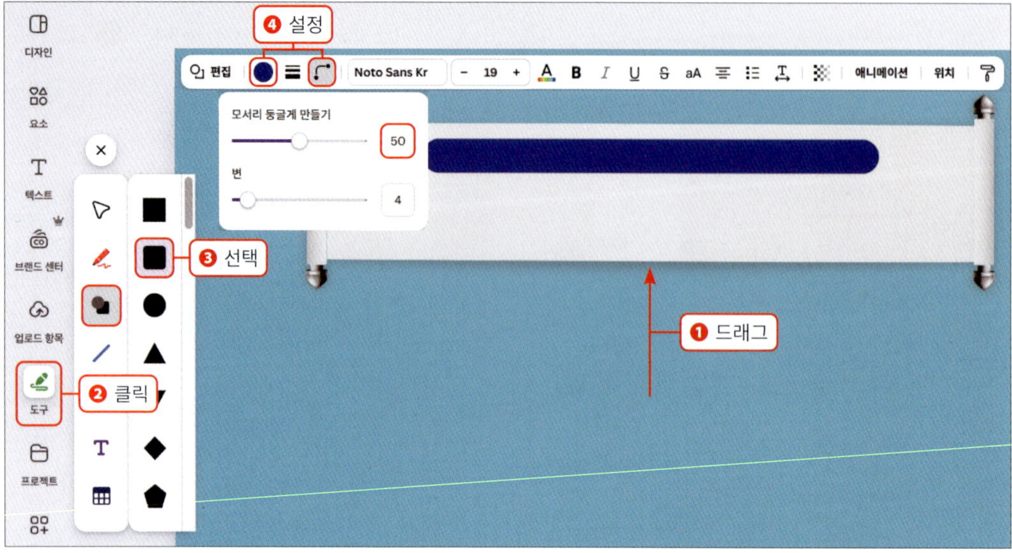

06 | 왼쪽 〔텍스트〕 메뉴에서 〈텍스트 상자 추가〉 버튼을 클릭해 '인물로 배우는 역사여행'을 입력합니다. 상단 편집 툴바에서 글꼴은 'Tlab 판테온/보통', 글자 크기는 '84', '중앙 정렬'로 설정합니다. 색상은 진남색(#001531), 글자 간격은 '−33'으로 설정합니다.

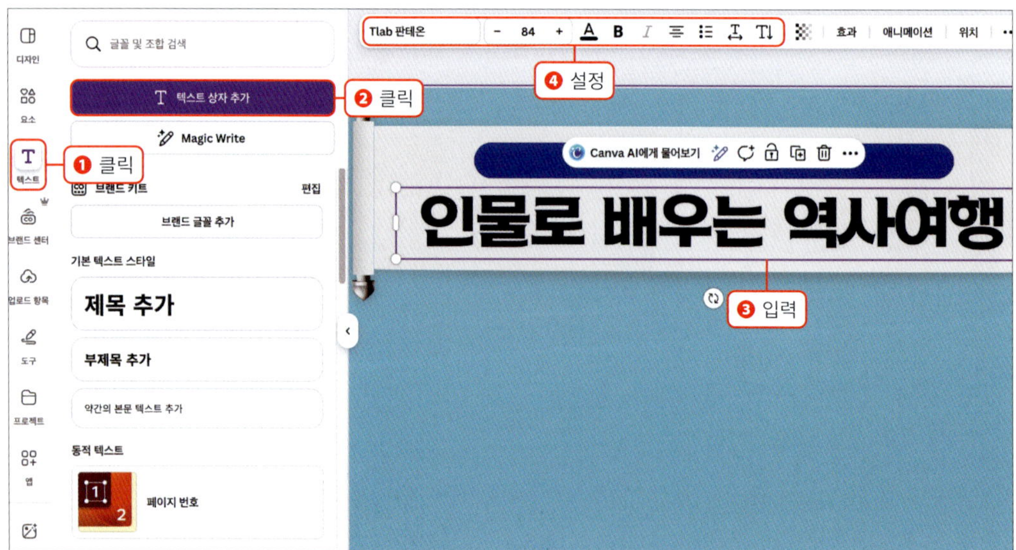

07 | 텍스트 상자를 두 개 추가하여 '우리 글자의 탄생 이야기', '세종대왕과 한글'을 각각 입력합니다. 순서대로 왼쪽 텍스트 상자의 글꼴은 '네모고딕/보통', 크기는 '27', '중앙 정렬', 흰색(#ffffff), 글자 간격은 '0'으로 설정합니다. 오른쪽 텍스트 상자의 글꼴은 '네모고딕/중간', 크기는 '29'로 설정합니다.

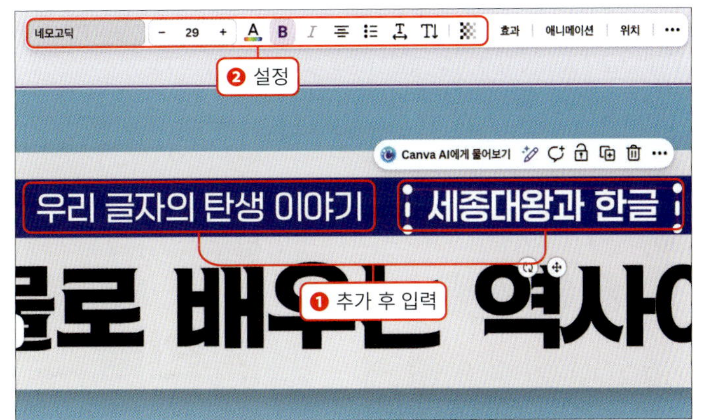

Tip   **텍스트 상자를 2개 만드는 이유**

캔바 UI 특성상 한 텍스트 상자 안에서 글자 크기는 다르게 지정할 수 없어서 텍스트 상자를 별도로 만들었습니다. 굵기의 변화를 주기 위해서 글꼴을 '네모고딕 / 보통'에서 '네모고딕 / 중간'으로 교체할 때 굵기 변화만 주고 크기를 조정하지 않는 경우, 오히려 굵게 설정한 텍스트가 약간 작게 보이며 의도했던 강조 효과가 떨어질 수 있습니다. 다음의 이미지를 비교해 보세요.

> 우리 글자의 탄생 이야기   세종대왕과 한글

'세종대왕과 한글' 텍스트를 굵게 하며, 글자 크기를 약간 크게 조정

> 우리 글자의 탄생 이야기   세종대왕과 한글

텍스트 굵기만 조정한 경우

08 | 왼쪽 (요소) 메뉴를 클릭하고 검색창에 '세종대왕'을 입력한 다음 '제출하기' 아이콘(→)을 클릭합니다. 선택한 이미지의 크기를 조정하여 중앙에 배치합니다.

09 | 곤룡포의 채도를 높이기 위해 상단 편집 툴바에서 다홍색을 클릭하고 빨간색(#ed2619)으로 설정합니다. 중앙에 이미지가 큼지막하게 채워지도록 크기를 조정합니다.

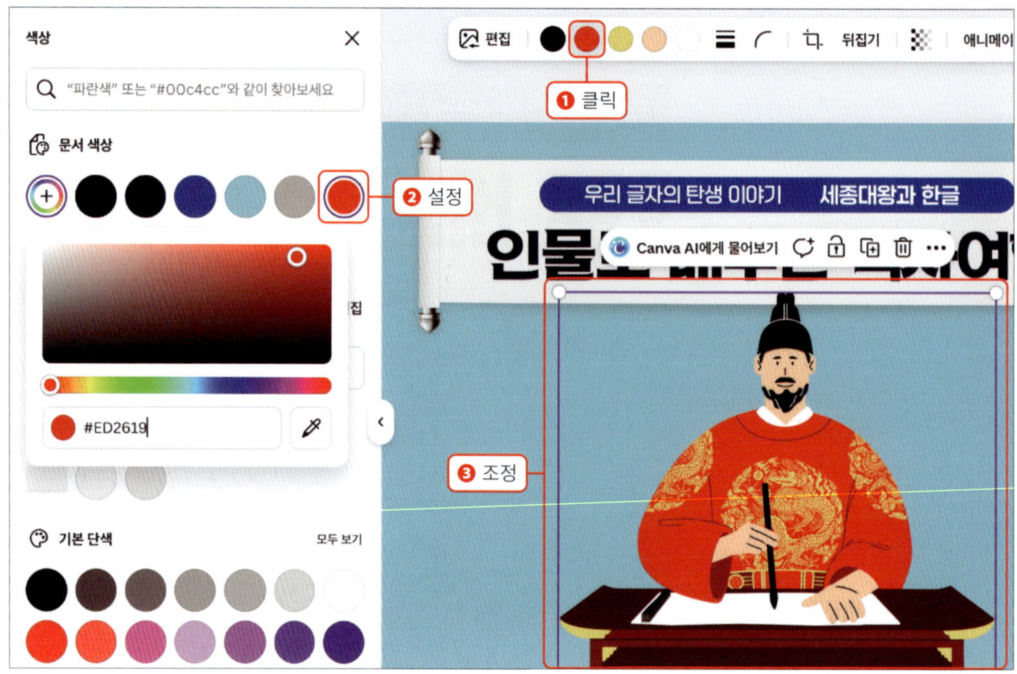

10 | 상단 편집 툴바에 [편집]을 클릭하고 [그림자]의 [드롭]을 선택합니다. 하단에 옵션은 다음과 같이 설정하여 입체감을 부여합니다.

11 │ 왼쪽 (도구) 메뉴를 클릭하고 [도형]의 [둥근 모서리 사각형]를 선택합니다. 색상은 흰색(#ffffff), 모서리 둥글게 만들기는 '40'으로 설정한 다음 맨 뒤로 보내기(Ctrl+Shift+[)를 실행합니다.

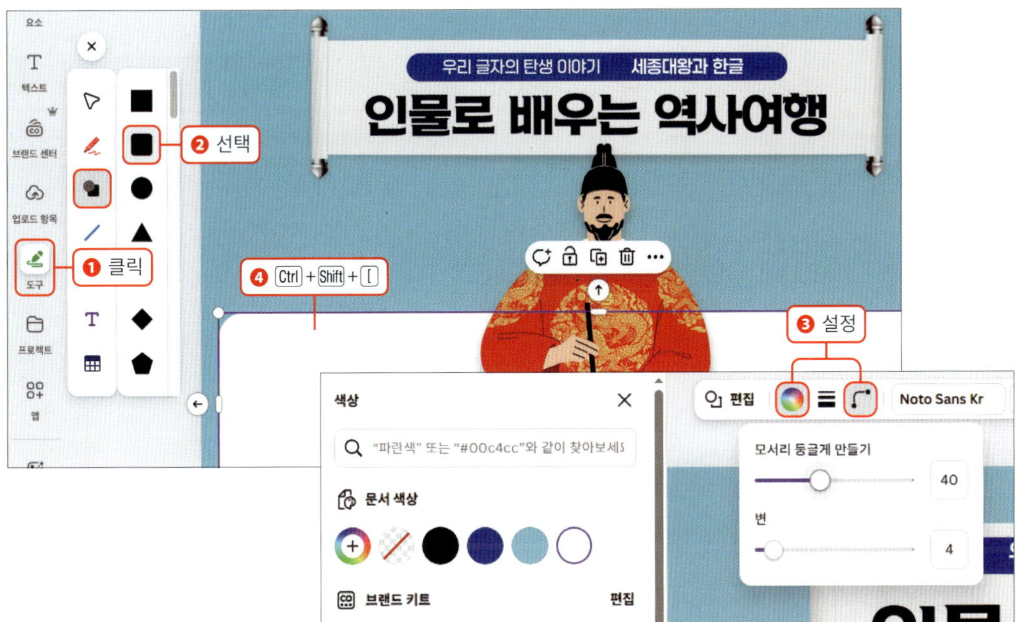

12 │ 텍스트 상자를 인물의 좌우에 추가해 '우리나라 ~ 시간', '우리 모두 한글을 ~ 합니다.'를 입력합니다. 글꼴은 'Noto Serif KR', 글자 크기는 '28', '중앙 정렬', 색상은 검정색(#000000), 글자 간격은 '-86', 줄 간격은 '1.4'로 두 텍스트 상자를 동일하게 설정합니다.

13 | 왼쪽 〔요소〕 메뉴를 클릭하고 검색창에 컬렉션 ID 'set:nAGPSGF-tas'를 입력한 다음 '제출하기' 아이콘(→)을 클릭합니다. 원하는 집현전 이미지를 선택합니다.

14 | 상단 편집 툴바에서 [편집]을 클릭하고 [그림자]의 [백드롭]을 선택한 후 세부설정은 흐림 정도 '35', 방향 '-7', 강도 '55'으로 설정합니다.

15 │ 왼쪽 (요소) 메뉴를 클릭하고 검색창에 '훈민정음'을 입력한 다음 '제출하기' 아이콘(→)을 클릭합니다. 다음과 같이 책 이미지를 추가하고 각도를 조절해 상단 편집 툴바에서 기존 베이지 색상을 진한 황토색(#f0a024)으로 설정합니다.

16 │ 상단 편집 툴바에서 [편집]을 클릭하고 [그림자]의 [백드롭]을 선택한 다음 세부설정은 흐림 정도 '94', 방향 '−22', 강도 '33'으로 설정합니다.

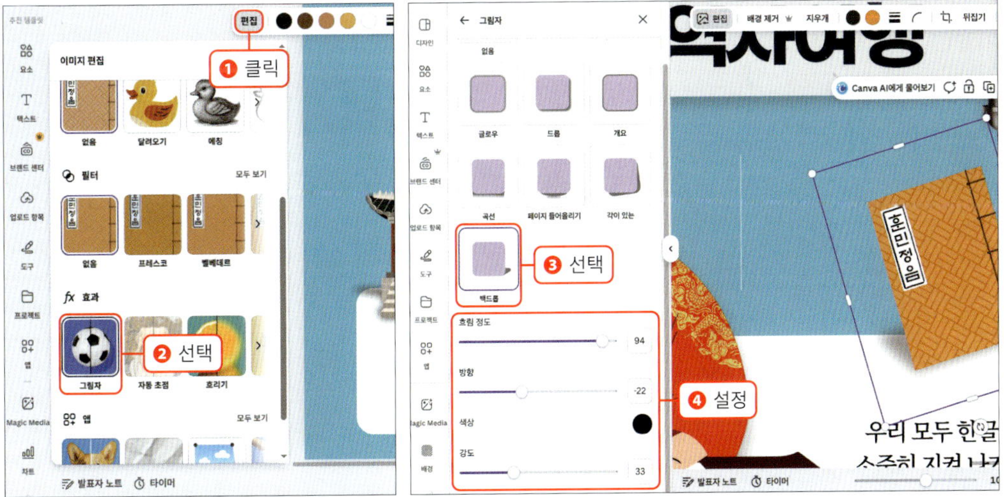

17 | 왼쪽 〔요소〕 메뉴를 클릭하고 훈민정음 해례본 이미지를 선택합니다. '투명도' 아이콘(▨)을 클릭하고 '55%'로 설정합니다. 이미지 위에서 마우스 오른쪽 버튼을 클릭하여 [레이어] → [맨 뒤로 보내기]를 실행하여 흰 박스보다 뒤에 위치하도록 조정합니다.

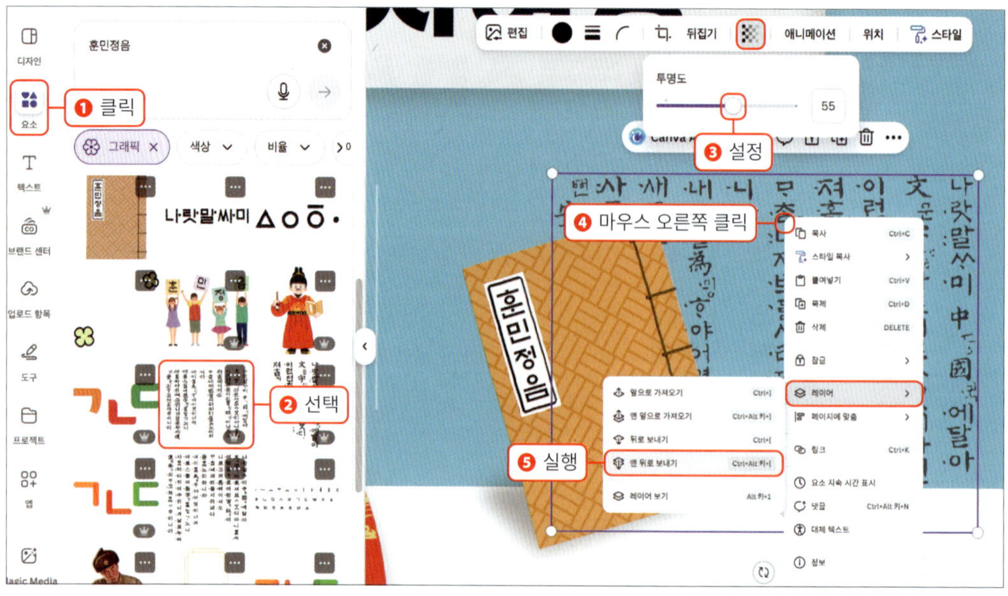

18 | 왼쪽 〔요소〕 메뉴를 클릭하고 검색창에 컬렉션 ID 'set:nAGPSGF−tas'를 입력한 다음 '제출하기' 아이콘(→)을 클릭합니다. 붓을 든 소년 이미지를 선택하고 상단 편집 툴바에서 기존 황토색을 다홍색(#ea3e1e)으로 설정하여 포인트 컬러를 적용합니다.

19 | 입체감을 주기 위해 상단 편집 툴바에서 [편집]을 클릭하고 [그림자]의 [백드롭]을 선택하고 세부설정은 흐림 정도 '88', 방향 '15', 강도 '45'로 설정합니다.

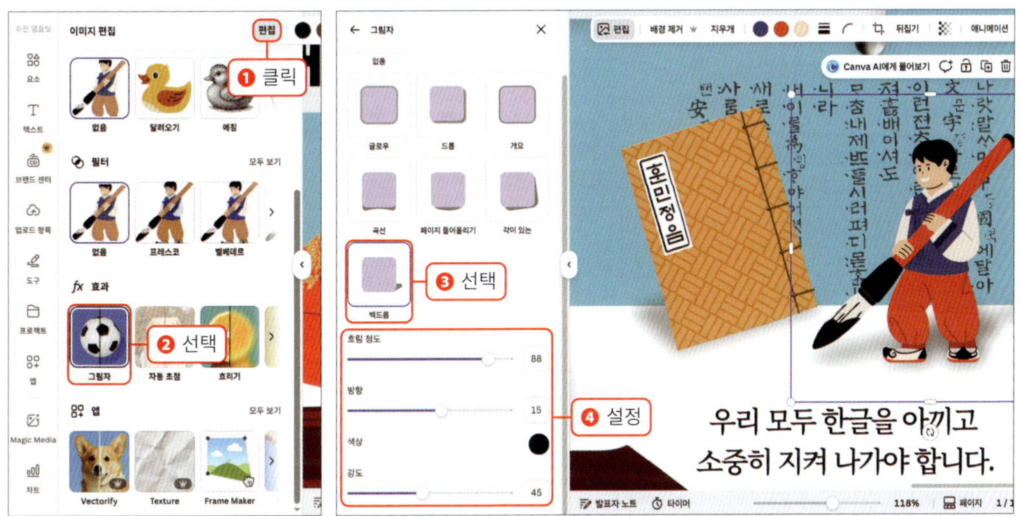

Tip   세종대왕의 곤룡포의 빨간 색상보다 붓을 든 소년의 한복 색상의 채도 차이가 나도록 빨간색이 아닌 다홍색으로 적용하여 상대적으로 덜 주목되도록 의도하였습니다.

20 | 왼쪽 [요소] 메뉴를 클릭하고 검색창에 컬렉션 ID 'set:nAGFdObdEBU'를 입력한 다음 '제출하기' 아이콘(→)을 클릭합니다. 원하는 모양을 선택하고 상단 영역의 좌우 모서리로 드래그한 다음 색상을 흰색(#ffffff)으로 설정합니다.

21 | 구분될 수 있도록 왼쪽 [도구] 메뉴를 클릭하고 [라인]의 [직선]을 선택하여 세로 선으로 조정합니다. 스트로크 굵기는 '2', 색상은 흰색(#ffffff)으로 설정하고 투명도는(▨)을 '50'으로 설정해 구성을 마무리합니다.

02 팀 구성을 위한 '랜덤 생성기' 만들기 에듀테크

이번에는 팀별 활동을 할 수 있도록 팀 구성과 발표 순서를 자동으로 정해주는 '랜덤 생성기'를 만들어 보겠습니다. 익숙한 방식의 지식 전달에서 벗어나 새로운 협업 조합을 만들어내며, 학생들이 가벼운 긴장감과 함께 활동에 몰입할 수 있도록 설계할 수 있습니다.

22 | 이어서 오른쪽 상단에 '페이지 추가' 아이콘(⬆)을 클릭하여 새 페이지를 생성합니다.

23 | 왼쪽 [요소] 메뉴를 클릭하고 〈이미지 생성〉 버튼 옆의 'ᐯ' 아이콘을 클릭해 [코드 생성]을 선택합니다.

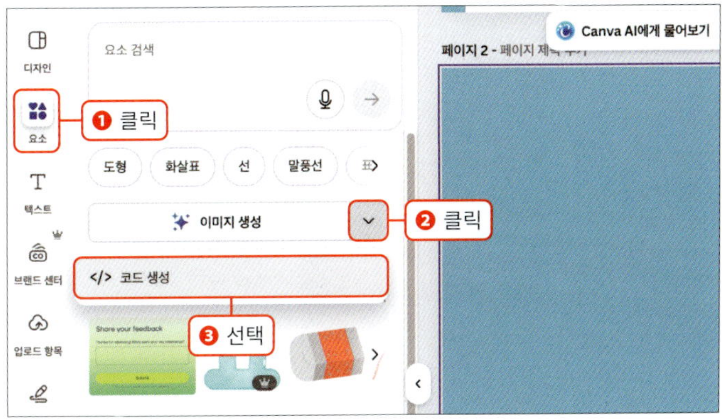

24 | 다음과 같이 프롬프트를 입력하고 〈코드 생성〉 버튼을 클릭합니다. 코드가 생성되는 동안 잠시 기다려줍니다.

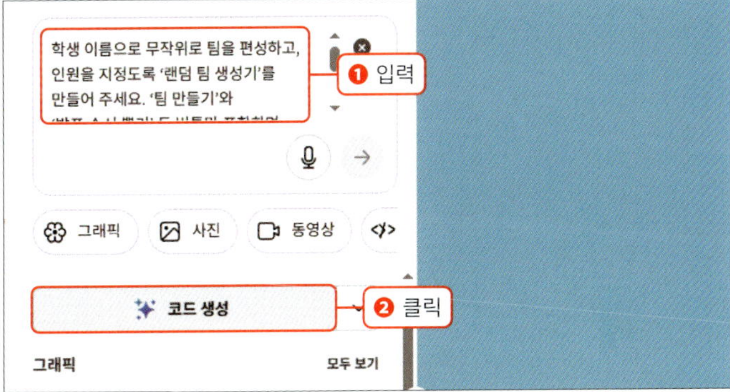

 학생 이름으로 무작위로 팀을 편성하고, 인원을 지정도록 '랜덤 팀 생성기'를 만들어 주세요. '팀 만들기'와 '발표 순서 뽑기' 두 버튼만 포함하며, 입력창에는 아래 학생 명단이 기본값으로 자동 입력되도록 해 주세요. 김민수, 이서연, 박지훈, 최윤아, 정하림, … (전체 학생 명단 추가)

25 | 코드가 완성되면 결과물을 클릭하여 캔버스를 꽉 채우도록 크기를 조정합니다.

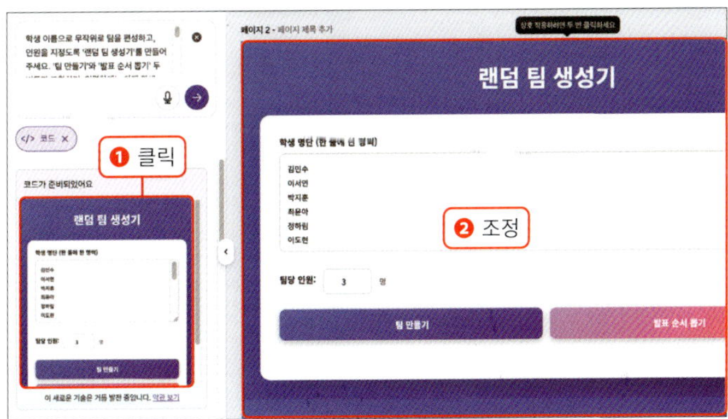

26 | 추가된 코드가 잘 작동하는지 테스트해 보겠습니다. 상호작용을 활성화하기 위해 캔버스에 추가한 생성기를 더블클릭하거나, 오른쪽 상단 '모든 프레젠테이션 모드' 아이콘(⌄)을 클릭하고 [전체화면 프레젠테이션]을 선택한 다음 〈프레젠테이션〉 버튼을 클릭합니다.

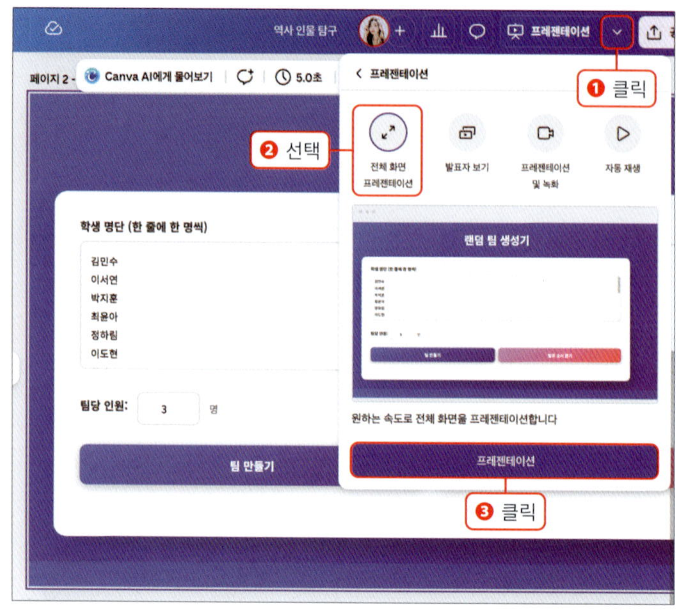

27 | 테스트를 위해 팀당 인원에 '3'을 입력한 다음 〈팀 만들기〉 버튼을 클릭하면 3명씩 5개의 팀으로 생성합니다. 〈발표 순서 뽑기〉 버튼을 클릭하면 발표 순서가 정해지는 모습을 확인할 수 있습니다.

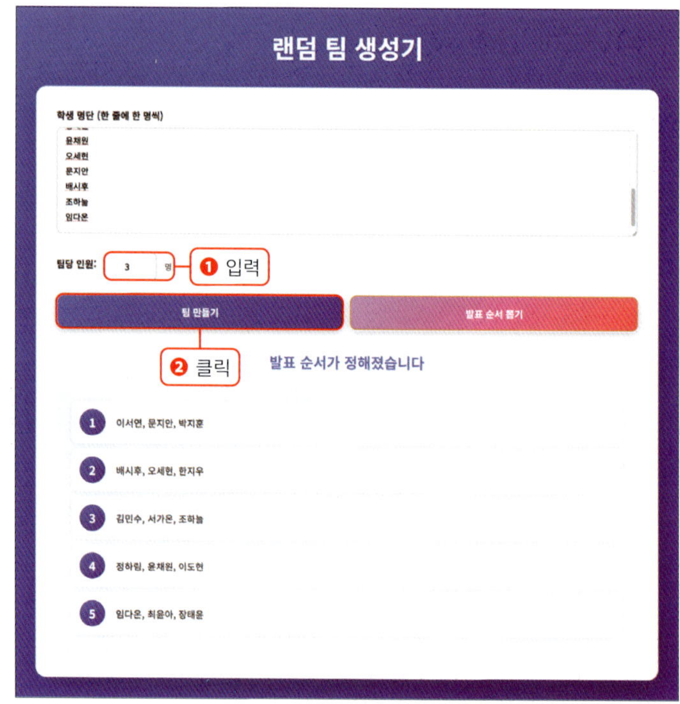

LESSON 06

움직이는 포스터, 애니메이션 모바일 초대장 만들기

완성파일: source\가을운동회.png

가을 운동회는 모두가 한자리에 모이는 주요 행사이기 때문에 정보를 명확하고 보기 좋게 전달할 수 있는 포스터가 필요합니다. 이번 장에서는 스포츠 관련 템플릿을 활용해 '가을 운동회' 컨셉에 어울리는 레이아웃 구성과 타이포그래피, 색감을 활용하도록 함께 실습합니다. 또한 운동회의 활기를 부모님께 가장 생생하게 전달할 수 있도록 자연스럽게 움직이는 요소를 추가한 '애니메이션 모바일 초대장'을 만들어 웹사이트에 게시하고 URL 공유할 수 있도록 구성해 보겠습니다.

기존의 블루 계열의 행사 분위기를 가을 운동회의 유쾌하고 따뜻한 레드 계열 에너지로 초점을 맞춥니다. 말하는 듯한 입체적인 타이포를 사용해 친근하고 기분 좋은 감정이 전달되도록 하고, 방사형 라이트 이미지는 조정해 '신나는 가을 운동회' 행사명에 시선이 집중되도록 레이아웃을 구성합니다. 전체 일러스트 톤은 유지하되, 운동회의 여러 종목(축구, 농구, 배구 등)에 참여하는 학생들의 모습을 담아 활기찬 현장 분위기를 표현합니다.

예제 콘셉트

작업 패턴
KEYWORD

❶ 굵고 역동적인 서체와 대비되는 얇고 날씬한 서체를 적용해 타이포그래피 디자인
❷ 그래픽 요소에 순차적으로 입장하는 애니메이션 효과 적용
❸ 공유 링크를 만들어 부모님께 모바일 초대장 배포

01 행사 포스터 구성하기

따뜻한 컬러 에너지와 입체적인 타이포로 설렘이 한눈에 전해지는 학교 행사 포스터를 완성해 봅니다.

01 | 캔바 홈에서 왼쪽 [템플릿] 메뉴를 클릭하고 검색창에 'Sports week'를 입력한 다음 '제출하기' 아이콘을 클릭합니다. 예제와 같은 템플릿을 찾기 위해 하단 옵션의 카테고리를 [포스터], 스타일을 [굵게]로 설정한 다음 해당 템플릿을 선택합니다. 인쇄 크기 유형이 A3인지 확인하고 〈이 템플릿 맞춤 편집하기〉 버튼을 클릭합니다.

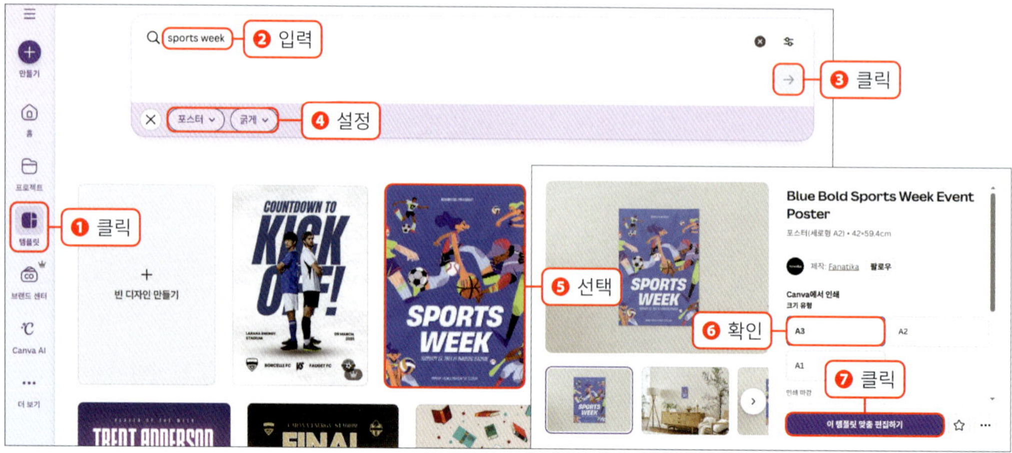

02 | 바탕색을 변경하기 위해 캔버스의 배경을 선택하고 상단 편집 툴바에서 색상을 분홍색(#ff618b)으로 설정합니다. 방사형 라이트 이미지도 선택하여 색상을 선홍색(#e53162)으로 설정합니다.

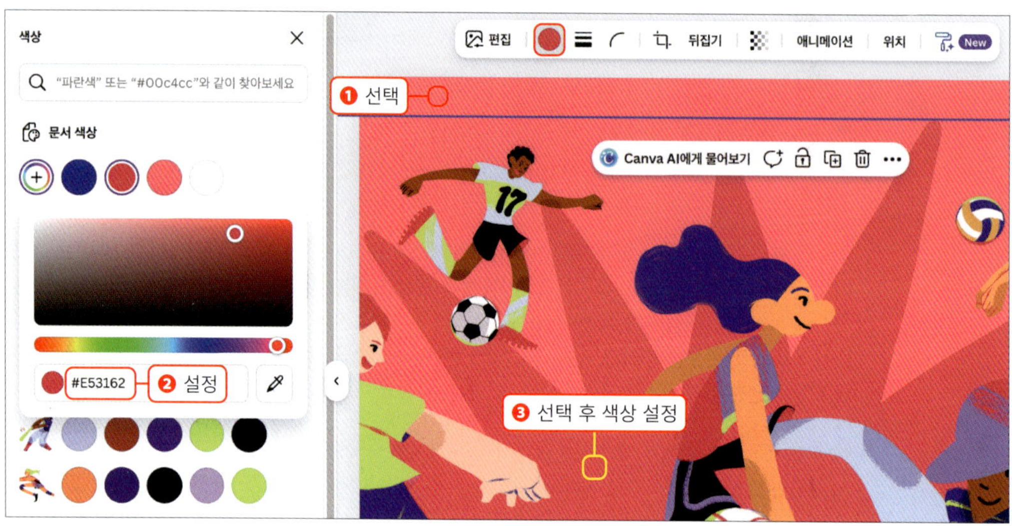

03 | 포스터 제목에 밝고 리듬감 있는 서체를 적용하겠습니다. 중앙에 텍스트 상자를 더블클릭해 '신나는'을 입력하고 상단 편집 툴바에서 글꼴은 'TDTD영화관', 크기는 '232', '가운데 정렬', 색상은 흰색(#ffffff), 글자 간격은 '-25', 줄 간격은 '1'로 설정합니다. 이후 [효과]를 클릭하고 그림자 색상을 장미색(#9d2727)으로 설정합니다.

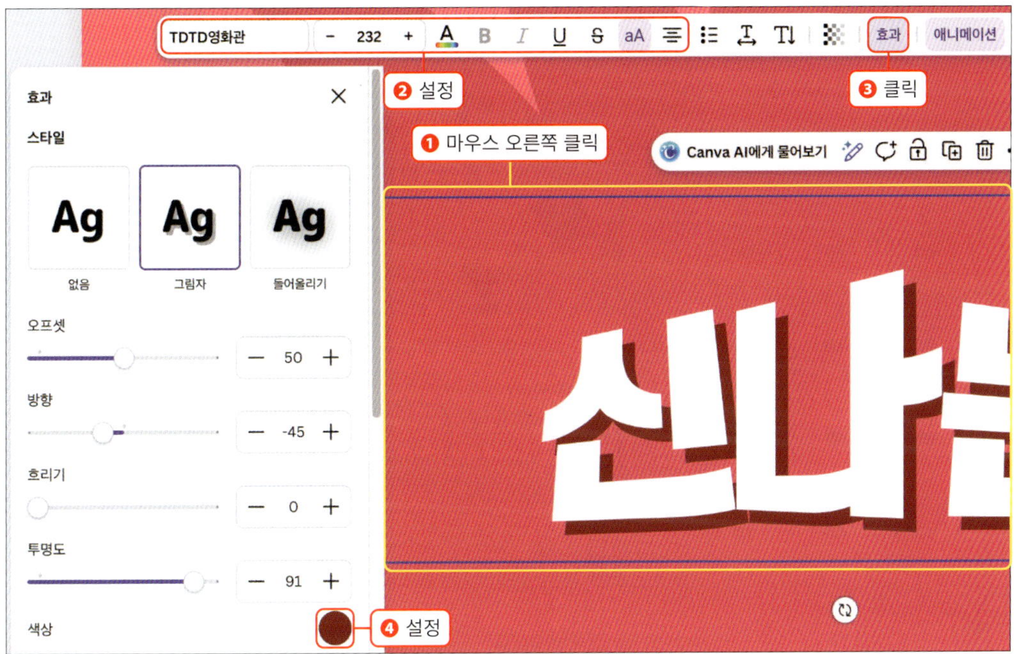

04 | 텍스트의 설정을 달리 적용하기 위해 '신나는' 텍스트 상자를 복제(Ctrl+D)한 다음 '가을운동회'를 입력하고, 글꼴은 '나쁜놈하드보일드', 글자 크기는 '184'로 설정합니다.

05 | 배치된 일러스트 이미지를 마우스 오른쪽 버튼으로 클릭하고 [정보] → [컬렉션 보기]를 실행합니다. 왼쪽에서 세트 이미지를 확인하고 야구, 축구, 배구, 농구 등 다양한 운동 이미지를 캔버스에 조화롭게 배치합니다.

Tip　이미지 크기를 다양하게 조절해 강약을 주며 배치합니다. 핵심 이미지는 크게, 보조 이미지는 작게 사용해 시선의 흐름과 시각적 리듬을 만들고, 전체 균형과 여백을 함께 고려합니다.

06 | 그 외에 텍스트 상자를 활용하여 동일한 방법으로 행사 일시 및 장소 정보, 행사 보조 정보를 추가해 배치합니다.

07 | 행사명이 주목되도록 왼쪽 [요소] 메뉴를 클릭하고 검색창에 '스파크'를 입력한 다음 '제출하기' 아이콘(⬤)을 클릭합니다. 다음과 같은 요소를 선택하고 색상은 형광연두색(#d9fa64)으로 설정합니다. 중앙에 텍스트 상자와 이미지들의 위치를 조정하여 마무리합니다.

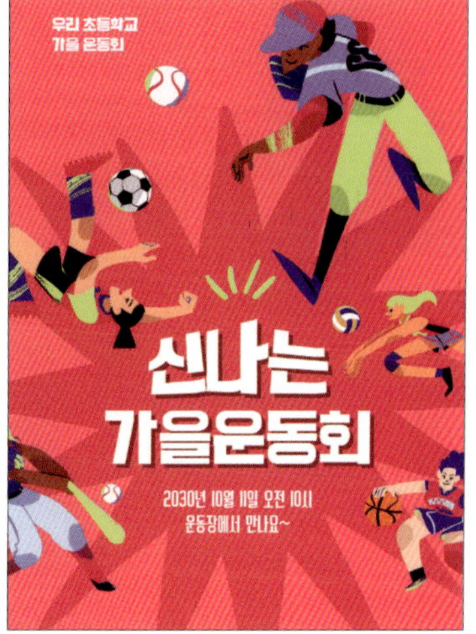

02 부모님께 공유할 애니메이션 모바일 초대장 만들기 [에듀테크]

애니메이션 효과를 적용한 모바일 초대장을 제작해 학교 앱 등으로 공유하는 방법을 살펴보겠습니다.

08 | 텍스트에 애니메이션 효과를 적용하기 위해 Shift를 누른 채 '신나는', '가을 운동회' 텍스트 상자를 선택하고, 상단 편집 툴바에서 [애니메이션]을 클릭합니다. [터뜨리기]를 선틱하고 [들어갈 때]는 '80%'으로 설정합니다.

✦ **Tip**   배경 이미지는 고정되도록 애니메이션 효과를 주지 않고, 포스터 제목과 스포츠 관련 일러스트에만 애니메이션 효과를 지정하여 전달하고자 하는 콘텐츠에 주목성을 부여합니다.

09 | 이번에는 이미지 요소에 전체적으로 애니메이션 효과를 적용하겠습니다. Shift를 누른 채 캐릭터 이미지를 모두 선택한 다음 상단 편집 툴바에 [애니메이션]을 클릭합니다. [닦아내기] 효과를 선택하고 옵션은 [들어갈 때]로 설정합니다.

✦ **Tip** 애니메이션 효과를 적용할 때 강도와 스피드 옵션은 마우스로 드래그하는 슬라이더(⊏─○⊐) 형식으로 되어 있습니다. 정확한 숫자 정보를 입력할 수 없으니 아래 정보를 참고할 때는 어림잡아 적용해보세요. 예를 들어, 50%는 슬라이더의 중간 정도, 75%는 중간과 끝점 사이의 중간 정도로 여겨 적용할 수 있습니다.

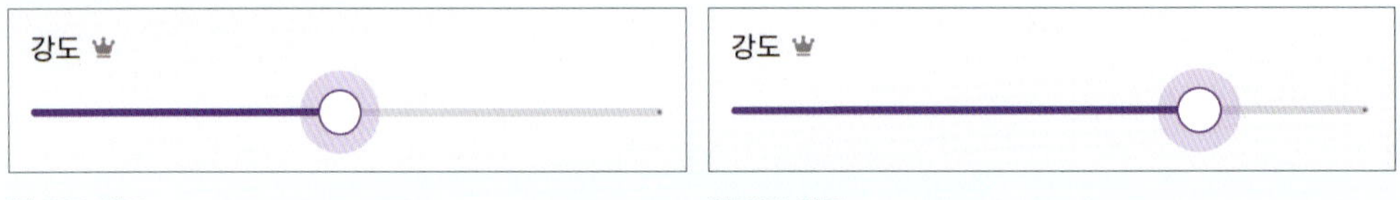

약 50% 정도   약 75% 정도

10 | 사방에서 순차적으로 하나씩 이미지가 들어오는 효과를 넣겠습니다. 시차 조정 효과가 따로 없어서 나타나는 속도 설정으로 조정하겠습니다. 처음에 등장할 이미지를 선택하고 상단 편집 툴바에서 [애니메이션]을 클릭합니다. 방향을 [→], 스피드는 '100%'로 설정합니다.

✦ **Tip** 캔바에는 애니메이션의 시차(Delay)를 조절하는 기능이 별도로 없기 때문에 강도의 정도(강함 - 빠른 등장, 약함 - 늦은 등장)를 조절하여 간접적으로 시차 효과를 줄 수 있습니다.

11 | 동일한 방법으로 배구 이미지는 방향 '←', 스피드 '75%'로, 야구 이미지는 방향 '↑', 스피드 '50%'로, 농구 이미지는 방향 '↓', 스피드 '25%'로 설정해 운동하는 이미지가 들어오는 방향과 순서를 조절합니다.

12 | 마지막으로 가장 크게 구성한 야구 이미지를 선택하고 상단 편집 툴바에서 [애니메이션]을 클릭합니다. 옵션은 [들어갈 때]로 설정하고 아래쪽에 추가 효과로 [흔들흔들 움직이기]를 선택하고 옵션은 강도 '25%'로 설정합니다.

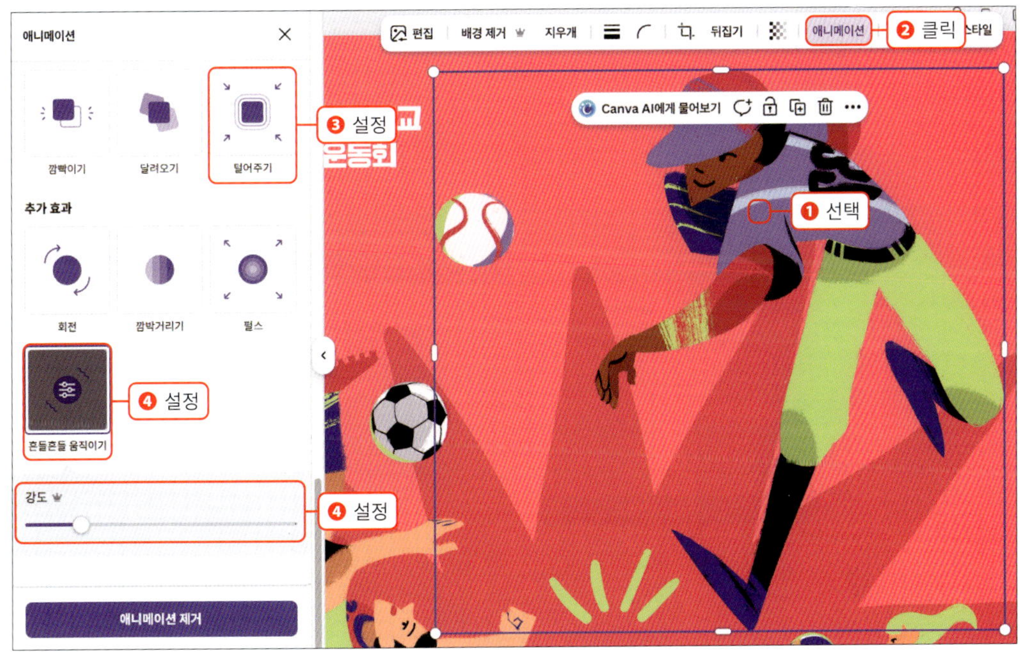

Tip 추가 항목에 있는 애니메이션 효과는 중복해 추가로 적용할 수 있으며 애니메이션이 멈추지 않고 계속 반복됩니다.

13 | 오른쪽 상단의 [미리보기] 버튼을 클릭해 완성한 애니메이션의 흐름을 확인할 수 있습니다.

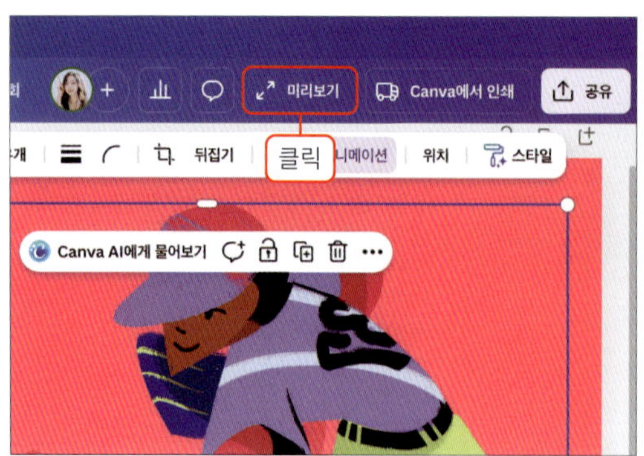

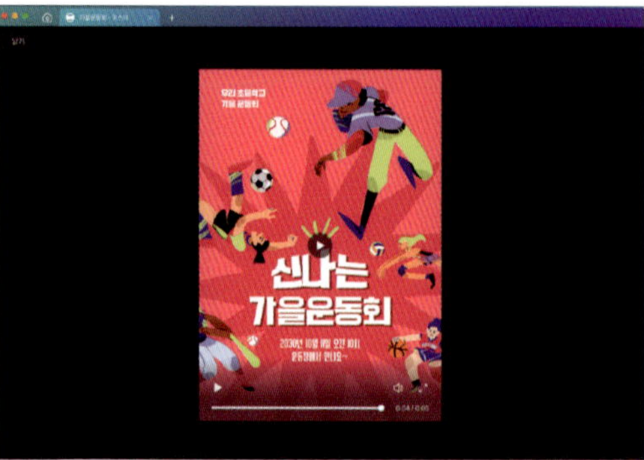

Tip 과한 애니메이션 효과는 혼란스럽고 복잡한 느낌을 전달하기 때문에 오히려 완성도를 떨어뜨리게 되니 주의
하세요. 애니메이션은 보조적인 관점의 움직임 흐름으로 정리해 주는 것이 가장 안정적입니다.

03 공유 링크 만들기

애니메이션이 완성되었으므로 학부모에게 보낼 공유 링크를 생성하겠습니다.

14 | 오른쪽 상단에서 〈공유〉 버튼을 클릭하고 [공개 보기 링크]를 선택하고 〈공개 보기 링크 만들기〉 버튼을
클릭하여 링크를 생성합니다.

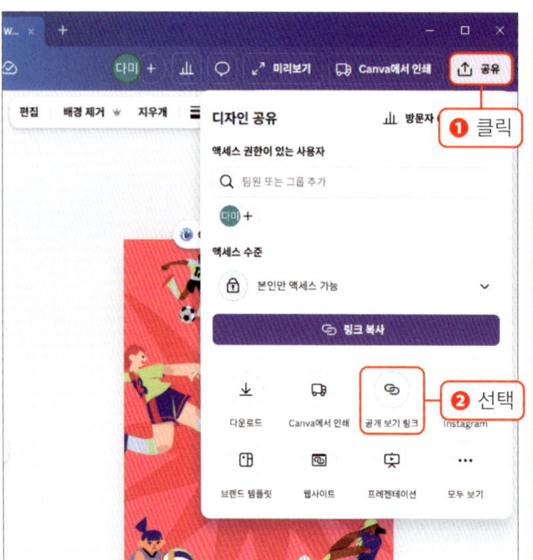

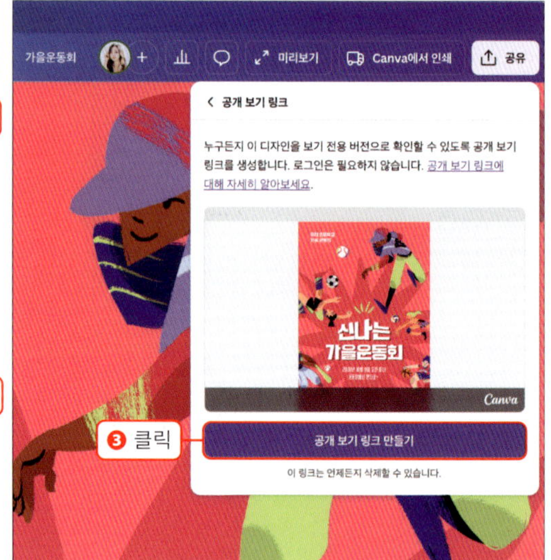

15 │ 클립보드에 복사되었으니 이제 학교 알리미 또는 카카오톡 단톡방에 붙여넣어 링크를 공유할 수 있습니다. 하단의 〈다른 링크 추가하기〉 버튼으로 다른 링크를 추가해 방문자를 분류하여 공유할 수 있습니다.

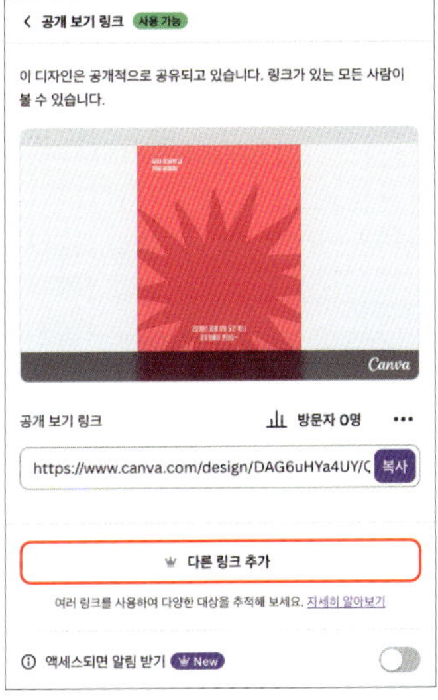

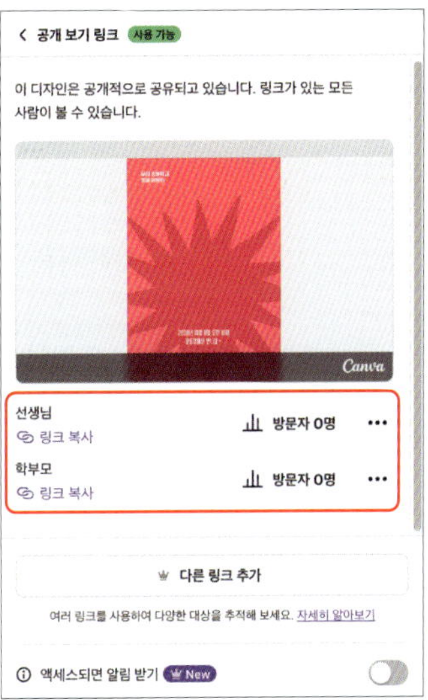

16 │ 링크를 테스트 하기위해 웹브라우저에 복사한 URL을 붙여넣기([Ctrl]+[V])하여 접속합니다. 포스터가 문제없이 잘 열리는지 확인합니다.

✦ **Tip**   브라우저의 바탕화면에서 마우스 오른쪽 버튼을 클릭하여 [검사]를 실행한 다음 '토글 디바이스 툴바' 아이콘(⛶)을 클릭하여 임시로 모바일 스크린 사이즈에서 테스트해 볼 수 있습니다.

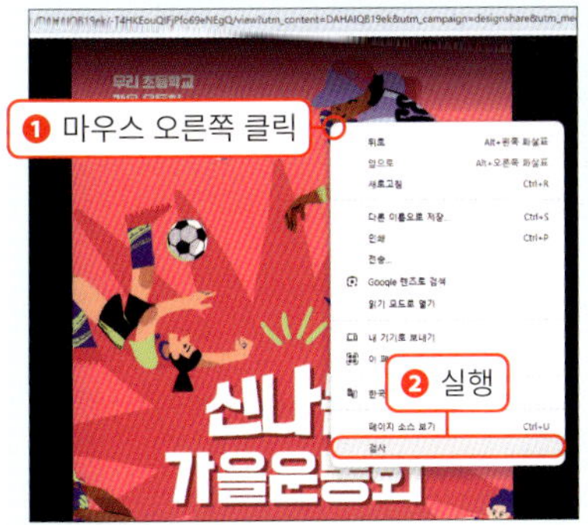

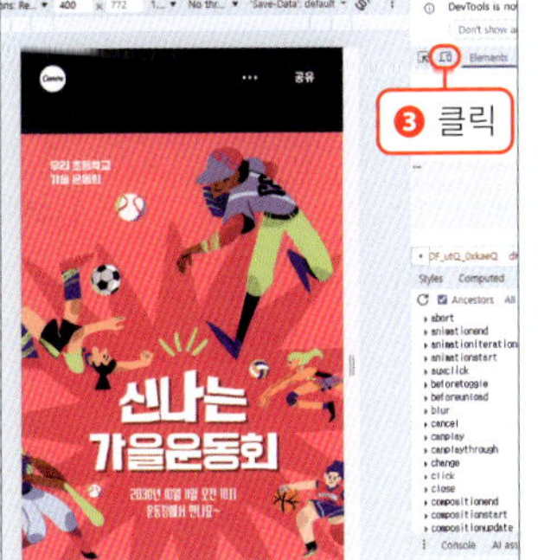

LESSON 07

스냅 사진을 이용한 신학기 포스터와 이름표 템플릿 만들기

예제파일: source\학급단체사진.png　　**완성파일**: source\교실꾸미기포스터.png, (대량 1)이름표템플릿.pdf

따뜻하게 꾸며진 교실은 더이상 단순한 장식이 아니라 아이들의 마음을 붙잡는 공간이 됩니다. 이번 예제에서는 학급 단체 사진이 주는 생동감을 살려 환경미화 포스터 제작 과정을 소개합니다. 교실 분위기를 부드럽게 하고 소속감과 학급 정서를 자연스럽게 끌어올리는 분위기 개선 효과를 기대해볼 수 있습니다. 또한 캔바의 자동 생성 기능을 활용해 여러 명의 이름표를 한 번에 제작하는 템플릿을 함께 제작해 보겠습니다. 반복 작업을 줄이고 명단만 바꾸면 다시 활용할 수 있어 편리합니다.

예제 콘셉트

커다란 타이틀의 디자인으로 블루 계열 배경을 사용해 시원하고 청량한 교실 분위기를 연출합니다. 학급 단체 사진 속에서 자유롭게 웃는 학생들의 모습은 밝고 긍정적인 이미지를 전달합니다. 손글씨 느낌의 'Thank you!' 텍스트는 메인 타이틀 '고맙다 친구야'를 자연스럽게 가로지르며 정적인 화면에 리듬감을 더하고, 타이틀에는 오프셋 효과를 적용해 입체감을 부여합니다. 또한 학생 개별 사진에는 '아이디어 넘치는 OOO'과 같이 학생 개성 요소를 표현하여 시각적 재미를 주고 학생들의 소속감을 강조합니다.

작업 패턴 KEYWORD

❶ 색상의 HEX 코드를 검색해 어울리는 색상의 추천 팔레트 활용
❷ 저해상도 이미지를 'AI Image Enhancer'로 이미지 화질을 4배 향상
❸ 야외 촬영 이미지의 배경을 자연스럽게 제거
❹ 데이터 시트에 있는 이름 목록 참고해 이름표 자동 생성하는 템플릿 구축

01 단체 사진의 화질 조정하기

큰 타이틀과 사진, 손글씨 요소를 조합해 소속감과 긍정적인 분위기가 느껴지는 교실 꾸미기 포스터를 만들어봅니다.

01 | 캔바 홈에서 [+ 만들기]를 클릭하고 '맞춤형 크기'를 선택합니다. 단위는 'cm'로 선택하고 가로와 높이는 각각 '42'를 입력한 다음 〈새 디자인 만들기〉 버튼을 클릭해 정사각형의 캔버스를 생성합니다.

Tip A2 종이 사이즈(42× 59.2cm)를 재단해 정사각형 크기로 인쇄할 수 있는 크기입니다.

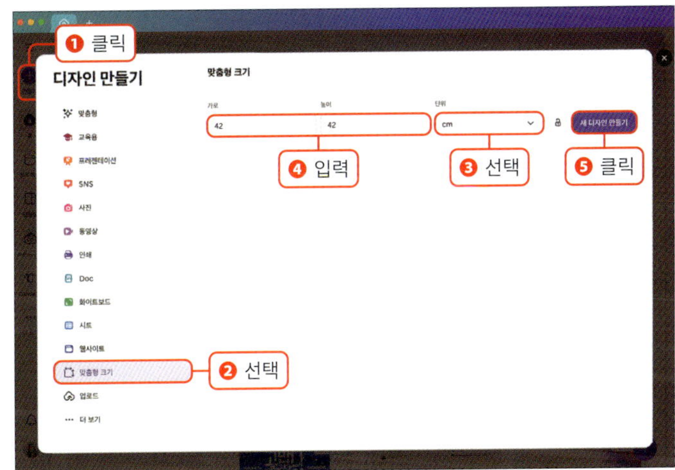

02 | 캔버스의 배경을 선택한 후 상단 편집 툴바에서 색상은 파란색(#0171d3)으로 설정합니다.

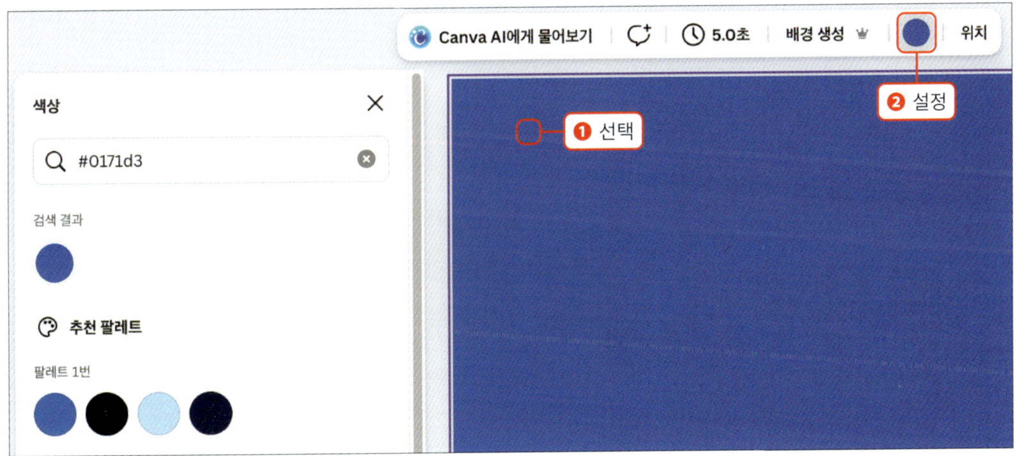

Tip 상단 편집 툴바에서 색상을 설정할 때 특정 색상을 검색하면 하단에 여러 개의 색상 팔레트를 추천해주는 것을 확인할 수 있습니다. 검색한 파란색(#0171d3)을 중심으로 '명도와 채도 및 보색 대비'를 계산해 자동 생성한 색상 팔레트입니다. 균형감 있게 색상을 사용할 수 있도록 '강조색, 중간톤, 배경용 색'이 배치되어 있어 자연스러운 디자인 흐름을 만들 수 있습니다.

03 | 다운로드한 source 폴더에서 '학급단체사진.png' 파일을 캔바의 캔버스로 드래그하여 불러옵니다.

04 | 이미지의 해상도를 향상시키기 위해 왼쪽 〔앱〕 메뉴를 클릭하고 검색창에 'AI Image Enhancer'를 입력하여 해당 앱을 선택합니다. 〈열기〉 버튼을 클릭해 플러그인을 설치합니다. [4x]를 선택한 후 〈해상도 높이기〉 버튼을 클릭해 해상도를 높여줍니다.

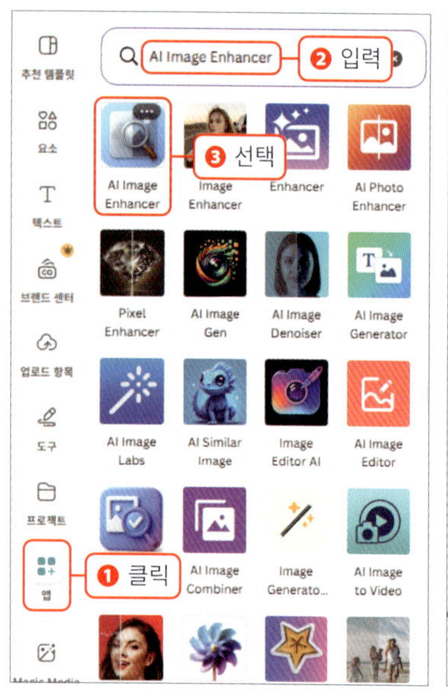

05 | 작업이 완료되면 하단의 〈교체〉 버튼을 클릭해 기존의 이미지를 대체합니다. 기존 이미지가 삭제되고 품질이 향상된 이미지로 대체되었습니다.

 **Tip   AI Image Enhancer 앱으로 이미지 화질 높이기**

AI Image Enhancer 앱은 캔바의 이미지 보정 기능으로, 흐릿하거나 저해상도인 이미지를 자동으로 분석해 화질을 향상시키는 플러그인입니다. 작은 이미지를 크게 사용해야 할 때나 어둡고 흐린 사진을 인쇄용으로 또렷하게 보정할 때 특히 효과적입니다.

[8x]를 적용하지 않는 이유는 AI가 이미지를 생성하는 과정에서 실제와 다른 디테일을 만들어 왜곡시킬 가능성이 높아 품질이 불안정해질 수 있기 때문입니다. 또한 파일 용량이 지나치게 커질 경우 로딩 지연이 발생할 수 있어, 대부분의 실무 목적에는 [4x]가 가장 안정적인 선택입니다.

화질 보정 전

화질 보정 후

06 | 학급 단체 사진 이미지를 클릭해 상단 편집 툴바에 [배경 제거]를 클릭하여 이미지 속 배경을 지워줍니다.

07 | 설정한 배경색과 어울리도록 상단 편집 툴바에 [편집]을 클릭하고 필터 항목에서 [아리아]를 선택합니다. 이때 강도는 '75%' 정도로 슬라이드 바를 조절하여 채도를 올립니다.

08 | 왼쪽 〔요소〕 메뉴를 클릭하고 검색창에 '그림자'를 입력한 다음 '제출하기' 아이콘(→)을 클릭합니다. 입체감을 주기 위해 다음과 같이 타원형의 진한 그림자를 선택하여 1열에 앉아있는 학생들의 무릎 위치에 배치합니다.

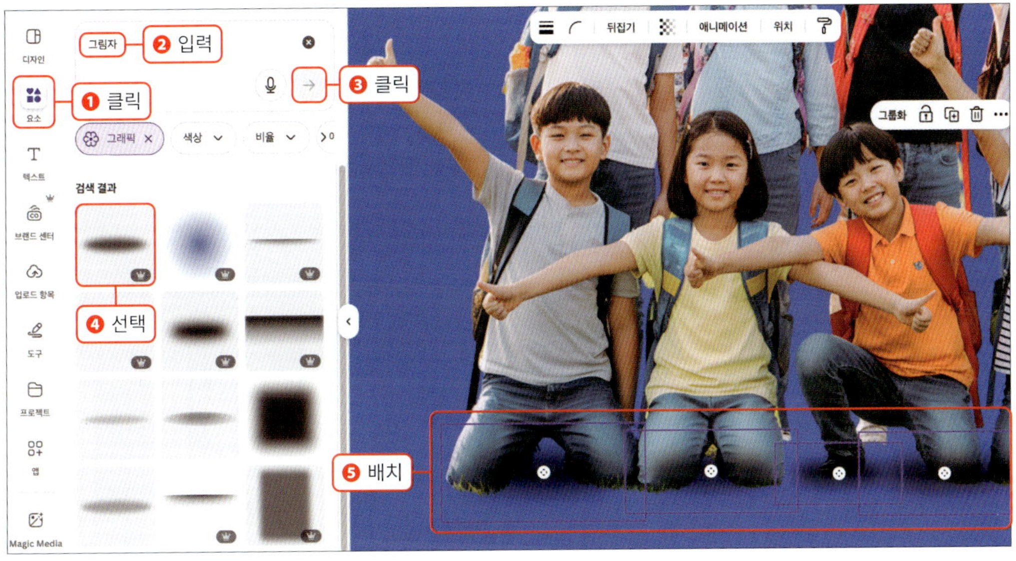

Tip 앞 줄의 주황색 티셔츠 입은 학생은 한쪽 무릎만 꿇고 있는 자세입니다. 이런 경우 그림자를 두 개로 나눠서 배열하면 조금 더 자연스러운 표현이 가능합니다.

09 | Shift를 누른 채 그림자 이미지를 모두 선택합니다. 상단 편집 툴바에서 '투명도' 아이콘(▦)을 클릭해 '80'으로 설정하여 그림자가 배경색과 섞이도록 하고, 맨 뒤로 보내기(Ctrl + Alt + [)'를 실행해 인물의 뒤에 위치하도록 합니다

Tip 이렇게 그래픽 요소 뒤에 그림자 처리를 해주면 공중에 떠있던 느낌에서 땅 위에 붙어 있는 느낌이 됩니다. 그림자를 학생 무릎의 뒤로 이동하여 무게감을 표현했습니다.

02 타이포그래피를 추가하여 포스터 구성하기

즐거운 학급 분위기를 표현하기 위해 큰 타이포그래피를 중앙에 추가하고 또 다른 스타일의 타이포그래피를 추가하여 서로 어울리도록 구성해 보겠습니다.

10 | 왼쪽 (텍스트) 메뉴를 클릭하고 〈텍스트 상자 추가〉 버튼을 클릭한 다음 '고맙다 친구야'를 2줄로 입력합니다. 상단 편집 툴바에 글꼴은 '네모고딕 좁은폭/중간', 글자 크기는 '226'으로 설정합니다.

11 | 상단 편집 툴바에 색상은 흰색(#ffffff), 글자 간격은 '0', 줄 간격은 '1.05', '중앙정렬'로 설정하여 타이포그래피를 정돈합니다.

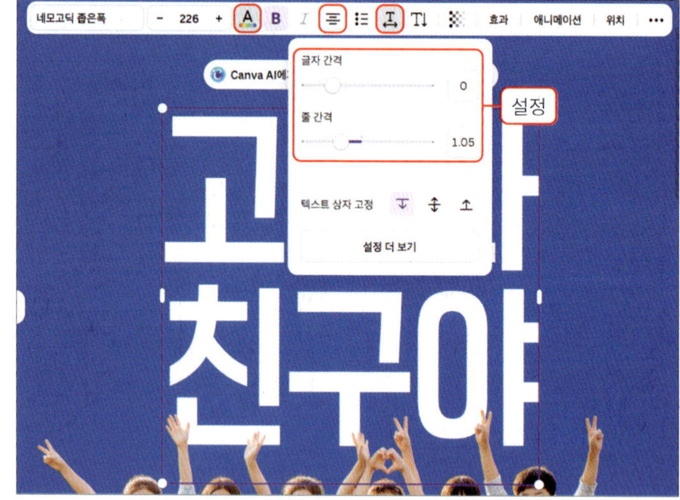

12 | 같은 방법으로 텍스트 상자를 추가하여 '학창시절 즐거운 추억'을 입력합니다. 상단 편집 툴바에서 글꼴은 '네모고딕 좁은폭/중간', 글자 크기는 '33', '중앙정렬', 색상은 흰색(#ffffff), 글자 간격은 '0', 줄 간격은 '1.05'로 설정합니다. 텍스트 상자를 복제(Ctrl+D)한 다음 중앙 텍스트 상자의 오른쪽에 추가하여 '우리 함께 만들어보자'로 입력합니다.

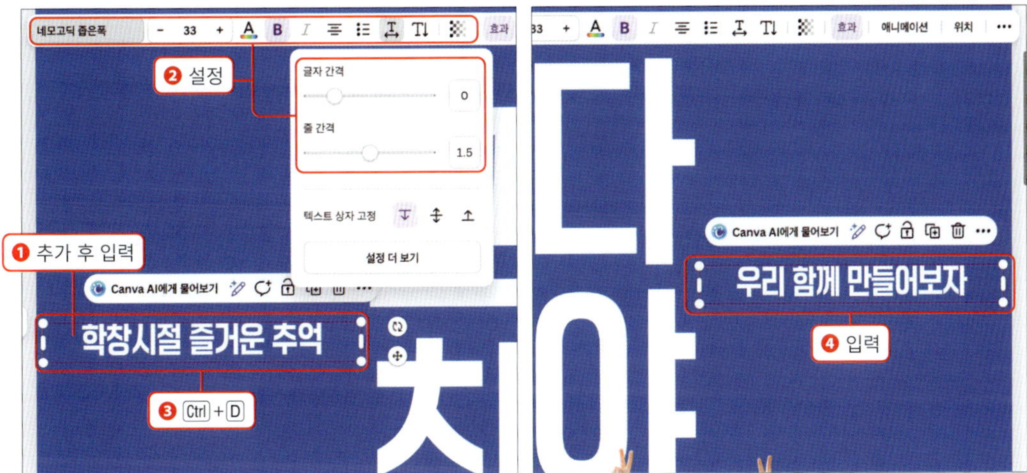

13 | 중앙 텍스트 사이에 텍스트 상자를 추가하여 'Thank you!'를 입력하고 글꼴은 'Another Shabby', 크기는 '82', 색상은 '흰색(#ffffff)', 글자 간격은 '0'으로 설정합니다. 텍스트를 '–10'도로 회전해 리듬감을 주고 [효과]를 클릭한 다음 [테두리]를 선택하고 두께를 '200'으로 설정합니다.

14 왼쪽 [요소] 메뉴를 클릭하고 검색창에 'Halftone shape'을 입력한 다음 Enter 을 누릅니다. 도트 느낌의 원형을 다음과 같이 추가하고 색상은 파란색(#0171d3)으로 설정합니다. 이때 'Thank you!' 텍스트 레이어의 뒤로 보냅니다(Ctrl + [).

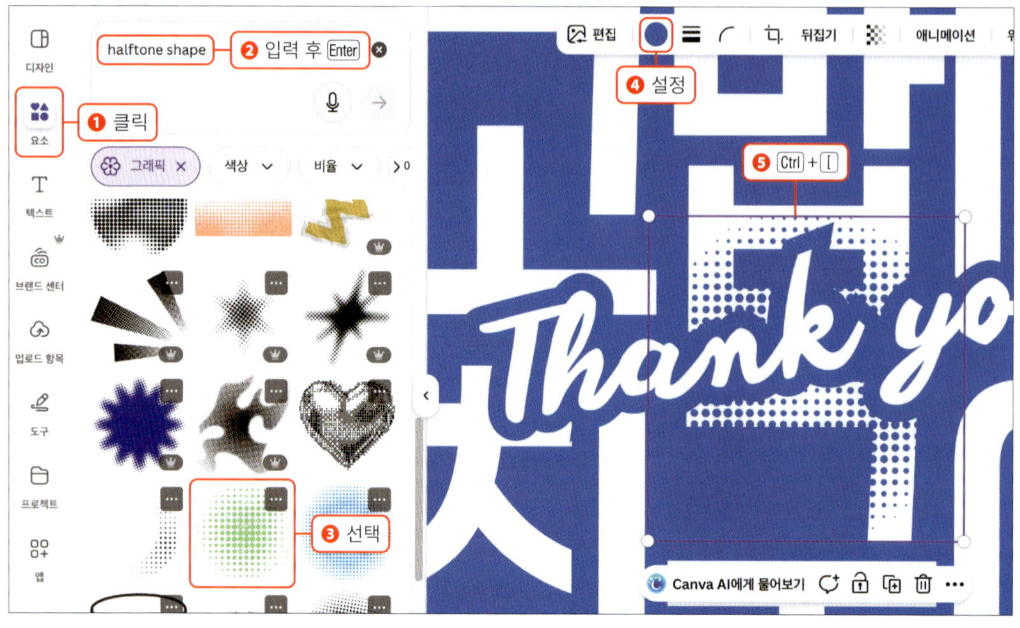

15 왼쪽 [요소] 메뉴를 클릭하고 검색창에 '그림자'를 입력한 다음 '제출하기' 아이콘(→)을 클릭합니다. 파란색 원형 그림자를 선택한 다음 투명도는 '28'로 설정하고 레이어 뒤로 보내기(Ctrl + [)를 실행하여 깊이감이 느껴지도록 표현합니다.

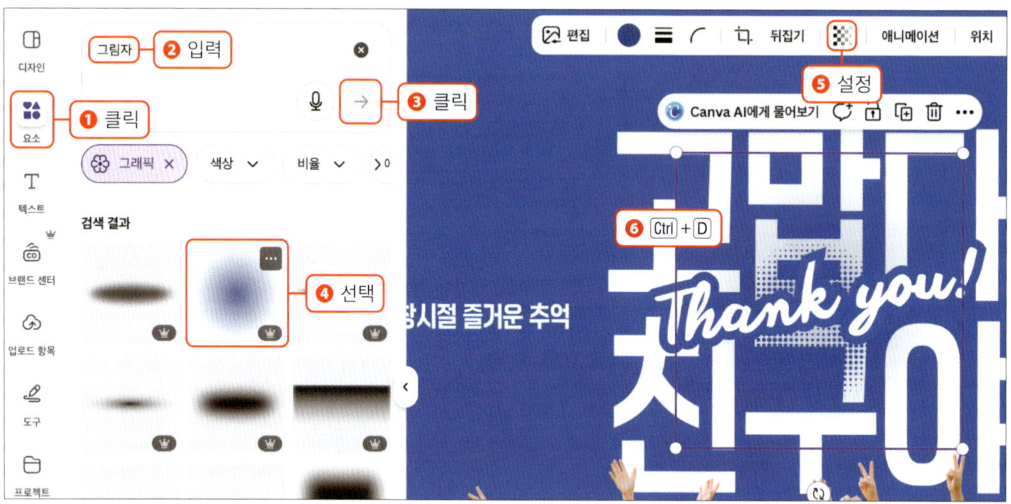

16 | 중앙 텍스트 위쪽으로 텍스트 상자를 추가하여 'FOREVER'를 입력합니다. 글꼴은 'Bebas Neue/BOLD', 글자 크기는 '36', '중앙 정렬', 색상은 흰색(#ffffff), 글자 간격은 '800', 줄 간격은 '1.05'로 설정하여 메시지 전달과 함께 밀도를 높이는 장식 역할을 합니다.

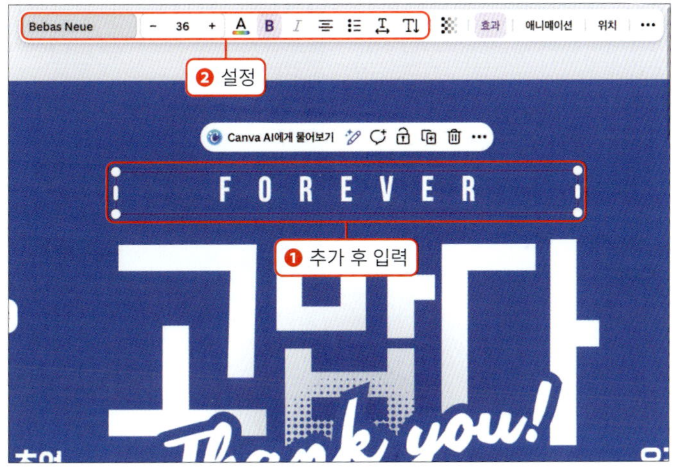

03 요소를 활용하여 이름표 붙이기

요소를 활용해 포스터에 있는 학생들의 이름표를 테이프로 붙인 듯한 효과를 적용해 보겠습니다.

17 | 왼쪽 (요소) 메뉴를 클릭하고 검색창에 '마스킹테이프'를 입력한 다음 '제출하기' 아이콘(→)을 클릭합니다. 다음과 같은 요소를 선택해 살짝 기울여 배치합니다.

18 | 요소 위에 텍스트 박스를 추가해 '호기심 반짝 김하윤'을 입력하고 글꼴을 '210 키위바나나/보통', 글자 크기는 '16', 흰색(#ffffff), 글자 간격은 '0'으로 설정합니다.

Tip 학생들의 개성을 표현하는 별명은 동시에 칭찬하는 타이틀과 같아 학급 운영에 긍정적인 효과를 만들어냅니다. '호기심 반짝, 스마일 메이커, 상상력 가득한'처럼 긍정적인 언어가 붙는 순간, 학생들은 자긍심이 크게 올라가고 인정받는 경험을 하게 됩니다.

19 | Shift를 누른 채 테이프 요소와 이름 텍스트를 동시 선택하고 복제(Ctrl+D)합니다. 다른 학생들의 이름표도 같은 방법으로 배치합니다. 이때 다른 마스킹 테이프 요소를 새로 불러와 구성하면 더욱 활동적인 느낌을 줍니다.

20 | 예제에서는 빈 공간에 기하학적 도형 또는 별 모양 요소를 균형 있게 배치해 발랄한 분위기를 만듭니다. 이렇게 교실을 꾸미기 위한 환경미화 포스터를 완성했습니다.

Tip 예제에서 사용한 기하학적 도형의 컬렉션 ID는 set:nAEetUNh3IU 입니다.

04 이름표 자동 생성 템플릿 만들기 에듀테크

이름표를 만드는 일은 단순한 출력 작업처럼 보이지만, 잘 만들어 놓은 템플릿 하나면 반복 작업을 크게 줄이고, 명단만 바꾸면 언제든 바로 활용할 수 있습니다. 캔바의 자동 생성 기능을 활용해 손쉽게 재사용 가능한 이름표 템플릿을 함께 만들어 보겠습니다.

21 | 캔바 홈에서 [+ 만들기]를 클릭하고 [맞춤형 크기]를 선택합니다. 단위는 'cm', 가로는 '12', 높이는 '5'로 설정하고 〈새 디자인 만들기〉 버튼을 클릭합니다.

22 | 다음과 같이 요소와 텍스트 상자를 활용하여 이름표를 구성합니다. 엑셀과 연동하는 기능 설명을 위해 디자인 작업 과정은 생략하였습니다.

✦ **Tip**   예제와 동일한 텍스트 상자로 진행하시려면 다운로드한 source 폴더에서 '이름표.png' 파일을 불러와 텍스트 상자를 추가하여 다음의 설정으로 진행하세요.

- **학년, 반**: 글꼴 '210 썬플라워', 글자 크기 '16', 색상 파란색(#0f8ad1), 글자 간격 '0'.
- **학생이름**: 글꼴 '210 클레이토이', 글자 크기 '47', 색상 검정색(#000000), 글자 간격 '0'.

05 자동 템플릿의 데이터 시트 생성하여 연결하기

캔바의 자동 생성 기능을 활용하기 위해 이름표 템플릿에 들어갈 데이터 시트를 제작하고 플러그인 '대량 제작'을 이용해 데이터 소스와 이름표 템플릿을 연결합니다.

23 | 캔바 홈에서 [+ 만들기]를 클릭하고 [시트]를 클릭하고 나타나는 기본 [시트]를 선택해 연동할 시트를 만듭니다.

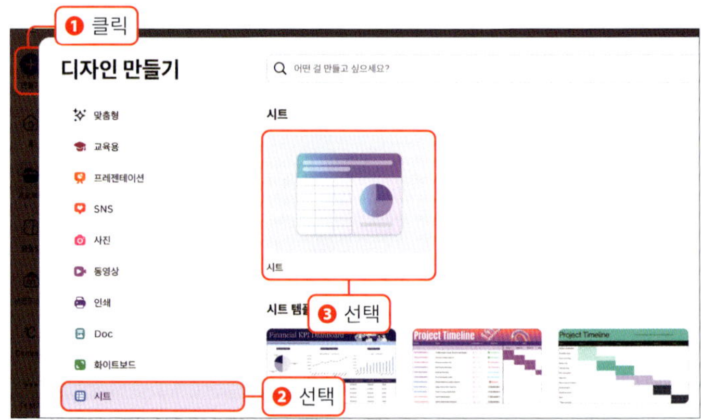

24 | A1 셀에 'name'과 B1 셀에 'class'으로 항목을 입력합니다. 2행부터 학생들의 이름과 반 정보를 한 줄에 한 명씩 입력합니다.

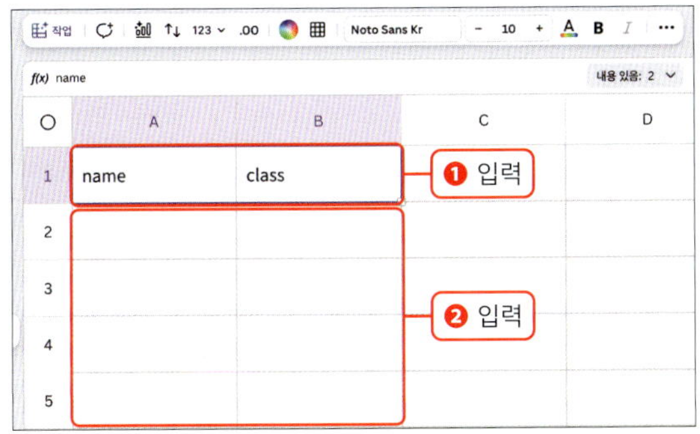
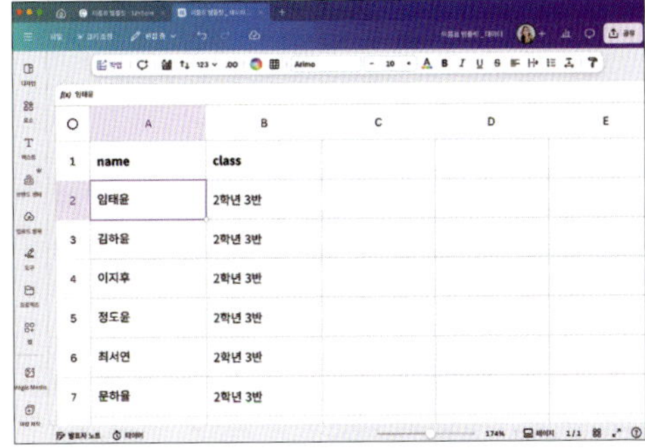

25 | 학생 명단을 입력 후 이전에 이름표 디자인을 한 작업창으로 이동합니다. 왼쪽 (앱) 메뉴를 클릭하고 검색창에 '대량 제작'을 입력한 다음 Enter 를 누릅니다. 나타나는 앱을 선택하고 캔바에서 만든 데이터 소스를 선택하기 위해 [시트]를 클릭합니다.

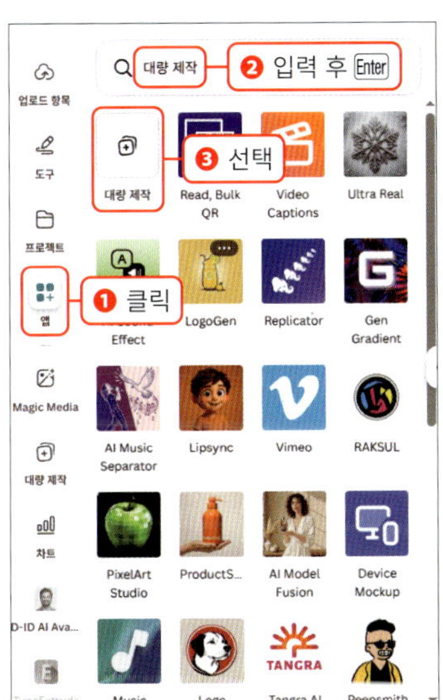

Tip   시트를 만들어두지 않고 바로 작업을 하고자 한다면 <데이터 수동 입력> 버튼을 클릭해 해당 화면에서 바로 입력하여 진행할 수 있습니다.

26 | 여기서 학년과 반, 이름을 적어둔 시트를 선택하면, 데이터 범위가 자동으로 선택됩니다. 예제에서는 'name' 시트를 선택하고 오른쪽 상단의 〈완료〉 버튼을 클릭합니다.

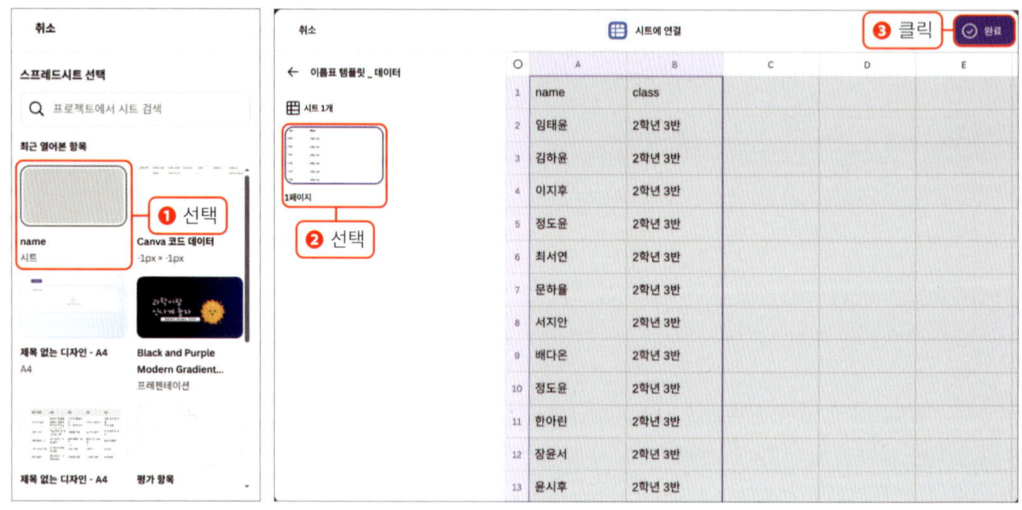

✦ **Tip** 여기에서 데이터를 수동으로 직접 입력하거나, 외부 프로그램에서 '엑셀 또는 구글 시트'로 작성한 파일도 첨부할 수 있습니다.

27 | 데이터 필드를 연결하기 위해 학생의 이름이 들어가는 '김캔바' 텍스트 상자를 선택합니다. 상단 편집 툴바에서 [데이터 연결]을 클릭해 연결할 [name] 필드를 선택합니다.

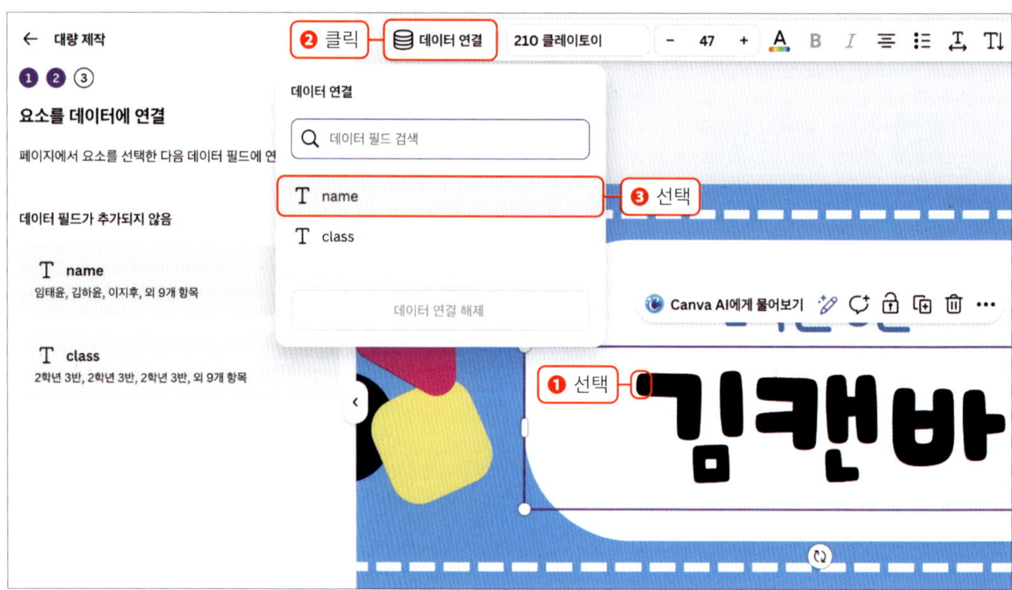

28 | 같은 방법으로 학년과 반이 들어가는 '2학년 3반' 텍스트 상자를 선택합니다. 상단 편집 툴바에서 [데이터 연결]을 클릭해 [class] 필드를 선택하고 〈계속〉 버튼을 클릭합니다.

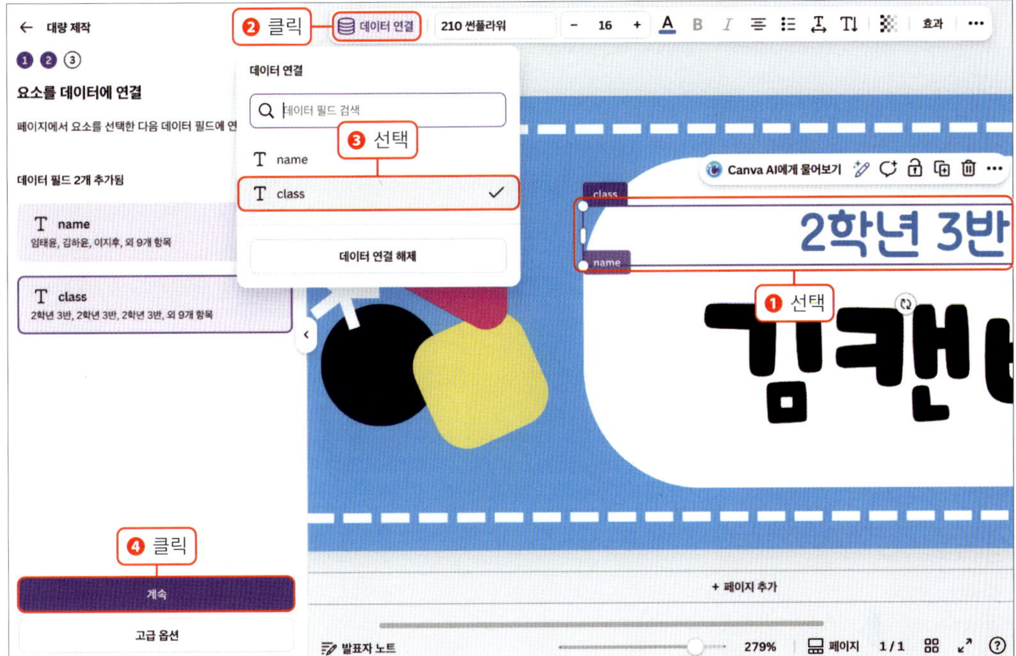

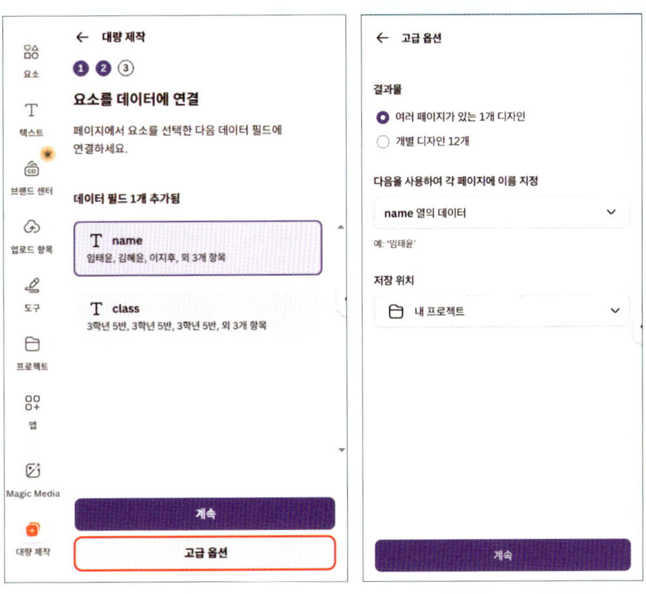

Tip 왼쪽 하단의 [고급 옵션]에서는 결과물의 저장 방식을 선택할 수 있습니다. [여러 페이지가 있는 1개 디자인]은 하나의 파일에 이름표가 페이지별로 묶여 저장되며, [개별 디자인 n개]는 이름표가 각각 독립된 파일로 저장됩니다.

29 | 데이터 적용할 명단이 알맞게 들어갔는지 확인한 후 하단에 〈디자인 n개 만들기〉 버튼을 클릭해 대량 제작을 실행합니다. 제작 완료 후 상단에 뜨는 안내 메시지에서 [디자인 보기]를 클릭해 생성한 파일로 바로 이동합니다.

30 | 데이터를 연결하여 이름표를 생성하는 작업을 완료했습니다. 새로 생성된 파일을 살펴보며 누락된 이름이 없이 적용되었는지 확인합니다.

 **Tip**   오른쪽 하단에 '그리드뷰' 아이콘(▦)을 클릭하면 여러 페이지를 썸네일 형식으로 한번에 볼 수 있습니다.

06 A4용지에서 이름표 한번에 인쇄하기

한 페이지 당 이름표가 하나씩 생성되어 있습니다. A4 용지의 크기에 맞게 모아서 프린트하도록 실습합니다.

31 │ 결과물을 인쇄하기 위해 오른쪽 상단에서 〈공유〉 버튼을 클릭하고 [다운로드]를 선택합니다. 파일 형식을 [PDF 표준], 페이지 선택에서 [모두 선택]을 선택하고 〈완료〉 버튼을 클릭한 다음 〈다운로드〉 버튼을 클릭합니다.

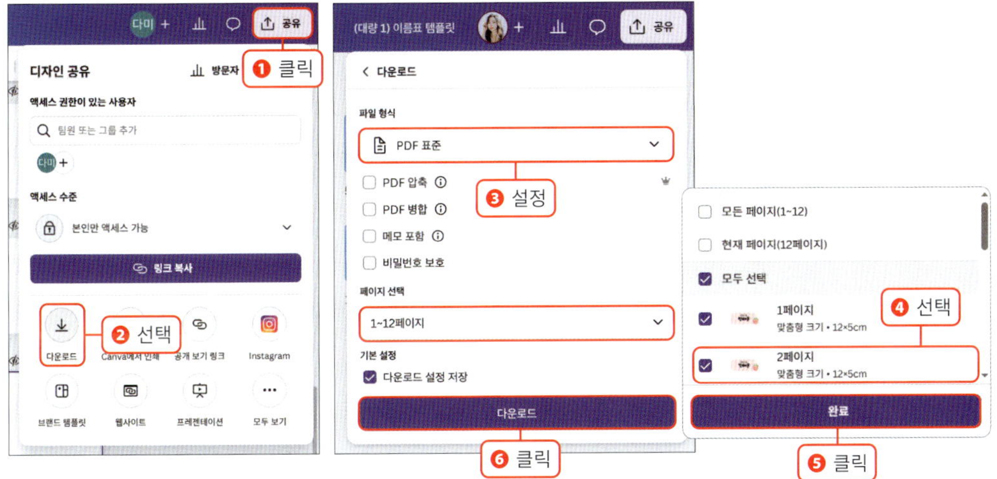

32 │ 다운로드할 폴더를 지정하고 〈저장(S)〉 버튼을 클릭하여 저장합니다. 다운로드한 파일을 실행한 다음 오른쪽 상단에 '인쇄' 아이콘(🖨)을 클릭합니다. 예제에서는 Acrobat Reader로 실행하였습니다.

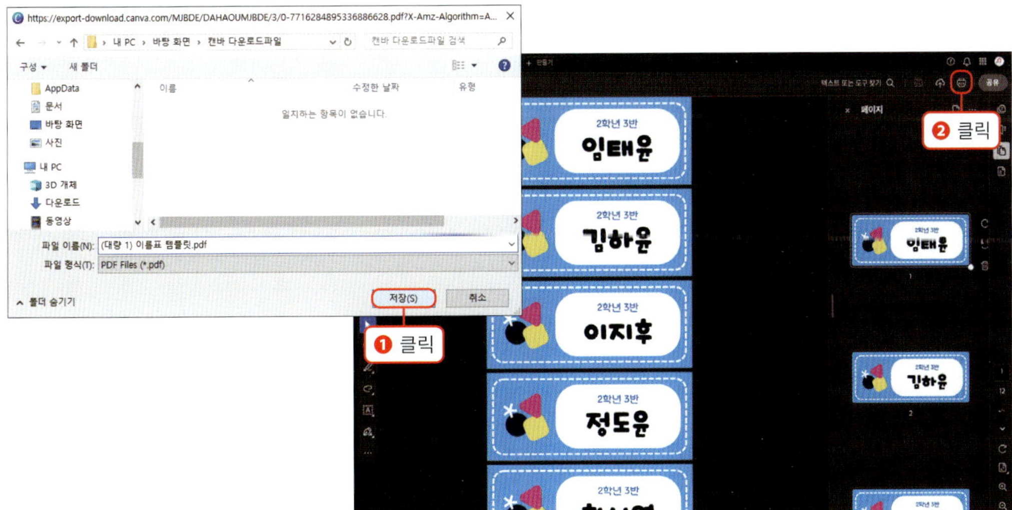

33 | 인쇄할 페이지는 [모두],
페이지 크기 조정 및 처리는 [다중]
으로 선택합니다. 한 면에 인쇄할
페이지 수는 '4'로 설정하여 〈인쇄〉
버튼을 클릭해 인쇄할 수 있습니다.

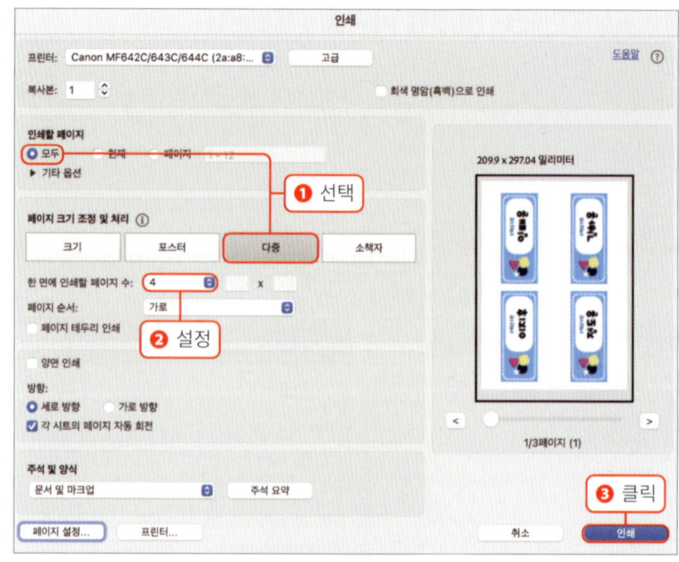

Tip　A4용지의 크기는 21×
29.7cm 크기이고 이름표 한 장은
12×5cm이므로, 축소없이 실제 크
기(Actual Size)로 인쇄하기 위해서
는 한 페이지에 4개 이름표를 배치
하는게 가장 안정적입니다.

곡선 문자와 그림자 효과가 돋보이는 선거 포스터 만들기

예제파일: source\학생회장후보_기호2번.png **완성파일**: source\선거포스터.png

학생회장 선거 포스터는 한눈에 메시지가 읽히고, 신뢰가 느껴져야 합니다. 이번 예제는 강렬한 단색의 배경과 굵은 타이포, 명확한 공약 정리를 통해 후보자의 방향성과 이미지를 분명하게 전달하는 구조입니다. 슬로건 배치, 인물 사진 활용, 공약 체크리스트를 순서대로 따라 하며 설득력 있는 선거 포스터를 완성해 보겠습니다. 또한 수업 또는 워크숍에서 분위기를 단번에 끌어올리는 실시간 투표 기능을 함께 구현해 보겠습니다.

예제 콘셉트

신뢰감을 형성하는 데 초점을 두어 시각적 화려함은 절제하고, 메시지가 명확하게 전달되도록 구성합니다. 기존 게시물과 차별화되는 강렬한 퍼플 컬러로 시선을 사로잡으며, 민트와 분홍의 포인트 컬러로 시각적 피로를 완화합니다. 인물의 손 제스처(V 포즈)와 '기호 2'가 적힌 판으로 메시지를 강화합니다. 메인타이틀은 두껍고 둥근 고딕체를 사용해 부드러운 인상을 주고, 배경색과의 대비를 크게 두어 멀리서도 읽기 쉽도록 합니다. 공약 리스트 영역은 배경 톤을 분리해 정보 영역임을 즉시 인지할 수 있게 하며, 곡선 형태의 종이 조각 장식은 과도한 사용을 자제해 인물에 대한 주목성을 방해하지 않습니다.

작업 패턴
KEYWORD

❶ 텍스트 상자를 복제해 그림자 효과 만들기(색상 및 위치의 변화)

❷ 그림자 효과를 준 텍스트에 배경과 같은 색의 그라데이션으로 입체감 표현

❸ 무지개처럼 구부러진 글자의 곡선 효과 표현

01 텍스트 상자와 그림자 효과 만들기

메시지가 또렷이 전달되도록 컬러 대비와 인물 제스처를 활용한 선거 포스터 디자인을 만들어봅니다.

01 | 캔바 홈 화면에서 새 캔버스를 열기 위해 [+ 만들기]를 클릭합니다.

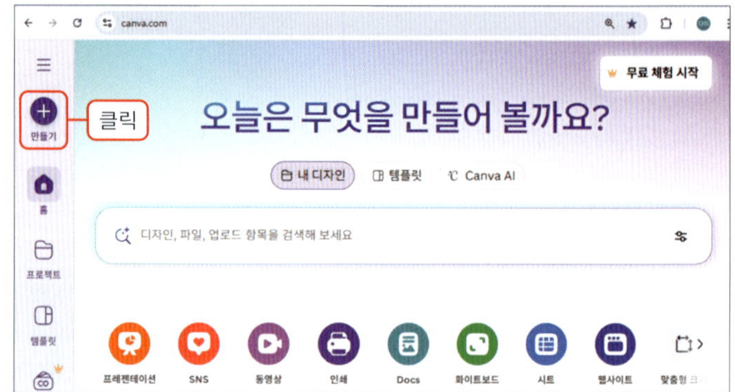

02 | [인쇄]를 클릭해 검색창에 '포스터 세로'를 입력합니다. [포스터(세로형 A2)]를 선택해 새 캔버스를 만듭니다.

✦ Tip [맞춤형 크기]에서 '42 x 59.4 cm'를 직접 입력해 캔버스를 생성해도 됩니다.

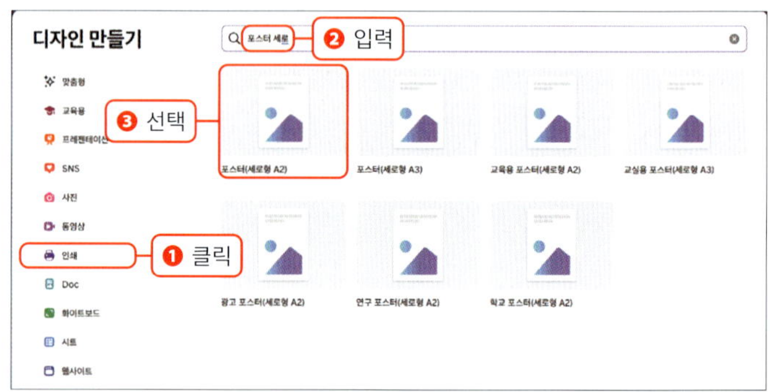

03 | 배경을 선택하고 상단 편집 툴바에서 색상을 보라색(#9058fd)으로 설정합니다.

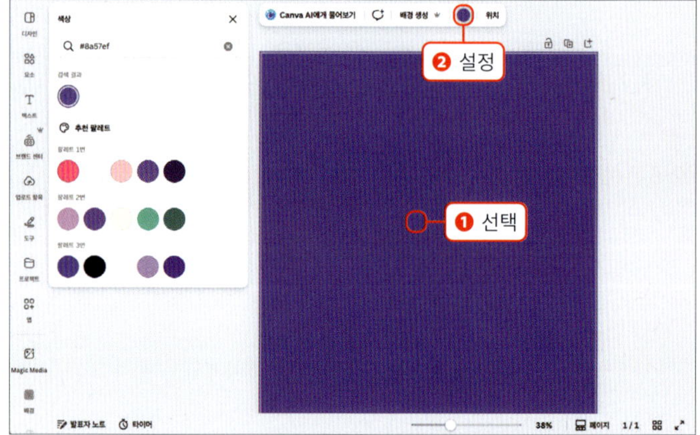

04 | 왼쪽 〔도구〕 메뉴를 클릭하고 [도형]의 [직각 사각형]을 선택하여 사각형이 전체 3분의 2 정도 차지하도록 크기를 조정합니다.

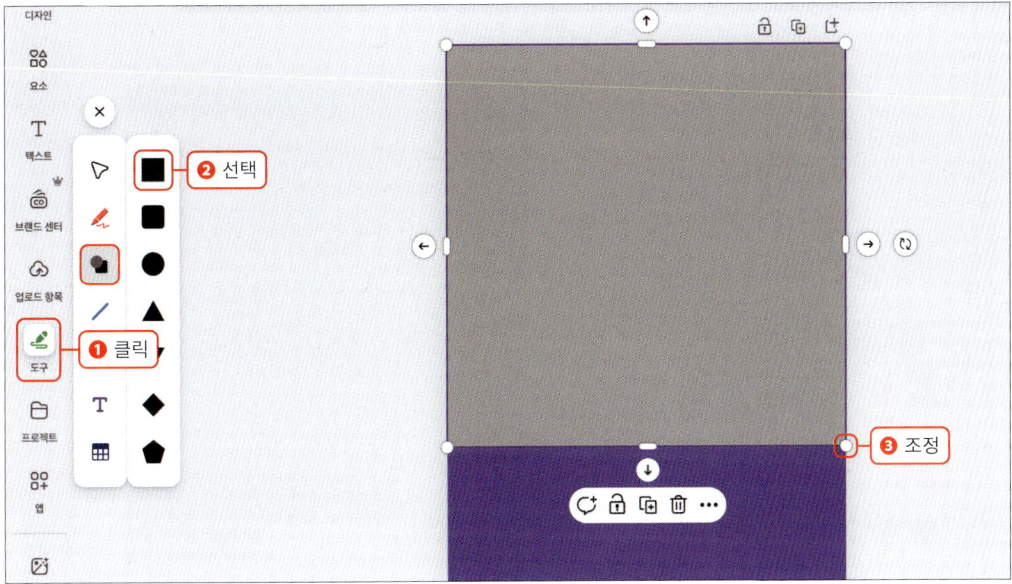

05 | 상단 편집 툴바에서 색상을 클릭해 기본 그라데이션 색상에서 [선형 그라데이션 90°]를 선택합니다.

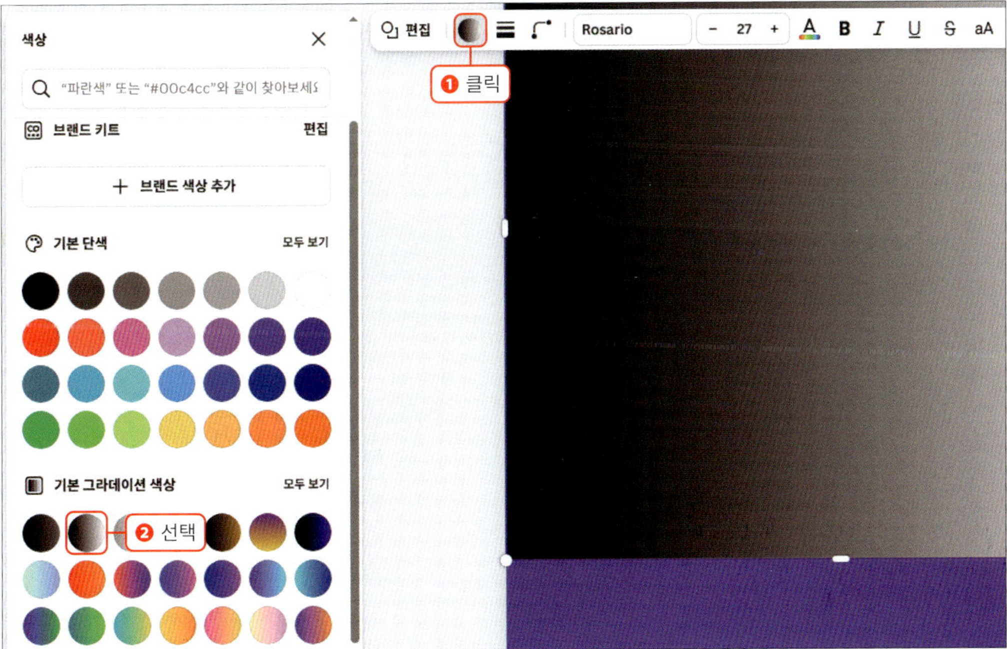

06 │ 문서 색상 영역에서 선택한 그라데이션을 더블클릭한 다음 스타일에 [선형 그라데이션 180°]를 선택합니다. 그라데이션 색상은 진보라색(#5e17eb), 보라색(#9058fd)으로 설정합니다.

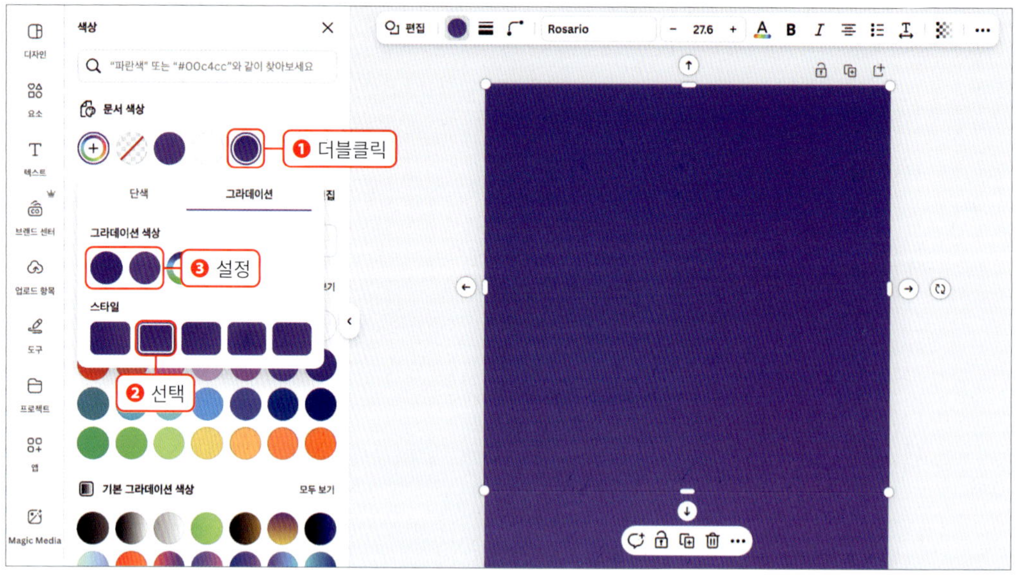

Tip 그라데이션 컬러 칩이 보이지 않는다면, 작업영역의 빈 여백을 클릭하고 다시 도형을 선택해 확인해보세요.

07 │ 같은 방법으로 하단 영역 3분의 1 정도 크기로 사각형을 추가하고, 상단 편집 툴바에서 색상은 진보라색(#5316bf)으로 설정하여 콘텐츠 영역을 구분합니다.

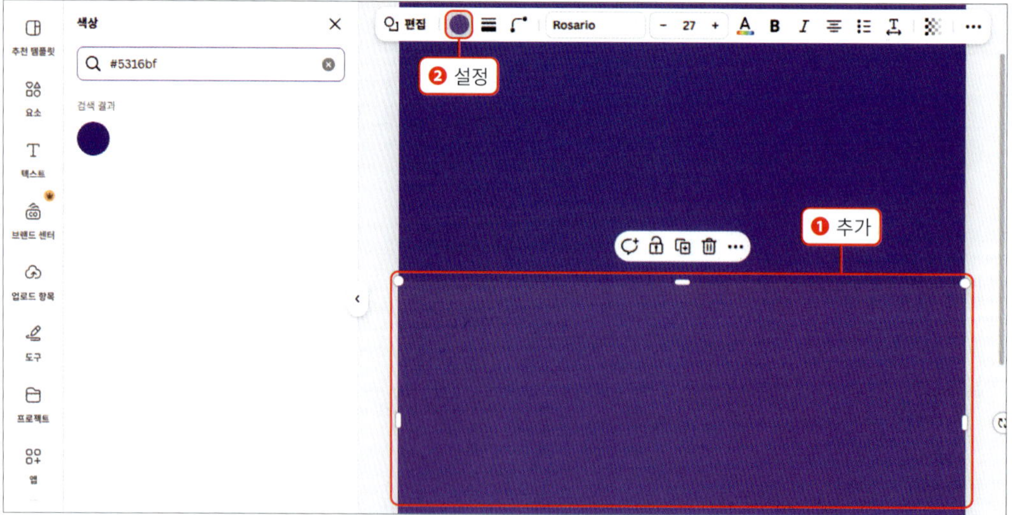

08 | 다운로드한 source 폴더에서 '학생회장후보_기호2번.png' 파일을 캔버스로 드래그합니다. 이미지의 해상도를 높이기 위해 왼쪽 AI Image Enhancer 앱을 클릭합니다. [4x] 해상도를 선택하고 〈해상도 높이기〉 버튼을 클릭합니다.

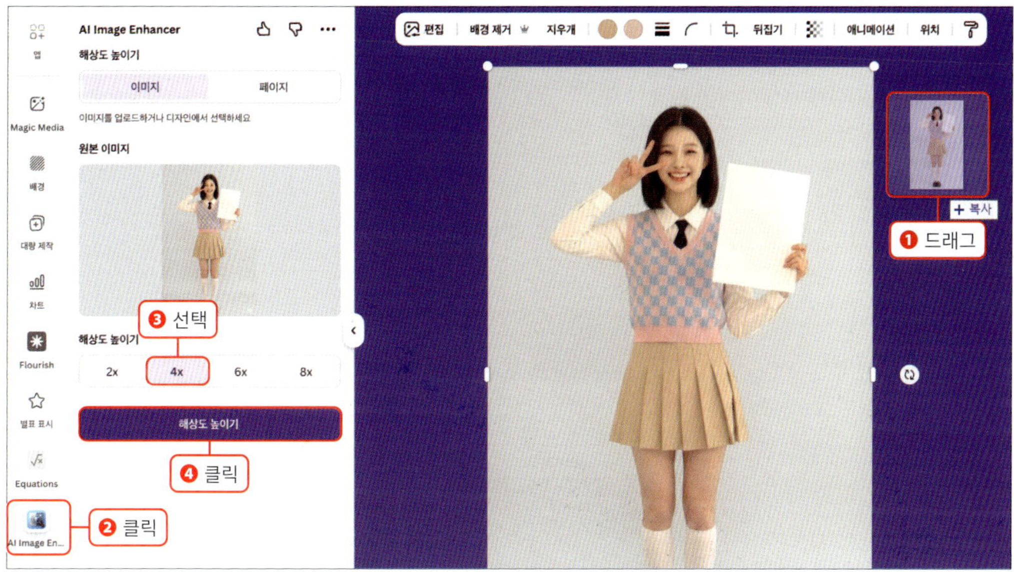

Tip AI Image Enhancer 앱에 대한 자세한 설명은 251쪽 팁을 참고하세요

09 | 〈교체〉 버튼을 클릭해 높은 해상도의 이미지를 적용합니다. 상단 편집 툴바에서 [배경 제거]를 클릭해 배경을 지워줍니다. 화질이 높아졌기 때문에 배경 제거 시 더욱 깨끗한 아웃라인의 이미지를 얻을 수 있습니다.

10 │ 상단 편집 툴바에서 [편집]을 클릭하고 [조정]을 클릭합니다. 배경의 강렬한 색감에 맞게 밝기는 '11', 대비는 '5'로 설정합니다.

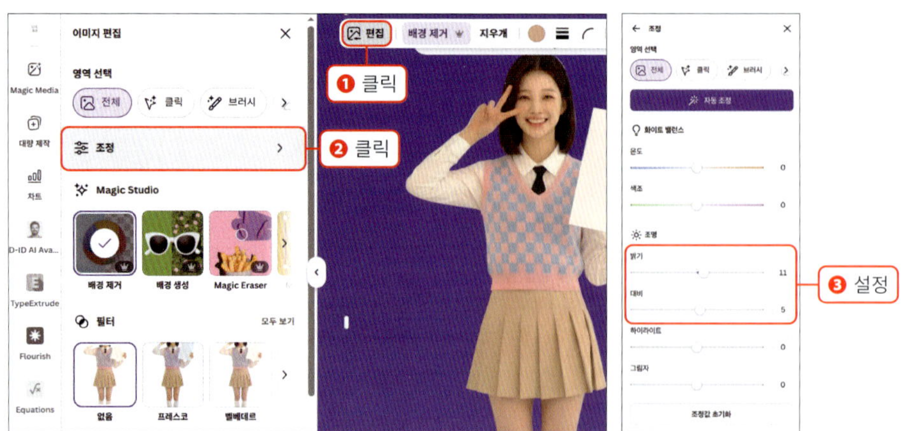

11 │ 인물 레이어를 하단 사각형 레이어 뒤로 보내기 위해 '인물 레이어'에서 마우스 오른쪽 버튼을 클릭하여 [레이어] → [뒤로 보내기]를 실행합니다.

12 │ 왼쪽 [텍스트] 메뉴를 클릭하고 〈텍스트 상자 추가〉 버튼을 클릭한 다음 그림과 같이 입력합니다. 글꼴은 '네모라운드/굵은', 글자 크기는 '68', 글자 간격은 '−20', 줄 간격은 '1.15'로 설정합니다.

✦ **Tip** 예제에서는 글 색상으로 포인트를 주고자 첫 줄의 색상은 흰색(#ffffff) 두 번째 줄은 민트색(#6ef6de)으로 설정합니다.

13 | 텍스트 상자를 복제(Ctrl + D)해 오른쪽으로 드래그하고 '신캔바'를 입력합니다. 글자 크기는 '156', 글자 간격은 '30'으로 설정합니다.

14 | Shift를 누른 채 방금 만든 텍스트 상자 2개를 클릭한 다음 복사(Ctrl + C)합니다. 상단 편집 툴바에서 글자 색상을 진보라색(#35029b)으로 설정해 메인 타이틀용 그림자로 사용하겠습니다.

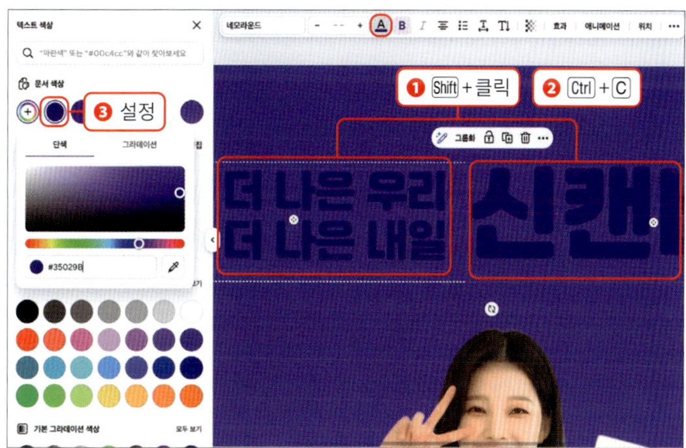

15 | 붙여넣기(Ctrl + V)하면 아까 복사했던 텍스트 상자가 같은 자리에 나타납니다. 키보드에서 ← 두 번, ↑ 세 번을 눌러 비스듬하게 이동시킵니다. 이제 메인 타이틀에 입체감이 생겼습니다.

16 | 인물의 뒷 배경을 텍스트로 구성하기 위해 텍스트 상자를 추가하고 'CREATE FUTURE'를 입력한 다음 글꼴은 'Gasoek One', 글자 크기는 '302', 글자 간격은 '0', 줄 간격은 '0.85'로 설정합니다. 색상은 '선형 그라데이션 180°' 스타일을 선택하고 진보라색 (#6c28f0), 보라색(#8a57e)으로 설정합니다.

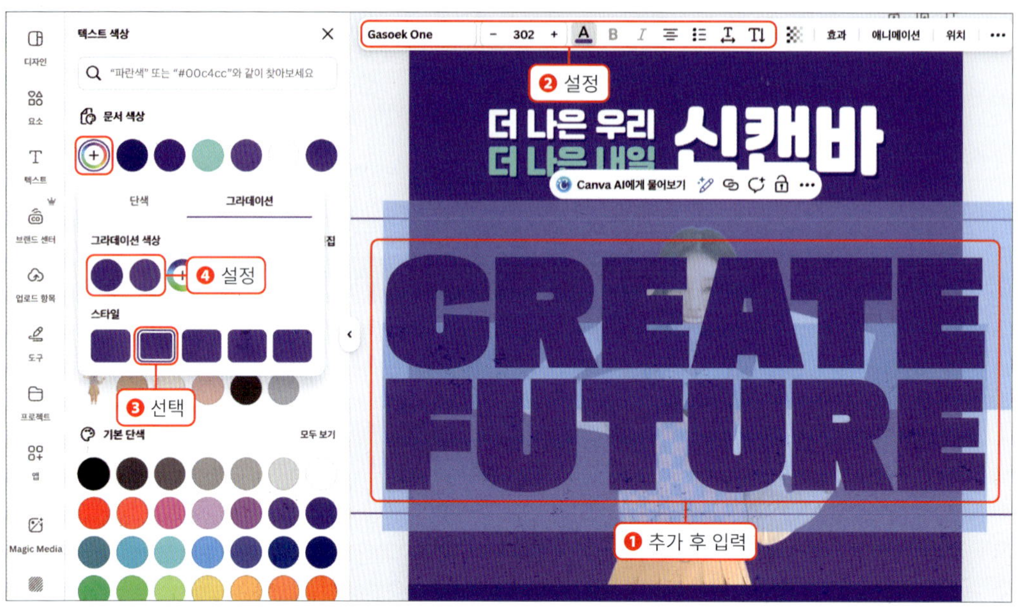

Tip 글자 색상에 그라데이션을 적용하는 방법은 위의 **04~05** 과정과 방법이 동일하니 내용을 참고하세요.

17 | 상단 편집 툴바에서 [효과]를 클릭하고 [그림자] 스타일을 선택합니다. 세부사항은 오프셋 '0', 방향 '0', 흐리기 '100', 투명도 '100'으로 설정하여 상하좌우 동일하게 퍼져나가는 그림자 효과를 적용했습니다.

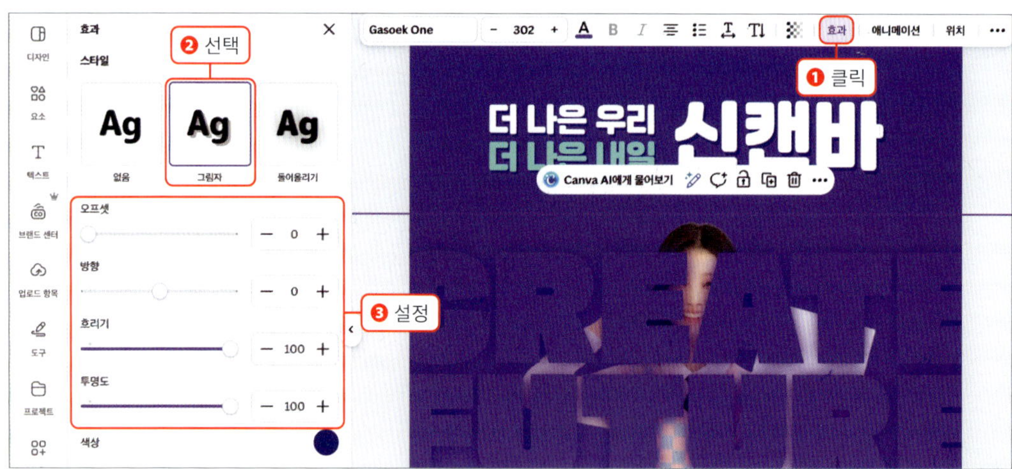

18 │ 뒤로 보내기(Ctrl + [)하여 인물 레이어 뒤로 글자를 보낸 다음 상단 편집 툴바에서 '투명도' 아이콘(▨)을 클릭해 '50'으로 설정합니다.

02 타이포그래피 효과 추가하기

플러그인 'TypeExtrude'를 통해 돌출된 느낌의 타이포그래피 효과를 적용해 보겠습니다.

19 │ 돌출된 효과의 글자를 만들기 위해 왼쪽 메뉴에서 (TypeExtrude) 앱을 클릭하여 실행합니다.

Tip 메뉴에서 찾을 수 없다면 (앱) 메뉴에서 해당 앱을 검색하여 설치하고 진행합니다.

20 | 텍스트 입력창에 '2'를 입력하고 글꼴은 'Jolley'로, 글자 색상은 연보라빛 흰색(#f6f1f7)으로 설정합니다. 효과는 '돌출 효과', 효과 색상은 진보라색(#3a1681)으로 설정한 다음 하단의 〈디자인에 추가〉 버튼을 클릭합니다.

21 | 아래에 텍스트 상자를 추가하여 '기호'를 입력합니다. 상단 편집 툴바에서 글꼴은 '210 밀레니얼', 글자 크기는 '38.5', 색상은 진보라색(#3a1681)으로 설정합니다. '세로 텍스트' 아이콘(⊤↓)을 클릭해 세로 정렬하고, 글자 간격은 '−88', 줄 간격은 '1'로 설정합니다.

✦ **Tip** 숫자 '2' 레이어와 '기호' 레이어를 종이의 각도와 비슷하게 돌려 자연스럽게 정렬합니다.

22 | 하단에는 그림과 같이 텍스트 상자를 추가하여 선거 공약을 입력해 구성합니다.

✦ **Tip** 예제는 글꼴 '네모라운드/보통', 글자 크기 '46', 색상 '흰색(#ffffff)', 글자 간격 '-20', 줄 간격 '2.2', 포인트 컬러는 민트색(#6ef6de), 분홍색(#f89dff)으로 키워드를 강조했습니다.

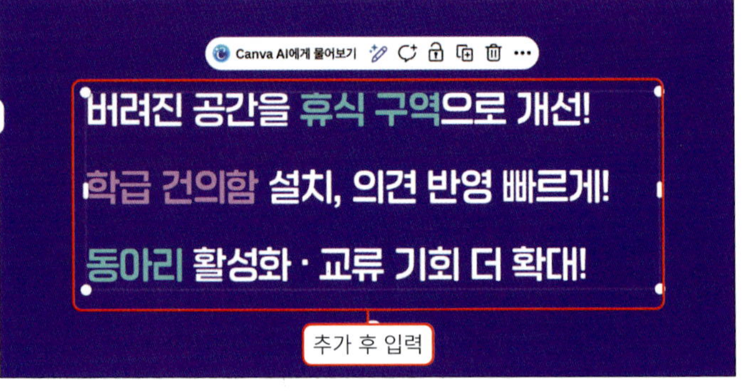

23 │ 왼쪽 (요소) 메뉴를 클릭하고 검색창에 '체크박스'를 입력한 다음 '제출하기' 아이콘(→)을 클릭합니다. 사각형과 체크 모양의 색상이 다른 오브젝트를 선택하여 글자에 적용한 포인트 색상과 동일하게 구성합니다.

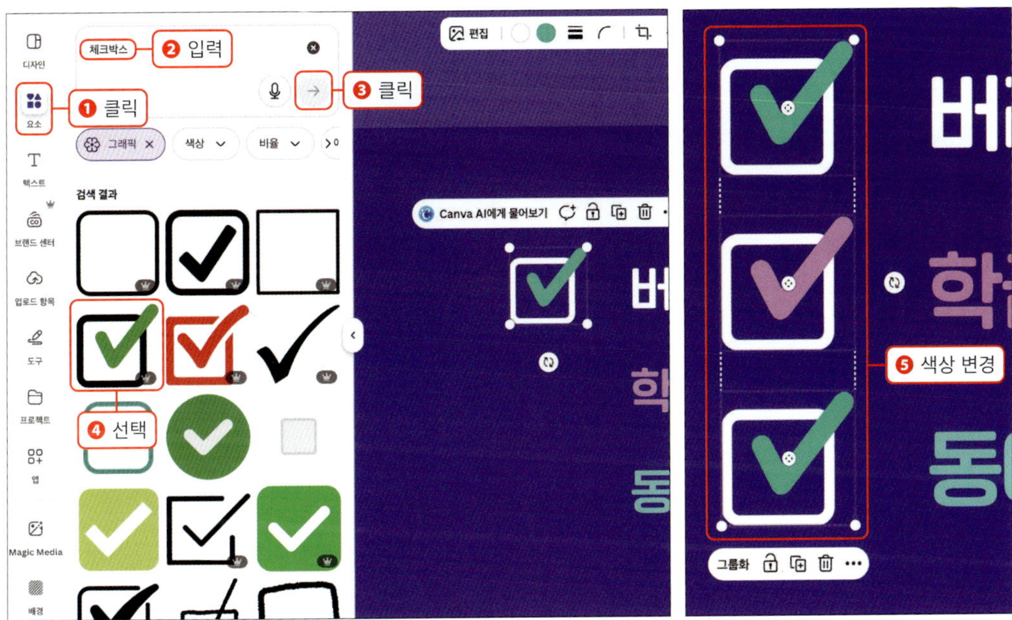

24 │ 같은 방법으로 단순하지만 포인트가 되는 '색종이 콘페티(Confetti)'도 추가하여 구성했습니다. 이미지를 더블클릭하여 자르기 기능이 활성화되면 모서리를 드래그하고 필요한 영역만 남겨 원하는 색상으로 설정합니다.

25 | 인물 이미지의 손 위치에 텍스트 상자를 추가하여 '믿음직한 학생회장!'을 입력하고 살짝 기울입니다. 상단 편집 툴바에서 글꼴은 '네모라운드', 글자 크기는 '31', 색상은 흰색(#ffffff), 글자 간격은 '10'으로 설정합니다.

26 | 상단 편집 툴바에서 [효과]를 클릭해 도형에서 [곡선]을 선택하고 '44'로 설정합니다. 머리에서 손 사이로 무지개처럼 구부러진 글자가 되어 핵심이 뚜렷한 느낌의 선거 포스터가 완성되었습니다.

이미지 콘셉트에 맞는
타이포가 있는 행사 카드 만들기

완성파일: source\생일초대카드.png

생일 초대장은 보는 순간 '가고 싶다'는 마음이 들어야 합니다. 밝은 색감과 말랑한 타이포, 캐릭터화한 오브젝트를 시각적 은유(메타포)로 사용하여 아이와 부모 모두에게 친근한 인상을 주는 디자인을 함께 완성해 보겠습니다. 또한 캔바 AI의 코드 생성 기능을 활용해 폭죽이 터지는 효과를 더한 움직이는 생일 카드를 만들어 보겠습니다. 이 구조를 익혀 다른 행사 카드에도 응용해 보세요.

예제 콘셉트

파티 감성의 달콤함을 메타포로 활용해 어린이 생일 초대상에 어울리는 밝고 긍정적인 무드를 연출합니다. 노란 배경이 주는 에너지에 초콜릿 브라운의 안정감을 더해 전체 균형을 맞추고, 주변에 뿌려진 초코 시럽과 느낌을 연결해 메인 타이틀 서체에서도 초코 시럽 느낌을 연상하도록 표현합니다. 날짜와 장소 정보는 레드 포인트 컬러로 표현해 한눈에 들어오도록 하고, 사실적인 질감의 아이스크림 이미지에는 눈코입 일러스트를 더해 친근한 캐릭터로 표현합니다.

작업 패턴
KEYWORD

❶ '아트 스타일 복사' 기능으로 원하는 일러스트 느낌으로 스타일 변환
❷ 아이스크림 이미지에 눈, 코, 입을 추가해 캐릭터화
❸ 캔바 AI 기능으로 색종이 폭죽이 터지는 움직이는 생일 카드 제작

01 텍스트와 꾸밈 요소 배치하기

달콤한 색 조합과 캐릭터 요소로 받는 순간 웃음이 지어지는 생일 카드를 제작해 봅니다. 생일 파티의 달콤함을 표현하기 위해 아이스크림을 시각적 은유로 사용하겠습니다.

01 | 캔바 홈에서 [+ 만들기]를 클릭하고 [SNS]의 [인스타그램 게시물(4:5)]를 선택하여 새 문서를 생성합니다.

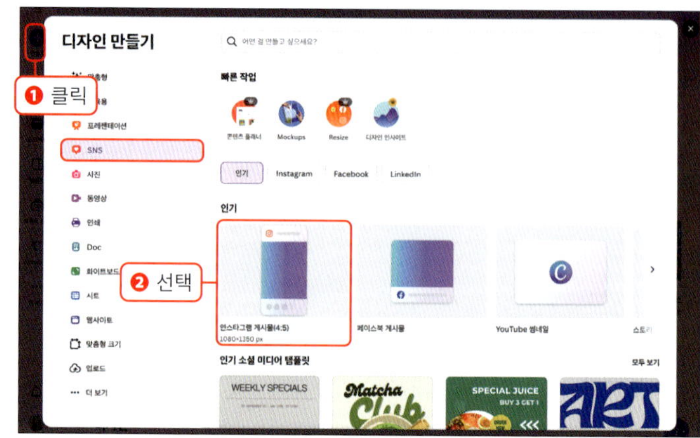

02 | 캔버스에서 배경을 선택하고 상단 편집 툴바에서 색상을 노란색(#ffdb4f)으로 설정합니다.

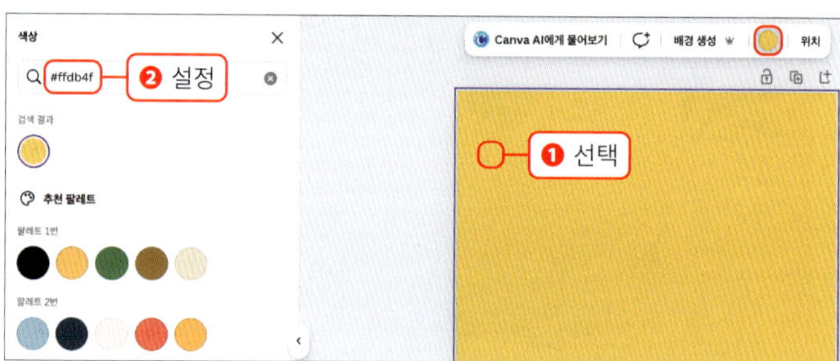

03 | 왼쪽 [요소] 메뉴를 클릭하고 검색창에 '아이스크림'을 입력한 다음 '제출하기' 아이콘(→)을 클릭합니다. 다음과 같은 아이스크림 디자인 선택하여 왼쪽 하단에 크게 배치하기 위해 크기를 조정합니다.

04 | 왼쪽 (텍스트) 메뉴를 클릭하여 〈텍스트 상자 추가〉 버튼을 클릭한 다음 'Happy'를 입력합니다. 상단 편집 툴바에서 글꼴은 'Genty', 글자 크기는 '138', 색상은 흰색(#ffffff), 글자 간격은 '0'으로 설정합니다.

05 | 'Happy' 텍스트 상자를 선택한 후 복제(Ctrl+D)해 생성된 텍스트 박스에 'Birthday'를 입력합니다. 줄 간격을 좁게 배치해 'Happy Birthday'가 하나의 덩어리로 보이게 하고, 문자가 겹치지 않도록 살짝 비껴 배치해 리듬감을 더합니다.

06 | 메인 텍스트 상자 위에 텍스트 상자를 추가하여 'Invitation'을 입력합니다. 상단 편집 툴바에서 글꼴은 'Arial Nova / Bold', 글자 크기는 '23', 색상은 빨간색(#e44650), 글자 간격은 '472'로 설정합니다.

Tip 글꼴 'Arial Nova'는 소문자를 입력해도 자동으로 대문자로 표현됩니다.

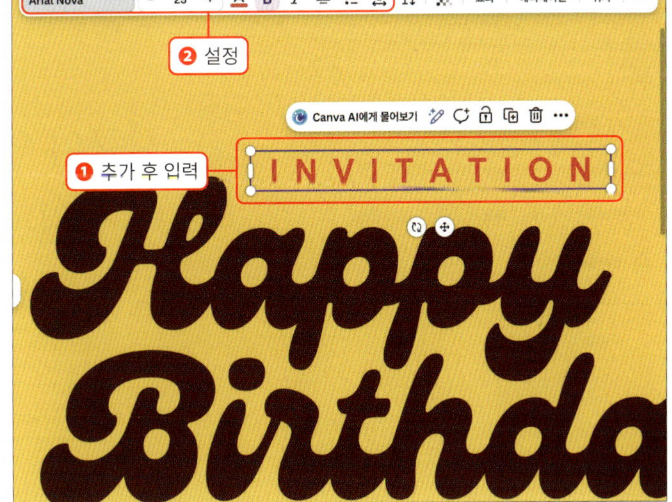

07 | 오른쪽 빈 영역에 초대글을 추가하기 위해 텍스트 상자를 추가하고 다음과 같이 입력합니다. 상단 편집 툴바에서 글꼴은 'Gowun Batang/굵은', 글자 크기는 '22', 색상은 검정색(#000000), 글자 간격은 '–70', 줄 간격은 '1.5', 투명도는 '70'으로 설정합니다.

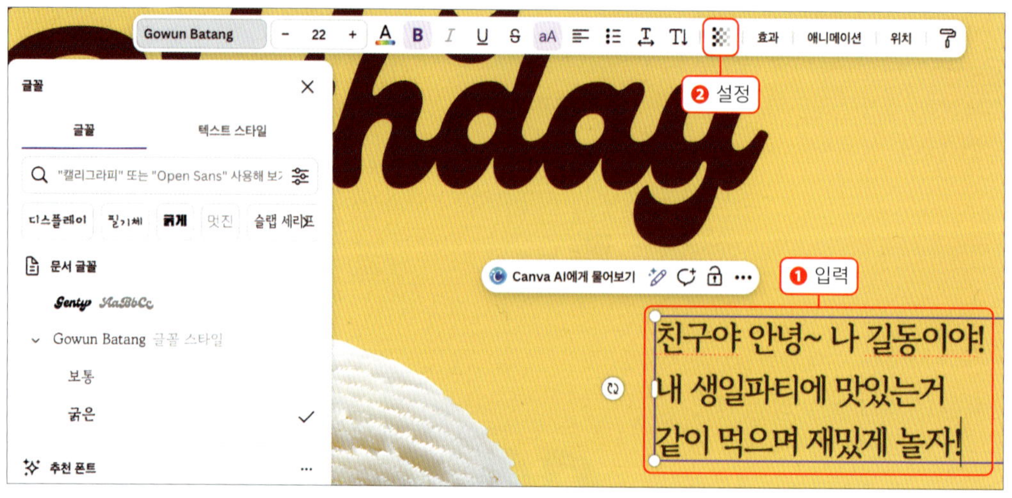

Tip 글자 색상을 직접 지정해도 되지만 글자에 투명도를 주어 메인 타이틀보다 덜 강조하고 배경의 노란색과 자연스럽게 섞이도록 표현합니다.

08 | 초대글 아래에도 텍스트 상자를 추가하여 '29.10.11 오후 1시'를 입력해 날짜와 시간 정보를 추가합니다. 상단 편집 툴바에서 글꼴은 '210 클레이토이', 글자 크기는 '27'로 설정하고 포인트 컬러인 빨간색(#e44650), 글자 간격은 '0'으로 설정합니다.

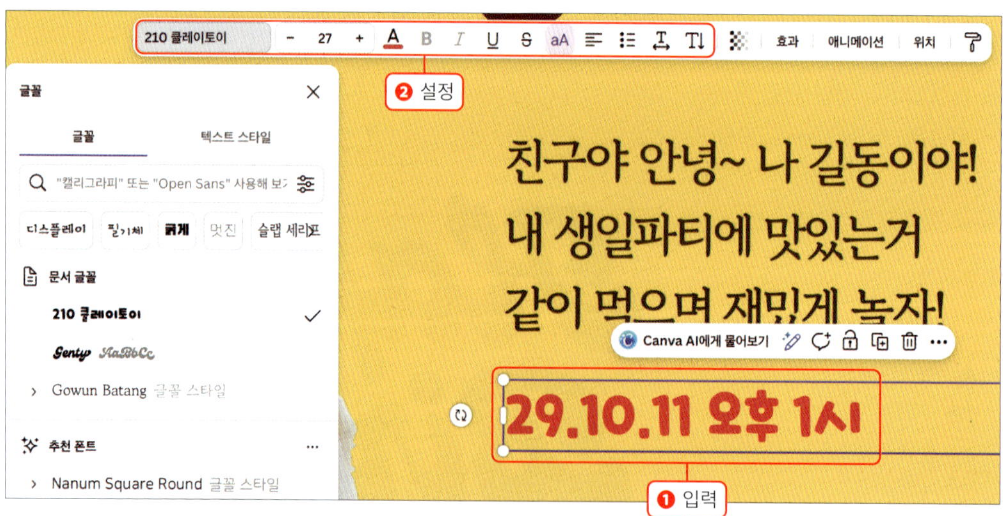

09 │ 파티 장소 정보를 추가하기 위해 왼쪽 (도구) 메뉴를 클릭하고 [도형]의 [둥근 모서리 사각형]을 선택합니다. 상단 편집 툴바에서 '모서리' 아이콘(⌐)을 클릭하여 모서리 둥글게 만들기를 '100', 색상은 빨간색(#e44650)으로 설정합니다.

10 │ 도형 위에 텍스트 상자를 추가하여 '그란비아스타 2F 키즈카페 파티룸'을 입력합니다. 상단 편집 툴바에서 글꼴은 '210 토스트/보통', 글자 크기는 '23', 색상은 흰색(#ffffff), 글자 간격은 '−20', 줄 간격은 '1.3'으로 설정합니다.

11 | 왼쪽 [요소] 메뉴를 클릭하고 검색창에 '초코렛 시럽 라인'을 입력한 다음 '제출하기' 아이콘(➡)을 클릭합니다. 원하는 모양의 요소를 선택합니다. 예제에서는 자동 추천해주는 목록에서 N자 모양의 이미지를 선택하여 오른쪽 상단에 배치합니다.

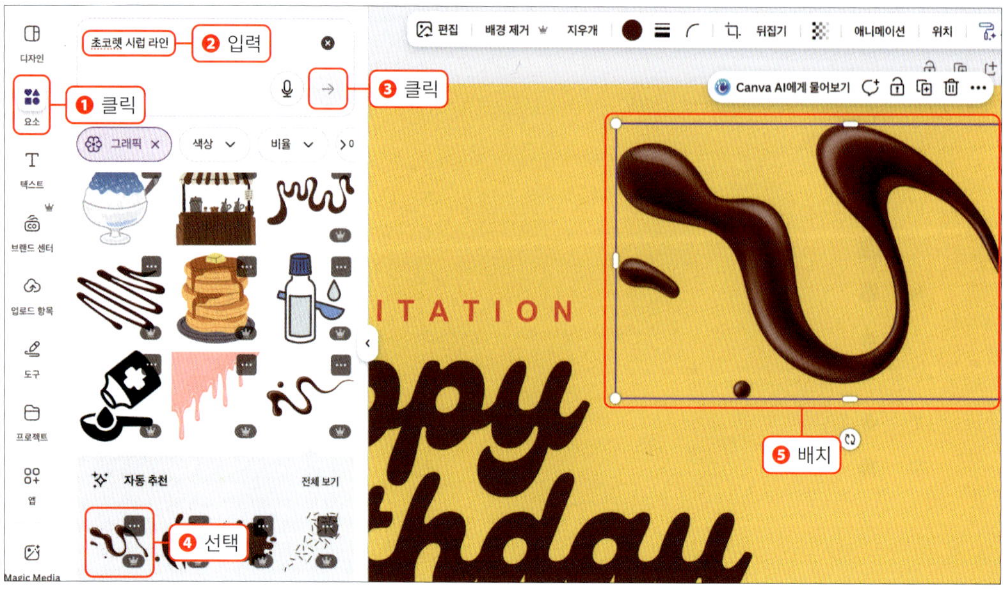

12 | 초코렛 시럽이 튀는 느낌의 이미지도 선택해 동일한 방법으로 배치합니다. 상단 편집 툴바에서 [뒤집기]를 클릭하여 [수평 뒤집기]를 선택합니다.

13 | 추가한 두 가지 요소의 스타일을 맞추기 위해 첫 번째로 추가한 초코렛 시럽 이미지를 선택합니다. 상단 편집 툴바에서 [스타일]을 클릭하고 [아트 스타일 복사]를 선택합니다.

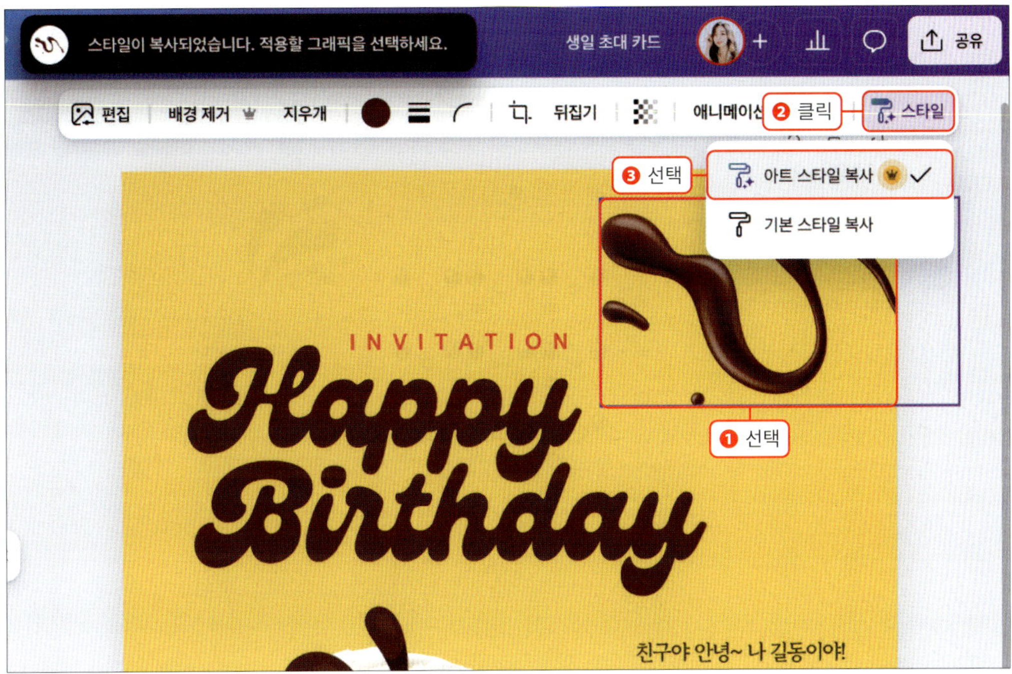

14 | 동일한 스타일로 변경할 초코렛 시럽이 튀는 이미지를 클릭하면 캔바 AI가 이미지의 스타일을 자동으로 맞춰 변환합니다.

02 캐릭터화 요소를 추가하여 디자인하기

아이스크림 형태에 디자인 요소를 추가하여 캐릭터화합니다.

15 | 왼쪽 〔요소〕 메뉴를 클릭하고 검색창에 눈코입의 컬렉션 ID 'set:nAFdVb1Svdg'를 입력한 다음 '제출하기' 아이콘(→)을 클릭합니다. 입맛 다시는 표정의 요소를 선택하고 상단 편집 옵션에서 색상을 고동색(#602b19)으로 설정합니다.

16 | 예제에서는 좀 더 파티 느낌을 표현하기 위해 파티용 꼬깔 모자(set:nAGBLL2H4TU)와 별 모양 풍선 (set:nAFube2TTE4)을 추가하여 다음과 같이 구성하였습니다.

17 | 상단 메인 타이틀 주변에 도트 느낌을 살려 리듬감을 살려보겠습니다. 왼쪽 〔도구〕 메뉴를 클릭하고 [도형]의 [원형]을 선택합니다. 색상은 하얀색(#ffffff)으로 설정한 다음 여섯 번 복제(Ctrl+D)하여 총 7개의 화이트 도트를 만듭니다. Shift를 누른 채 7개의 도트를 선택한 다음 마우스 오른쪽 버튼을 클릭하여 **[고르게 띄우기] → [깔끔하게 정리]**를 실행합니다.

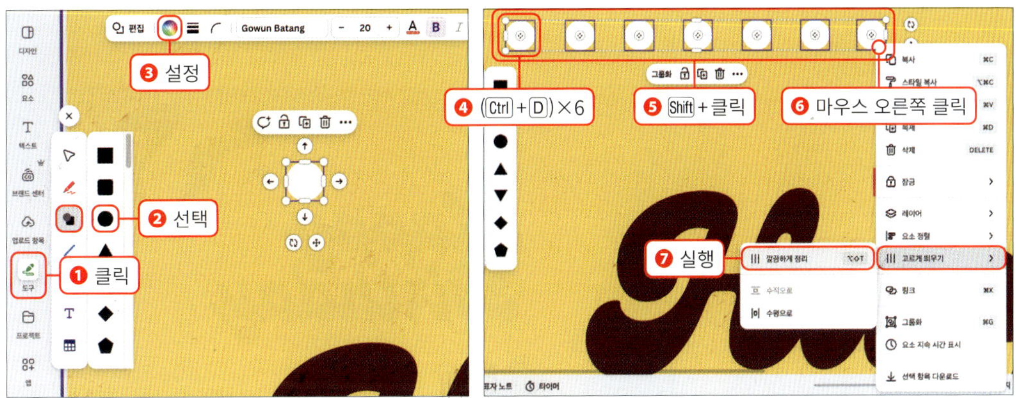

18 | 한 줄로 구성한 화이트 도트를 복사(Ctrl+C)하고 오른쪽 하단에도 붙여넣기(Ctrl+V)하여 생일 초대 카드를 마무리합니다.

03 코드를 활용해 애니메이션 효과 넣기

프롬프트를 입력해 애니메이션 효과를 표현한 다음 코드를 생성합니다.

19 | 왼쪽 [요소] 메뉴를 클릭하고 아래의 프롬프트를 입력합니다. 〈이미지 생성〉 버튼 옆 'ⅴ' 아이콘을 클릭해 [코드 생성]을 선택합니다.

프롬프트
이미 디자인이 완료된 인스타그램 게시물 캔버스를 배경으로 유지한다. 배경을 가리지 않도록 투명한 레이어 위에서만 애니메이션을 실행한다. 화면 상단과 중앙 영역에서 작은 색종이(confetti)가 부드럽게 터지며 아래로 흩날리는 애니메이션을 구현한다. 색종이는 원형, 사각형, 별 모양이 섞여 있으며 입자가 큰 편이고 밝고 생일 분위기의 색상(노랑, 핑크, 하늘색, 보라)을 사용한다. 애니메이션은 반복 재생되며 텍스트와 이미지 요소를 가리지 않도록 투명도를 유지한다.

20 | 코드 생성이 완료되면 결과물을 클릭해 캔버스와 동일한 크기로 조정합니다.

21 │ 초대장을 공유할 수 있도록 오른쪽 상단에 〈공유〉 버튼을 클릭하고 [웹사이트]를 선택합니다. 사이트 주소가 표시되면 '수정' 아이콘(✎)을 클릭합니다. 주소를 쉽게 알아보도록 'invitation'을 입력하고 하단의 〈게시〉 버튼을 클릭해 웹사이트를 게시합니다.

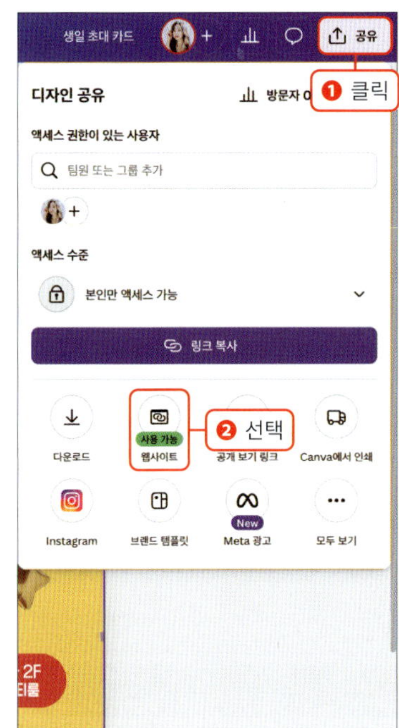

22 │ 나타나는 〈웹사이트 보기〉 버튼을 클릭해 새 브라우저에서 적용한 코드가 동작하는지 테스트합니다. 이렇게 움직이는 생일 초대 카드가 완성되었습니다.

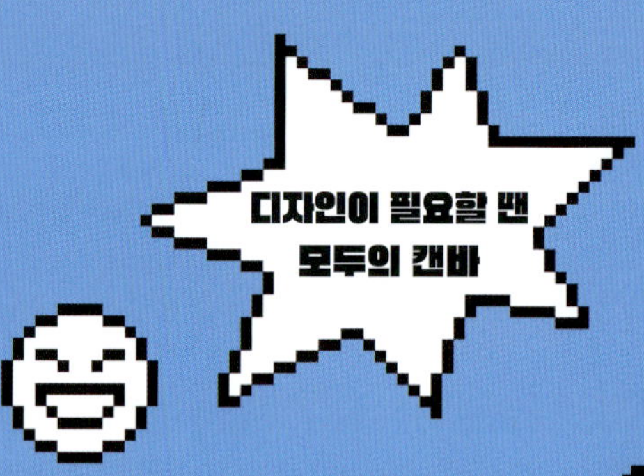

PART 5

뭐든지 다 만들어주는 직장인을 위한 디자인

직장인이 캔바를 활용해 디자인할 경우 업무 효율을 크게 높일 수 있습니다. 홍보물이나 상품 상세 페이지를 템플릿 기반으로 빠르게 제작할 수 있어 마케팅 업무 시간을 단축할 수 있습니다. 유튜브 채널 아트, 썸네일, 배너 등도 전문 디자이너 없이 통일감 있게 구성할 수 있습니다. 이북 표지나 보고서 커버 디자인 역시 브랜드 이미지를 유지하며 손쉽게 완성할 수 있습니다. 프레젠테이션 자료는 가독성 높은 레이아웃과 시각 자료를 활용해 전달력을 강화할 수 있습니다. 캔바는 드래그 앤 드롭 방식으로 수정이 간편해 급한 업무에도 빠르게 대응할 수 있습니다.

이미지+영상 생성
콘텐츠 생성까지!
AI 업무용 디자인 편
무엇이든 디자인하는
캔바 AI

LESSON 01

홍보를 위한 인스타그램 게시물 만들기

예제파일: 겨울홀리데이.png **완성파일**: source\겨울빅세일.png

인스타그램 게시물 디자인은 피드를 스크롤할 때, 광고처럼 보이기보다는 시선 흐름과 감정 반응을 유도할 수 있어야 합니다. 다시 말해 인스타그램에 올릴 정도의 감성적이라는 의미인 '인스타그래머블(Instagramable)'을 고려해 설계합니다. 세일 정보를 전면에 드러내기보다 겨울의 공기감과 스토리를 먼저 보여주어 스크롤을 멈추게 하고, 아동 모델과 계절 소품, 따뜻한 조명 톤을 통해 브랜드 감성을 자연스럽게 각인시키는 방식입니다. 하단 영역에서 할인 메시지를 명확하게 제시해 정보 전달을 완성합니다.

예제 콘셉트

단순한 할인 정보를 전달하는 것이 아니라 스크롤을 멈출 수 있도록 '분위기'가 먼저 느껴지도록 컨셉을 잡습니다. '겨울 빅세일'에 맞춰 눈발과 따뜻한 조명을 활용해 포근한 '겨울 느낌'을 만들고, 야경과 사슴 오브제로 '동화적인 분위기'를 더해 계절감을 살립니다. 시선을 끄는 아동 모델의 풀샷과 고딕체 메인 타이틀을 조화롭게 배치해 화면에 입체감을 주며, 직선적인 본문과 대비되도록 'Sale' 문구는 손글씨 서체로 처리해 리듬을 더합니다. 하단에는 할인 정보를 블록 형태로 정리해 정보 전달 영역을 명확히 구분합니다.

작업 패턴
KEYWORD

❶ 야간 사진의 배경과 인물을 분리해 배경을 **더 어둡게 처리**
❷ 배경과 분리한 인물 이미지와 배경 사이에 **텍스트 레이어를 위치해 입체감 표현**
❸ 인물에 자연스러운 그림자를 표현하기 위해 **그림자 이미지 배치**

01 배경과 인물이 분리된 효과 넣기

겨울 감성이 느껴지는 사진 이미지에서 인물을 배경과 분리하는 효과를 살펴보겠습니다.

01 | 캔바 홈 화면에서 새 캔버스를 열기 위해 [+ 만들기]를 클릭합니다.

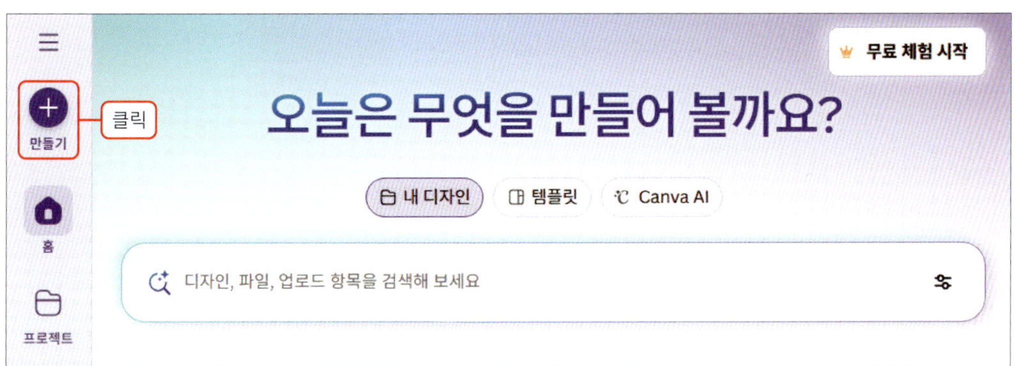

02 | 디자인 만들기 화면이 표시되면 [인스타그램 게시물(4:5)]를 선택해 새 캔버스를 생성합니다.

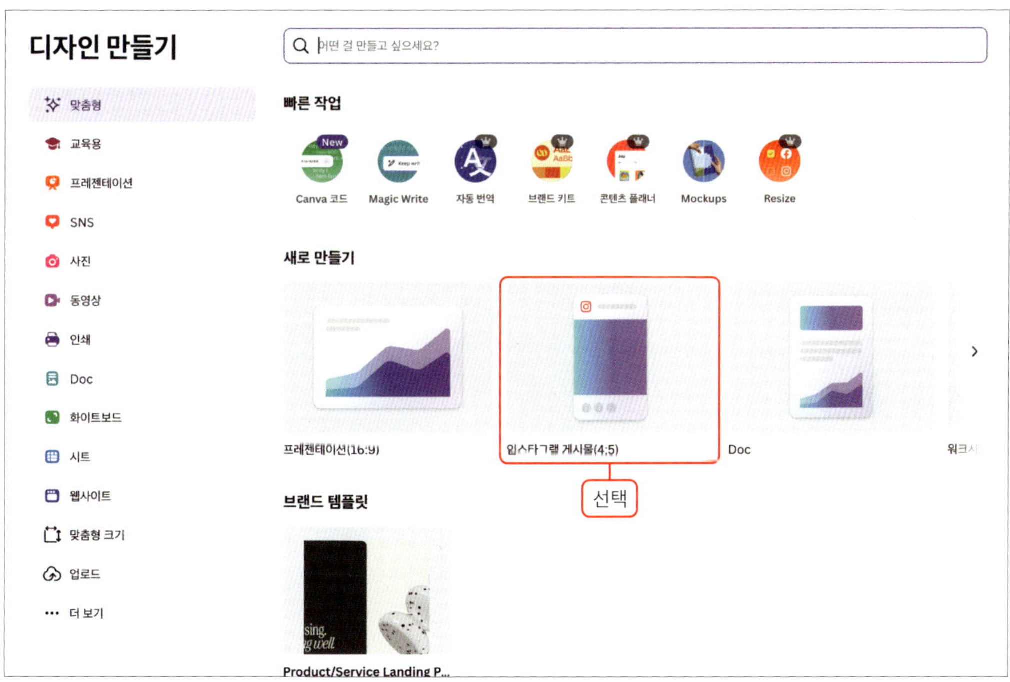

03 다운로드한 source 폴더의 '겨울홀리데이.png' 파일을 빈 캔버스로 드래그하여 불러옵니다. 이미지의 배경을 불투명하게 설정할 예정이라 뒤에 보이는 배경은 검은색으로 변경해 보겠습니다.

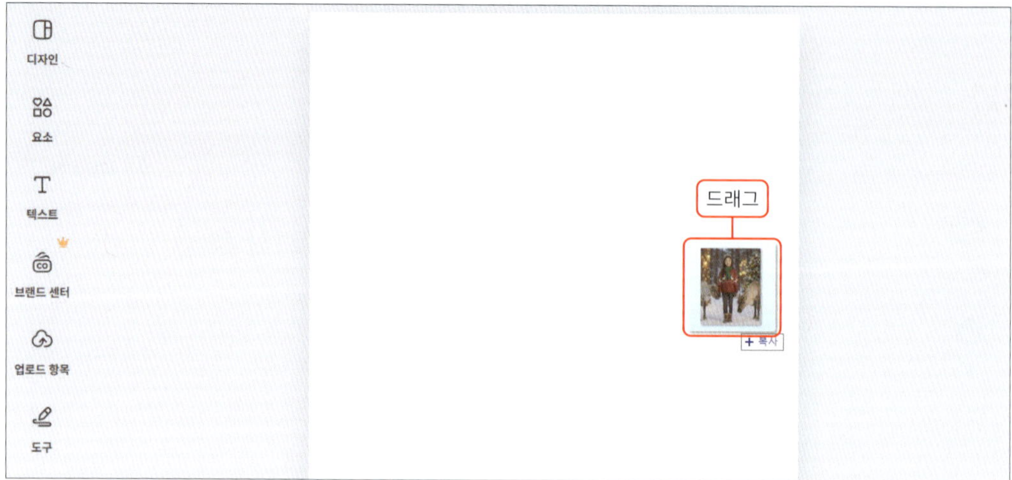

04 배경을 선택하고 상단 편집 툴바에서 '배경 색상' 아이콘(◉)을 클릭하면 왼쪽에 설정 화면이 나타납니다. 문서 색상의 '색상' 아이콘을 클릭하여 검은색(#000000)으로 설정합니다.

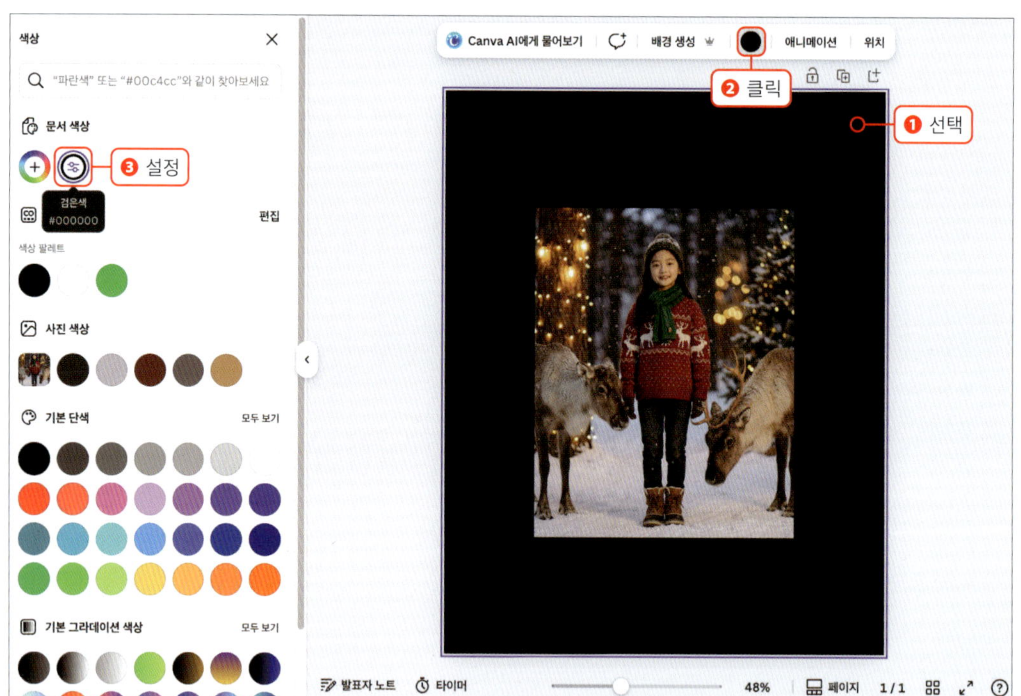

05 │ 이미지 모서리에 핸들을 드래그하여 화면에 딱 맞게 채워줍니다. 인물을 돋보이게 처리하기 위해 상단 편집 툴바에서 '투명도' 아이콘(▨)을 클릭하고 '77'로 설정합니다.

Tip │ 이때 앞에서 설정한 배경의 색이 비춰지게 됩니다. 이렇게 전반적인 배경 톤을 맞춰두면 이미지 편집 작업이 수월합니다.

06 │ 이미지를 선택한 상태에서 복제(Ctrl+D)합니다. 원본과 겹치게 배치한 다음 상단 편집 툴바에서 [배경 제거]를 클릭하면 자르기 설정이 가능합니다.

Tip │ 상단 편집 툴바에 [배경 제거]는 유료 플랜 이용자 또는 첫 캔바 프로 무료 체험(30일) 이용자만 사용 가능합니다. 일반 무료 사용자의 경우, 다른 편집툴 또는 생성형 AI를 이용하여 배경 투명화 과정을 거쳐야 과정을 진행할 수 있습니다.

07 | 인물만 남도록 드래그하여 영역을 설정하고 〈완료〉 버튼을 클릭한 다음 상단 편집 툴바에서 '투명도' 아이콘(▨)을 클릭해 '100'으로 설정합니다.

02 텍스트 레이어 추가로 입체감 표현하기

텍스트 레이어를 배경과 인물 레이어의 중간에 배치하여 입체감이 느껴지도록 디자인합니다.

08 | 왼쪽 (텍스트) 메뉴에서 〈텍스트 상자 추가〉 버튼을 클릭한 다음 작업화면에 나타난 텍스트 상자에 '겨울'을 입력합니다.

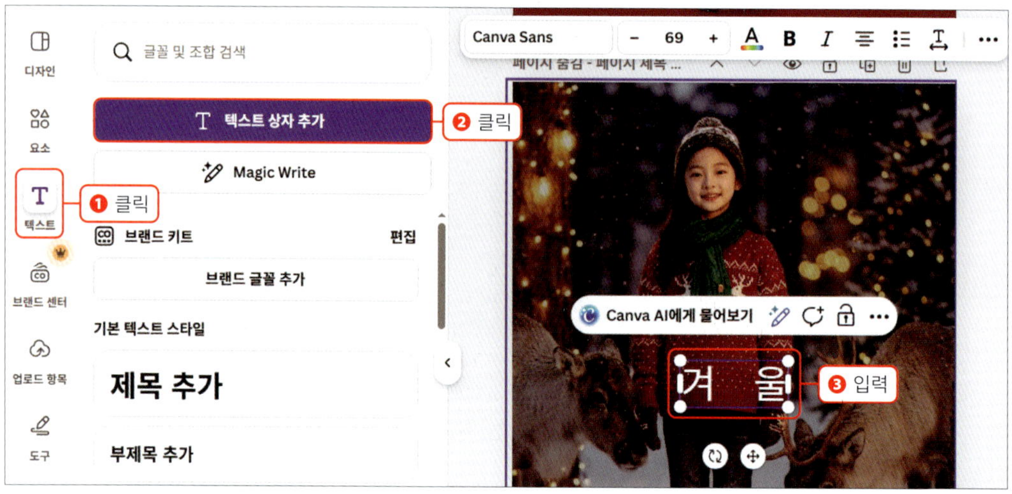

Tip 인물이 글자 사이에 위치할 수 있도록 공백 4칸을 띄워줍니다.

09 | 상단 편집 툴바에서 글꼴은 '팔일오', 글자 크기는 '224', 텍스트 색상은 아이보리(#fff4e6)로 설정합니다. '고급 설정' 아이콘(⬚)을 클릭하고 글자 간격을 '–60'으로 설정합니다.

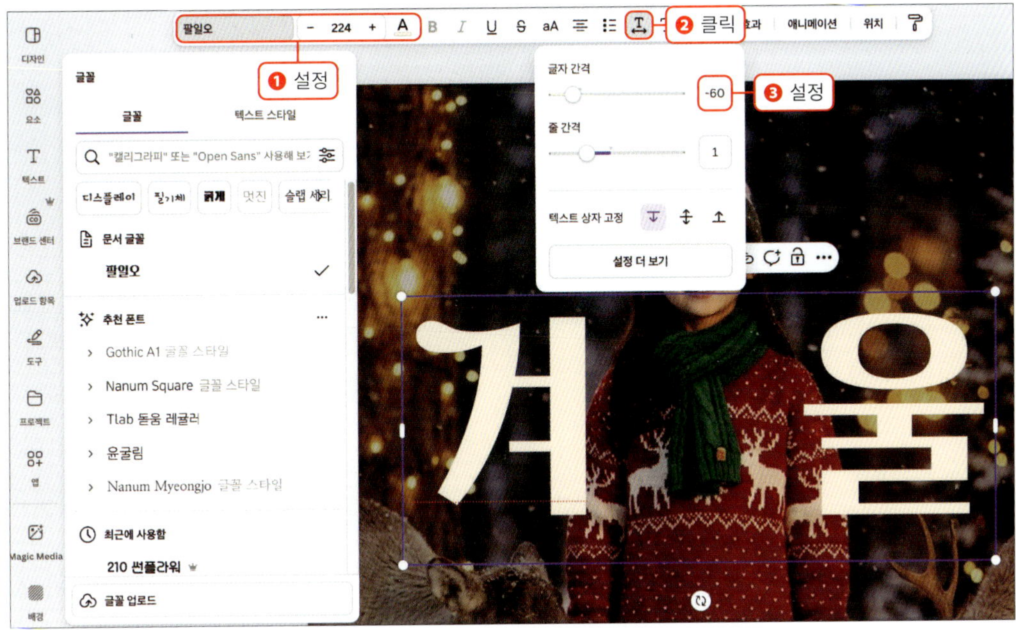

10 | 텍스트에서 마우스 오른쪽 버튼을 클릭하여 [레이어] → [뒤로 보내기]를 실행해 인물의 뒤로 텍스트가 이동하며 입체적인 느낌이 표현되었습니다.

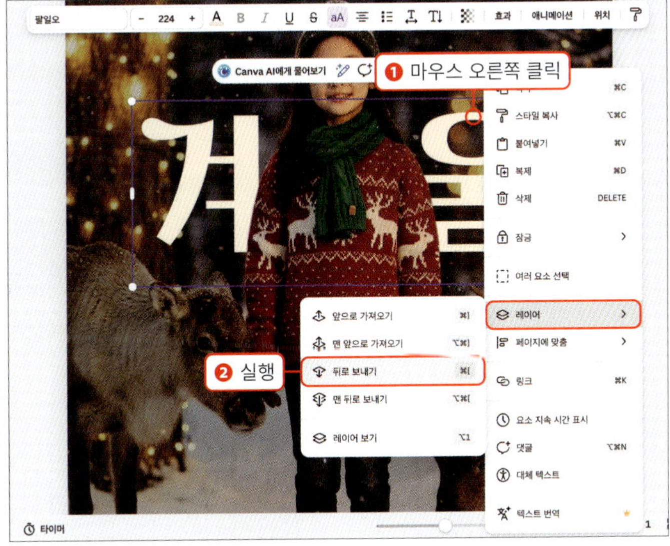

11 | 상단 편집 툴바에서 [효과]를 클릭하고 [들어올리기] 스타일을 선택합니다. 이때 강도는 '93'으로 설정하여 배경 이미지와 텍스트 사이에 강한 그림자를 만들어 글자를 돋보이게 처리합니다.

12 | '겨울' 텍스트 레이어를 복제(Ctrl+D)합니다. 텍스트 내용은 '빅세일'로 입력합니다.

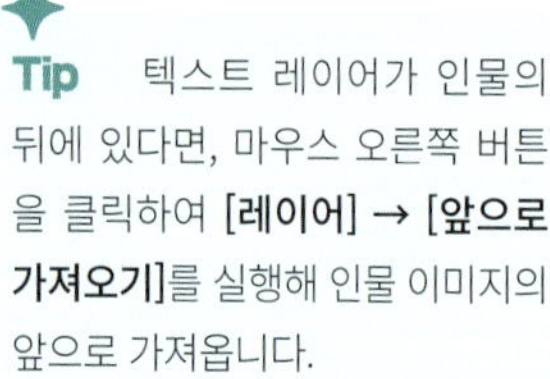

Tip 텍스트 레이어가 인물의 뒤에 있다면, 마우스 오른쪽 버튼을 클릭하여 [레이어] → [앞으로 가져오기]를 실행해 인물 이미지의 앞으로 가져옵니다.

13 | 왼쪽 (요소) 메뉴를 클릭하고 검색창에 '마스킹 테이프'를 입력한 다음 '제출하기' 아이콘(→)을 클릭합니다. 예제에서는 흰색 테이프를 신택하여 다음과 같이 털모자의 오른쪽에 배치합니다.

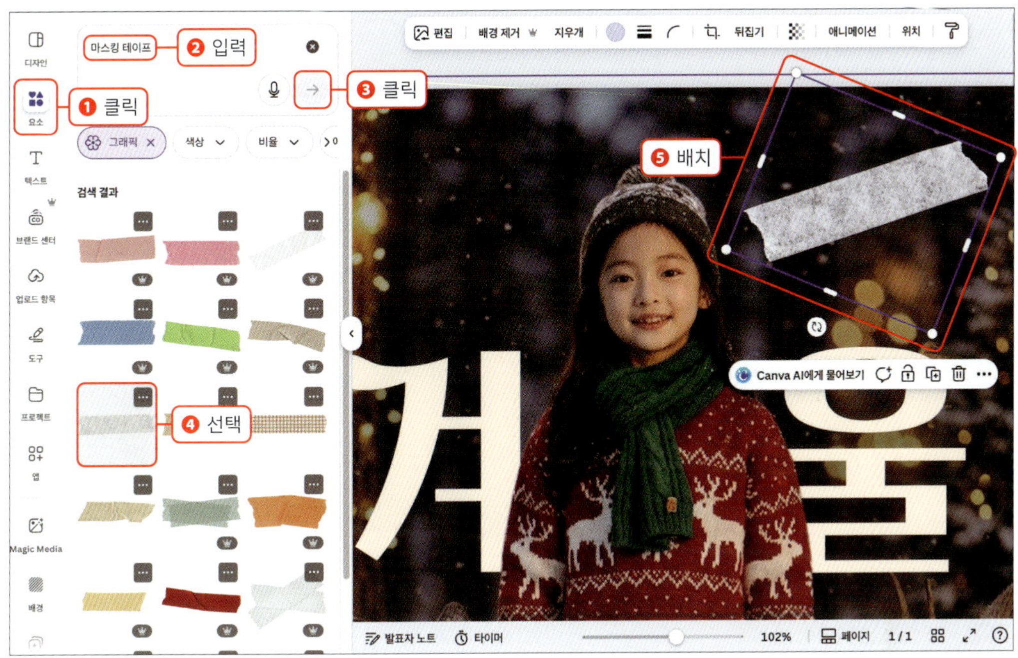

14 | 왼쪽 (텍스트) 메뉴를 클릭하고 〈텍스트 상자 추가〉 버튼을 클릭해 마스킹 테이프에 맞게 위치시킨 다음 내용으로 '아이캔 비니'를 입력합니다.

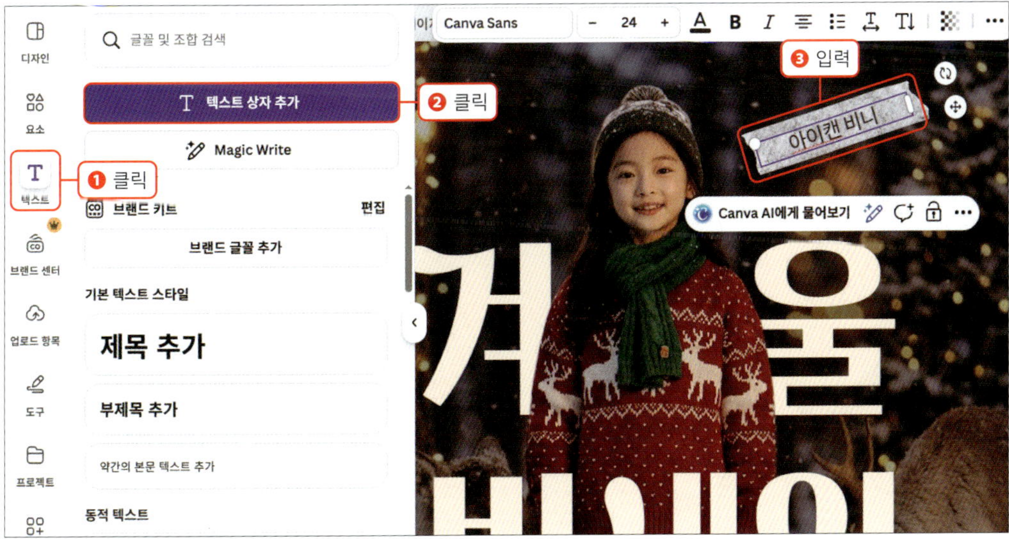

15 | 상단 편집 툴바에서 글꼴은 '유디고딕 좁은폭 굵은/보통', 글자 크기는 '24', 텍스트 색상은 검은색 (#2b2b2b)으로 설정합니다. '고급 설정' 아이콘(▣)을 클릭해 글자 간격을 '−32'로 설정합니다.

16 | 왼쪽 〔요소〕 메뉴를 클릭하고 검색창에 '손그림 화살표'를 입력한 다음 '제출하기' 아이콘(→)을 클릭합니다. 마음에 드는 이미지를 선택하고 상단 편집 툴바에서 색상을 아이보리(#fff5e7)로 설정합니다.

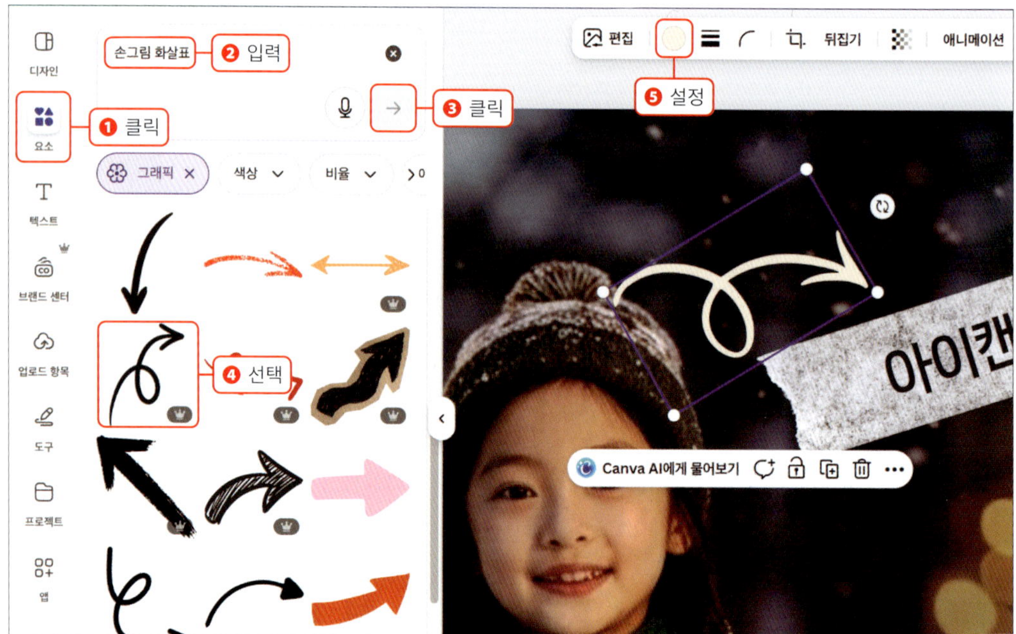

17 | **13번~16번**과 같은 방법으로 초록색 목도리에 '눈꽃꽈배기 SET'의 이름표를 만들어 줍니다.

✦ **Tip   일부 가려져도 '겨울'이라고 읽을 수 있는 이유**

사람은 글자를 하나씩 해독하지 않고, 단어의 전체 모양과 앞뒤 맥락을 함께 봅니다. 그래서 '겨' 위에 스티커가 붙어 일부가 가려져도, 이미 알고 있는 '겨울'이라는 단어 패턴을 떠올려 자연스럽게 읽을 수 있게 됩니다.

18 | '빅세일' 텍스트의 오른쪽 아래 위치에 텍스트 상자를 추가해 'Sale'을 입력합니다. 글꼴은 '210 달팽이', 글자 크기는 '89', 텍스트 색상은 빨간색(#b4381c)으로 설정하고 '고급 설정' 아이콘([I])을 클릭해 글자 간격 '−14'로 설정합니다.

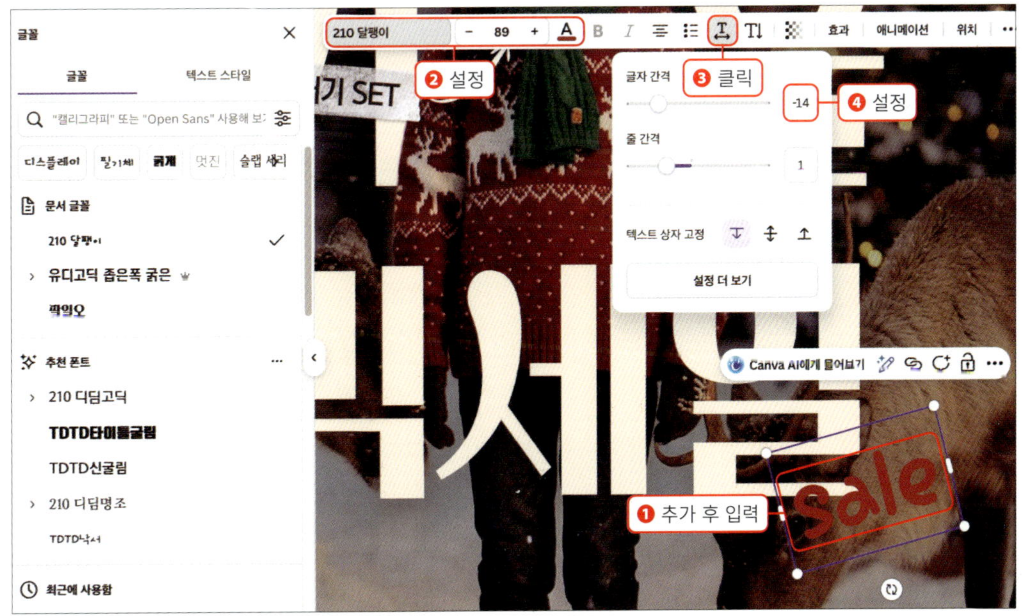

19 | 상단 편집 툴바에서 [효과]를 클릭하고 [테두리] 스타일을 선택합니다. 두께는 '93', 색상을 아이보리 (#fff5e7)로 설정하여 테두리를 추가합니다.

Tip 보조 타이틀(Sale)을 겹쳐서 배치하여 리듬감과 시선의 포인트를 형성합니다. 대형 타이틀에 '말을 건네는 듯한' 인상을 더해, 광고 화면이 지나치게 딱딱해지는 것을 부드럽게 만들어 줍니다.

20 | 왼쪽 [요소] 메뉴를 클릭하고 검색창에 'Black Brush Stroke Scribble'를 입력한 다음 '제출하기' 아이콘(→)을 클릭합니다. 텍스트를 강조하듯이 밑줄 이미지를 선택하고 색상은 아이보리(#fff5e7)로 설정합니다.

21 | 왼쪽 (도구) 메뉴를 클릭하고 [도형]의 [사각형]을 선택해 사각형을 만듭니다. 하단 영역에 맞게 배치하고 색상을 진빨강색(#8a0c10)으로 설정합니다.

22 | 상단 편집 툴바에서 [위치]를 클릭하고 (레이어) 탭에 현재 선택한 레이어와 겹친 레이어를 확인하기 위해 [겹침]을 선택합니다. 방금 그린 사각형을 드래그해 인물 레이어 밑으로 이동합니다.

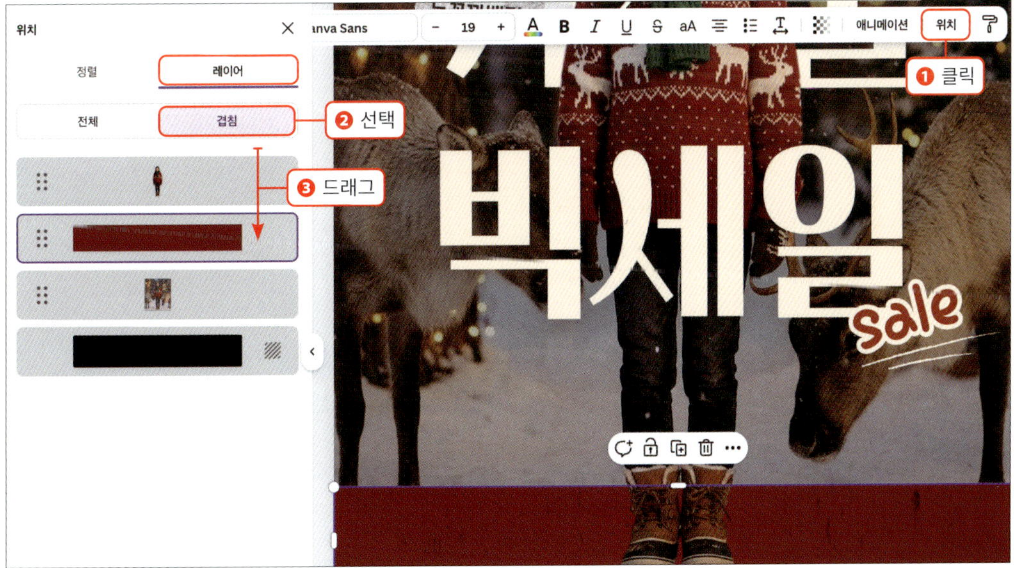

03 인물의 자연스러운 그림자 배치하기

인물이 공중에 떠있는 것이 아니라 공간에 위치하고 있는 느낌을 줄 수 있는 그림자를 추가합니다.

23 │ 왼쪽 [요소]를 클릭하고 검색창에 '그림자'를 입력한 다음 '제출하기' 아이콘(→)을 클릭합니다. 가로로 길고 둥근 이미지를 선택해 인물의 신발 영역에 위치하고 크기를 알맞게 조정합니다.

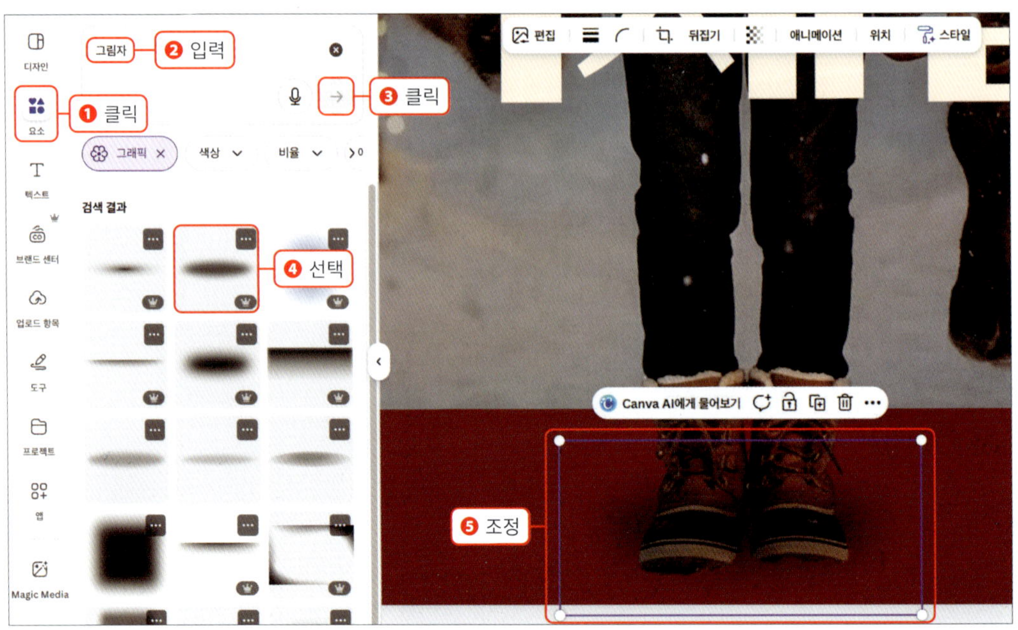

24 │ 상단 편집 툴바에서 [위치]를 클릭하고 [레이어]에서 [겹침]을 선택한 다음 그림자 레이어를 인물의 아래로 드래그하여 이동합니다.

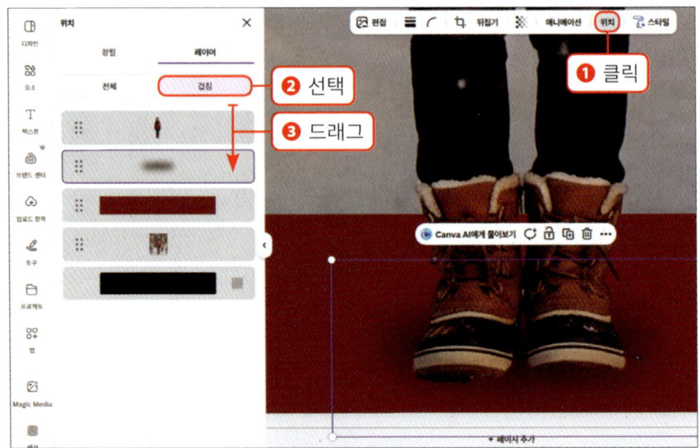

25 | 이전과 동일한 방법으로 하단에 텍스트 상자를 추가하고 '최대 70% 할인'을 입력합니다. 글꼴은 '네모고딕 좁은폭/중간', 글자 크기는 '34', 색상은 밝은 베이지(#fff5e7)로 설정한 다음 '고급 설정' 아이콘을 클릭해 글자 간격을 '0'으로 설정합니다.

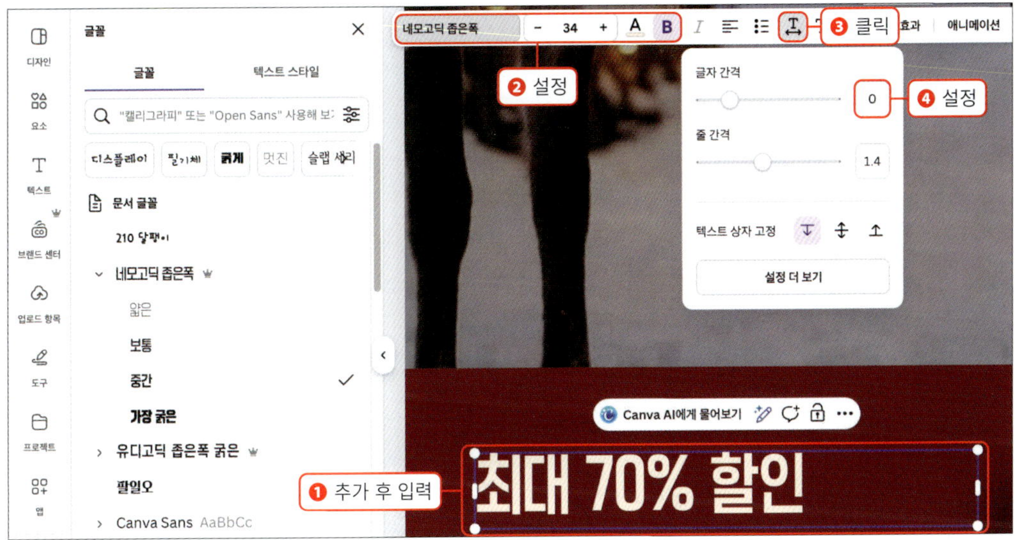

26 | 같은 텍스트 레이어를 복제(Ctrl+D)한 다음 내용으로 ' + 추가 10% 중복쿠폰'을 입력하고 상단 편집 툴바에서 정렬을 클릭해 '오른쪽 정렬'로 설정합니다.

27 | 왼쪽 〔요소〕 메뉴를 클릭하고 검색창에 '하트'를 입력한 다음 '제출하기' 아이콘(→)을 클릭합니다. 원하는 모양을 선택하고 색상은 밝은 베이지(#fff5e7)로 설정합니다.

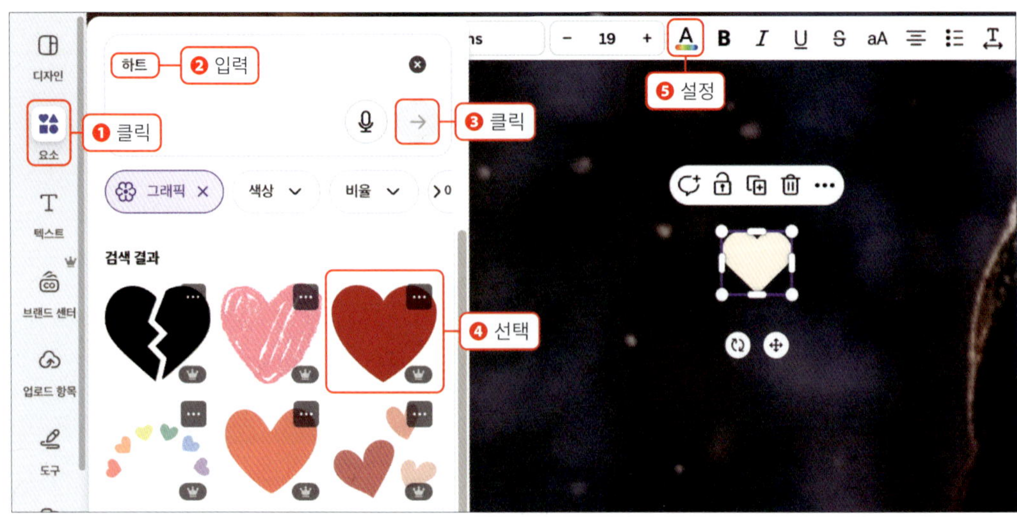

28 | 설정한 이미지를 선택하고 Alt 를 누른 채 드래그하여 복제하여 화면의 빈 공간에 적당히 배치합니다. 하늘에서 내리는 눈발과 조명의 빛이 하트 모양처럼 보이는 효과를 주어 마무리합니다.

LESSON 02 시선을 사로잡는 유튜브 채널 배너 만들기

예제파일: source\유튜버인물사진1~2.png   **완성파일**: source\유튜브배너.png

유튜브 채널 배너는 채널의 성격과 방향을 한눈에 전달하는 첫인상과 같습니다. 강한 메시지나 정보 전달보다 채널의 분위기와 태도를 전달하는 디자인을 통해 채널의 정체성을 느낄 수 있도록 구성합니다.

작업 패턴 KEYWORD

❶ 데스크탑과 모바일에서 공통으로 사용하는 이미지 제작을 위해 '눈금자 및 가이드'로 중앙 안전 영역 표시

❷ 투명도를 주어 약해진 이미지의 느낌의 선명도 확보를 위해 [모노(Mono) 필름] 필터를 적용

예제 콘셉트

편안하고 신뢰감 있는 첫인상을 전달하기 위해 부드러운 파스텔 그라디언트와 절제된 타이포를 중심으로 구성하고, 그래픽 요소는 과하지 않게 배치합니다. 은은한 분위기를 위해 그래픽 요소는 시선이 분산되지 않도록 크기와 개수를 절제하여 사용합니다. 인물 이미지는 화면 중앙에서 살짝 벗어나게 배치해 의도적인 여백을 만들고, 이 공간에 타이틀을 배치함으로써 메시지가 명확하게 전달되도록 합니다. 배경에는 방사형 패턴과 별 오브젝트를 활용해 화면이 확장되더라도 흐름이 자연스럽게 이어지도록 레이아웃을 구성합니다.

01 배너 사이즈에 맞춰 중앙 안전 영역 표시하기

한 개의 이미지를 제작하여 데스크탑과 모바일에서 공통으로 사용하기 위해 가이드라인으로 중앙의 안전 영역을 표시해 보겠습니다.

01 | 캔바 홈 화면에서 새 캔버스를 열기 위해 [+ 만들기]를 클릭합니다.

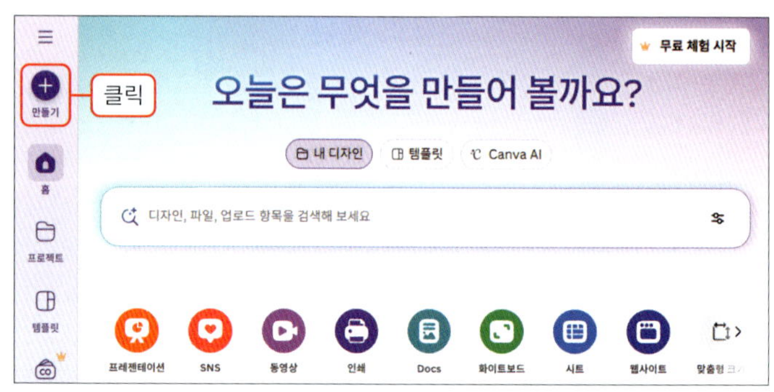

02 | 검색창에 '유튜브'를 입력하고 [Youtube 배너]를 선택해 새 캔버스를 생성합니다.

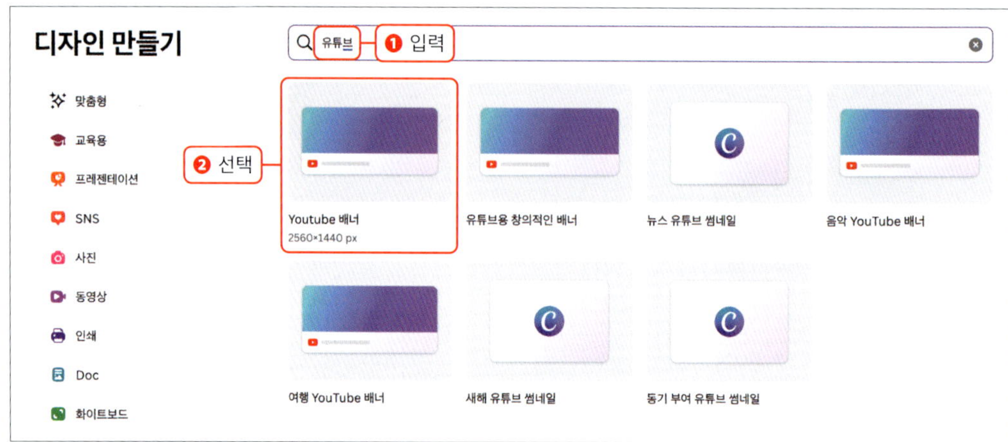

03 | 배경을 선택하고 상단 편집 툴바에서 색상을 클릭합니다. 문서 색상에서 '새로운 색상 추가' 아이콘(⊕)을 클릭한 다음 (그라데이션) 탭에서 스타일은 [선형 그라데이션 135도]로 설정하고 그라데이션 색상은 노란색(#fff27d)과 분홍색(#ef73b2)으로 설정합니다.

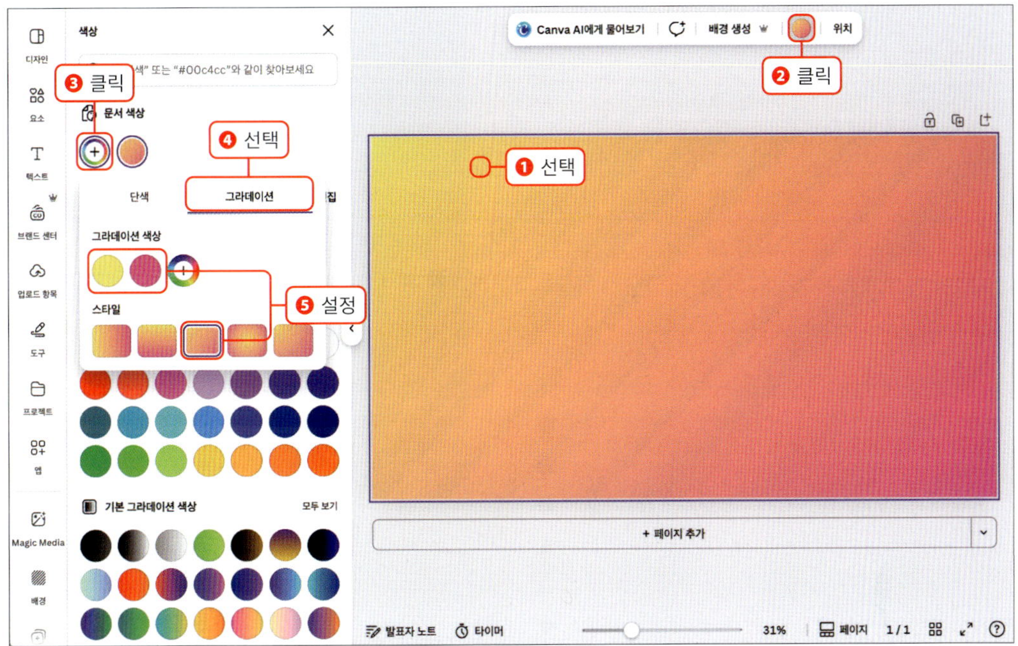

04 | 유튜브 채널 배너의 '중앙 안전 영역'을 표시하기 위해 가이드 라인을 그릴 수 있도록 [파일] → [설정] → [눈금자 및 가이드 표시]를 실행합니다.

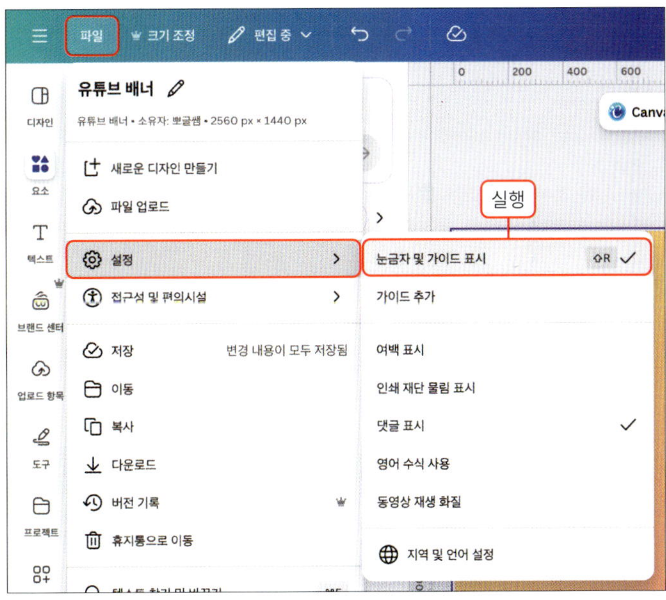

유튜브 채널 배너는 기기마다 보이는 영역이 다르기 때문에, 모든 화면에서 공통으로 노출되는 '중앙 안전 영역'이 핵심 기준이 됩니다. 모바일에서는 좌우가, TV 화면에서는 상하가 잘려 보이기 때문에 채널명, 슬로건, 업로드 요일처럼 반드시 전달되어야 할 정보는 중앙 안전 영역 안에 배치해야 합니다.

- **캔버스 크기**: 2560 × 1440px(필수)
- **중앙 안전 영역**: 1546 × 423px
- **파일 용량 및 형식**: 6MB 이하 / JPG, PNG

05 | 중앙 안전 영역의 크기를 표시해 보겠습니다. 왼쪽 [도구] 메뉴를 클릭하고 [도형]의 [사각형]을 선택합니다.

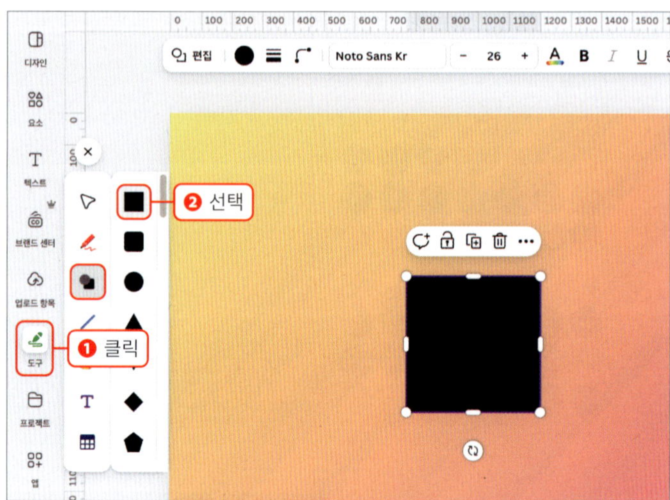

06 | 상단 편집 툴바에서 [위치]를 클릭하고 너비를 '1546 px', 높이를 '423 px'로 설정한 다음 페이지 맞춤에서 상하, 좌우 둘 다 '가운데'를 선택하여 중앙으로 정렬합니다.

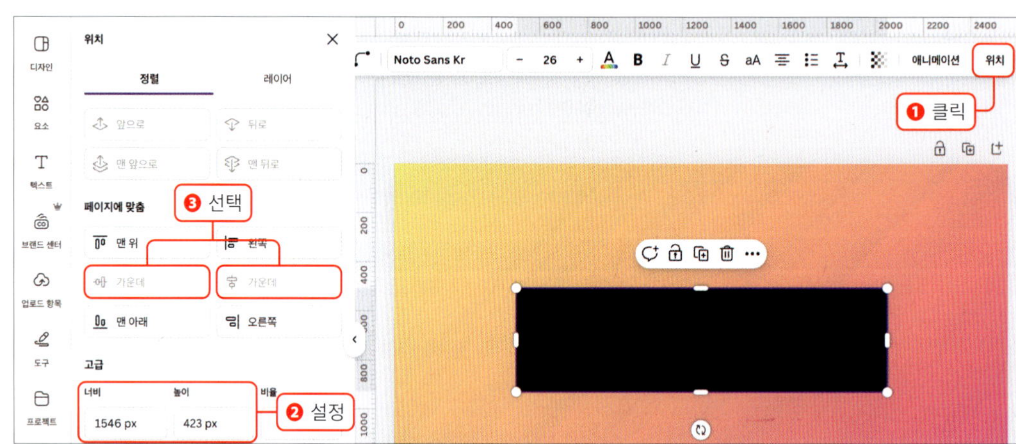

07 | 상단의 눈금자 위에 마우스를 위치시키고 '509' 위치로 드래그합니다. 사각형을 선택한 상태이기 때문에 가이드 라인이 자석처럼 '509' 위치에서 멈추게 됩니다.

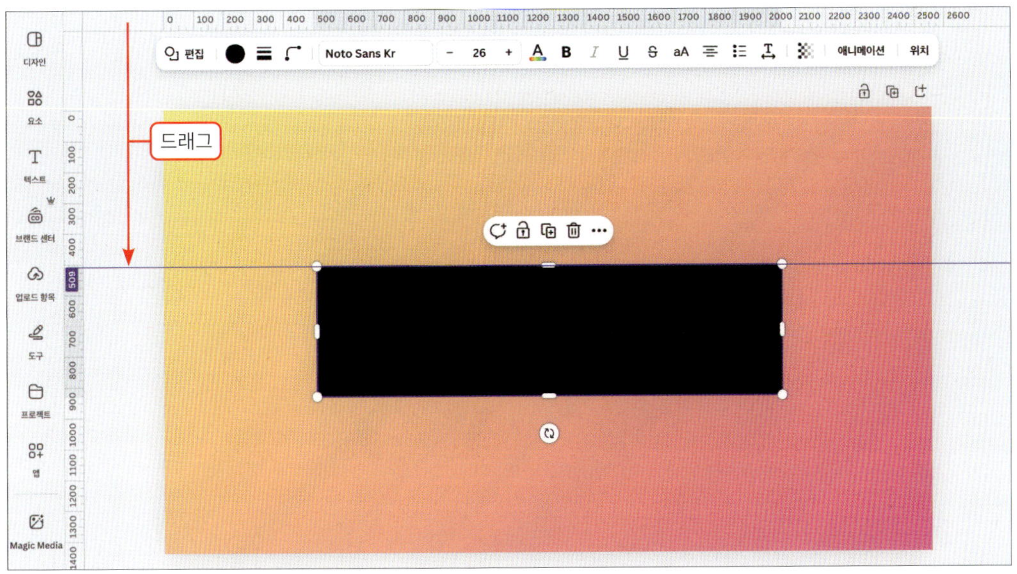

08 | 위와 같은 방법으로 나머지 3개의 가이드 라인도 사각형에 맞춰준 다음 Delete를 눌러 사각형을 지웁니다.

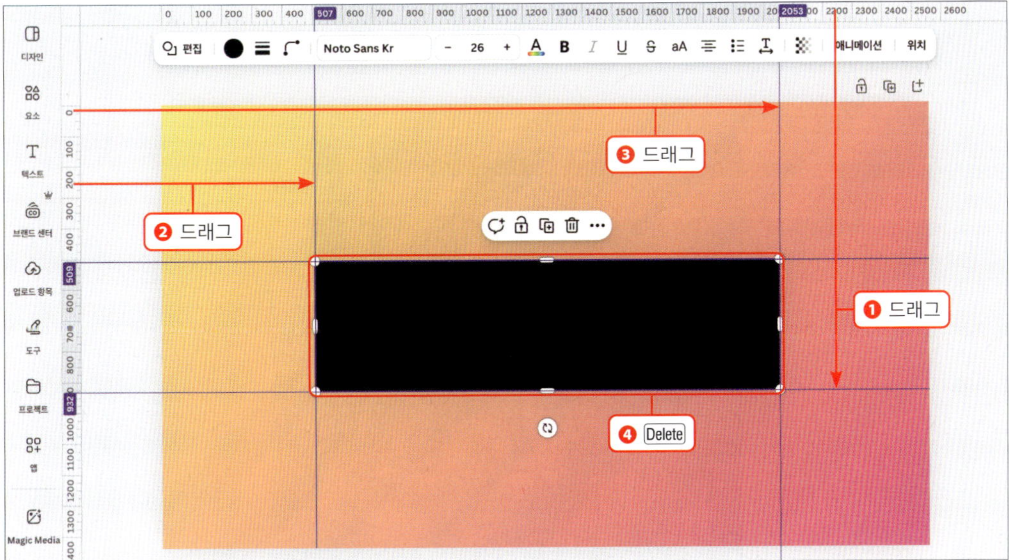

09 다운로드한 source 폴더에서 '유튜버인물사진1.png' 파일을 캔버스로 드래그합니다. 상단 편집 툴바에서 [배경 제거]를 클릭해 인물만 남겨줍니다. 중앙 안전 영역 안에 인물을 배치합니다.

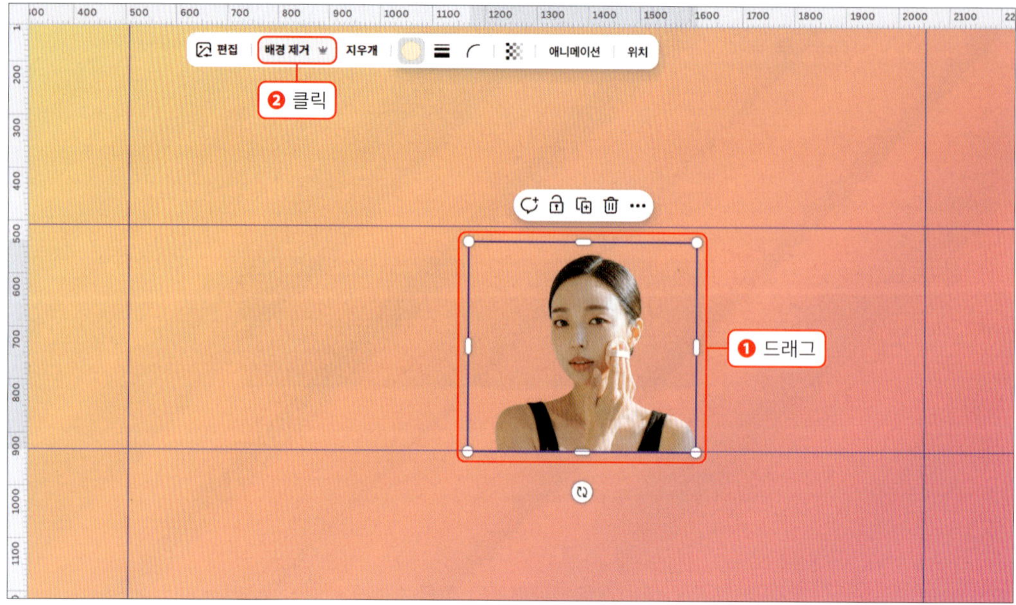

10 대비되는 인상의 인물사진을 넣어 보겠습니다. 다운로드한 source 폴더에서 '유튜버인물사진2.png' 파일을 캔버스로 드래그하여 불러옵니다. 지친 일상을 담은 채널의 모습을 엿볼 수 있습니다.

02 효과를 적용하여 이미지의 느낌을 약화시키기

반전된 일상을 엿볼 수 있는 이미지가 주요 이미지보다 약한 느낌을 갖을 수 있도록 표현해 보겠습니다.

11 │ 이미지를 선택한 채 상단 편집 툴바에서 [배경 제거]를 클릭하여 배경을 지우고, 레이어 뒤로 보내기(Ctrl + Shift + [ )를 실행해 이미지를 뒤로 보냅니다.

12 │ 상단 편집 툴바에서 [편집]을 클릭하고 필터 항목에 모노(Mono)에서 [필름]을 선택한 다음 강도를 '100%'로 설정합니다. 이때 상단 편집 툴바에 '투명도' 아이콘을 클릭해 '80%'로 설정해 이미지의 느낌을 약화시킵니다.

13 | 안전 영역 안에 텍스트 상자를 추가해 '오늘도 뽀글'을 입력합니다. 글꼴은 '코어 고딕 E/얇은', 글자 크기는 '88', 색상은 검은색(#242424)으로 설정하고 글자 간격은 '−114'로 설정합니다.

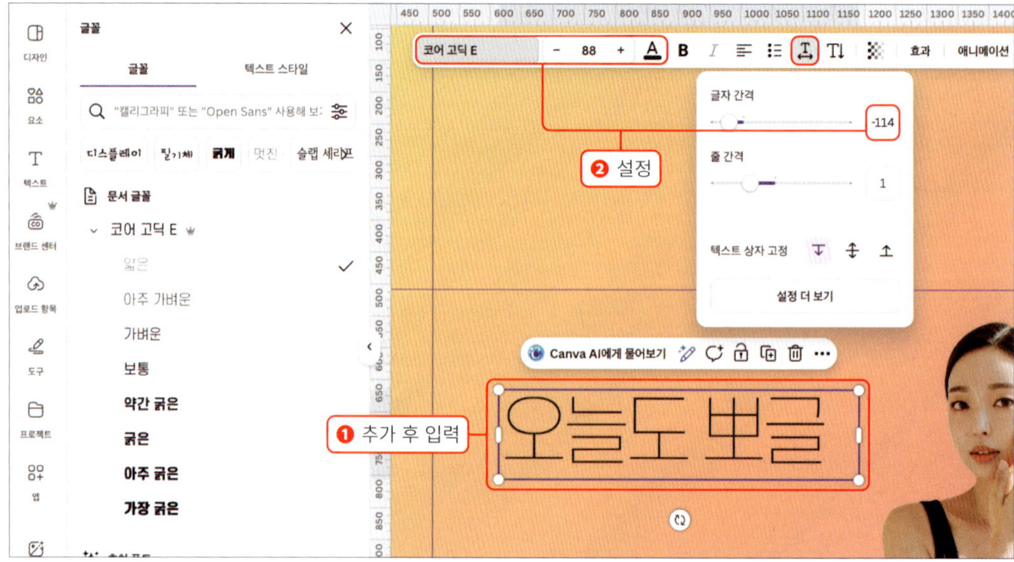

14 | 왼쪽 [요소] 메뉴를 클릭하고 검색창에 ' + '를 입력한 다음 '제출하기' 아이콘(➡)을 클릭합니다. [그래픽]을 클릭하여 다음과 같은 이미지를 선택합니다. 이렇게 채널명 오른쪽 위에 플러스 모양 이미지를 추가하였습니다.

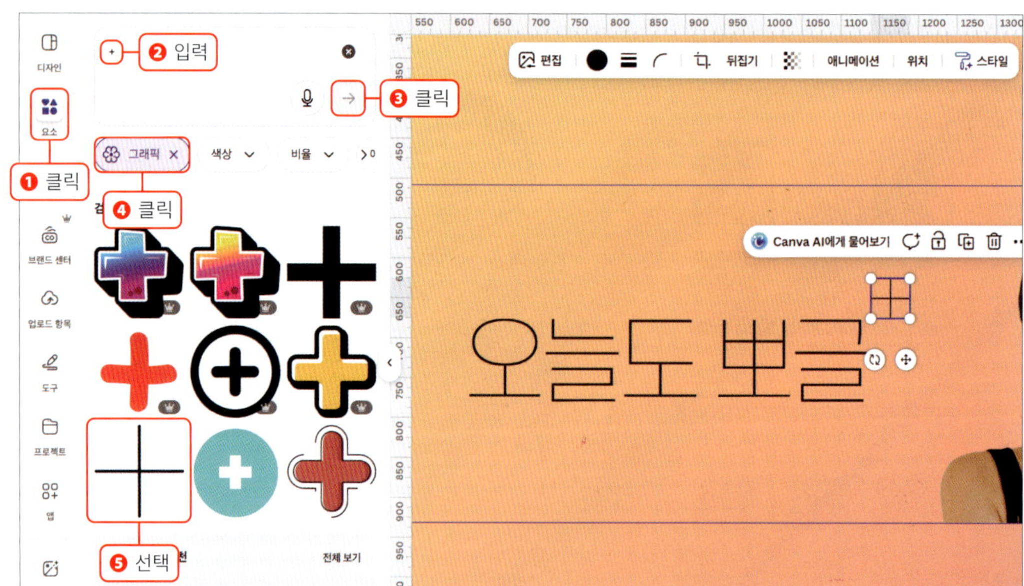

15 | Shift 를 누른채 메인 타이틀 레이어와 플러스 이미지 레이어를 동시 선택합니다. 복제(Ctrl + D)해 오른쪽으로 이동해 이미지 크기를 조정합니다. 내용은 '아무튼, 어른연습중'으로 입력하고 글자 크기를 '25'로, 줄 간격은 '1.3'으로 설정합니다.

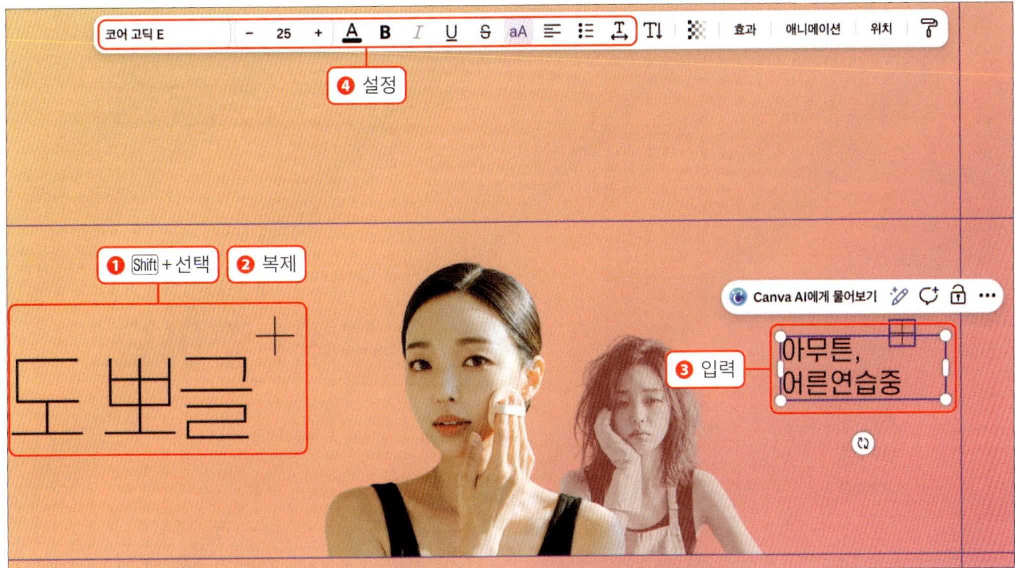

16 | 왼쪽 (도구) 메뉴를 클릭하고 [도형]의 [둥근 모서리 사각형]을 선택합니다. 상단 편집 툴바에서 배경색은 '없음' 아이콘(⊘), 스트로크 색상은 흰색(#ffffff)을 선택하고, 테두리는 '직선', 스트로크 굵기는 '5'로 설정합니다.

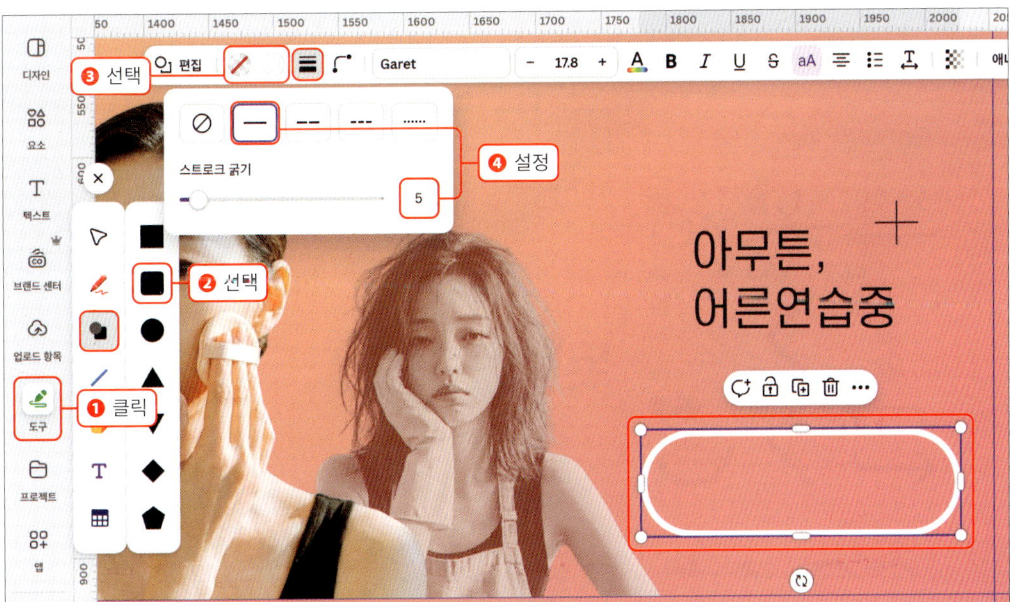

17 | 도형 안에 텍스트 상자를 만든 다음 '구독! 좋아요!'를 입력합니다. 상단 편집 툴바에서 글꼴은 '코어 고딕 E/약간 굵은'으로, 글자 크기는 '21'로, 색상은 검은색(#242424)으로, 글자 간격은 '0'으로 설정합니다.

18 | 구독 버튼 이미지를 강조하기 위해 왼쪽 [요소] 메뉴를 클릭하고 검색창에 '화살표 라인 아이콘'을 입력한 다음 '제출하기' 아이콘(→)을 클릭합니다. [그래픽]을 클릭하고 원하는 이미지를 선택한 다음 상단 편집 툴바에서 [뒤집기]의 [수평 뒤집기]를 선택해 방향을 바꿔줍니다.

19 │ 왼쪽 〔도구〕 메뉴에서 [선]의 [직선]을 선택합니다. 상단 편집 툴바에서 '스트로크 스타일' 아이콘(☰)을 클릭하고 [직선]을 선택합니다. 둥근 끝점은 '활성화'로, 스트로크 굵기는 '2'로 설정합니다.

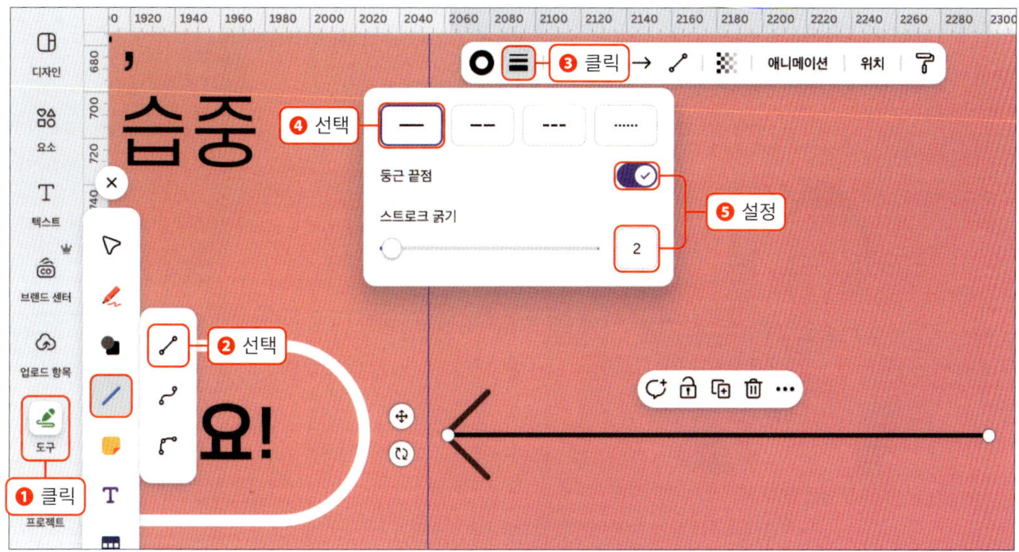

20 │ 왼쪽 〔요소〕 메뉴를 클릭하고 검색창에 'set:nAEeJUN9_JE'를 입력한 다음 '제출하기' 아이콘(→)을 클릭합니다. 방사형 패턴 이미지를 선택하고 상단 편집 툴바에서 색상을 흰색(#ffffff)으로 설정합니다.

Tip   컬렉션 ID란?

해당 콘텐츠를 제작한 창작자의 작업물에서 유사한 컬렉션을 세트로 확인할 수 있습니다. 마음에 드는 요소를 마우스 오른쪽 버튼으로 클릭한 다음 **[정보]** → **[컬렉션 보기]**를 통해 같은 느낌으로 묶인 세트 이미지를 확인할 수 있습니다.

21 | 추가한 방사형 패턴을 마우스 오른쪽 버튼 클릭하고 **[레이어] → [뒤로 보내기]**를 실행하여 인물의 뒤로 보냅니다. 패턴이 흐릿한 인물의 뒤에 위치하도록 두 번 실행합니다.

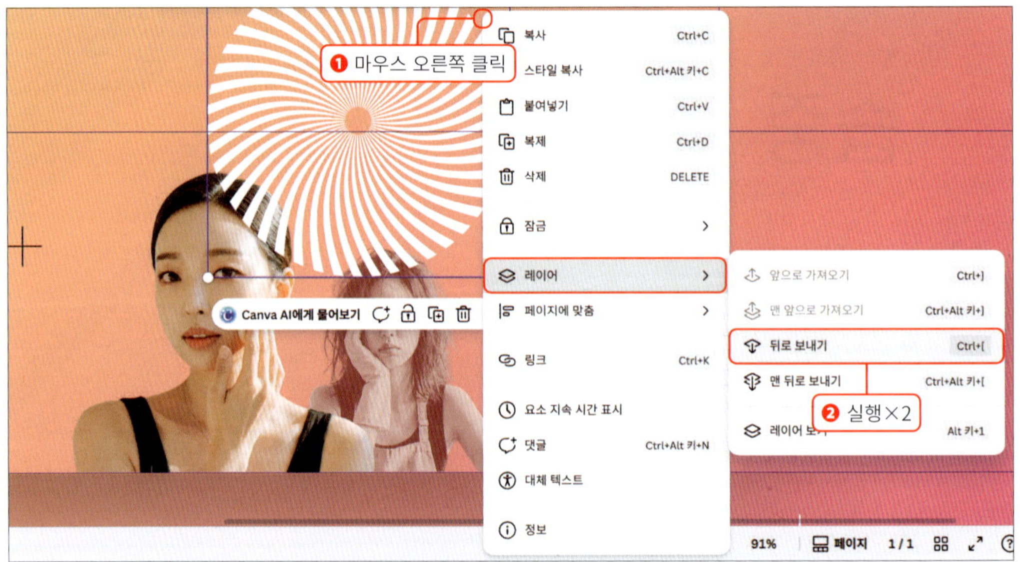

22 | 같은 모양을 복제하기 위해 Alt를 누른 채 드래그합니다. 적당히 크기를 조정하여 중앙 안전 영역에서부터 바깥 영역과 이미지가 연결되도록 자연스럽게 화면에 배치합니다.

Tip　스마트폰이나 데스크탑의 경우 중앙 안전 영역이 노출되지만 동일한 화면을 TV와 같이 넓은 디바이스로 확인하면 영역 외 배경이 노출되기때문에 자연스럽게 채워지도록 화면을 구성합니다.

23 | 앞서 검색했던 'set:nAEe JUN9 _JE'에서 다양한 별모양 이미지를 추가합니다. 배경과 어우러지도록 색상은 진보라(#8c52ff)와 연보라(#cb6ce6)로 적절하게 설정합니다.

Tip 배경을 꾸밀 때 별이나 방사형 오브젝트가 너무 많아지지 않도록 주의하세요. 디바이스(모바일, 태블릿, PC, TV)마다 보이는 영역이 달라 서로 다른 인상을 주게 됩니다. 브랜드 일관성이 약해지고 시선이 분산되어 오히려 채널이 전달하려는 핵심 메시지의 집중도가 오히려 낮아질 수 있습니다.

24 | 메인 타이틀에 포인트를 주기 위해 왼쪽 (요소) 메뉴를 클릭하고 검색창에 'set:nAGmKf8Cwks'을 입력한 다음 '제출하기' 아이콘(→)을 클릭합니다. [그래픽]을 클릭하고 그림과 같은 도트형 라인을 추가합니다.

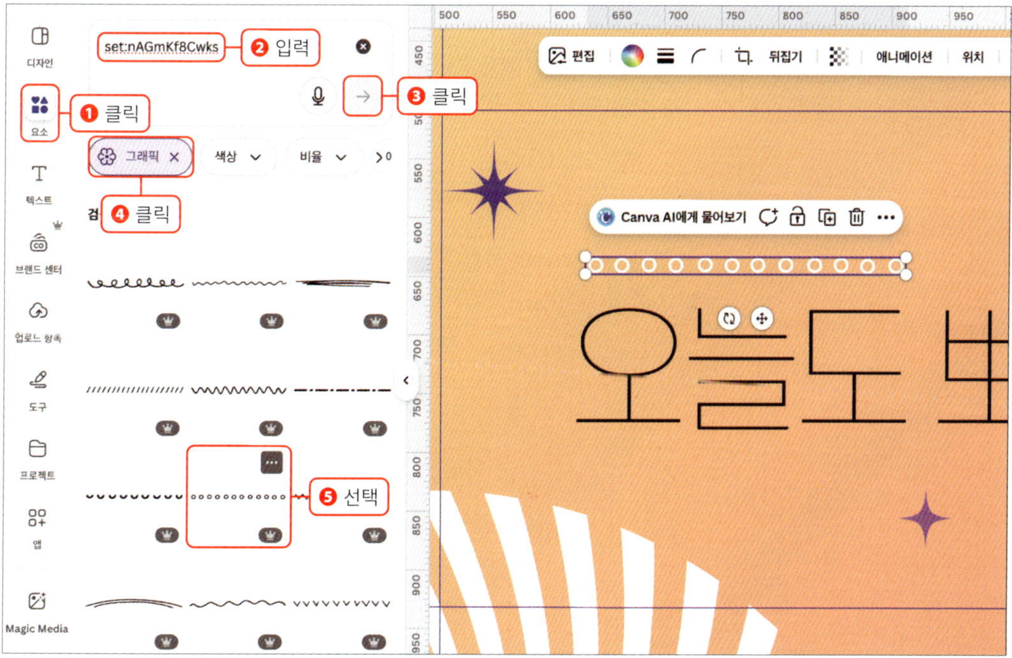

25 | 왼쪽 (요소) 메뉴를 클릭하고 검색창에 '그림자'를 입력한 다음 '제출하기' 아이콘(→)을 클릭합니다. [그래픽]을 클릭하고 원하는 이미지를 선택하여 중앙 안전 영역의 아래로 드래그합니다. 자연스럽게 보이도록 상단 편집 툴바에서 투명도를 '37'로 설정합니다.

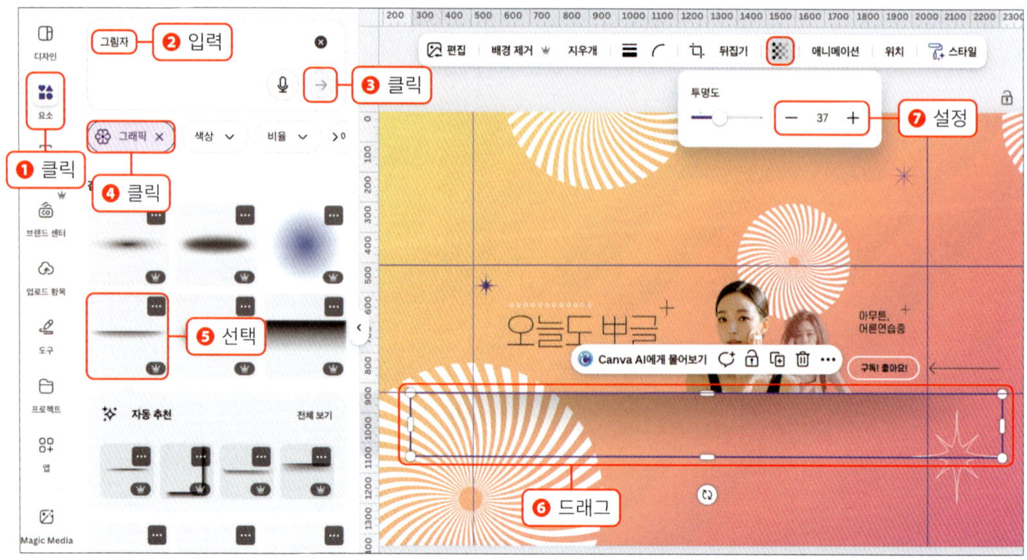

Tip 중앙 안전 영역은 스마트폰(1546×423px)에서 기준 화면으로 노출되며, 태블릿(1855×423px)과 PC(2560×423px)에서는 좌우 공간이 조금 더 확장되어 보입니다. 반면 TV에서는 상하 영역까지 노출되는데, 이때 인물 사진이 공중에 떠 보이지 않도록 바닥에 닿아 있는 듯한 그림자를 추가해 시각적 안정감을 만듭니다.

LESSON 03
구독과 좋아요를 부르는 유튜브 썸네일 만들기

예제파일: source\놀라는 남성.jpg   **완성파일**: source\유튜브썸네일.png

유튜브 썸네일은 영상을 설명하는 이미지이기도 하지만 보는 순간 "왜?"라는 반응을 만드는 장치입니다. 핵심 메시지를 하나로 정리하고, 질문형 문구와 분명한 색 대비로 시선을 붙잡습니다. 이번 예제를 통해 문장 구성과 시선을 끄는 컬러 대비, 인물과 오브젝트 배치 흐름을 익혀 정보형, 먹방, 리액션 썸네일 등 다양하게 활용해 보세요.

반응을 유도하기 위해 한 화면에서 놀람과 궁금증이 동시에 느껴지도록 구성합니다. 질문형 말풍선과 인물 클로즈업 컷으로 즉각적인 감정 반응을 끌어내고, 말풍선·속도선·느낌표 등 만화적 요소로 친근함을 더합니다. 음식은 사진 대신 일러스트를 사용해 시선을 집중시키며, 옐로우 포인트 컬러를 활용해 검정 배경에서도 높은 인지도를 확보합니다.

예제 콘셉트

작업 패턴
KEYWORD

❶ 배경을 흐릿한 사진으로 표현을 위해 흐리기 효과 설정
❷ 그림자 효과에서 글로우를 적용해 이미지 외곽선과 동일한 크기의 그림자 적용
❸ 입체적인 텍스트 표현을 위해 캔바의 TypeExtrude 앱 활용

01 배경을 흐리게 편집하기

유튜브 썸네일의 배경이 되는 이미지에 흐리기 효과를 적용합니다.

01 | 캔바 홈 화면에서 새 캔버스를 열기 위해 [+ 만들기]를 클릭합니다.

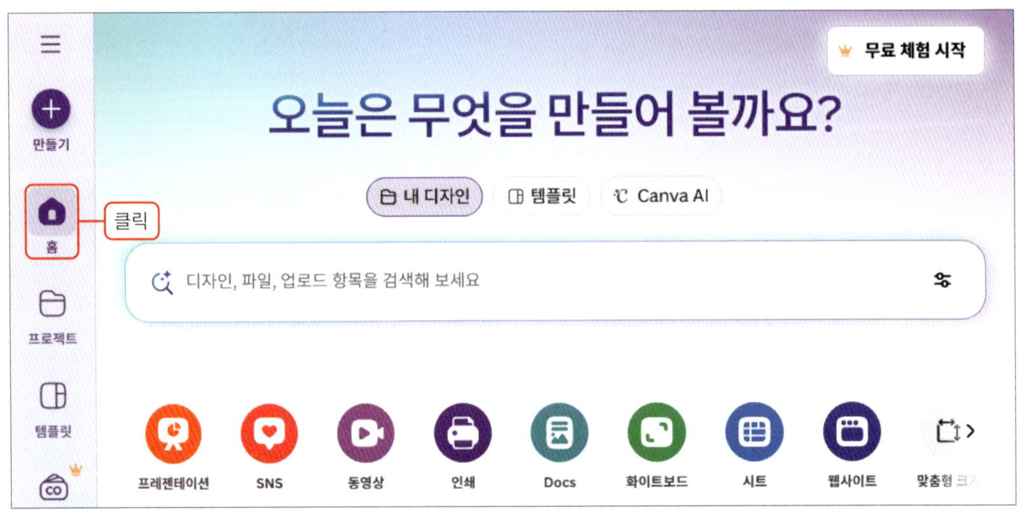

02 | 검색창에 '유튜브'를 입력하고 [Youtube 배너]를 선택해 새 캔버스를 생성합니다.

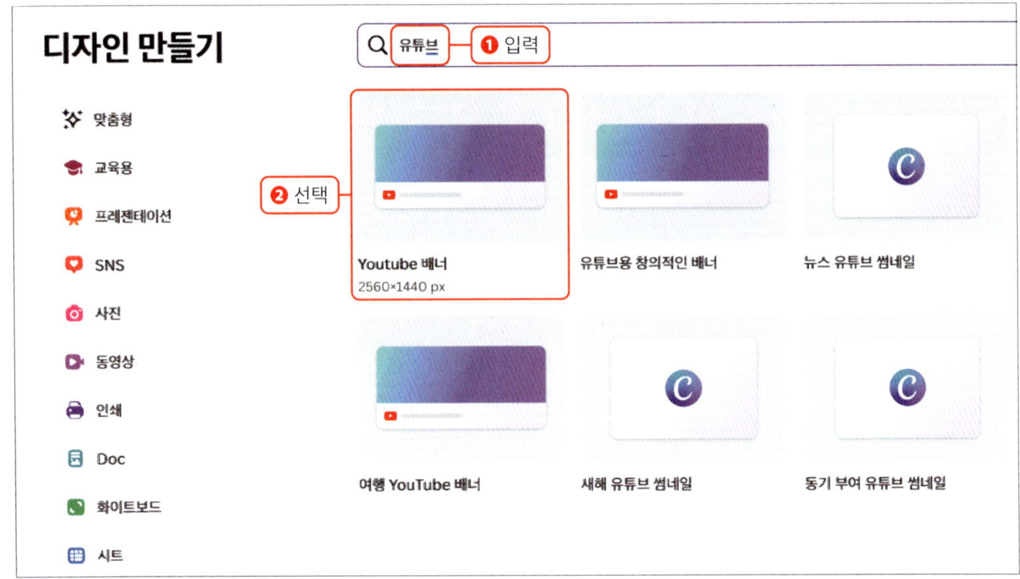

03 | 왼쪽 [요소] 메뉴를 클릭하고 검색창에 '급식'을 입력한 다음 '제출하기' 아이콘(→)을 클릭합니다. 실물 사진을 사용하기 위해 [사진]을 클릭하고 원하는 이미지를 선택해 화면에 꽉차게 조정합니다.

04 | 배경의 집중도를 떨어트리기 위해 상단 편집 툴바에서 [편집]을 클릭하고 효과에서 [흐리기]를 선택합니다. [전체 이미지]를 선택하고 강도를 '29'로 설정해 배경에 흐릿하게 들어가도록 설정합니다.

05 다운로드한 source 폴더에서 '놀라는 남성.jpg' 파일을 캔버스로 드래그합니다. 상단 편집 툴바에서 '배경 제거'를 클릭하고 인물이 왼쪽을 바라보도록 [뒤집기]의 [수평 뒤집기]를 선택합니다.

02 글로우 효과로 그림자 적용하기

흐릿한 배경 위에 배치한 인물 사진에 그림자 효과를 적용하여 배경과 선명하게 분리합니다.

06 인물 사진에 그림자를 만들어 배경과 분리하기 위해 상단 편집 툴바에서 [편집]을 클릭하고 효과에서 [그림자]를 선택한 다음 [글로우]를 선택합니다. 크기는 '18', 흐림 정도는 '69', 강도는 '65'를 설정합니다.

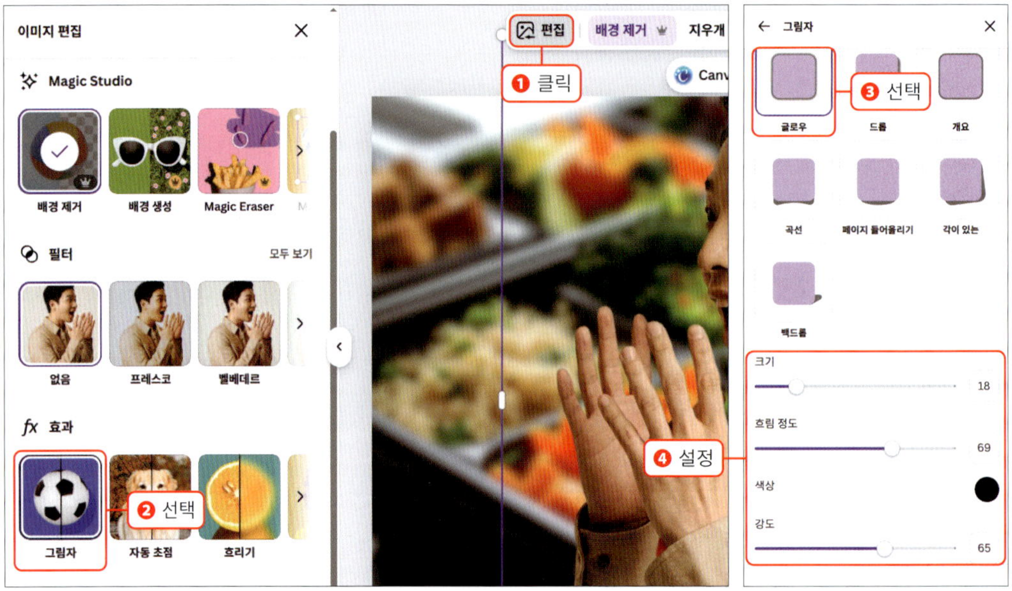

07 | 효과가 적용된 인물 이미지에서 '⟳' 아이콘을 드래그하여 적당히 기울입니다. 중앙에 음식 이미지를 배치하기 위해 인물 이미지는 화면의 오른쪽으로 이동합니다.

03 앱을 활용하여 입체적인 텍스트 표현하기

플러그인 TypeExtrude를 이용해 입체적인 제목 텍스트를 표현해 보겠습니다.

08 | 왼쪽 〔앱〕 메뉴를 클릭하고 검색창에 'TypeExtrude'를 입력한 다음 Enter 을 누릅니다. 해당 앱을 클릭하고 〈열기〉 버튼을 클릭하여 앱을 실행합니다.

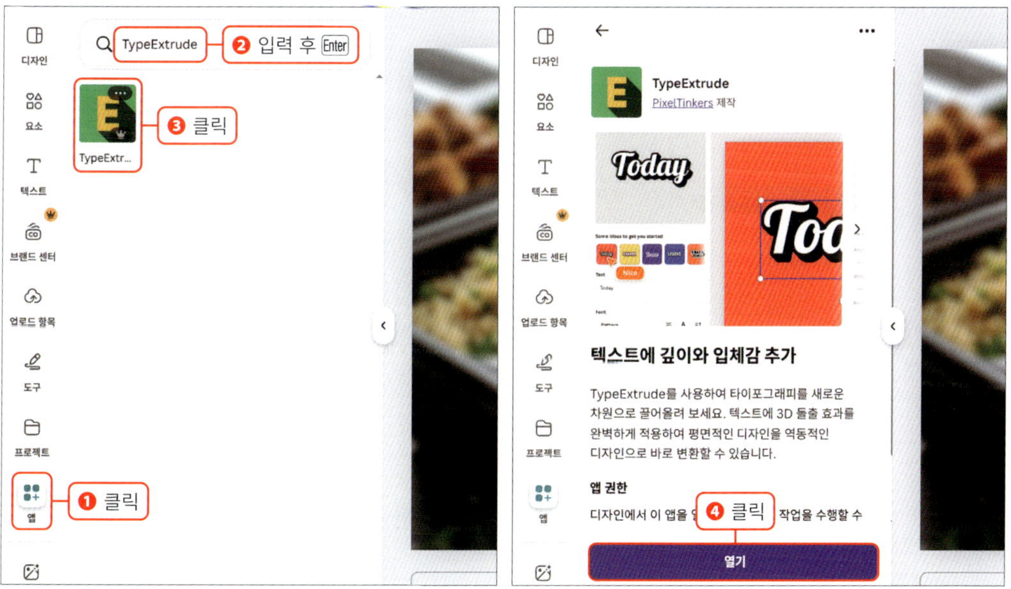

Tip 한번 실행한 앱은 이후에 이름을 검색하지 않아도 〔앱〕 메뉴에서 [내 앱]을 선택해 찾을 수 있습니다.

09 | 텍스트 입력창에 '외국인들 난리난 이유'를 입력하고 글꼴을 'Cafe24 Moyamoya OTF', 글자 색을 '노란색(#ffc73a)', 효과 색을 검은색(#000000)으로 설정합니다. 이후 세부 편집을 위해 〈효과 편집〉 버튼을 클릭합니다.

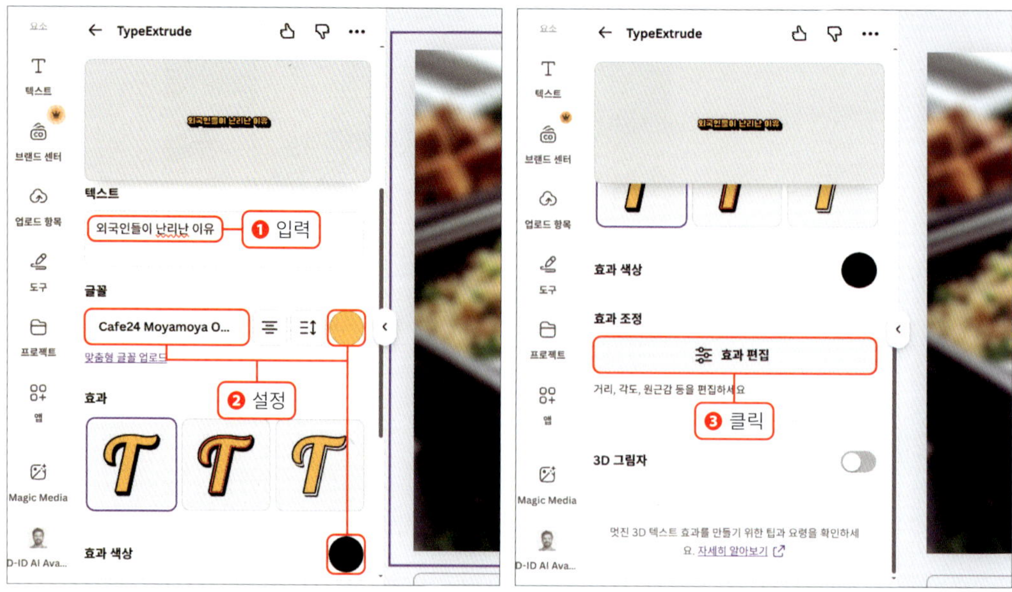

10 | 각도를 '−45', 거리를 '14', 두께를 '100'으로 설정한 다음 〈디자인에 추가〉 버튼을 클릭해 타이포그래피를 추가합니다.

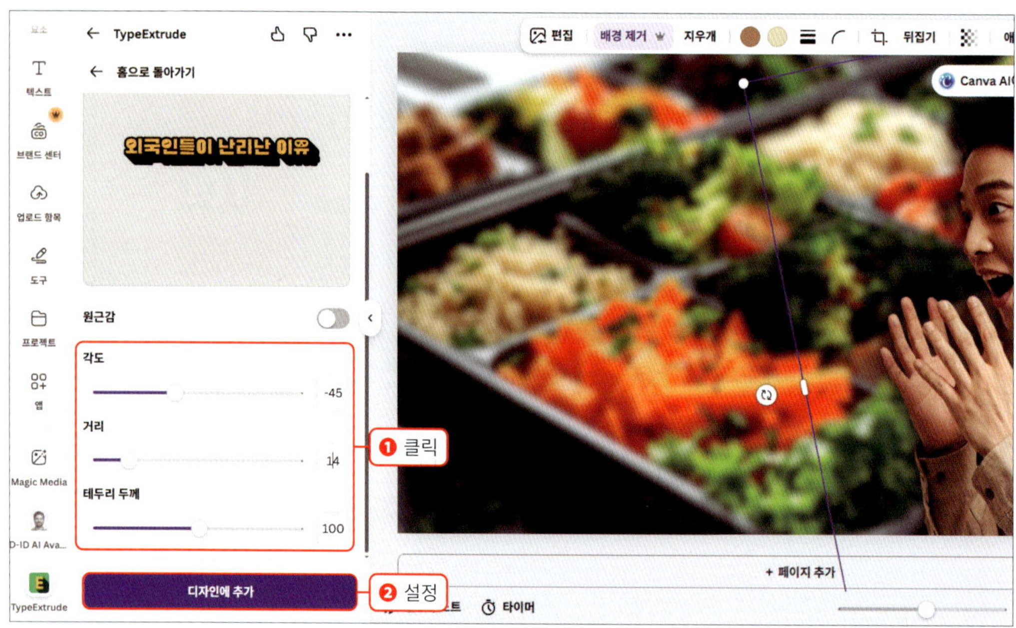

11 | 왼쪽 (요소) 메뉴를 클릭하고 검색창에 '말풍선'을 입력한 다음 '제출하기' 아이콘(→)을 클릭합니다. 혼잣말과 감탄사에 어울리는 말풍선 이미지를 선택합니다.

12 | 왼쪽 (텍스트) 메뉴에서 텍스트 상자를 추가해 '이걸 학교에서 준다고?'를 입력합니다. 글꼴은 'TDTD와이드', 글자 크기는 '40', 색상은 검은색(#060606), 글자 간격은 '−4', 줄 간격은 '1.1'로 설정합니다.

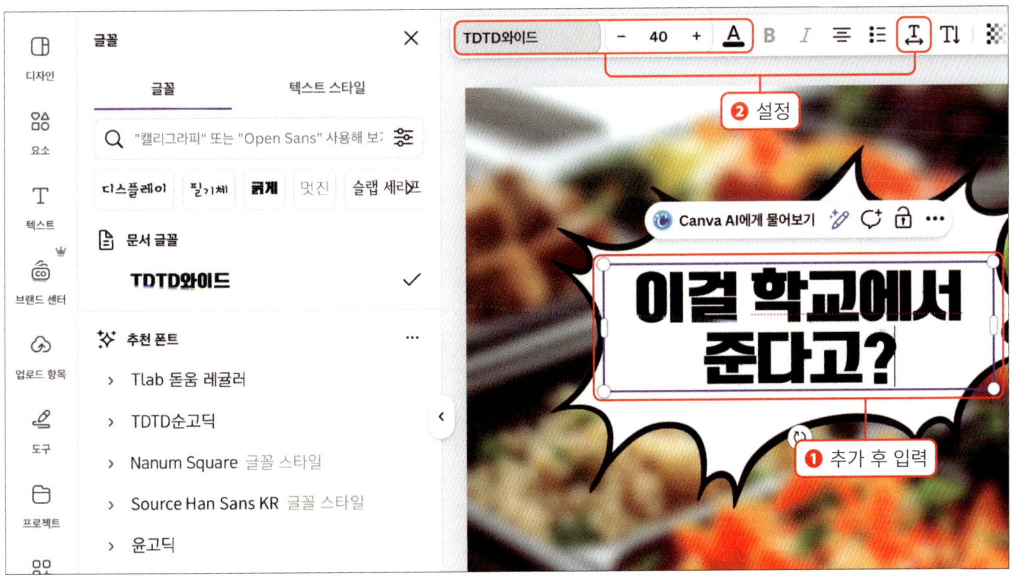

04 꾸미기 요소 추가하여 구성하기

유튜브 콘텐츠를 설명할 수 있는 오브젝트 이미지를 추가하여 화면을 꾸밉니다.

13 │ 왼쪽 (요소) 메뉴를 클릭하고 검색창에 '김밥', '비빔밥', '시금치'를 각각 입력한 다음 '제출하기' 아이콘(→)을 클릭합니다. 다음과 같이 원하는 이미지를 선택하여 중앙에 배치합니다.

14 │ 상단 편집 툴바에서 [위치]를 클릭합니다. (레이어) 탭에서 Ctrl 을 누른 채 음식 레이어를 선택하고 인물의 레이어 아래로 드래그하여 한번에 위치를 이동합니다.

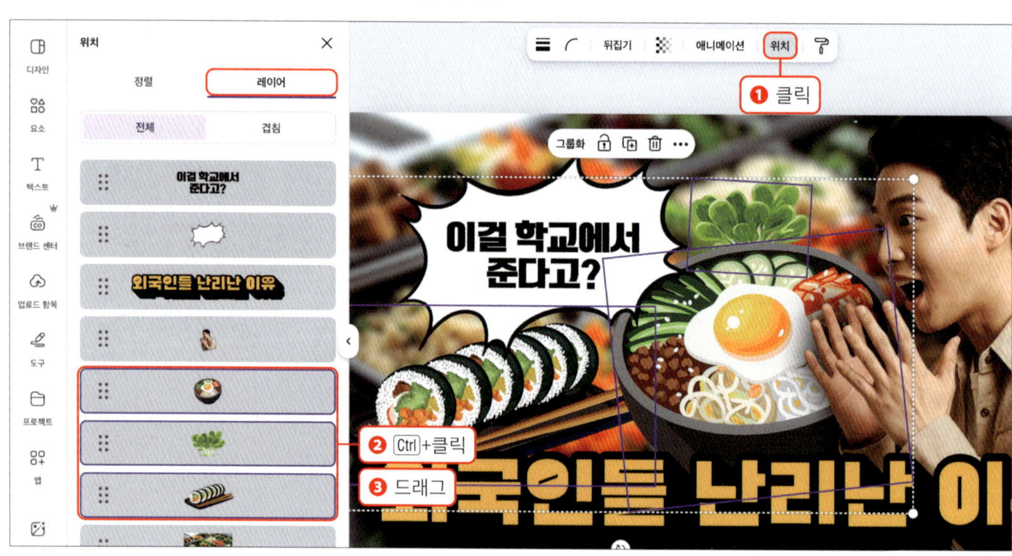

15 | 속도감 있는 만화적 효과를 추가하겠습니다. 왼쪽 [요소] 메뉴를 클릭하고 검색창에 'set:nAFk9IHX7Uw' 를 입력한 다음 '제출하기' 아이콘(→)을 클릭합니다. [그래픽]을 클릭하고 빨려 들어가는 효과 이미지를 선택하여 배치합니다.

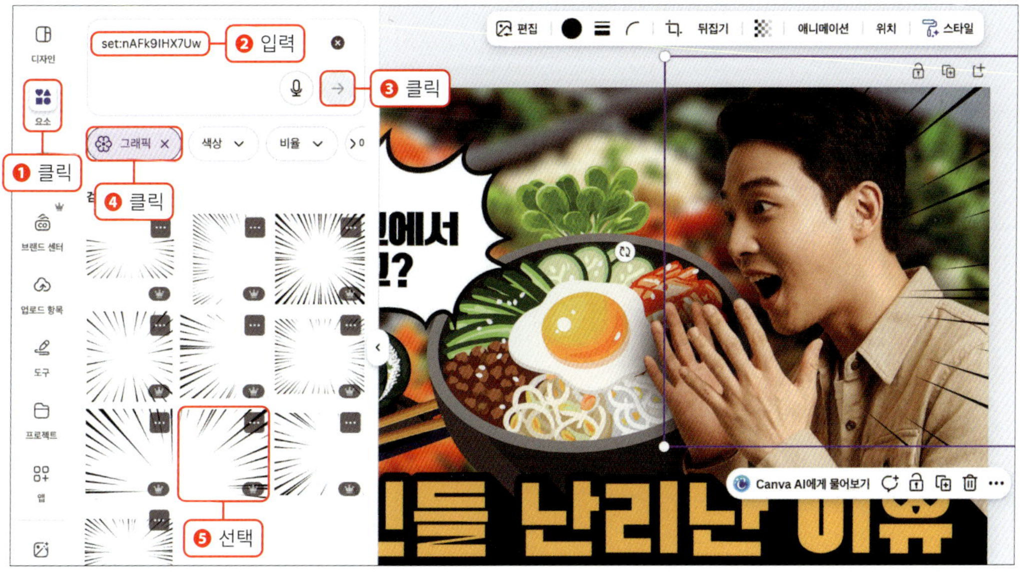

16 | 추가한 이미지에 마우스 오른쪽 버튼을 클릭해 [레이어] → [뒤로 보내기]를 실행하여 인물 사진 뒤로 이동합니다. 같은 방법으로 캔버스의 왼쪽에도 속도 효과 요소를 추가하고 색상은 그레이(#7e7f7d)로 설정합니다.

17 | 깊이감을 주기 위해 왼쪽 [도구] 메뉴를 클릭하고 [도형]의 [사각형]을 클릭해 화면을 꽉 채우도록 크기를 조정한 다음 색상을 검은색(#000000)으로 설정합니다.

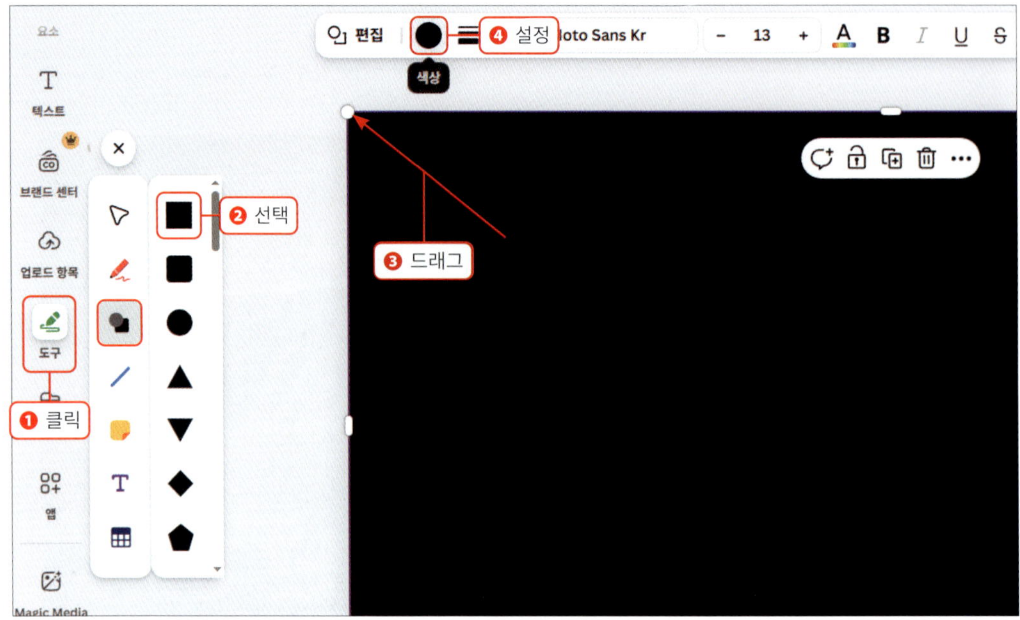

18 | '투명도' 아이콘(▨)을 클릭하여 '37'로 설정하고, 상단 편집 툴바의 [위치]에서 레이어를 배경 이미지 레이어 위로 드래그하여 이동합니다.

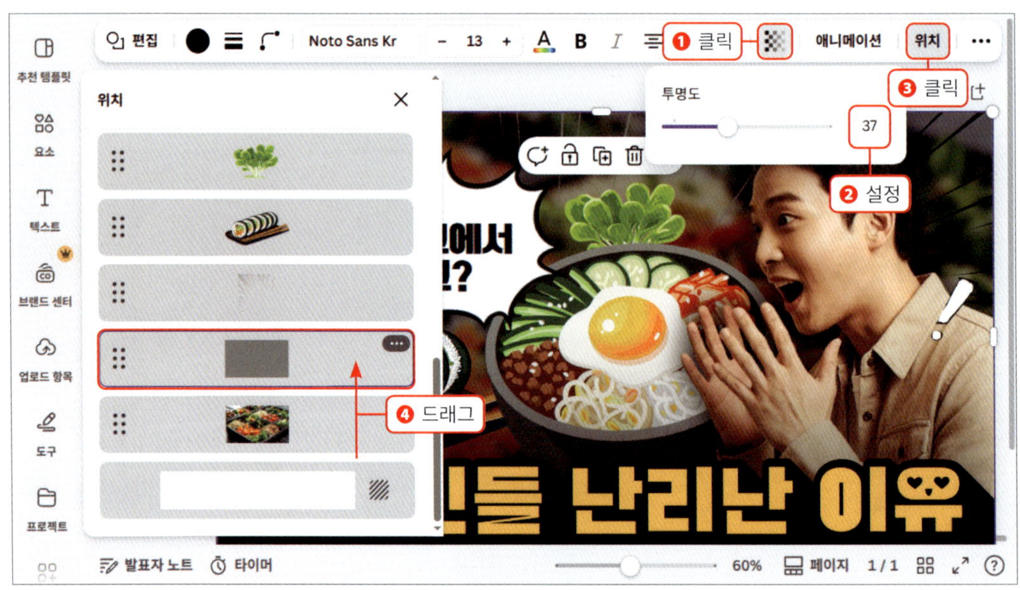

19 | 왼쪽 [요소] 메뉴를 클릭하고 검색창에 '그림자'를 입력한 다음 '제출하기' 아이콘(→)을 클릭합니다. 좌우로 긴 그림자를 선택해 하단에 꽉 차게 배치합니다. 이때 아래 바를 위로 드래그하여 너무 어두운 부분을 잘라내줍니다.

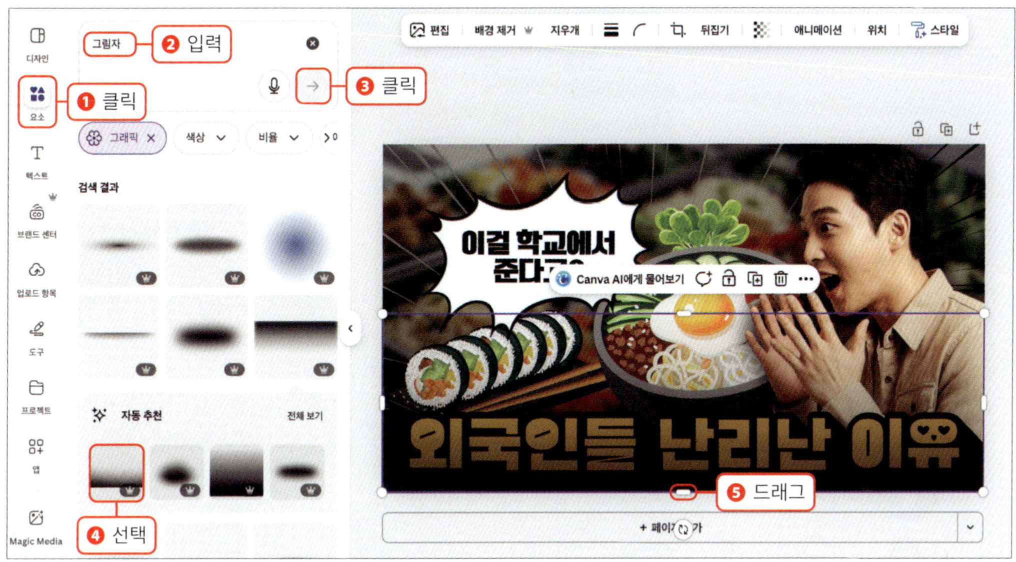

20 | 메인 텍스트가 두드러지도록 상단 편집 툴바에서 [위치]를 클릭하고 [레이어] 탭에서 그림자 레이어를 메인 타이틀 아래로 드래그하여 이동합니다.

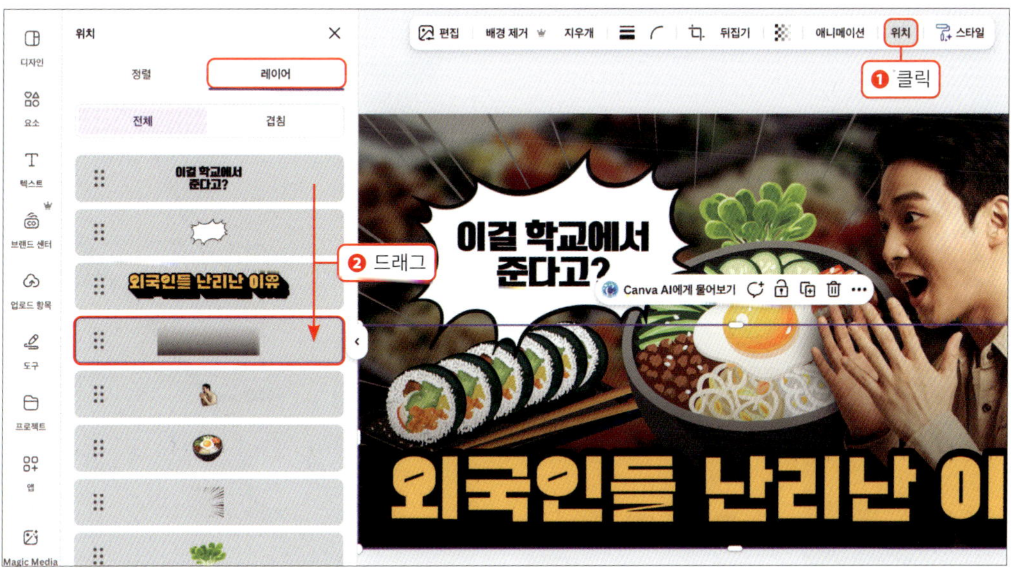

21 │ 놀라움을 표현하기 위해 왼쪽 [요소] 메뉴를 클릭하고 검색창에 '느낌표'를 입력한 다음 '제출하기' 아이콘(→)을 클릭합니다. 다음과 같은 느낌표를 선택해 인물의 어깨 위로 배치합니다.

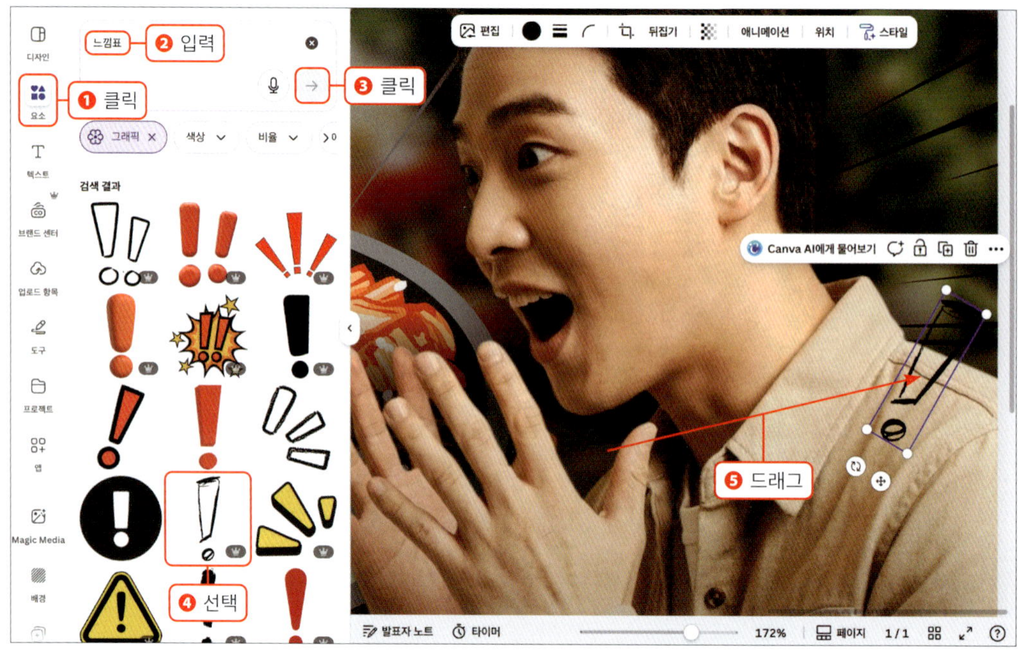

22 │ 왼쪽 [도구] 메뉴를 클릭하고 [Draw]의 [마커]를 선택한 후 색상은 흰색(#ffffff)로 설정합니다. 느낌표를 채우는 느낌으로 채워가며 그려줍니다.

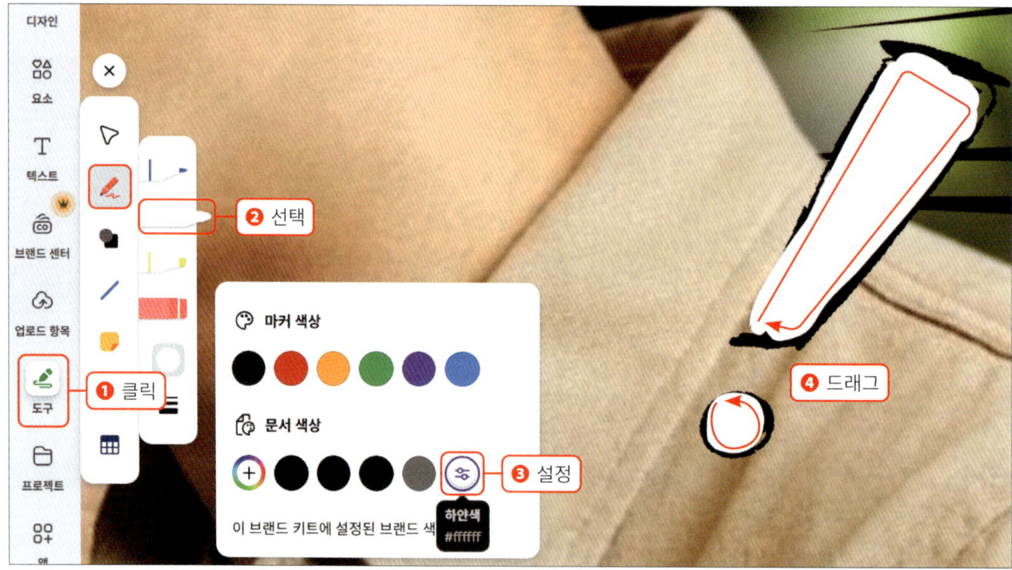

23 | 상단 편집 툴바에서 [위치]를 클릭하고 (레이어) 탭에서 선으로 된 느낌표 레이어를 맨 앞으로 이동하고, 방금 그린 흰색 레이어와 살짝 간격이 생기도록 클릭하여 왼쪽 사선으로 드래그하여 마무리합니다.

Tip   유튜브 썸네일 체크리스트

- **한 가지만 기억에 남는가**: 썸네일을 보고 지나간 뒤, 하나의 메시지나 장면이 또렷하게 남는지가 가장 중요합니다.
- **1초 안에 감정이 느껴지는가**: 놀람 또는 의문, 기대 중 하나의 감정이 즉시 전달되는지 점검합니다.
- **모바일에서 글자가 바로 읽히는가**: 작은 화면에서도 한눈에 인식되도록 글자 수, 크기, 대비가 충분한지 확인합니다.
- **제목과 썸네일은 같은 말을 하지 않는가**: 썸네일은 감정과 호기심을, 제목은 정보와 결과를 전달해 역할이 겹치지 않도록 합니다.
- **시선 흐름이 자연스러운가**: 인물의 시선과 오브젝트 배치가 메시지로 자연스럽게 이어지는지 확인합니다.
- **배경이 메시지를 방해하지 않는가**: 불필요한 요소가 집중을 분산시키지 않는지 점검합니다.
- **채널 기존 썸네일과 톤이 맞는가**: 색감과 분위기의 일관성을 유지해 채널 인지도를 높입니다.

LESSON 04

일러스트를 활용한 e북 표지 디자인하기

예제파일: source\추억의 옷장, 화분.jpg　**완성파일**: source\ebook 표지.png

e북 표지 디자인은 작은 화면에서 먼저 전해지는 분위기와 메시지의 밀도가 중요합니다. 썸네일에서도 제목이 또 렷이 읽히는지, 색과 여백이 감정을 방해하지 않는지, 한 문장만으로 책의 성격이 느껴지는지를 기준으로 설계해야 합니다. 이번 예제는 따뜻한 온기를 전하는 색감과 일러스트를 활용한 기록형 에세이의 표지 디자인으로 다이어리 또는 감성 콘텐츠 제작에도 활용해 보세요.

예제 콘셉트

자극적인 메시지로 시선을 끌기보다 공감과 여운을 남기는 방향으로 구성해 정서적인 안정감을 전달 하는 콘셉트입니다. 느린 호흡으로 독자에게 말을 거는 듯한 감성으로 혼자 있는 시간의 평온한 무드 를 전달합니다. 따뜻한 햇살이 스며드는 오후의 방을 떠올릴 수 있도록 소품 일러스트와 소프트 옐로 우의 배경 색상으로 온화한 인상을 주며, 옷장안에 내리는 눈은 동화속 신비로운 느낌이 감돌게 합니 다. 메인 타이틀은 손글씨 느낌의 필기체를, 서브 문구는 고딕체를 사용해 감정이 과해지지 않으면서 도 읽기 편한 구조를 만듭니다.

작업 패턴
KEYWORD

❶ 고급 이미지 생성을 위해 Leonardo.Ai 활용(캔바 비즈니스 계정 무료 이용)
❷ 책 타이틀을 세로 텍스트 기능으로 정렬하기
❸ 원형 도구로 그림자를 직접 추가하기

01 일러스트 이미지 추가하기

표지에 사용할 일러스트를 불러온 다음 배경을 제거하여 필요한 요소만 사용합니다.

01 │ 캔바 홈 화면에서 새 캔버스를 열기 위해 [+ 만들기]를 클릭합니다.

02 │ 검색창에 '책 표지'를 입력하고 [책 표지]를 선택해 새 캔버스를 생성합니다.

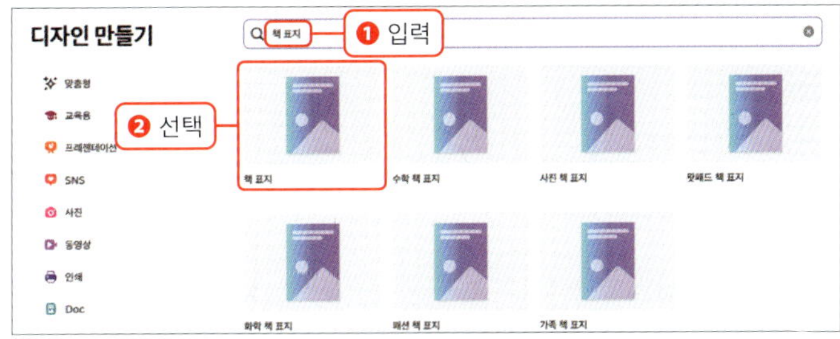

03 │ 배경을 선택하고 상단 편집 툴바에서 색상을 노란색(#fbe07e)으로 설정합니다.

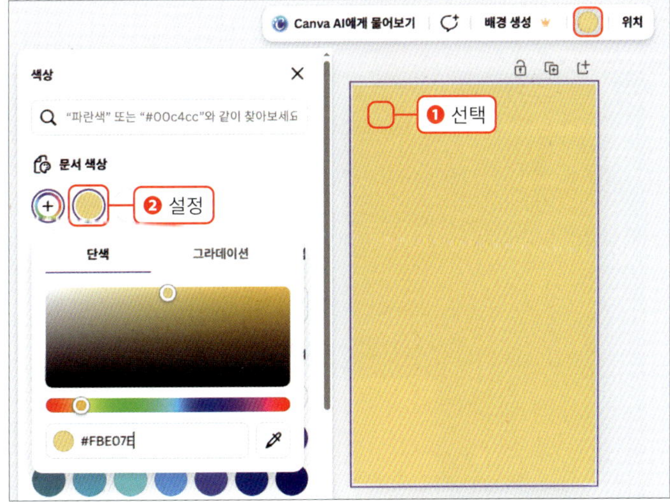

04 | 다운로드한 source 폴더에서 '추억의 옷장.jpg' 파일을 드래그하여 불러온 다음 상단 편집 툴바에서 [배경 제거]를 클릭하여 깔끔하게 그림요소만 남깁니다. 예제에서 사용한 이미지는 생성형 AI 레오나르도AI를 활용하여 생성한 이미지입니다.

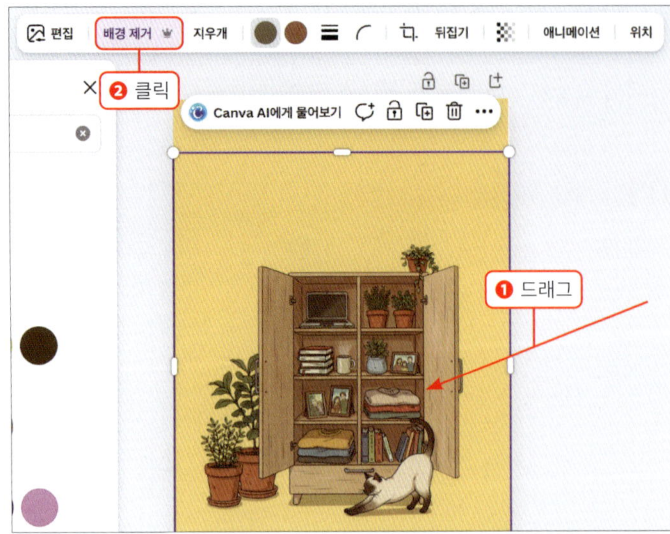

✦
Tip   레오나르도 AI로 이미지 생성하기

캔바 비즈니스 계정 이상을 사용하는 경우, 레오나르도 AI(app.leonardo.ai)에서 추가 비용 없이 고품질의 이미지 생성이 가능합니다(Apprentice 플랜: 8,500 토큰 사용가능). 나노바나나 Pro 모델을 사용해 고해상도의 일관된 스타일의 이미지를 안정적으로 생성할 수 있으며, 상업적으로 사용할 수 있습니다. 예제에서는 다음의 프롬프트로 '추억의 옷장.jpg' 파일을 생성해 활용하였습니다.

프롬프트 따뜻한 그림책 느낌의 손그림 일러스트. 연한 노란 파스텔 배경과 은은한 종이 질감. 매우 얇고 섬세한 선, 과하지 않은 부드러운 명암. 열린 나무 수납장과 책·옷·식물로 구성된 일상 공간, 앞에서 고양이가 자연스럽게 스트레칭한다. 조용하고 포근한 에세이북 분위기(네거티브: 사진 같은 표현, 3D, 애니메이션, 굵은 선, 강한 대비, 과장된 조명 제외)

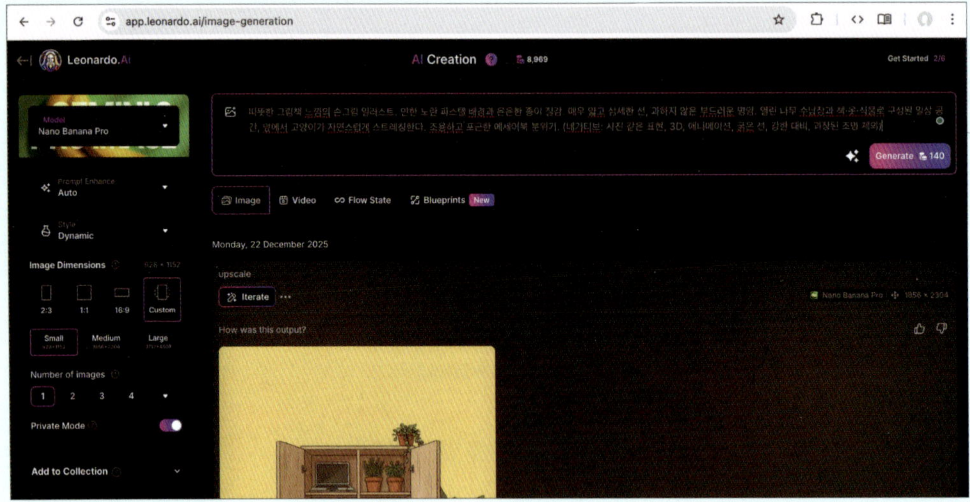

02 책 타이틀을 세로 텍스트 기능으로 정렬하기

e북의 자세한 정보를 파악할 수 있도록 제목과 설명, 작가 정보를 추가합니다.

05 │ 왼쪽 (텍스트) 메뉴를 클릭하고 〈텍스트 상자 추가〉 버튼을 클릭한 다음 '나로 살아가기'를 입력합니다. 상단 편집 툴바에서 '세로 텍스트' 아이콘(T↓)을 클릭해 정렬하고 글꼴은 '캘리그라퍼 Pen', '굵게', 글자 크기는 '116', 색상은 어두운 회색(#393633), 글자 간격은 '−160'으로 설정합니다.

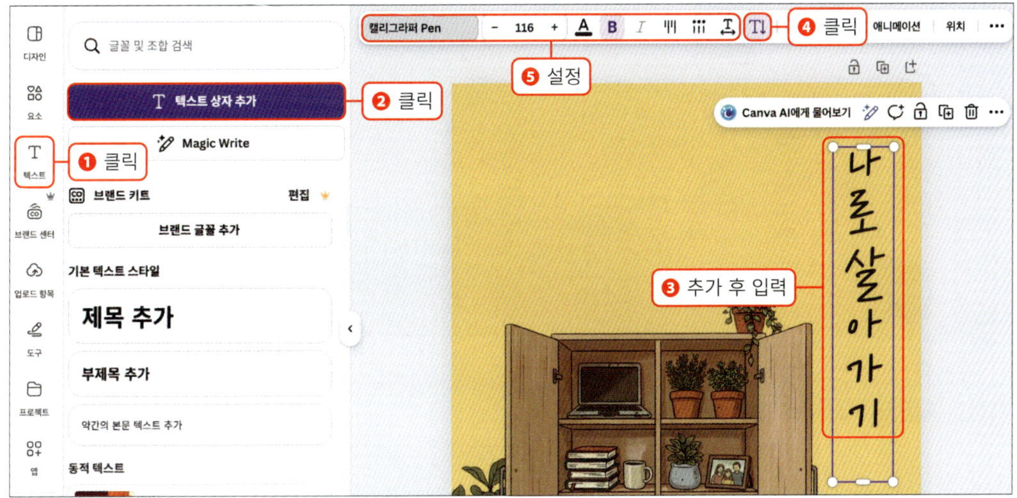

✦ **Tip**   세로로 정렬된 텍스트는 '고급 설정' 아이콘(↕)을 클릭하고 [글자 간격]을 설정하여 위아래 배치된 글자 사이 간격을 조절할 수 있습니다. 줄 바꿈이 된 상태가 아니라서 [줄 간격]이 아닌 [글자 간격]으로 간격을 좁혀야 합니다.

06 │ 왼쪽 상단에 텍스트 상자를 추가하고 '하루 한 장 나를 만나는 습관'을 입력합니다. 상단 편집 툴바에서 글꼴은 'Arita Dotum', '약간 굵은', 글자 크기는 '27', 어두운 회색(#393633), 글자 간격은 '−50', 줄 간격은 '1.3'으로 설정합니다.

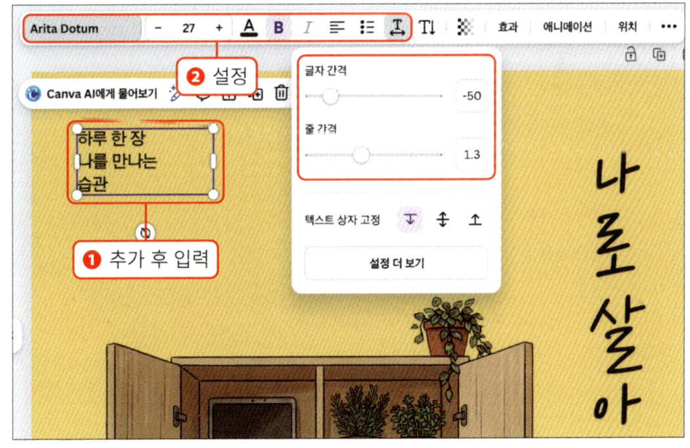

07 │ 왼쪽 〔요소〕 메뉴를 클릭하고 검색창에 '보름달'을 입력한 다음 '제출하기' 아이콘(→)을 클릭합니다. [그래픽]을 클릭하고 원하는 이미지를 선택한 다음 오른쪽 메인 타이틀 영역에 배치해 고요한 공간감을 표현합니다.

08 │ 메인 타이틀 아래 작가명을 입력하기 위해 텍스트 상자를 추가합니다. 글꼴은 'Arita Dotum/약간 굵은', 글자 크기는 '29', 색상은 어두운 회색(#393633), 글자 간격은 '0', 줄 간격은 '1.2'로 설정합니다.

✦ **Tip** │ 텍스트 상자는 왼쪽 〔텍스트〕 메뉴에서 <텍스트 상자 추가> 버튼을 클릭하면 추가할 수 있습니다. 예제에서는 동일 과정이 반복되어 생략하였습니다.

09 │ 이름 텍스트 상자를 복제(Ctrl+D)한 다음 아래에 배치하여 '지음'을 입력합니다. 같은 글꼴을 유지하고 굵기는 '중간', 글자 크기는 '27'로 설정하여 배치합니다.

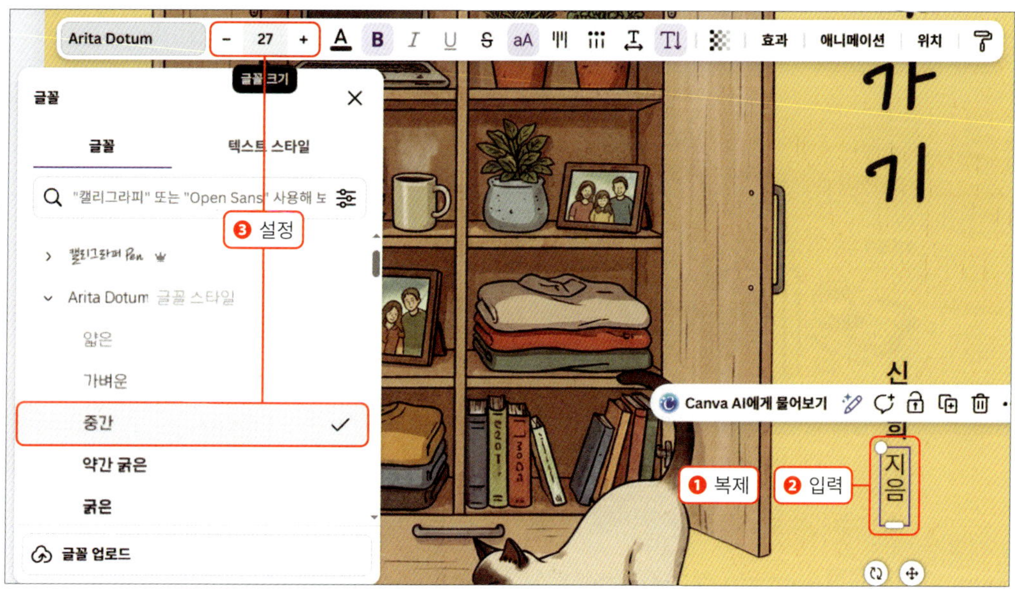

10 │ 하단 영역의 띠지 느낌으로 배경색을 깔겠습니다. 왼쪽 (도구) 메뉴를 클릭하고 [도형]의 [사각형]을 선택합니다. 사각형의 색상은 살구색(#f2a095)으로 설정하고 하단 영역에 맞춰 크기를 조정합니다.

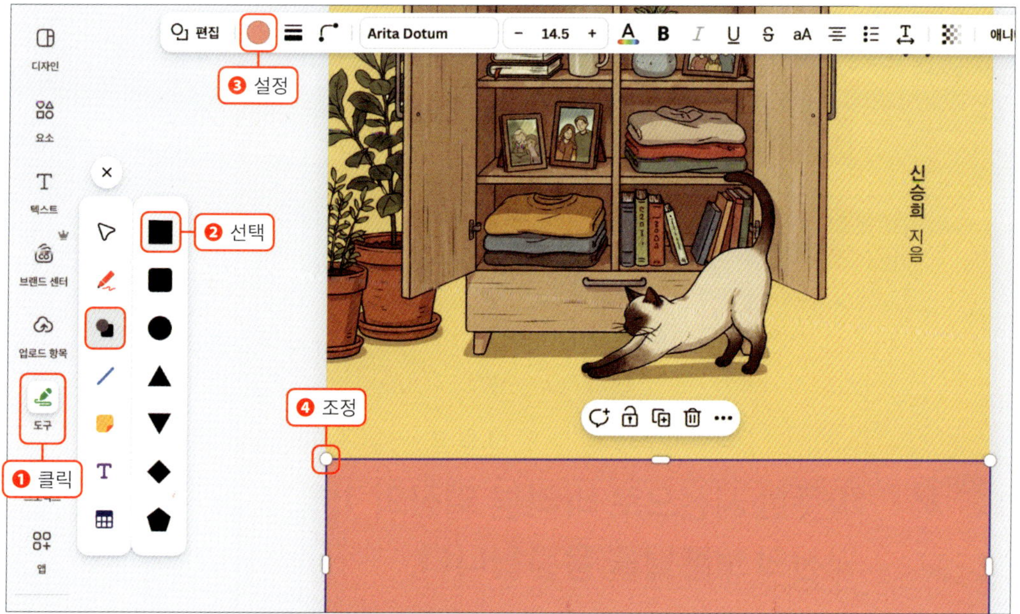

11 | 왼쪽 [요소] 메뉴를 클릭하고 검색창에 '커피, 노트북, 펜'을 입력한 다음 '제출하기' 아이콘(→)을 클릭합니다. [그래픽], [검은색]을 클릭하고 원하는 이미지를 선택하여 배치합니다.

12 | 이미지 옆에 텍스트 상자를 추가하여 그림과 같이 문구를 입력합니다. 글꼴은 'Arita Dotum /굵은', 글자 크기는 '44', 색상은 어두운 회색(#393633), 글자 간격은 '−40', 줄 간격은 '1.5'로 설정합니다.

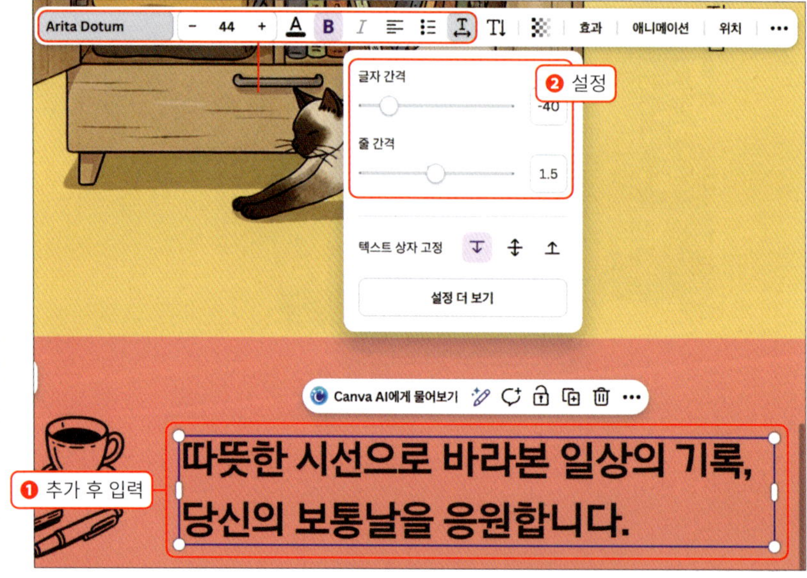

03 원형 도구로 그림자를 직접 추가하기

경계가 선명한 그림자를 표현하기 위해 원형 도구를 이용해 화분 아래 그림자를 그려 보겠습니다.

13 │ 다운로드한 source 폴더에서 '화분.jpg' 파일을 드래그하여 불러온 다음 상단 편집 툴바에서 [배경 제거]를 클릭해 투명화합니다. 띠지 영역과 노란 배경을 연결하는 위치에 배치합니다.

14 │ 입체감을 만들기 위해 그림자를 추가하겠습니다. 왼쪽 (도구) 메뉴를 클릭하고 [도형]의 [동그라미]를 클릭해 원을 만들고 색상은 검은색(#000000)으로 설정합니다.

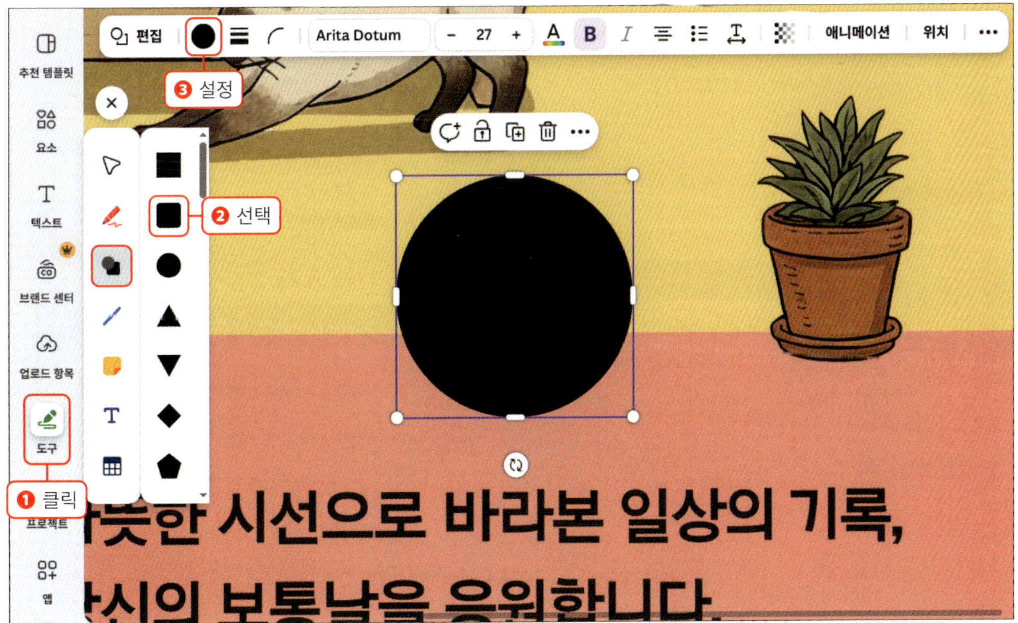

15 | 상단 편집 툴바에서 '투명도' 아이콘(▨)을 클릭하여 '19'로 설정해 그림자를 표현합니다. [위치]를 클릭해
화분 아래로 레이어 순서를 변경한 다음 화분 아래로 배치하여 e북 표지 디자인을 완성했습니다.

16 | 완성본을 저장하기 위해 오른쪽 상단에 〈공유〉 버튼을 클릭하고 [다운로드]를 선택한 다음 저장 파일의
형식을 선택하여 〈다운로드〉 버튼을 클릭합니다.

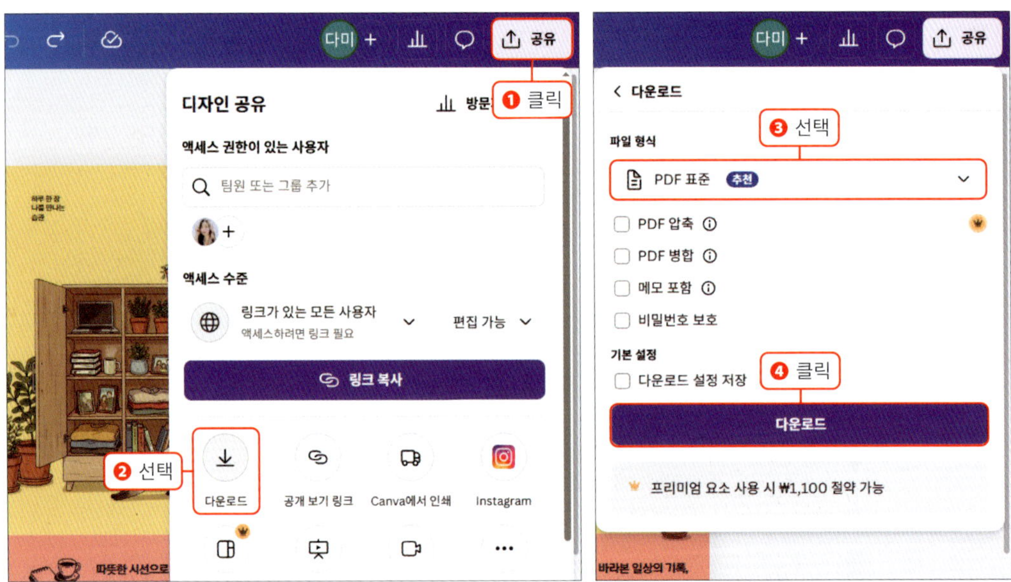

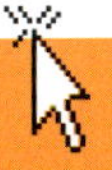

LESSON 05

구매를 부르는
상품 상세 페이지 디자인하기

예제파일: source\샐러드.jpg　　**완성파일**: source\상품상세페이지.png

상품 상세 페이지는 정보를 나열하는 화면이 아니라, 구매자가 해당 브랜드를 신뢰하고 반복 구매를 결심하게 만드는 매체입니다. 첫 화면에서는 핵심 메시지를 명확히 제시해 시선을 붙잡고, 이어지는 구성에서는 **문제 의식 → 해결 제안 → 사용 장면 → 신뢰 정보**의 흐름으로 자연스럽게 설득을 완성합니다. 이번 예제는 맛있어 보이는 식단을 넘어, 믿고 구매할 수 있는 건강 루틴을 전달하는 데 초점을 두어 완성해 보겠습니다.

예제 콘셉트

짧고 단정한 문장을 중심으로 구성해 '왜 좋은지'가 한눈에 이해되도록 하며, 감성적인 표현보다는 명확한 정보 전달에 초점을 둡니다. 자연광 기반의 푸드 사진으로 식기, 린넨 테이블보를 통해 '매일 먹어도 괜찮은 집밥' 이미지를 강조합니다. 메인 컬러의 딥 그린은 자연과 신뢰, 건강의 이미지를 상징하며, 라인형 아이콘으로 핵심 가치를 깔끔한 인상으로 전달합니다. 여기에 골드 배지를 포인트로 더해 품질 보증 및 프리미엄 인식을 강화합니다.

작업 패턴
KEYWORD

❶ 구성이 보이도록 이미지와 텍스트 배치
❷ 텍스트 상자를 별도로 만들어 기호 '/'를 장식 요소로 활용
❸ 실사 이미지와 대비되는 라인 스타일 아이콘 활용으로 메시지 전달력 상승

01 상품 상세 페이지의 인트로 디자인하기

상품 소개를 시작하기 전에 고객들의 호기심을 유발할 수 있는 인트로 페이지를 구성해 보겠습니다.

01 | 캔바 홈 화면에서 새 캔버스를 열기 위해 [+ 만들기]를 클릭합니다.

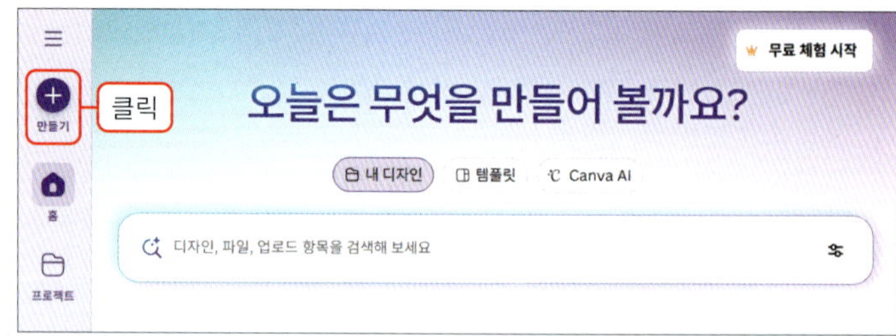

02 | 검색창에 '상세페이지'를 입력하고 [상세페이지]를 선택해 새 캔버스를 생성합니다.

03 | 왼쪽 [도구] 메뉴를 클릭하고 [도형]의 [사각형]을 선택해 드래그하여 상단 영역을 채워줍니다. 이때 상단 편집 툴바에서 색상을 딥그린(#1d5201)으로 설정합니다.

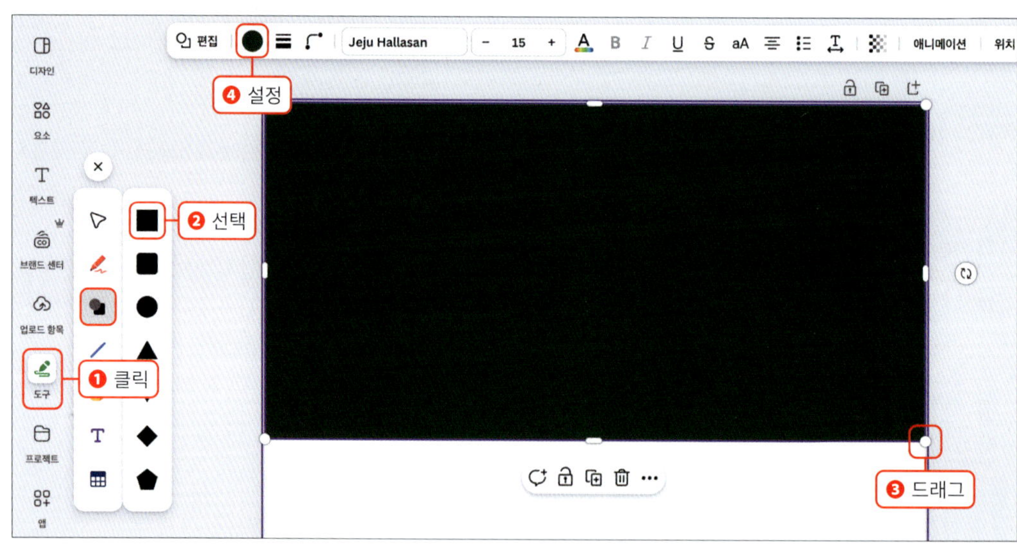

04 | 사각형의 아래를 둥근 반원으로 표현하기 위해 왼쪽 〔도구〕 메뉴를 클릭하고 [도형]의 [원형]을 선택해 원을 만듭니다. 가로로 긴 타원 형태로 드래그하여 조정하고 같은 색상인 딥그린(#1d5201)으로 설정합니다.

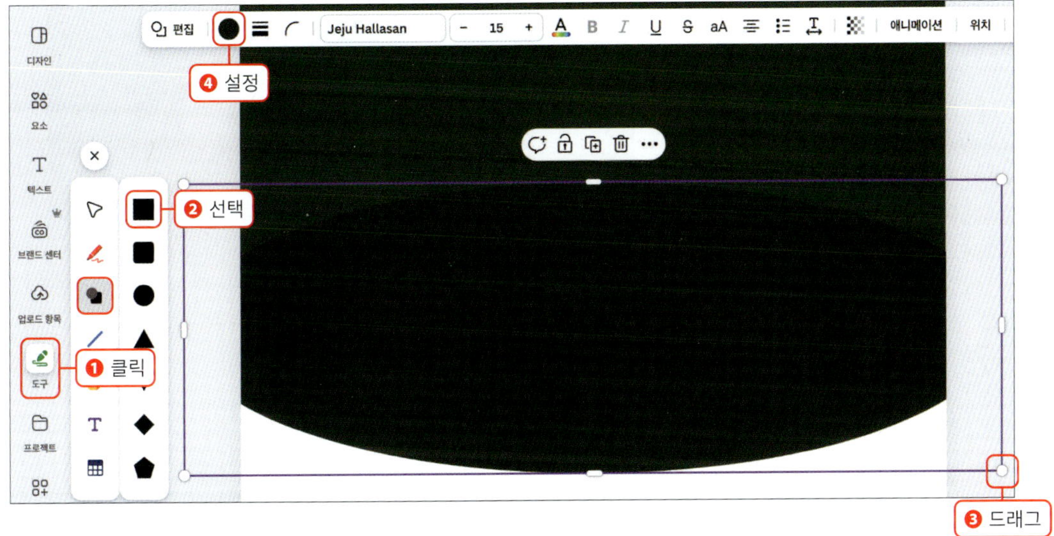

05 | source 폴더에서 '샐러드.jpg' 파일을 드래그하여 불러옵니다. 이미지가 하단부터 채워지도록 드래그하여 사이즈를 조정합니다.

Tip   상품 이미지는 고객이 실제 활용할 장소를 재현하여 시각적으로 보여주는 것이 도움이 됩니다.

06 | 샐러드 이미지를 선택한 상태로 Ctrl + [를 눌러 레이어를 뒤로 이동합니다.

Tip Ctrl + [는 '레이어 뒤로 보내기'의 단축키로 마우스 오른쪽 버튼을 클릭하여 [레이어] → [뒤로 보내기]를 실행한 것과 동일합니다.

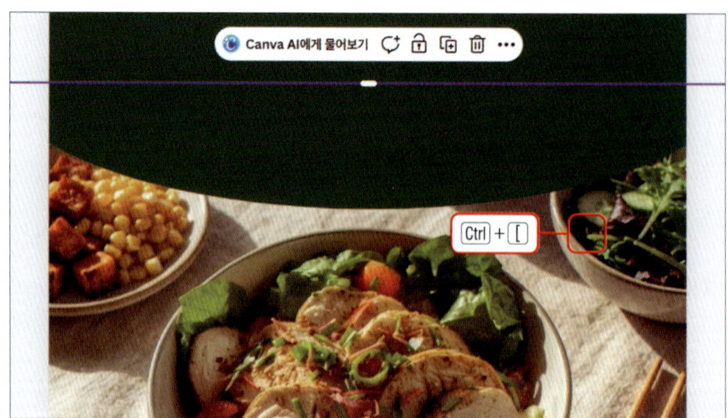

07 | 중앙에 텍스트 상자를 추가한 다음 '일주일 밀프렙'을 입력합니다. 상단 편집 툴바에서 글꼴은 '210 밀레니얼/굵은', 글자 크기는 '76', 색상은 연베이지(#F5E6C8), 글자 간격은 '−63', 줄 간격은 '1.1'로 설정합니다.

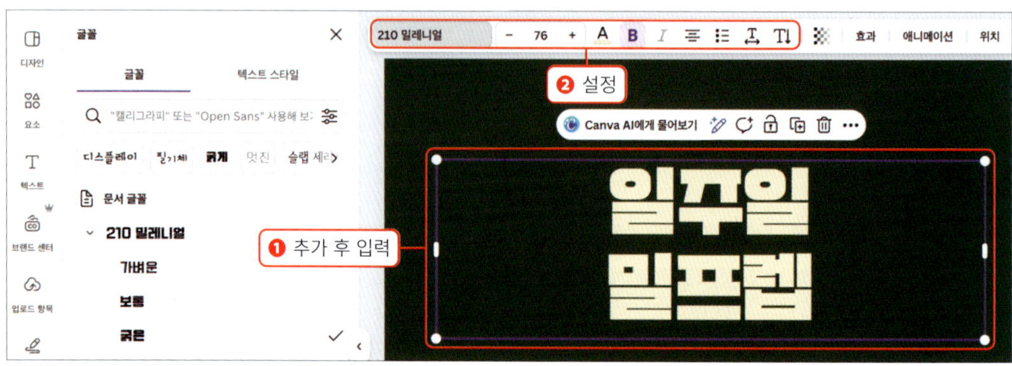

08 | 이번에는 리듬감을 주기위해 텍스트 상자를 추가하고 '건 강 루 틴' 텍스트를 입력합니다. 글꼴은 '윤고딕/약간 굵은', 글자 크기는 '19', 색상은 베이지(#d8c49a), 글자 간격은 '580'으로 설정합니다.

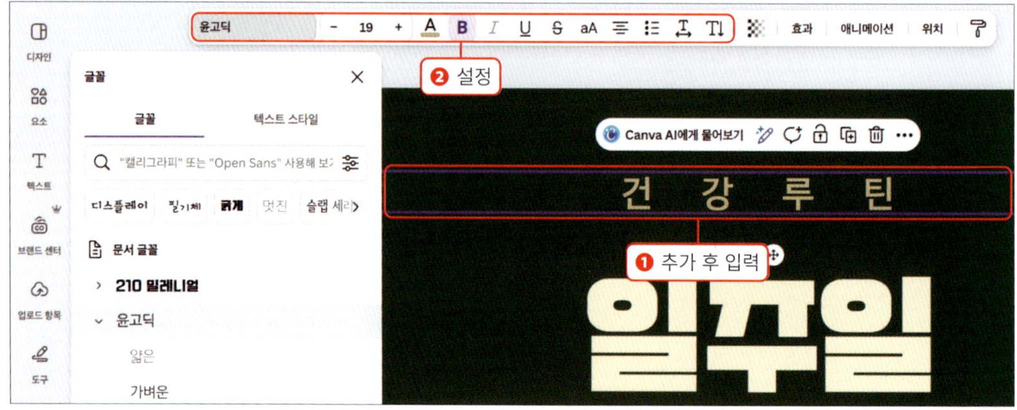

09 | 추가할 구분선의 크기를 다르게 조정하기 위해 텍스트 상자를 추가하고 '///' 기호를 입력합니다. 글꼴은 '윤고딕/보통', 글자 크기는 '16', 색상은 연베이지(#F5E6C8), 글자 간격은 '660'으로 설정합니다.

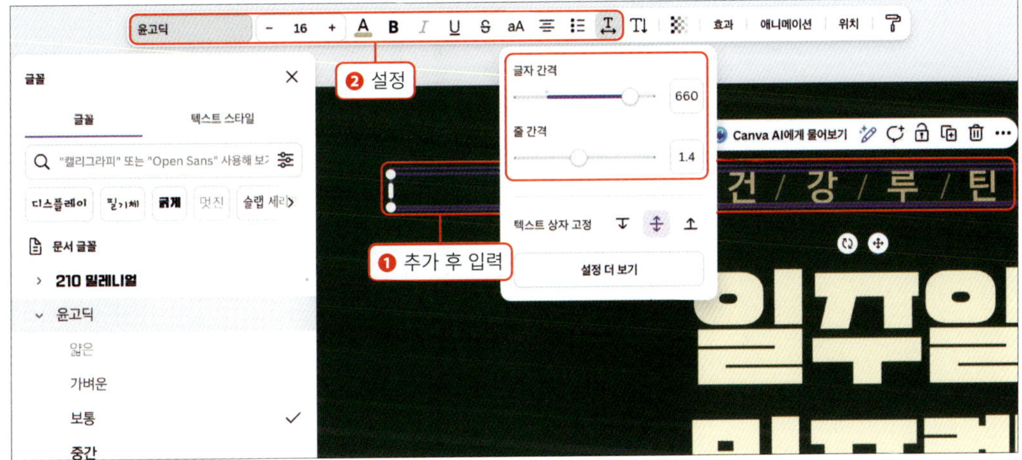

Tip 캔바의 텍스트 상자는 부분적인 글자에 '크기' 변화를 따로 줄 수 없기 때문에 '/' 기호 텍스트를 별도의 텍스트 상자로 만들었습니다. 이는 쉽고 빠르게 편집할 수 있도록 설계된 캔바의 특성입니다. 단, 같은 텍스트 상자 안에서도 '색상', '글꼴', '굵기'는 개별적으로 변경할 수 있어 시각적 강조가 가능합니다.

10 | 왼쪽 〔도구〕 메뉴를 클릭하고 [선]의 [직선]을 선택하여 구분선을 만듭니다. 싱단 편집 툴바에서 '스트로크' 아이콘(▤)을 클릭하고 둥근 끝점을 'on', 스트로크 굵기는 '2', 색상은 아이보리(#fff6da)로 설정합니다.

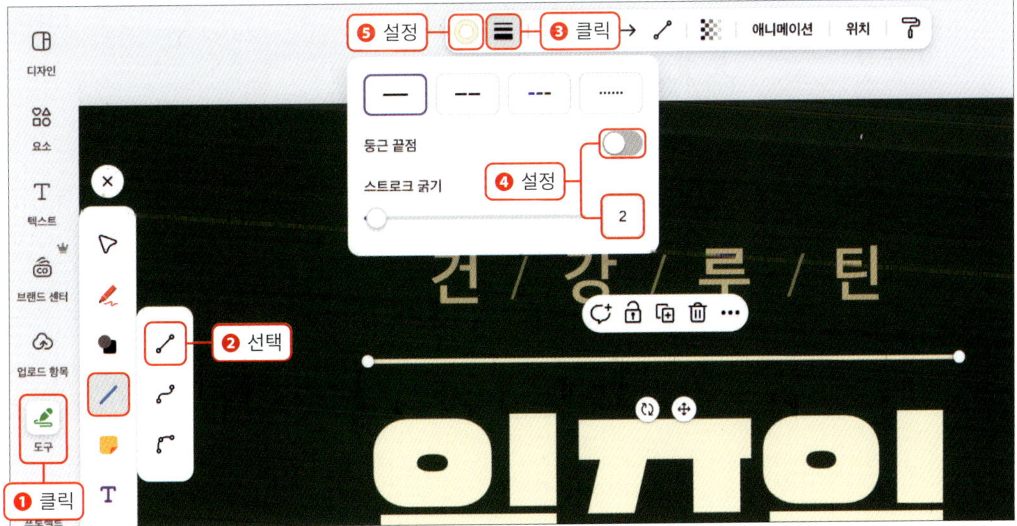

11 | 선을 선택한 상태로 [Alt]를 누른 채 드래그하여 복제합니다. 메인 타이틀 아래에 위치시킵니다.

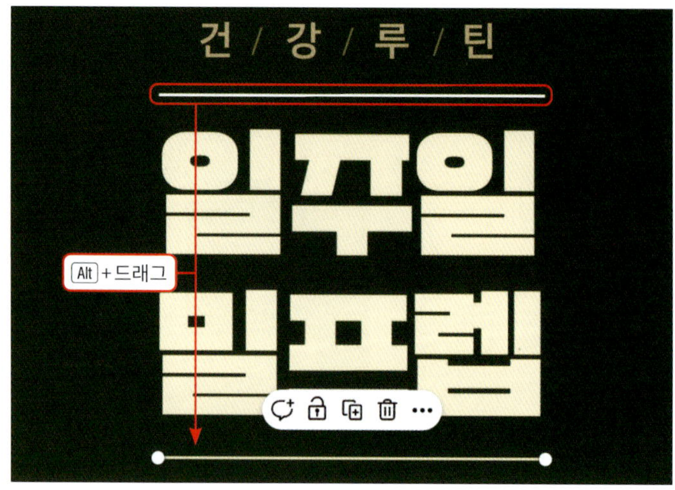

12 | 왼쪽 [요소] 메뉴를 클릭하고 검색창에 '주방도구 라인 아이콘'을 입력한 다음 '제출하기' 아이콘(➡)을 클릭합니다. [그래픽], [검은색]을 클릭하고 원하는 라인 스타일의 주방도구 아이콘을 선택합니다. 상단 편집 툴바에서 색상은 베이지(#d8c49a)로 설정합니다.

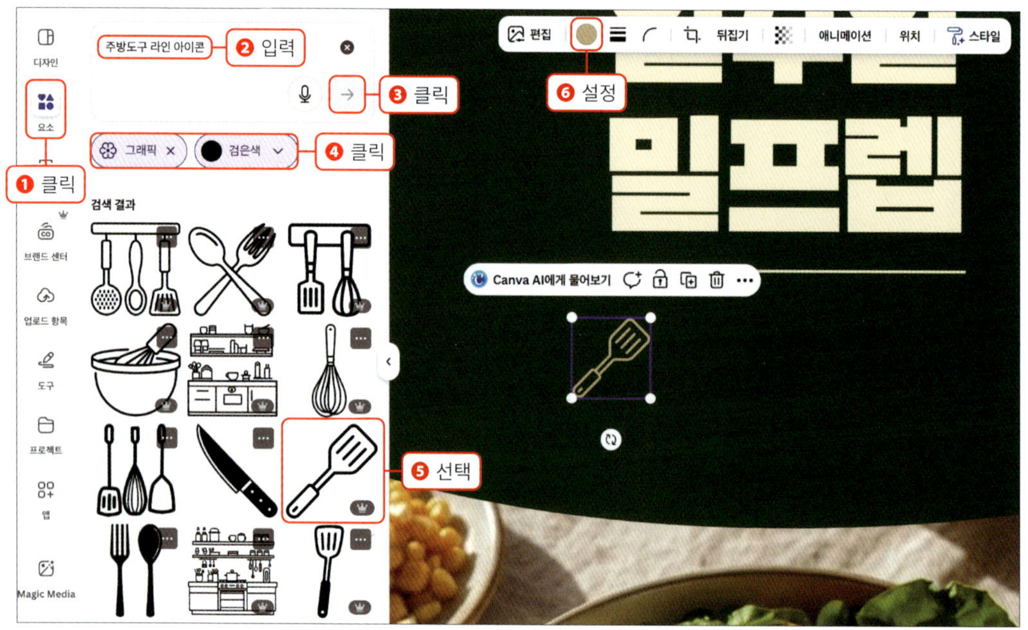

Tip 캔버스의 하단에 실사 이미지를 사용하기 때문에 오히려 최대한 단순화된 라인 스타일 아이콘이 메시지 전달력을 높여줍니다. 복잡한 디테일을 줄인 아이콘은 실사와의 시각적 충돌을 막아 정보의 핵심이 또렷이 인식되도록 돕습니다.

13 | 같은 방법으로 '저울 라인 아이콘(set:nAGI5I6L1TY)'과 '채소 라인 아이콘(set:nAGQuVql9Xk)'을 검색해 핵심을 전달할 이미지를 추가 배치합니다.

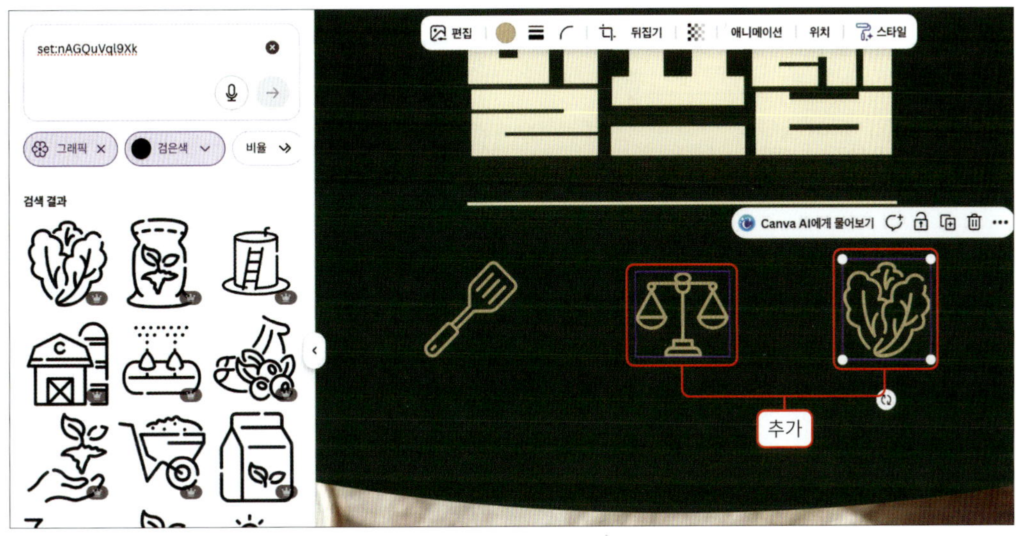

14 | 텍스트 상자를 추가하여 이미지의 하단에 '당일 조리'를 입력합니다. 글꼴은 '윤고딕', 글자 크기는 '13', 색상은 연베이지(#F5E6C8)로 설정한 다음 '고급 설정' 아이콘(⊥)을 클릭해 글자 간격을 '−50'으로 설정합니다.

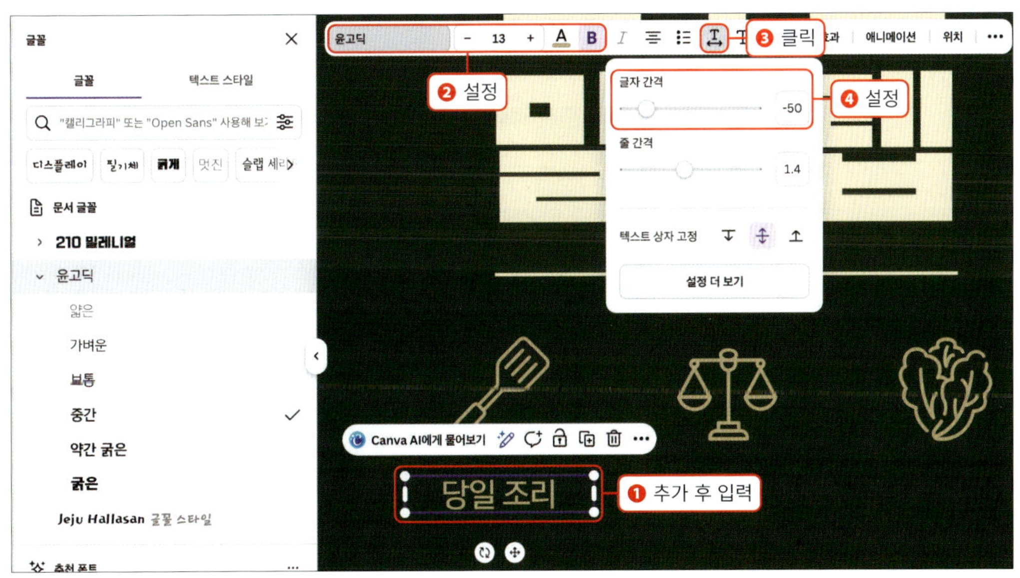

Tip　전달력을 위해 간결하고 깔끔한 글꼴을 사용하는 것이 좋습니다.

15 │ 텍스트 상자를 복제(Ctrl+D)하여 동일한 설정으로 다른 아이콘 아래에도 '영양밸런스', '냉장신선패킹'을 입력하여 배치합니다.

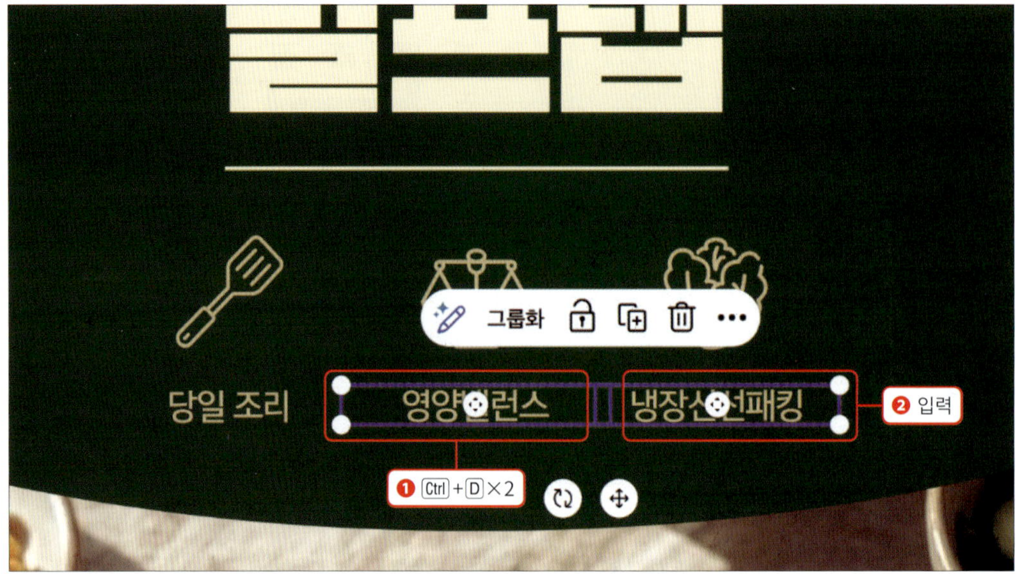

16 │ 왼쪽 〔요소〕 메뉴를 클릭하고 검색창에 '골든 메달'을 입력한 다음 '제출하기' 아이콘(→)을 클릭합니다. [그래픽]과 [하얀색]을 클릭하고 원하는 이미지를 선택합니다. 예제에서는 약속의 상징으로 메달 프레임을 추가합니다.

02 강조할 내용을 요소로 디자인하기

메달 요소에 문자를 입력하여 상품 상세 페이지 디자인을 완성합니다.

17 | 메달 가운데에 텍스트 상자를 추가하고 강조 요소로 '100'을 입력합니다. 글꼴은 'Open Sauce/Black',
글자 크기는 '35', 색상은 검은색(#000000), 글자 간격은 '0'으로 설정합니다.

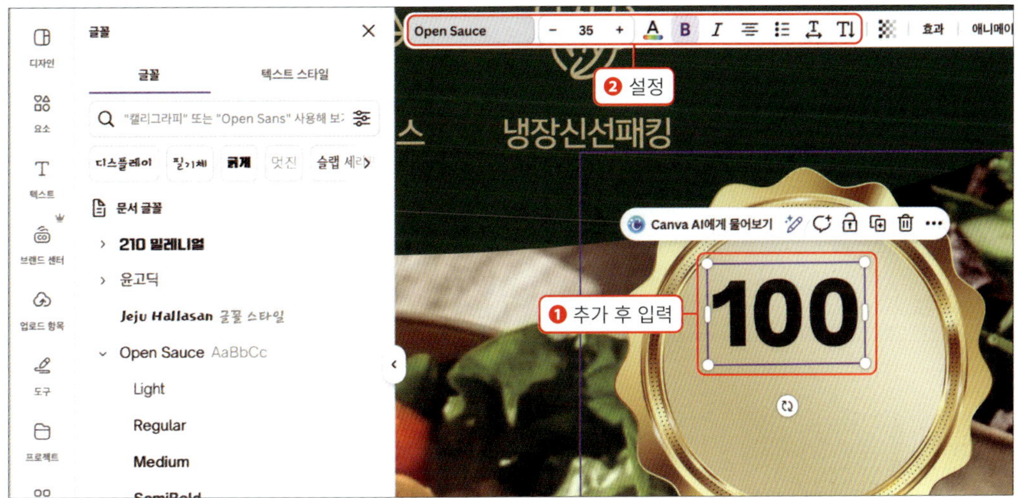

18 | 오른쪽에 텍스트 상자를 추가하여 '%'를 입력합니다. 글꼴은 'Open Sauce/Regular', 글자 크기는 '19'
로 설정합니다.

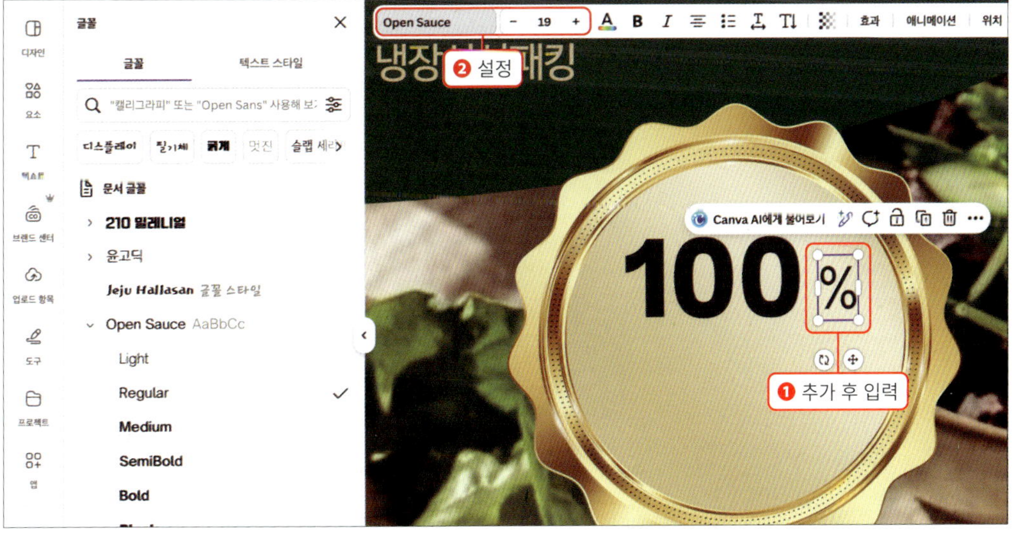

19 | 왼쪽 (도구) 메뉴를 클릭하고 [선]의 [직선]을 한 다음 메달 중앙에 가로로 위치시킵니다. 색상을 다크 브라운(#432d1b)으로 설정합니다. 둥근 끝점은 '활성화', 스트로크 굵기는 '1'로 설정합니다.

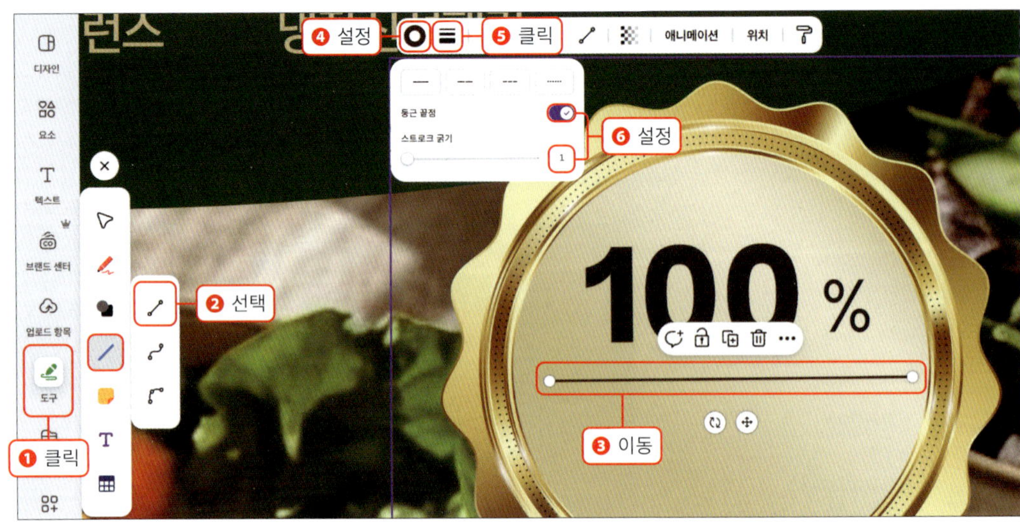

20 | 아래에 텍스트 상자를 추가하고 '국내산 재료'를 입력합니다. 상단 편집 툴바에서 글꼴은 '210 밀레니얼/보통', 글자 크기는 '16', 색상은 다크 브라운(#432d1b), 글자 간격은 '−50', 줄 간격은 '1.1', 투명도는 '90'으로 설정합니다. 설정을 마치고 Shift 를 누른 채 텍스트 상자 3개를 선택한 다음 '⟳' 아이콘을 드래그하여 기울여 마무리합니다.

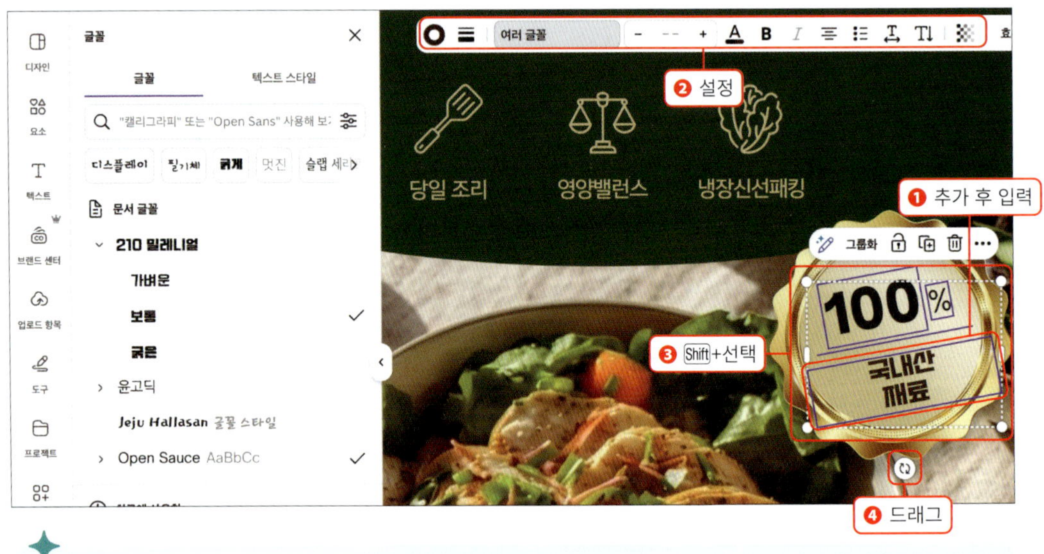

Tip | 딥 그린 배경 이미지의 둥글린 도형의 각도와 맞물릴 정도로 골든 뱃지를 돌리면 시선이 자연스럽게 흐릅니다.

LESSON 06

청중을 설득하는 프레젠테이션 디자인하기

예제파일: source\고객구조,매출성장.xlsx   **완성파일**: source\성과요약PPT.png

프레젠테이션 자료는 감성적인 표현보다 설득과 요약에 초점을 두어 신뢰감 있는 디자인으로 의사결정을 이끄는 설득의 도구입니다. 전문성을 나타내도록 객관적인 수치와 근거 제시를 통해 경영진 또는 청중이 쉽게 상황을 판단할 수 있도록 돕습니다.

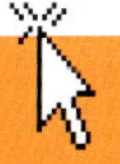

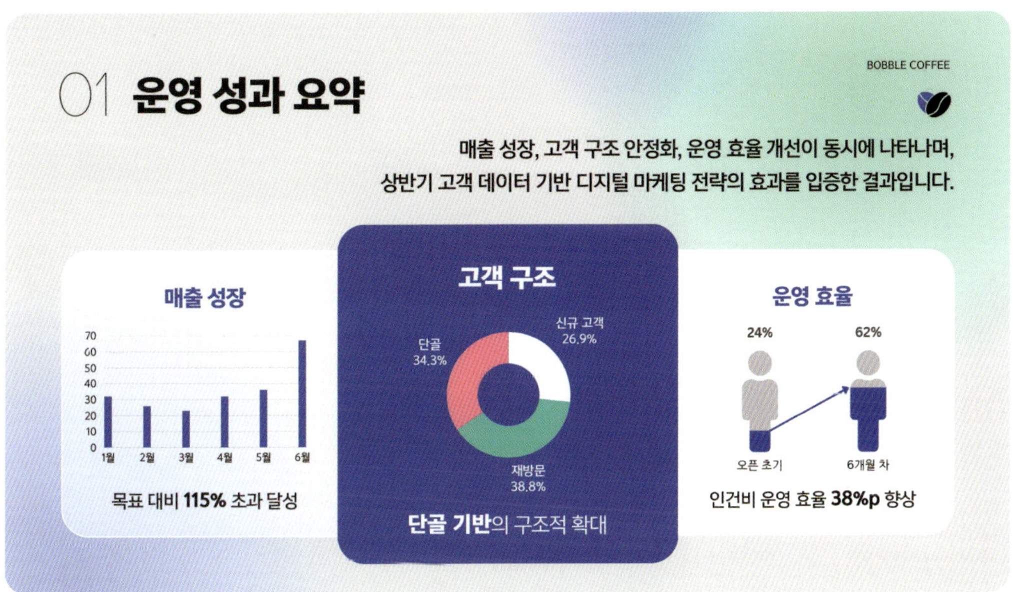

한눈에 내용을 파악할 수 있도록 단순하고 정리된 레이아웃으로 구성합니다. 전체 색상은 신뢰감이 느껴지는 블루, 핵심 수치와 그래프에 민트의 포인트 컬러로 살짝 강조합니다. 중앙 영역에 핵심 메시지를 배치하는 3분할 카드 구조로 설계해 전체 흐름이 한 번에 보이도록 구성하며, 불필요한 잔식은 최소화합니다. 매출 변화는 막대 그래프로, 고객 비율은 도넛 차트로, 운영 효율은 픽토그램 그래프를 활용해 직관적인 이해를 돕습니다.

예제 콘셉트

작업 패턴 KEYWORD

❶ 캔바 차트를 이용한 막대 그래프, 도넛 그래프 삽입
❷ Flourish를 이용한 픽토그램 비율 그래프 삽입

01 프레젠테이션 기본 레이아웃 구성하기

발표 자료의 제목 영역과 주요 콘텐츠 영역을 구성해 보겠습니다.

01 | 캔바 홈 화면에서 새 캔버스를 열기 위해 [+ 만들기]를 클릭합니다. 왼쪽 [프레젠테이션]을 클릭하고 나타나는 [프레젠테이션(16:9)]을 선택합니다.

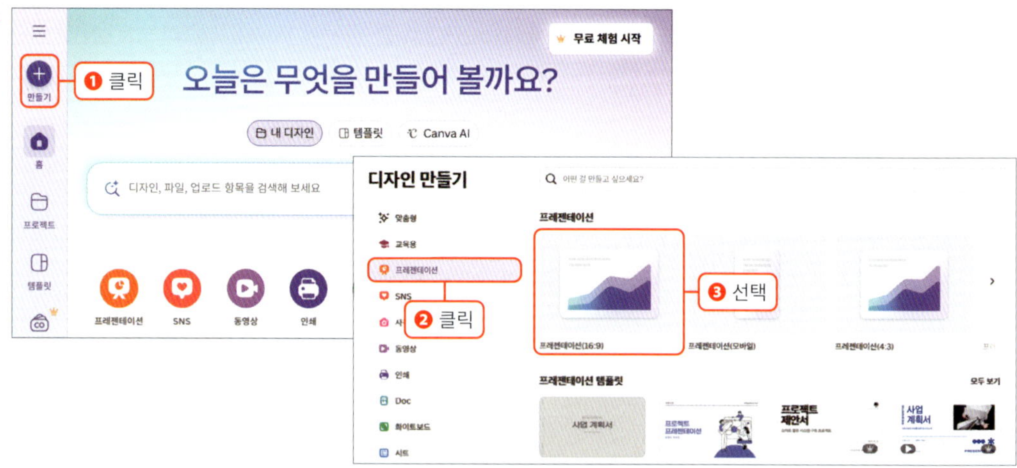

02 | 흰 배경을 선택하고 '배경 색상' 아이콘(🎨)을 클릭하여 연한 노랑(#f1f0ed)으로 설정합니다. 상단에 텍스트 상자를 추가하여 '운영 성과 요약'을 입력합니다. 상단 편집 툴바에서 글꼴은 '윤고딕/굵은', 글자 크기는 '52', 색상은 어두운 회색(#222222), 글자 간격은 '−50'으로 설정합니다.

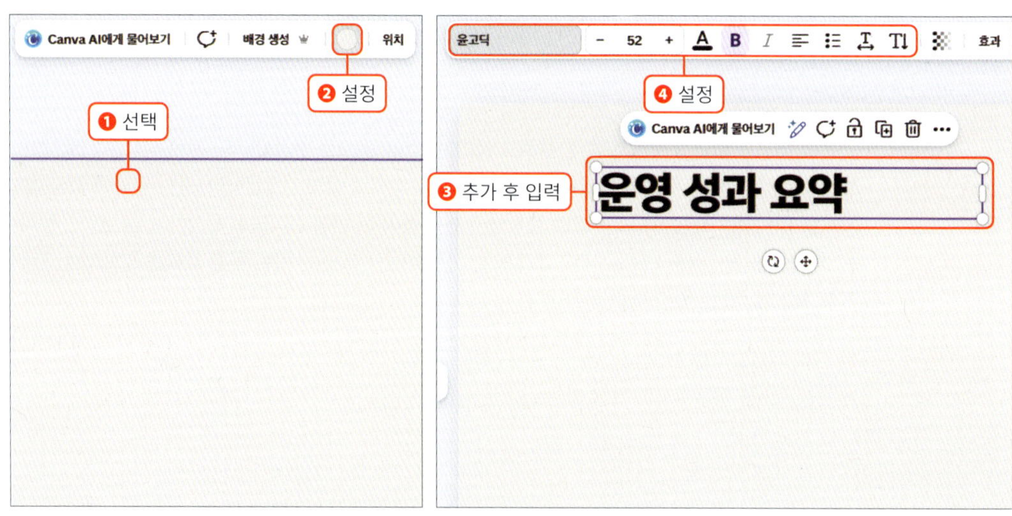

03 | 타이틀 옆에 섹션 번호를 추가하기 위해 텍스트 상자를 추가하고 '01'을 입력합니다. 상단 편집 툴바에서 글꼴은 'GabrielSans Condensed/Thin', 글자 크기는 '86', 색상은 어두운 회색(#222222), 글자 간격은 '0'으로 설정합니다.

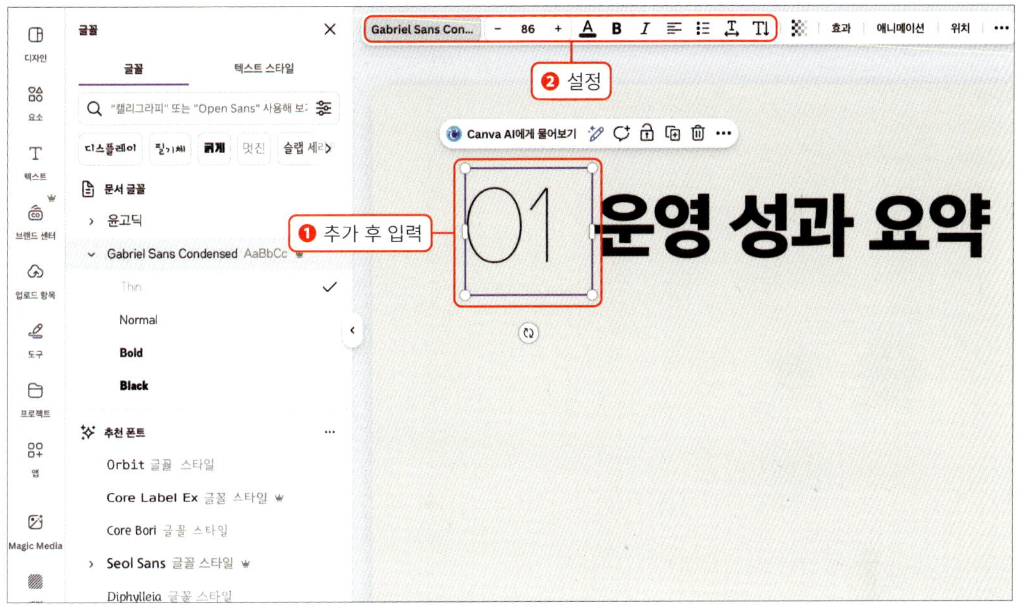

04 | 그래프의 내용을 소개하는 문구를 추가하기 위해 텍스트 상자를 추가하고 다음과 같이 입력합니다. 상단 편집 툴바에서 글꼴은 '윤고딕/약간 굵은', 글자 크기는 '27', 색상은 어두운 회색(#222222), 글자 간격은 '−50', 줄 간격은 '1.7'에 '오른쪽 정렬'로 설정합니다.

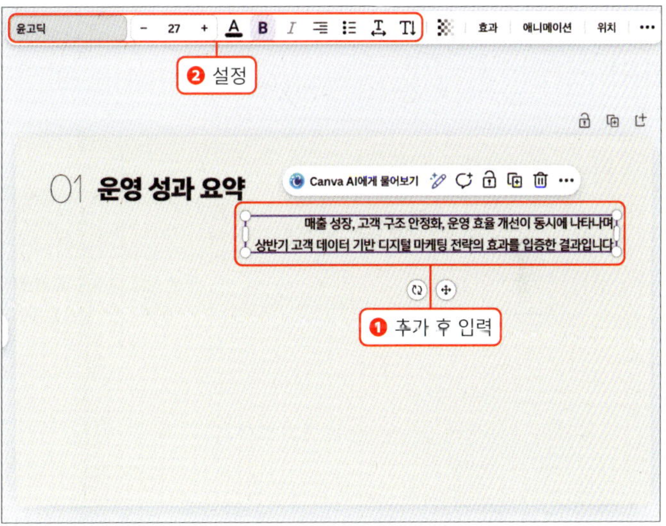

05 | 왼쪽 〔요소〕 메뉴를 클릭하고 검색창에 'Blur Circle'을 입력한 다음 '제출하기' 아이콘(→)을 클릭합니다. 원형으로 퍼지는 이미지를 선택하고 상단 편집 툴바에 색상은 연한 파랑색(#b6cbfa)으로 설정하여 왼쪽 하단으로 배치합니다.

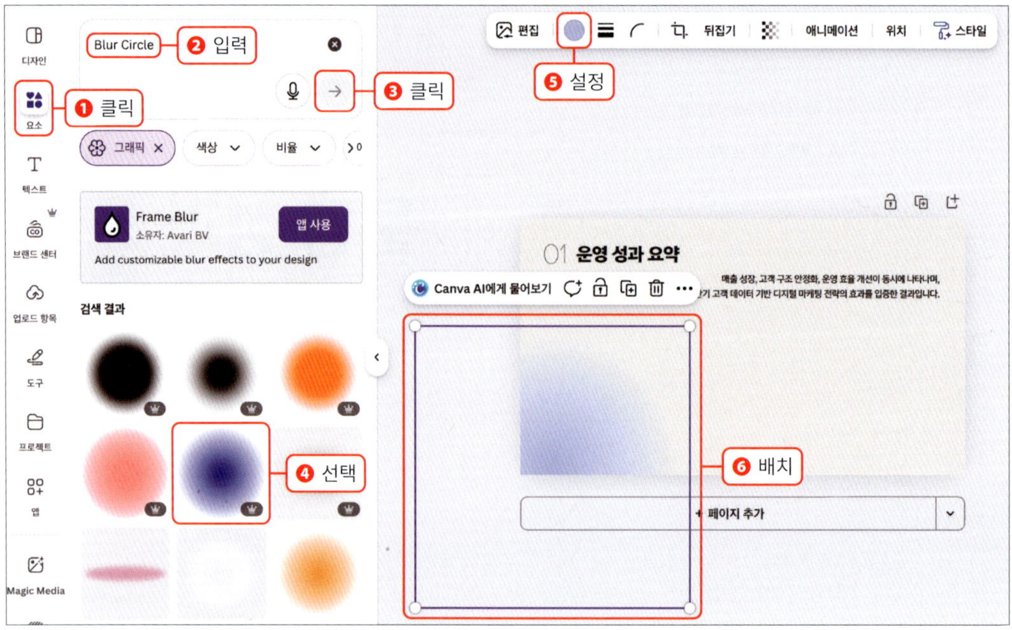

06 | 파란 원을 복제(Ctrl+J)하여 오른쪽 상단에도 추가 배치합니다. 예제에서는 연한 녹색(#b5f4d2)으로도 추가하였습니다. 이후 뒤로 보내기(Ctrl+[)를 실행하여 배치합니다.

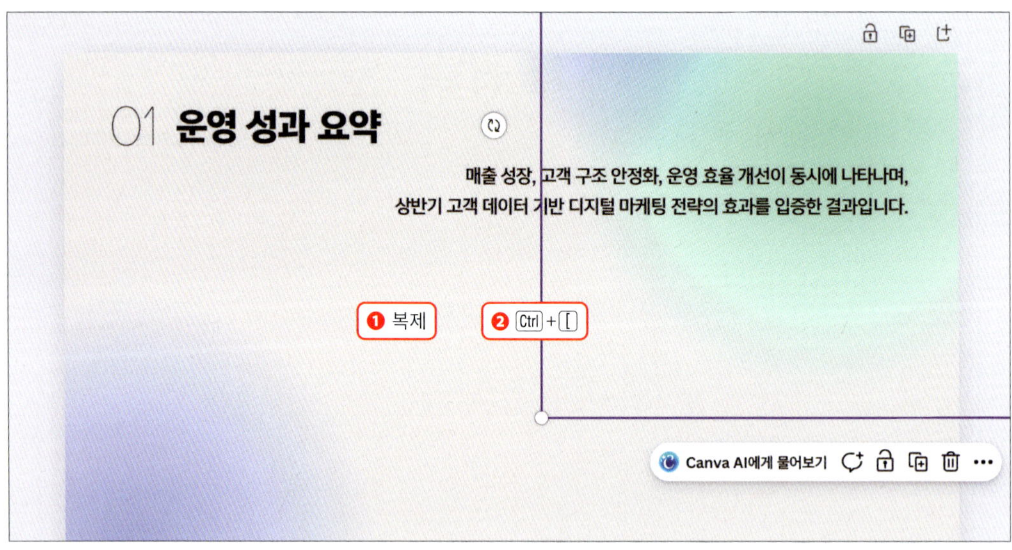

07 | 왼쪽 (도구) 메뉴를 클릭하고 [도형]의 [둥근 모서리 사각형]을 선택한 다음 색상을 파란색(#3a6ad6)으로 설정합니다. 상단 편집 툴바에서 '모서리' 아이콘(⌐)을 클릭해 모서리 둥글게 만들기를 '52'로 설정한 다음 중앙으로 드래그하여 배치합니다.

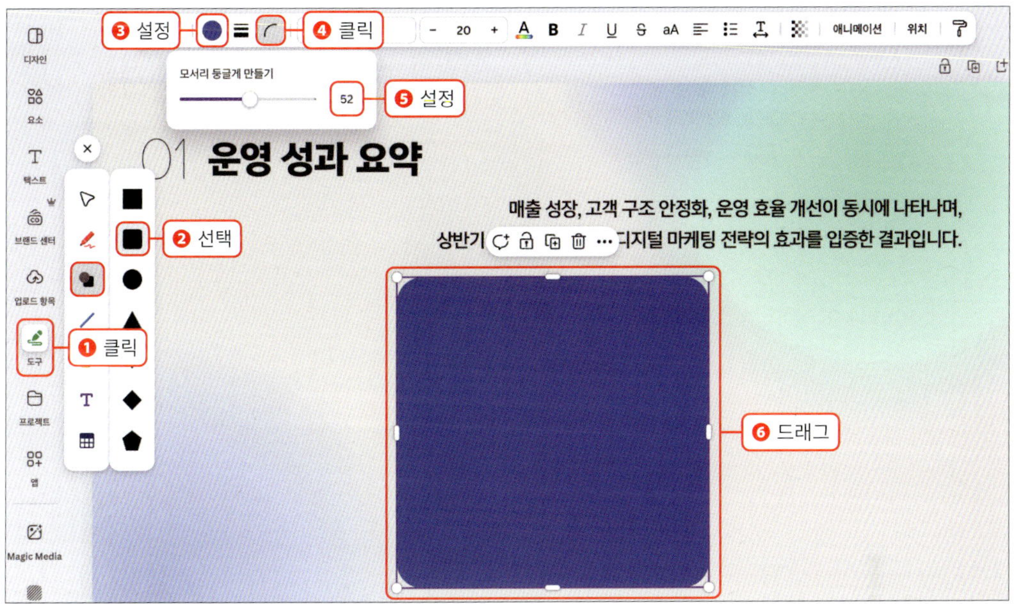

08 | 파란 사각형을 선택하고 복제(Ctrl+J)합니다. 색상은 흰색(#ffffff)으로 설정하고 뒤로 보내기(Ctrl+[)하여 파란 박스의 오른쪽 뒤로 그림과 같이 위치시킵니다.

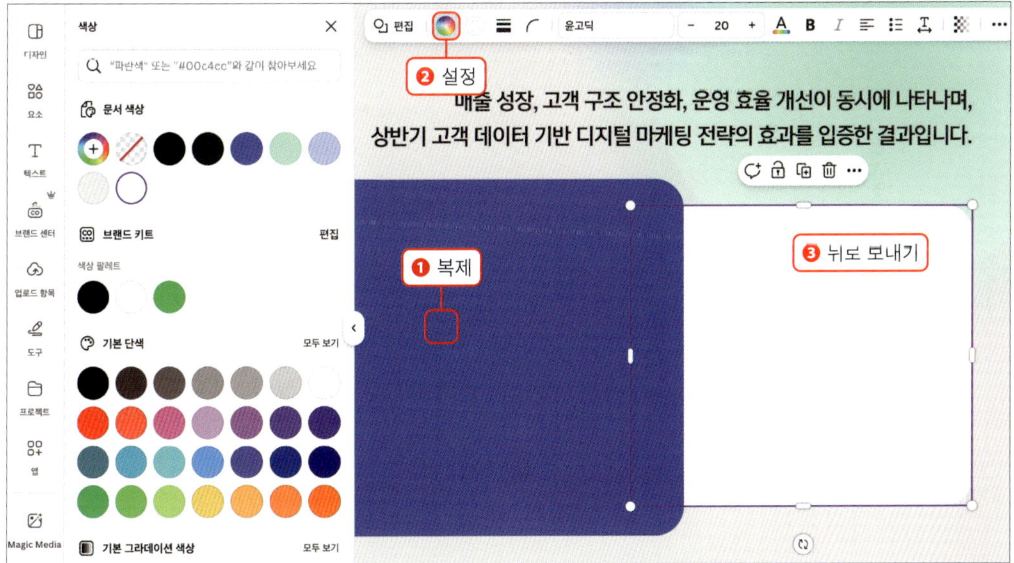

09 | 동일한 흰 사각형을 복제(Ctrl+J)하여 파란 사각형의 왼쪽으로 드래그하여 위치시킵니다. 상단 편집 툴바에서 '투명도' 아이콘(▨)을 클릭해 '60'으로 설정하여 배경 그라데이션이 비치도록 합니다.

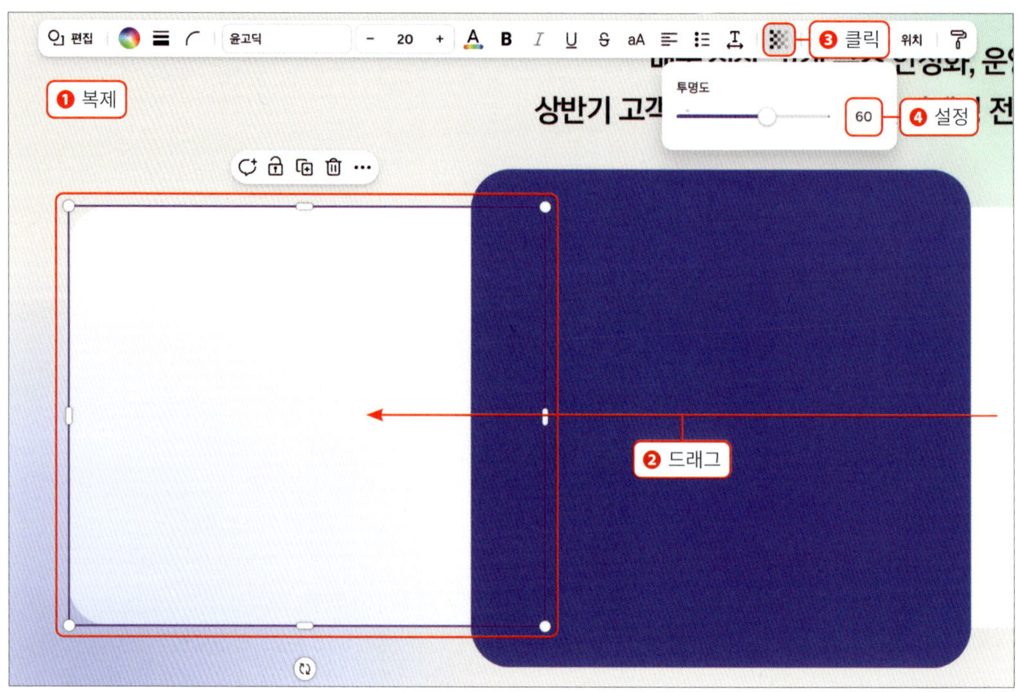

10 | 반투명한 흰 사각형을 복제(Ctrl+J)하고 상단 편집 툴바에서 투명도를 '100', 바탕색은 '색상 없음'으로 설정하고, '스트로크 스타일' 아이콘(≡)을 클릭하여 '실선', 스트로크 굵기는 '2'로 설정하고 한 단계 뒤로 보내기(Ctrl+[)를 실행합니다.

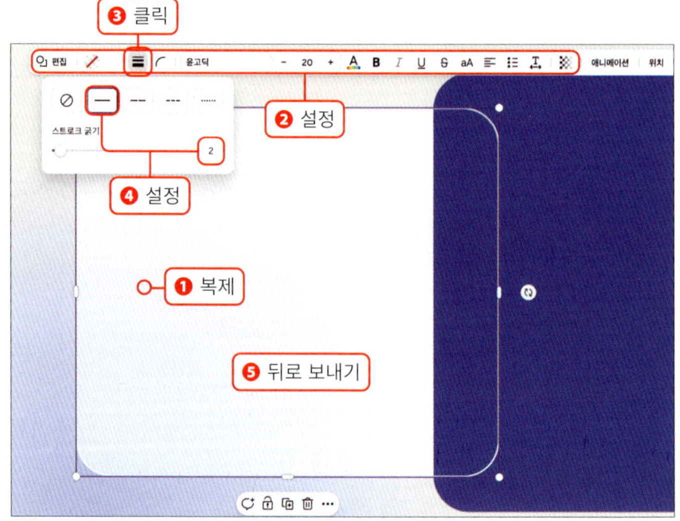

Tip 반투명하게 배경이 비치는 글래스 느낌에 흰색 테두리를 추가하여 시각적으로 배경과 분리되며 또렷하게 떨어지는 느낌을 연출합니다.

11 | 구성한 3개의 사각형에 텍스트 상자를 추가하여 다음과 같이 입력하고 설정합니다.

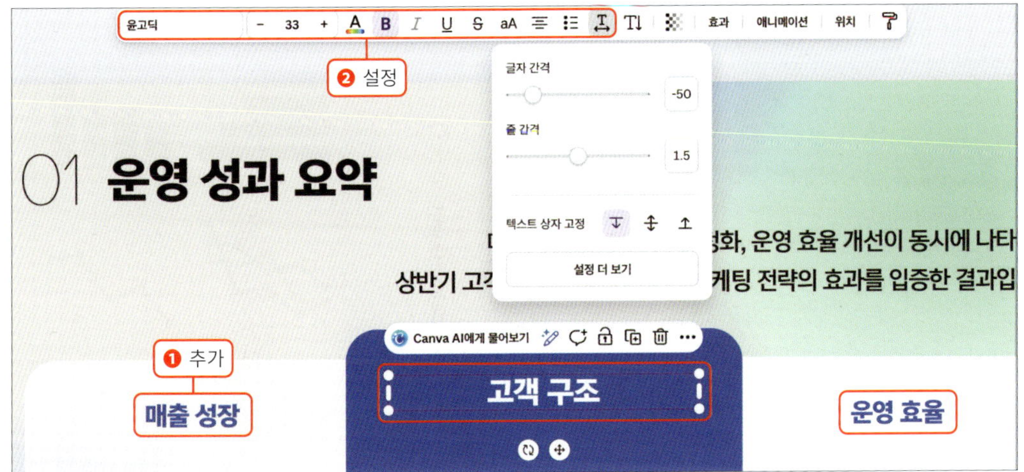

Tip   예제는 다음과 같이 설정하였습니다.
- '매출 성장', '운영 효율' - 글꼴 윤고딕/굵은', 글자 크기 '28', 파란색(#3a6ad6), 글자 간격 '-50'.
- '고객 구조'- 흰색(#ffffff), 글자 크기 '33'.

02 캔바의 차트 기능으로 막대 그래프 구성하기

막대 차트와 도넛 차트를 삽입하기 위해 데이터를 입력하고 화면에 어울리게 디자인을 정리합니다.

12 | 매출 성장 영역에 차트를 추가하기 위해 왼쪽 〔요소〕 메뉴를 클릭하고 아래에 [차트]를 선택합니다. 원하는 막대 차트를 선택하여 배치합니다.

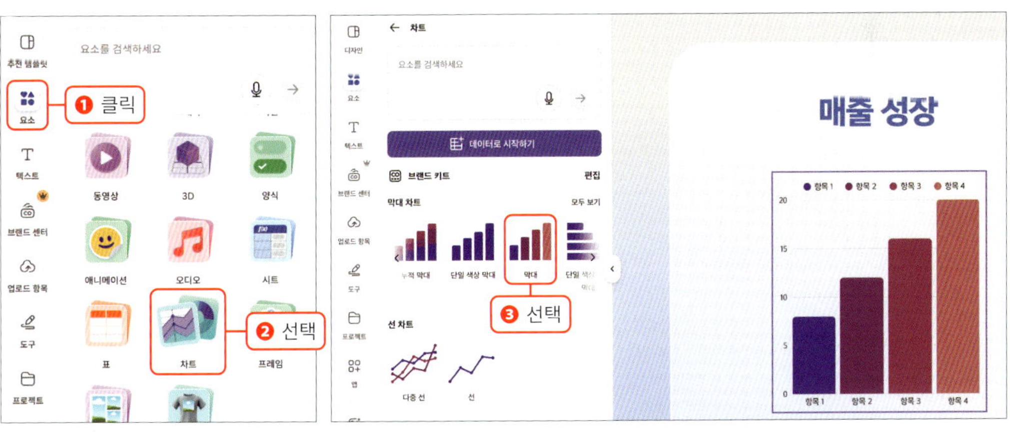

- **막대 차트(Bar/Column)**: 가장 범용적으로 사용되는 차트로 항목 간 수치를 비교할 때 사용하는 그래프입니다. 제품·지점·기간별 차이와 순위를 한눈에 보여주기에 적합합니다.

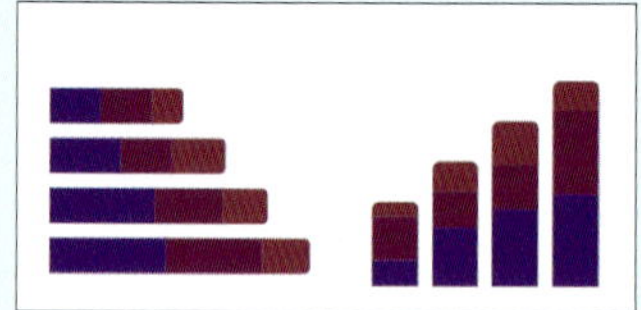

- **선 차트(Line)**: 시간에 따른 변화 흐름을 보여줄 때 사용하는 그래프입니다. 매출, 방문자 수, 성장 추세처럼 방향성과 추이를 설명할 때 효과적입니다.

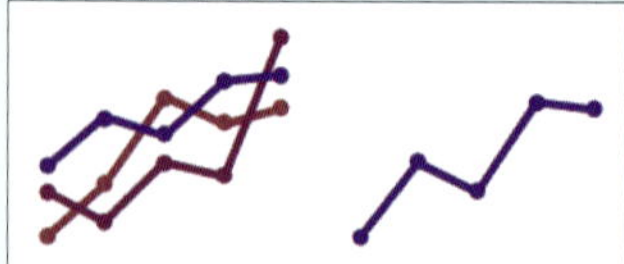

- **원형 차트 및 도넛 차트(Pie/Doughnut)**: 전체 대비 구성 비율을 보여줄 때 사용하는 그래프입니다. 도넛 차트는 중앙에 핵심 수치를 강조할 수 있습니다.

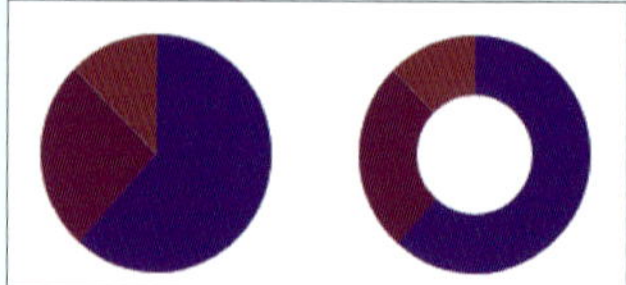

- **영역 차트(Area)**: 시간 흐름 속 누적 변화와 규모감을 함께 보여줄 때 사용됩니다. 분석보다는 흐름 설명용으로 활용됩니다.

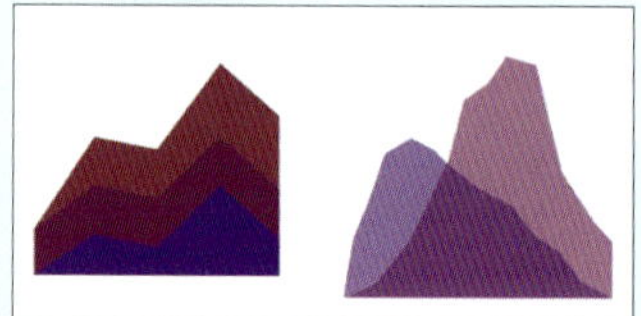

- **산점도 및 도트 차트(Scatter/Dot)**: 두 변수 간의 관계나 분포 패턴을 확인할 때 사용하는 그래프입니다.

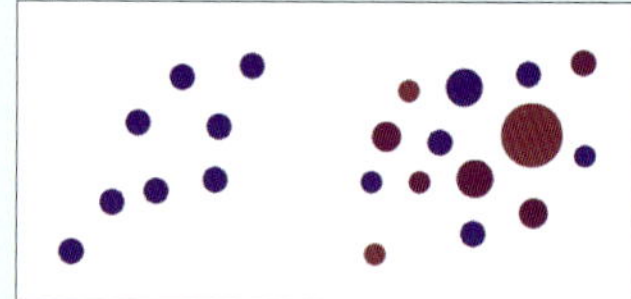

- **계층 구조 차트(Hierarchy)**: 조직, 단계, 상·하위 관계를 구조적으로 보여주는 차트입니다. 회사 조직도나 서비스 구조 설명에 적합합니다.

- **막대 레이스 차트 (Bar Race)**: 시간에 따른 순위 변화를 시각적으로 보여주는 차트입니다. 발표·스토리텔링용으로 활용되며 사용 빈도는 낮은 편입니다.

- **인포그래픽 차트(Progress Bar)**: 목표 대비 현재 진행 상태를 직관적으로 보여주는 차트입니다. 달성률, 완료 단계, 퍼센트 표현에 적합합니다.

13 | 매출 데이터를 입력하겠습니다. 라벨 열에 1~6월까지 입력하고, 계열 1열에는 '32, 26, 23, 32, 36, 67'을 입력합니다. 상단 편집 툴바에서 색상은 파란색(#3a6ad6)으로, 열 간격은 '80', 글자 크기는 '14'로 설정합니다.

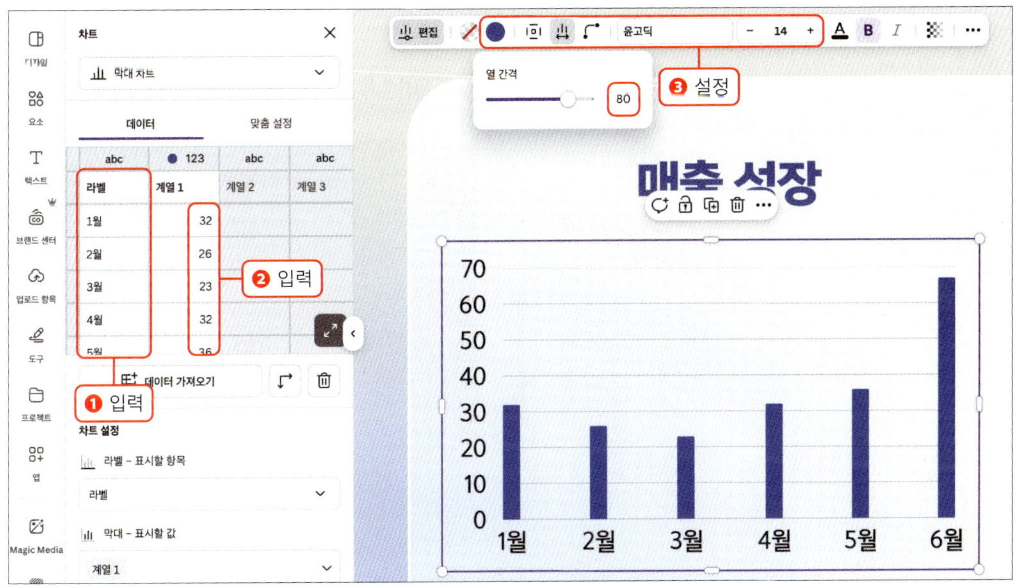

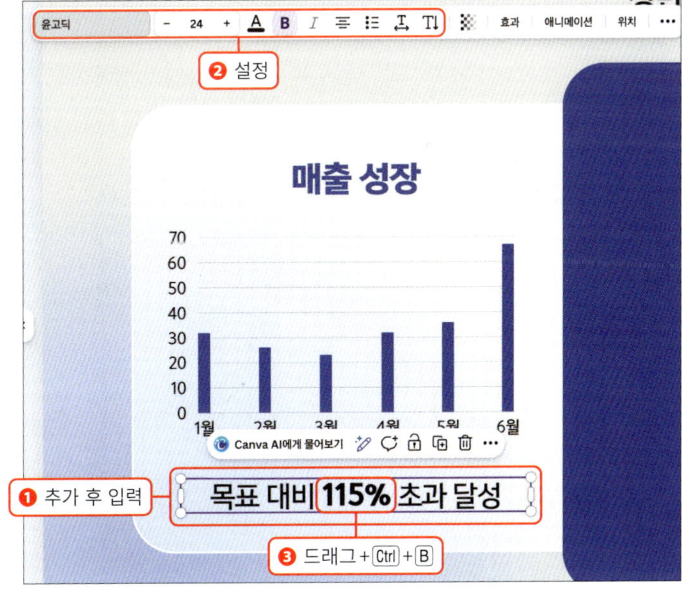

✦ **Tip** 데이터 셀에 직접 값을 입력하는 방법 외에도, 엑셀 또는 CSV 파일을 캔바로 업로드한 다음 [데이터 가져오기]에서 불러올 수 있습니다. 또한 구글 스프레드시트 등 외부 데이터 파일을 캔바에 연결해 차트 데이터와 실시간 연동 가능합니다.

14 | 하단에는 텍스트 상자를 추가하여 다음과 같이 입력합니다. 글꼴은 '윤고딕/중간', 글자 크기는 '24', 색상은 어두운 회색(#222222), 글자 간격은 '−30'으로 설정합니다. 이때 텍스트 중 '115%'는 굵게 지정하기 위해 드래그하여 Ctrl + B 를 누릅니다.

✦ **Tip** 눈에 보이도록 차트를 추가한 후 그래프에서 말하고자하는 요약을 추가하여 결론을 분명히 드러냅니다.

15 | 고객 구조 영역에 는 12번과 같은 방법으로 [도넛 차트]를 추가합니다. 라벨 열에 '신규 고객/재방문/단골'을 계열 1에 '18, 26, 23'을 입력합니다. 상단 편집 툴바에서 차트 색상과 글꼴을 설정하여 그림과 같이 채워줍니다.

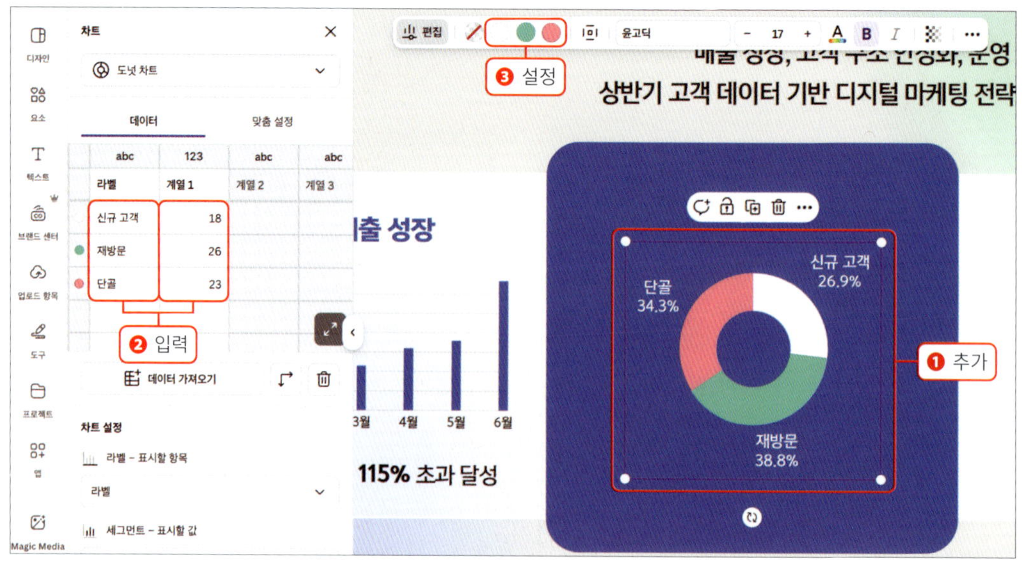

Tip 다운로드한 source 폴더에서 '매출 성장.xlsx', '고객구조.xlsx'를 캔바로 업로드하여 [데이터 가져오기]로 진행하여도 동일합니다.

16 | 아래에는 텍스트 상자를 추가하여 그래프의 내용을 요약한 '단골 기반의 구조적 확대'를 입력합니다. 상단 편집 툴바에서 글꼴은 '윤고딕/중간', 글자 크기는 '28'로 설정하고, 강조한 부분은 글꼴을 두껍게(Ctrl＋B) 설정합니다.

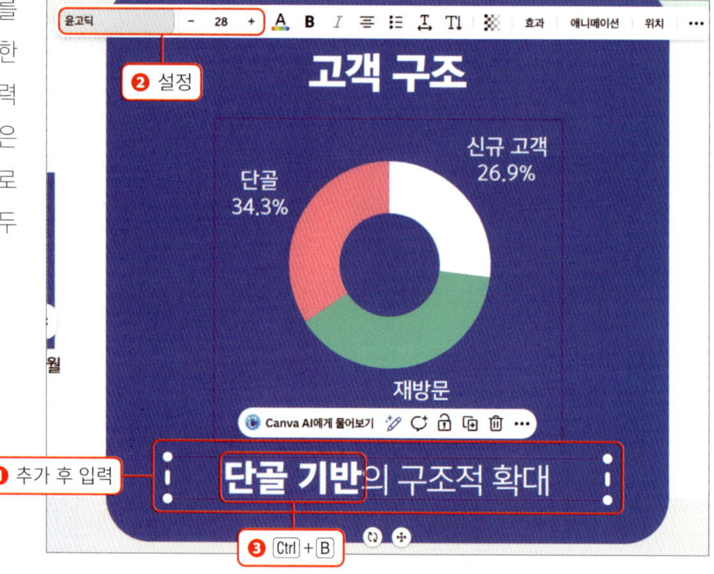

03 Flourish 앱으로 픽토그램 차트 추가하기

이번에는 다양한 인터랙션과 애니메이션에 강점이 있는 Flourish를 이용해 차트를 추가해 보겠습니다.

17 │ 이번에는 캔바 차트에서 기본으로 제공하지 않는 픽토그램 차트를 추가하겠습니다. 왼쪽 〔앱〕 메뉴에서 [Flourish]의 [Icon percentages] 차트를 선택합니다. 만약, 해당 앱이 보이지 않는다면 앱을 검색하여 실행해주세요.

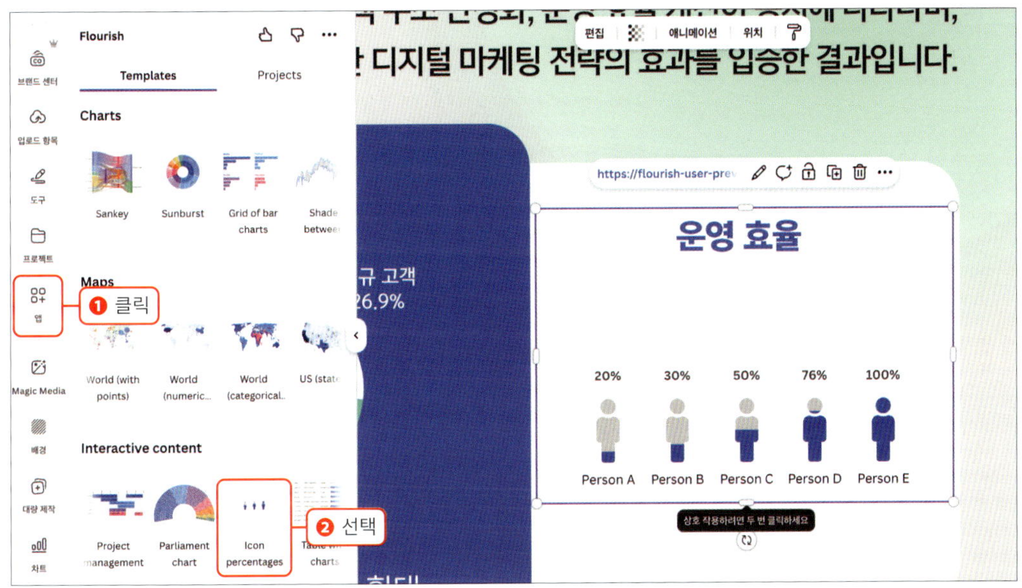

Tip   캔바 무료 계정 Flourish 활용법

캔바 무료 계정은 Flourish와 직접 연동이 되지 않지만 웹사이트 'flourish.studio'에 직접 접속해 다양하게 활용할 수 있습니다. 무료 회원가입을 하고, 데이터를 입력해 차트를 완성합니다. 결과물을 이미지로 가져와 문서에 첨부해 활용할 수 있습니다. 다만 인터랙티브 차트의 경우 인터랙션 유지가 안 되므로 발표 시 링크로 분리하여 활용하세요.

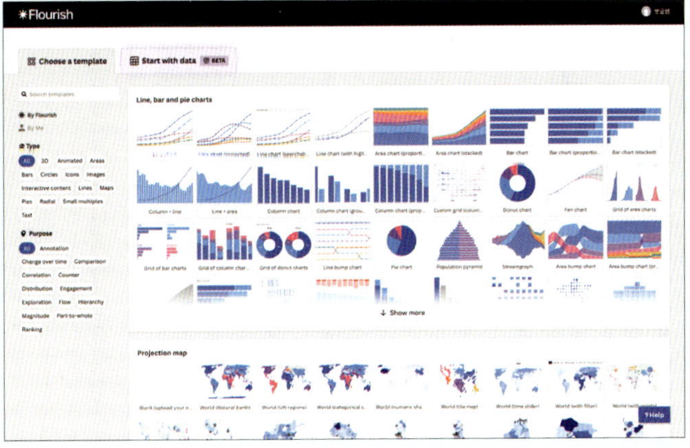

Flourish 앱은 캔바 비즈니스 계정 이상을 쓰는 경우 연동 및 편집이 가능합니다. 앱에 처음 접속할 때 로그인 안내 창이 나오면 **[Continue with Canva] → [연결하기]**를 클릭해 캔바 아이디로 로그인합니다. 캔바 인터페이스에서 바로 캔버스에 차트를 추가할 수 있습니다. Flourish 웹사이트에서 데이터를 수정하면 바로 편집 내용이 캔바에 반영됩니다.

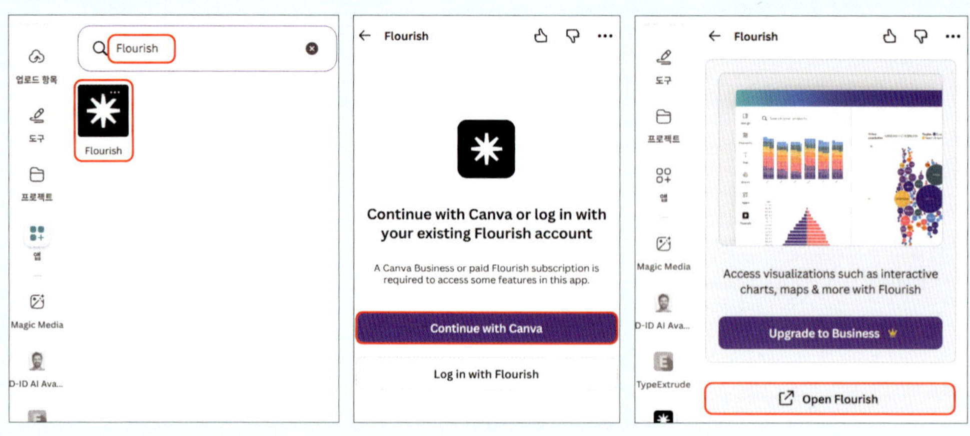

18 ｜ Flourish는 독립된 앱이기 때문에 데이터를 편집하기 위해 상단 편집 툴바에서 [편집]을 클릭하여 나타나는 [Flourish 편집기에서 이 차트 열기]를 클릭합니다.

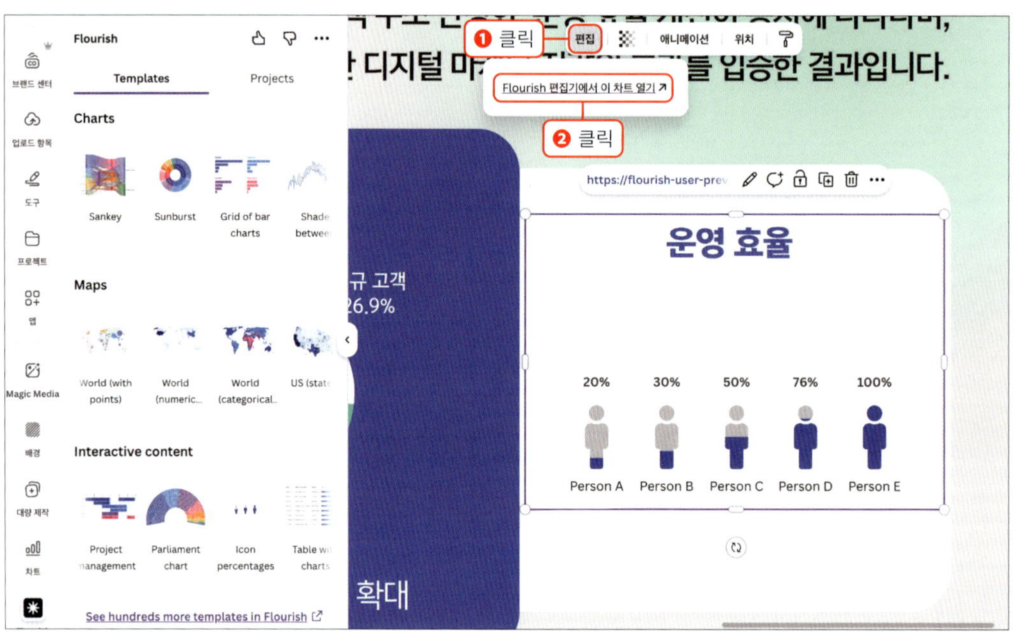

19 ｜ 연결되는 Flourish 웹사이트에서 데이터를 변경하기 위해 상단 영역의 (Data) 탭을 클릭합니다. Label 열에 '6개월 차, 오픈 초기', Value 열에 '62, 24'을 순서대로 입력합니다.

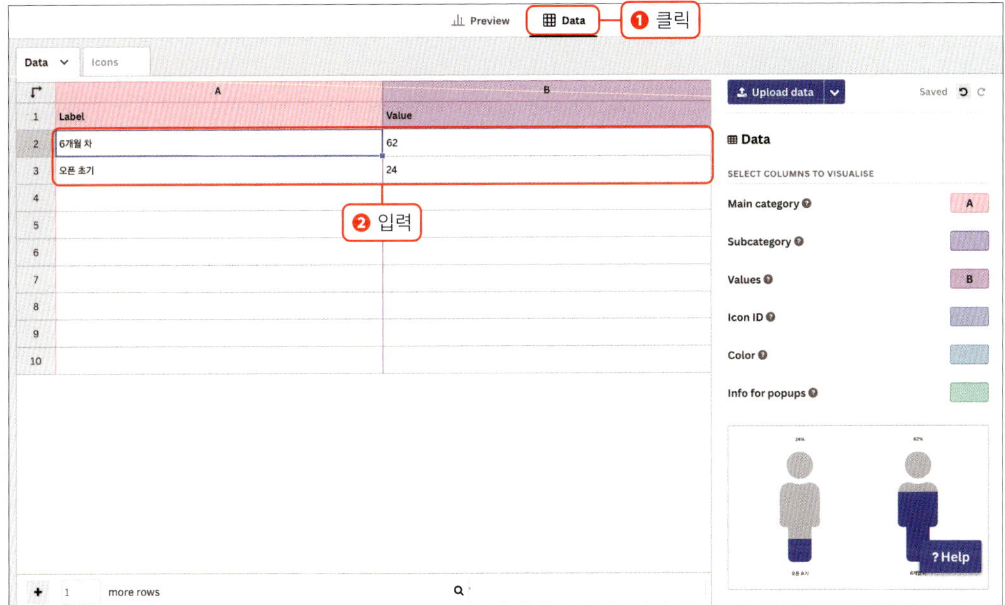

20 ｜ 데이터 표시값을 크게 변경하기 위해 상단에 (Preview) 탭을 클릭하고 오른쪽 Bar labels 항목에서 Size를 '2.8'로 설정합니다.

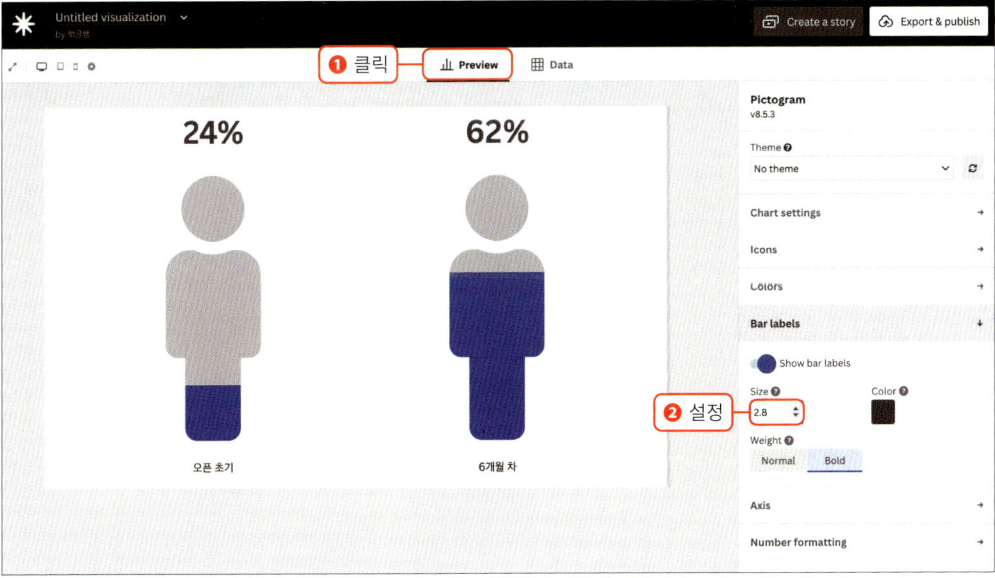

21 | 하단에 있는 라벨의 글자 크기를 변경하기 위해 오른쪽 Axis 항목을 클릭하고 TICKS AND LABELS의 'Styling'을 클릭해 활성화합니다. LABELS 항목의 Size는 '2.5'로 설정합니다.

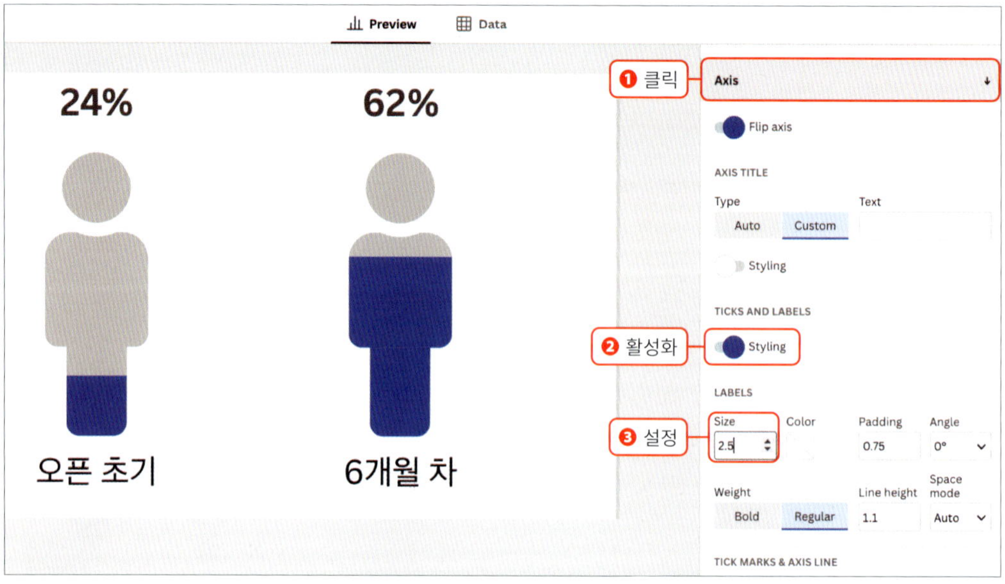

22 | 캔바로 돌아오면 설정에 따라 변경된 것을 확인할 수 있습니다. 조절점을 드래그하여 크기를 적절하게 조절합니다.

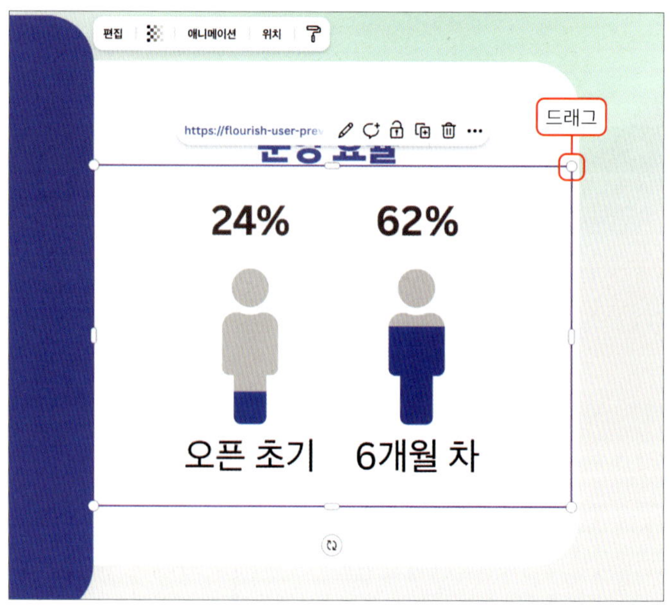

23 | 변경된 부분을 강조하기 위해 화살표를 추가하겠습니다. 왼쪽 (도구) 메뉴를 클릭하고 [선]의 [직선]을 클릭하여 그림과 같이 위치시키고 상단 편집 툴바에 '선 끝' 아이콘(→)을 클릭하고 삼각형 모양을 선택해 방향성을 나타냅니다.

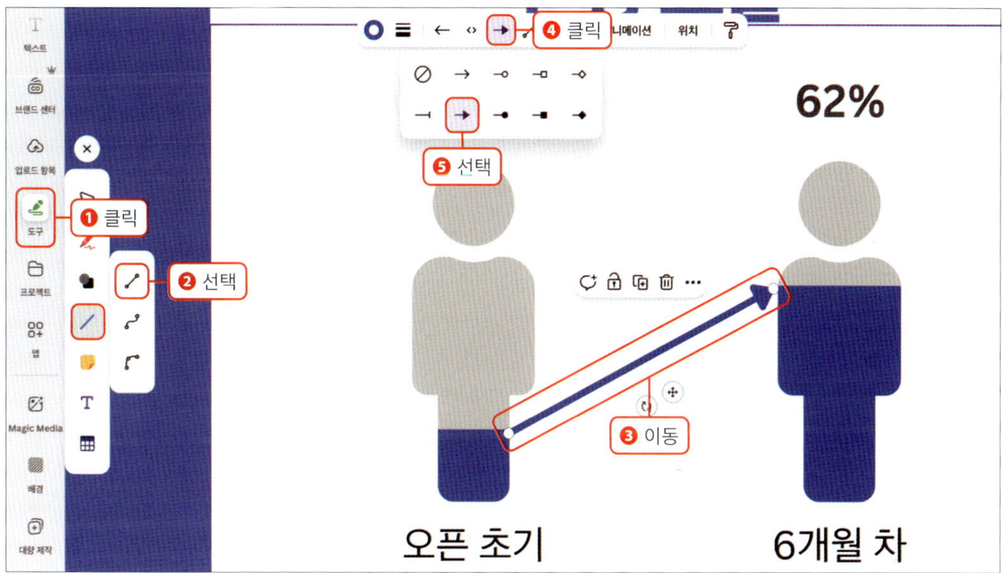

24 | 하단에 그래프 설명글을 추가하기 위해 **14**번에서 만든 텍스트 상자를 복제(Ctrl+J)하여 그림처럼 위치시킵니다. '인건비 운영 효율 38%p 향상'을 입력하고 텍스트에서 '38%p'를 두껍게(Ctrl+B) 설정해 내용을 강조합니다.

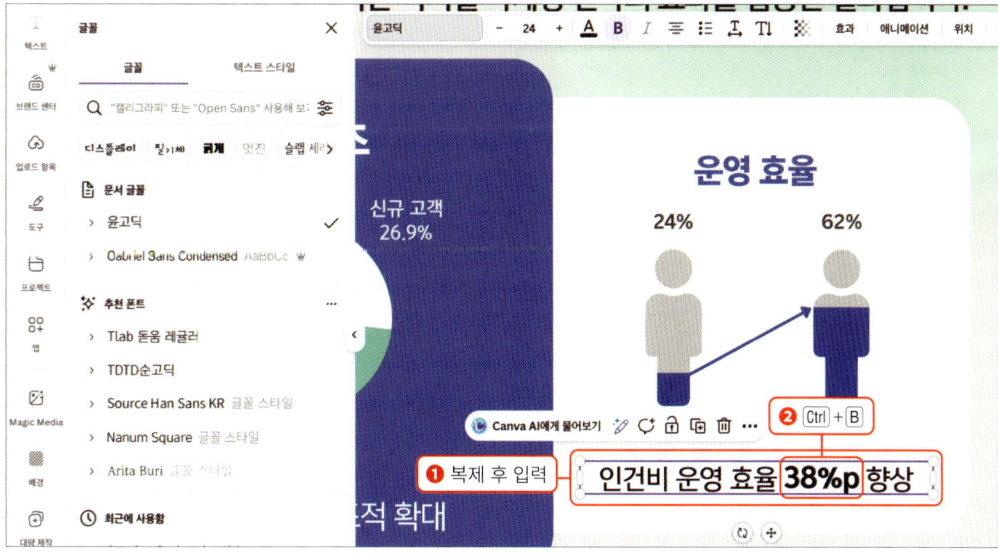

25 | 발표자 표시를 위해 오른쪽 상단에 텍스트 상자를 추가하여 'BOBBLE COFFEE'를 입력합니다. 글꼴은 '윤고딕/중간', 글자 크기는 '14'로 설정합니다.

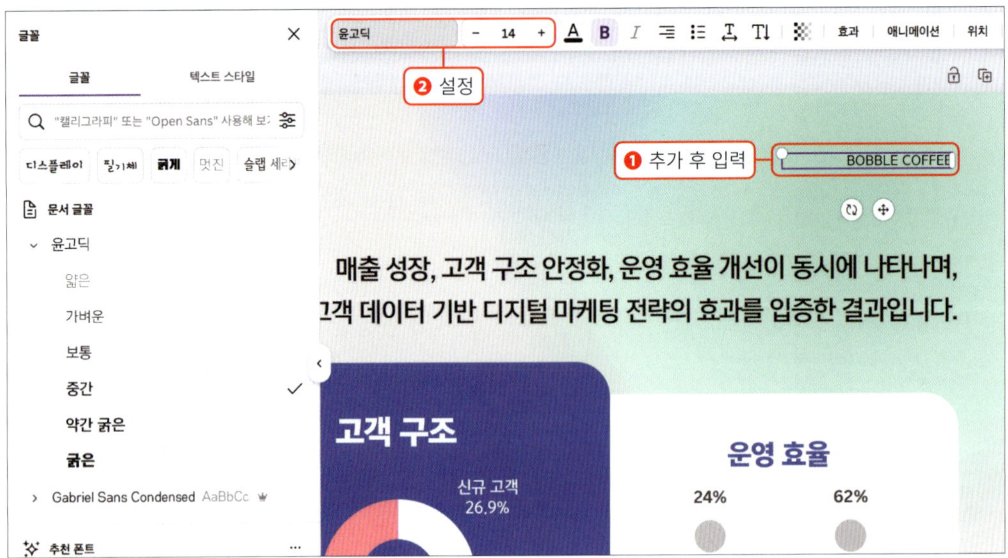

26 | 왼쪽 [요소] 메뉴를 클릭하고 검색창에 '커피원두 아이콘'을 입력한 다음 '제출하기' 아이콘( )을 클릭합니다. 예제에서는 다음의 이미지를 선택하고 색상을 어두운 회색(#222222)과 파란색(#3a6ad6)으로 설정합니다. 이렇게 운영 성과 요약 PPT 페이지 디자인을 완성했습니다.